Ammon/Eckhardt/Helmers (Hrsg.)
Perspektiven des Deutschunterrichts

Pragmalinguistik Band 25

Herausgegeben von
Ulrich Ammon, Hans Bühler und Gerd Simon

Perspektiven des Deutschunterrichts

Didaktische Alternativen
zur herrschenden Theorie und Praxis

Herausgegeben von Ulrich Ammon,
Juliane Eckhardt und Hermann Helmers

Beltz Verlag · Weinheim und Basel 1981

CIP-Kurztitelaufnahme der Deutschen Bibliothek

Perspektiven des Deutschunterrichts : didakt. Alternativen zur herrschenden Theorie u. Praxis / hrsg. von Ulrich Ammon . . . – Weinheim ; Basel : Beltz, 1981.
  (Pragmalinguistik ; Bd. 25)
  ISBN 3-407-55101-0
NE: Ammon, Ulrich [Hrsg.]; GT

Alle Rechte, insbesondere das Recht der Vervielfältigung und Verbreitung sowie der Übersetzung, vorbehalten. Kein Teil des Werkes darf in irgendeiner Form (durch Photokopie, Mikrofilm oder ein anderes Verfahren) ohne schriftliche Genehmigung des Verlages reproduziert oder unter Verwendung elektronischer Systeme verarbeitet, vervielfältigt oder verbreitet werden.

© 1981 Beltz Verlag · Weinheim und Basel
Gesamtherstellung: Beltz Offsetdruck, 6944 Hemsbach über Weinheim
Umschlaggestaltung: E. Warminski, Frankfurt/M.
Printed in Germany

ISBN 3 407 55101 0

Inhaltsverzeichnis

Vorwort der Herausgeber 9

JULIANE ECKHARDT
Das Verhältnis von Erziehungsinhalten und sprachlich - literarischen Zielen im Deutschlehrplan 13

1. Erziehungsinhalte und sprachlich - literarische
   Ziele als 'Inhalt' und 'Form' des Deutschlehrplans ... 13
   1.1 Inhalt und Form in der Didaktik und in deren
       Grund- und Nachbardisziplinen 13
   1.2 Inhalt und Form als Gegenstand des
       Deutschlehrplans 19

2. Erziehungsinhalte und sprachlich-literarische
   Ziele unter gesellschaftlich-historischem
   Aspekt 21
   2.1 Die Lernzielbestimmung des Gymnasiums unter
       gesellschaftlich - historischem Aspekt 22
   2.2 Die Lernzielbestimmung der Volksschule unter
       gesellschaftlich - historischem Aspekt 26

3. Die Berücksichtigung von Erziehungsinhalten und
   sprachlich-literarischen Zielen im demokratischen
   Deutschlehrplan 31
   3.1 Demokratische Erziehungsinhalte 32
   3.2 Sprachlich - literarische Ziele als Grundlage
       eines demokratischen Deutschlehrplans 34

ULRICH AMMON
Lehrzielorientierte Primärsprachdidaktik 37

1. Lehrzielorientierung in derzeitigen Primärsprachdidaktiken 37
   1.1 Zurückweisung der Lehrzielorientierung 37
   1.2 Unvereinbarkeit mit Lehrzielorientierung 46
   1.3 Lehrzielorientierung an der Peripherie 53

2. Grundbegriffe und Prinzipien der Lehrzielorientierung 54
   2.1 "Lehrziel" - "Lernziel" 54
   2.2 Lehrzielbeschreibung 55
   2.3 Lehrzielbegründung 59

3. Anwendung in der Primärsprachdidaktik 64
   3.1 Strukturierung der Lehrstoffe 64
   3.2 Strukturierung der sprachpraktischen
       Lehrgegenstände 67

4. Schlußbemerkung 73

HARTMUT WILLE
*Deutschunterricht und Schulreform.
Materiale Chancengleichheit und Demokratisierung durch neue
Lehrpläne?* 75

1. Einleitung 75

2. Veränderungen des Deutschunterrichts in der
   Sekundarstufe I (Jahrgangsstufe 5-10) 75
   2.1 Die Reform des Deutschunterrichts in den
       Empfehlungen des Deutschen Ausschusses für
       das Erziehungs- und Bildungswesen 75
   2.2 Die Reform des Deutschunterrichts gemäß den
       Vorschlägen des Deutschen Bildungsrates zur
       Reform der Sekundarstufe I 77
       2.2.1 Die Vorschläge des Deutschen Bildungs-
             rates zur Reform der Sekundarstufe I 77
       2.2.2 Konsequenzen für die Reform des
             Deutschunterrichts 78
             2.2.2.1 Schulartübergreifende Lehrpläne
                     für den Deutschunterricht in der
                     Sekundarstufe I 79
             2.2.2.2 Schulformspezifische Lehrpläne für
                     den Deutschunterricht in der
                     Sekundarstufe I 81

3. Veränderungen des Deutschunterrichts in der
   Sekundarstufe II 84
   3.1 Die Funktionsbestimmung für den Deutschunter-
       richt in der Sekundarstufe II 84
   3.2 Chancengleichheit durch Reform des Deutschunter-
       richts in der Sekundarstufe II? 89

ROSEMARIE NEUMANN
*Zur Didaktik des Deutschunterrichts für Kinder ausländischer
Arbeiter* 91

1. Rahmenfragen 92

2. Deutsch für Kinder ausländischer Arbeiter 100

3. Zur Organisation des Deutschunterrichts für
   Ausländerkinder 108

4. Bereiche und Ziele des Zweitsprachenunterrichts 110

5. Forderungen zur Lehrerbildung 113

JÜRGEN ZIEGLER
Systematischer Grammatikunterricht 115
0. Vorbemerkung 115

1. Die Kritik am "klassischen" Grammatikunterricht 116
    1.1 Gegenstand und Richtung der Kritik 116
    1.2 Die Nutzlosigkeit des Grammatikunterrichts 117
    1.3 Die Schädlichkeit des Grammatikunterrichts 119
    1.4 Die Tendenz 120

2. Der "andere" Grammatikunterricht 120
    2.1 Vorrang des "pragmatischen Aspekts" 120
    2.2 "situationsorientiert" vs. "lernziel-
        orientiert" 122
    2.3 Erfahrung und Lernen 123
    2.4 Der empiristische Sprachbegriff 124
    2.5 Das Dilemma 125

3. Rationaler Sprachbegriff und Grammatik 126
    3.1 Sprachwissenschaft und Schulgrammatik 126
    3.2 Rationaler Sprachbegriff und grammatische
        Reflexion 128
    3.3 Die pädagogische Grammatik 130
    3.4 Grammatik und schriftlicher Sprachgebrauch 132

4. Schluß 134

ULRICH SCHMITZ
Lernziel: Grammatische Richtigkeit.
Wegweiser durch ungünstige Fronten zwischen "Normanpassung"
und "Identitätsentfaltung" 136

1. Grammatik im Gespräch 136

2. Grammatik ohne Grund? 143

3. Grammatik und Geschmack 147

4. Grammatik als Gewohnheit 153

5. Grammatik mit Galperin 157

VOLKER BROWELEIT
Kompensatorischer Sprachunterricht 160

1. Historische Implikationen eines eingeschränkten
   Sprachunterrichts in der Volksschule 160

2. Bedingungen sozialer Sprachdefizite 165

3. Gesellschaftliche Auswirkungen sozial bedingter
   Sprachdefizite 167

4. Die Differenz-Hypothese als Beschwichtigungsideologie 169

5. Historische Verbindungen zwischen alter und neuer Differenz-Hypothese 171

6. Möglichkeiten der Schule zur Kompensation von schichtenspezifischen Sprachdefiziten 174

RÜDIGER HILLGÄRTNER
Ästhetischer Formalismus oder literarisch vermittelte Aneignung der Realität 176

HOLGER RUDLOFF
Systematischer Unterricht in ästhetischer Literatur 198

1. Zum gegenwärtigen Literaturunterricht 198
   1.1 Allgemeine Grundlagen der Revision des literarischen Curriculum 198
   1.2 Projektorientierter Literaturunterricht 200
   1.3 Schulartenspezifische Verteilung ästhetischer Literatur 202
   1.4 Rezeptionsästhetisch orientierte Literaturdidaktik 205

2. Zielsetzungen 207
   2.1 Anforderungen an den Literaturlehrer, Anforderungen des Literaturunterrichts 207
   2.2 Systematische Lehrplangestaltung ästhetischer Literatur 210
   2.3 Aspekte eines progressiven Projektbegriffs 212
   2.4 Literarische Bildung und kulturelles Erbe 213

HERMANN HELMERS
Der Unterricht in Rezeption und Produktion pragmatischer Texte 217

1. Lernzieldefinition 217

2. Praxisanalyse 218

3. Ziele der Reform 221

4. Kriterien für einen demokratischen Lehrplan der Gestaltungslehre 224

Literaturverzeichnis 229

Über die Autoren 253

Vorwort der Herausgeber

Der vorliegende Band stellt der in der Bundesrepublik herrschenden Deutschdidaktik eine in den Grundsätzen einheitliche Deutschdidaktik entgegen. Insofern unterscheidet sich der Band von vorhandenen Sammlungen, in denen mehr oder weniger divergente Darstellungen vereint sind. Die Beiträge des Bandes (Wissenschaftler von fünf bundesrepublikanischen Hochschulen) wollen mit der Explikation ihrer Position nicht nur Kritik in Details und im Grundsätzlichen, sondern auch konstruktiv Alternativansätze zur herrschenden Deutschdidaktik entwickeln.

Bei durchaus unterschiedlichen Auffassungen im einzelnen und partiell unterschiedlichen Begriffen sind die Beiträge vereint in dem Anspruch, eine demokratische Deutschdidaktik zu festigen, wie sie sich in der Bundesrepublik während der letzten Jahre zunehmend artikuliert hat. Das Attribut "demokratisch" bedeutet in diesem Zusammenhang, auf der Grundlage einer gesellschaftspolitischen Analyse alle wissenschaftlichen Anstrengungen so auszurichten, daß sie den Interessen der breiten Mehrheit der Bevölkerung, insbesondere der Arbeitnehmer dienen. Für die Deutschdidaktik heißt dies: Ermöglichung einer Sprach- und Literaturbildung, die den historisch-gesellschaftlich begründeten Defiziten und sonstigen undemokratischen Tendenzen der Volksbildung entgegenwirkt und sie ausgleicht. Mitsprache der gesamten Bevölkerung ist dabei das gesellschaftspolitische Ziel aus der Perspektive einer demokratischen Deutschdidaktik - und zwar Mitsprache im weiten Sinn, bezogen also auf politische, kulturelle und sonstige Teilhabe an den geistigen und gesellschaftlichen Auseinandersetzungen. Zu dieser Mitsprache speziell auch die breite Bevölkerungsmehrheit zu befähigen, ist die zentrale Aufgabe eines demokratischen Deutschunterrichts. Ihre Lösung erfordert nach Einschätzung der Beiträger des vorliegenden Bandes nicht zuletzt eine beträchtliche Anhebung des allgemeinen sprachlichen und literarischen Bildungsniveaus, die sich keineswegs - wie derzeit teilweise gängig - ersetzen läßt durch die Glorifizierung von Defiziten und die Verlagerung auf fachfremde Inhalte oder sozialpsychologisches Training. Diese Niveauanhebung bedarf vielmehr der Konzentration auf die fachspezifischen Bildungsmöglichkeiten des Deutschunterrichts, und zwar auf sprach- und literaturwissenschaftlicher Grundlage. An welchen Stellen dabei im Deutschunterricht vordringlich anzusetzen ist, wird in verschiedenen Beiträgen dieses Bandes aufgezeigt. In der didaktischen Theorie erfordert das genannte Ziel der Entwicklung einer demokratischen Deutschdidaktik sowohl kritische Praxisanalyse wie Darlegung der konkreten Aufgaben, die sich aus der Kritik und aus der Zielsetzung ergeben. Die zu leistende Praxisanalyse bezieht sich sowohl auf den in der Bundesrepublik vorhandenen Deutschunterricht, getrennt nach den gesellschaftlich bedingten Schularten, wie auf die vorhandene Deutschdidaktik. Die Analyse der vorhandenen Deutschdidaktik ist insofern kompliziert, als sich hinter einer herrschenden, relativ einheitlich auftretenden Deutschdidaktik historische Ansätze unterschiedlicher Art verbergen. Seit Ende der sechziger Jahre hat sich in der Bundesrepublik in Ablösung einer offen konservativ vorgehenden Deutschdidaktik (erkennbar u.a. an der Schulartbezogenheit) eine "neue" Deutschdidaktik herausgebildet, die sich zunächst im Anspruch als "kritisch" begriff, dann aber zunehmend in den konkreten Zielen auf die bürgerliche Reformpädagogik zurückgriff. Zwischen subjektivem Anspruch und objektiver Wirkung besteht hier, wie in allen historischen Erscheinungsformen der bürgerlichen Reformpädagogik seit der Jahrhundertwende, nicht selten ein Gegensatz, der die Diskussion erschwert. Die didaktische Diskussion ist im Hinblick auf umfassende Demokratisierung jedoch nur fruchtbar zu machen, wenn auf die objektive Auswirkung didaktischer Theorien Bezug genommen wird. Im Hinblick auf diese Auswirkungen erweist sich die neuere reformpädagogisch orientierte Deutschdidaktik bei genauerer Analyse als letztlich konservativ, indem sie - trotz gegenteiliger Bekundungen - vorhandene soziale Diskrepanzen des Bildungsniveau im Bereich der deutschen Sprache und Literatur stabilisiert. Die vorliegenden Beiträge zeigen diese Auswirkungen nicht nur auf, sondern entwickeln dezidierte Alternativen dazu.

Die Beiträge lassen sich in drei Gruppen einteilen:
1. Beiträge mit allgemeiner Fragestellung zur Deutschdidaktik, 2. Beiträge zur Sprachdidaktik, 3. Beiträge zur Literaturdidaktik. Der Anspruch, damit systematisch alle für die Deutschdidaktik zur Zeit relevanten Fragestellungen abzudecken, wird zwar nicht erhoben, wohl aber der Anspruch, Grundprobleme gegenwärtiger Auseinandersetzungen darzulegen und konstruktiv zu beantworten. In die didaktischen Fragestellungen sind sprachwissenschaftliche und literaturwissenschaftliche Fragestellungen integriert. Insbesondere dort, wo die didaktische Diskussion derzeit abhängig ist von fachwissenschaftlichen Forschungen, werden letztere akzentuiert, wie etwa im Bereich der Pragmalinguistik und der Rezeptionsästhetik.

Von den zehn Beiträgen des Bandes befassen sich vier mit übergreifenden Fragen. JULIANE ECKHARDT (Oldenburg) und ULRICH AMMON (Duisburg) behandeln in ihren Beiträgen die Frage der Zielsetzung eines demokratischen Deutschunterrichts, und zwar sowohl bezüglich der Problematik der Integration einer allseitigen Sprach- und Literaturbildung in allgemeine Erziehungsziele (ECKHARDT), wie bezüglich der fachinternen Lehrzielproblematik, hier mit Schwerpunkt auf dem Sprachunterricht (AMMON). Die in der BRD bei den Schulreformen der vergangenen Jahre erkennbaren bildungspolitischen Intention hinsichtlich des Deutschunterrichts setzt HARTMUT WILLE (Bonn) in Beziehung zu demokratischen Intentionen. ROSEMARIE NEUMANN (Essen) behandelt in ihrem Beitrag die Frage der Sprachbildung für ausländische Arbeiterkinder in der BRD.

Die folgenden drei Beiträge betreffen die Sprachbildung, und zwar jeweils im Hinblick auf einen spezifischen Lernbereich. JÜRGEN ZIEGLER (Duisburg) stellt Bedingungen und Möglichkeiten für einen systematischen Grammatikunterricht dar. ULRICH SCHMITZ (Duisburg) beschäftigt sich mit der Frage einer systematischen Vermittlung der grammatischen Richtigkeit des Sprechens und Schreibens. VOLKER BROWELEIT befaßt sich mit den Möglichkeiten eines unterrichtlichen Ausgleiches gesellschaftlich bedingter Sprachdefizite.

Drei weitere Beiträge betreffen die Literaturbildung. RÜDIGER HILLGÄRTNER (Oldenburg) stellt die Frage nach den neueren Ansätzen zu einer literaturwissenschaftlichen Wirkungstheorie, welche für die Didaktik von besonderer Bedeutung geworden ist. HOLGER RUDLOFF (Köln) unternimmt es, darzulegen, auf welche Praxis eine demokratische Literaturdidaktik trifft und welche Zielsetzungen der vorhandenen Praxis entgegenzusetzen sind. HERMANN HELMERS (Oldenburg) beschäftigt sich mit der speziellen Frage nach einem Unterricht in pragmatischer Literatur, und zwar sowohl im Hinblick auf Rezeption wie auf Produktion.

Herausgeber und Verfasser hoffen, mit diesem Band beizutragen zur Objektivierung der didaktischen Diskussion: Widersprüche sollten als solche erkannt und diskutiert, Gemeinsames sollte benannt, didaktische Modelle sollten im Hinblick auf ihre Wirkung erörtert werden.

U. Ammon, J. Eckhardt, H. Helmers

Juliane Eckhardt

Das Verhältnis von Erziehungsinhalten und sprachlich-literarischen Zielen im Deutschlehrplan

1. Erziehungsinhalte und sprachlich-literarische Ziele als „Inhalt" und „Form" des Deutschlehrplans

Die kategoriale Erfassung der Lehrplanfaktoren des Deutschunterrichts soll hier im Hinblick auf die Erziehungsinhalte und die sprachlich-literarischen Ziele des Deutschlehrplans vorgenommen werden. Dadurch wird die Erkenntnis der diesbezüglichen Entwicklungsgesetzlichkeiten und Wirkungsmechanismen unter jeweils konkreten gesellschaftlich-historischen Bedingungen erleichtert. Ziel der Arbeit ist, die Erziehungsinhalte und sprachlich-literarischen Ziele als spezifische Erscheinungsweisen von Inhalt und Form zu definieren und als solche in ihrem Funktionszusammenhang darzustellen. Vergleichshalber sollen zuvor die wesentlichen Inhalt-Form-Relationen in der Deutschdidaktik und deren hauptsächlichen Grund- und Nachbardisziplinen skizziert werden (KLAUS/BUHR 1976, 409 ff. und 574 f.).

1.1 Inhalt und Form der Didaktik und in deren Grund- und Nachbardisziplinen

Von den verschiedenen Grund- und Nachbardisziplinen der Deutschdidaktik sollen im folgenden als Grunddisziplin die Erziehungswissenschaft, als Nachbardisziplinen die Sprachwissenschaft und die Literaturwissenschaft berücksichtigt werden. Diese Auswahl trägt der Tatsache Rechnung, daß es die Didaktik der deutschen Sprache und Literatur bei der Erforschung ihres Gegenstandes stets mit pädagogischen Prozessen auf der einen und mit sprachlichen und literarischen Phänomenen auf der anderen Seite zu tun hat. Ebenso wie die wissenschaftliche Fachdidaktik der deutschen Sprache und Literatur werden dabei deren Grund- und Nachbardisziplinen als gesellschaftswissenschaftliche Disziplinen aufgefaßt. Damit wird vorausgesetzt, daß die jeweiligen Wissenschaften als Bestandteile des gesellschaftlichen Überbaus in ihrer ökonomisch-gesellschaftlichen und historischen Bedingtheit sowie in ihrer dialektischen Wirkungsweise gesehen werden.

In Übereinstimmung mit der Fragestellung soll hier das Inhalt/Form-Verhältnis in bezug auf den *Gegenstand* der genannten Wissenschaften festgestellt werden. Ausgeklammert bleiben damit z.B. die Frage nach dem Inhalt/Form-Zusammenhang der Wissenschaften als solchen (= Zusammenhang zwischen Gegenstand und Methodologie der Wissenschaften) sowie die Frage nach der Inhalt/Form-Relation beim wissenschaftlichen Problemfindungs- und -lösungsprozeß (= Zusammenhang zwischen vorhandenen Zielsetzungen und fachspezifischer Realisation derselben).

Zu Inhalt und Form in der Deutschdidaktik: Gegenstand der Deutschdidaktik sind sprachliche und literarische Lernprozesse, wie sie unter jeweils konkreten gesellschaftlich-historischen Bedingungen stattfinden bzw. initiiert werden. Ziel der Erforschung dieses Gegenstandes ist im Rahmen einer gesellschaftswissenschaftlich konzipierten Deutschdidaktik die Entfaltung und Weiterentwicklung der einheitssprachlichen und literarischen Rezeptions- und Produktionsfähigkeit bei allen Mitgliedern einer deutschsprachigen Nation.

Die *Inhaltsseite* sprachlicher und literarischer Lernprozesse ist primär geprägt durch die aufgrund bestimmter ökonomisch-gesellschaftlicher Verhältnisse herausgebildeten Erkenntnisse und Ideologien. Die Deutschdidaktik hat letztere als inhaltliche Teilaspekte ihres Gegenstandes im Hinblick auf die von ihr angestrebten bildungs- und gesellschaftspolitischen Zielvorstellungen kritisch zu reflektieren und zu systematisieren. Gebiete, in denen didaktische Forschungen in bezug auf die mit dem Sprachlernprozeß verbundenen inhaltlichen Lernprozesse relevant werden, sind alle gesellschaftlichen Bereiche, in denen Sprache rezipiert und produziert wird, einschließlich der für die Sprach- und Literaturrezeption und -produktion zuständigen Institutionen und Medien. Einen zentralen Teilbereich bildet der schulische Deutschunterricht, da darin eine potentiell breite und systematische Wirkungsmöglichkeit für die Deutschdidaktik besteht.

Mit der *Formseite* sprachlicher und literarischer Lernprozesse wird die zunehmende Fähigkeit zur Produktion und Rezeption sprachlicher und literarischer Normen, Strukturen sowie anderer fachwissenschaftlich erfaßbarer Faktoren bezeichnet. Bei der Erforschung dieser Lernprozesse ist die Deutschdidaktik in besonderer Weise abhängig von dem gesellschaftlich-historisch begründeten Erkenntnisstand ihrer Nachbardisziplinen, der Sprach- und Literaturwissenschaften. Eine gesellschaftswissenschaftlich aufgefaßte Deutschdidaktik sieht sprachliche und literarische Lernprozesse der genannten Art in ihrer sozio-ökonomischen Bedingtheit sowie in ihrer zentralen gesellschaftlichen Funktion. Sie bezieht sich dabei auf die Erkenntnisse materialistischer Geschichtsforschung im Bereich des Deutschunterrichts und orientiert sich an den Fachwissenschaften, die ebenfalls auf gesellschaftlich-historischer Grundlage arbeiten. Die systematischen, historischen und empirischen Ergebnisse der Fachwissenschaften hinsichtlich sprachlicher und literarischer Erscheinungen werden von der Deutschdidaktik unter dem Aspekt vorhandener und angestrebter Lernprozesse analysiert. Als Forschungsbereiche ergeben sich von daher Untersuchungen zur Kompensation sozio-ökonomisch bedingter Sprachdefizite, zur Effektivierung sprachlicher Lernprozesse, zu den durch Medien und Institutionen hervorgerufenen sprachlichen und literarischen Lernprozessen u.a.m. Einen Forschungsschwerpunkt bildet ebenfalls in bezug auf die Formseite des Gegenstands der Deutschdidaktik der schulische Unterricht (HELMERS 1974b; ECKHARDT, HELMERS 1980b, S. 318ff.).

Zu Inhalt und Form in der Erziehungswissenschaft: Hauptgegenstand einer als gesellschaftswissenschaftliche Disziplin verstandenen Erziehungswissenschaft sind die allgemeinen Lehr- und Lernprozesse, die aus dem jeweiligen Stand gesellschaftlich erzeugter Produktivkräfte, der damit zusammenhängenden Produktionsverhältnisse sowie den jeweils herrschenden Klasseninteressen resultieren und auf diese Faktoren zurückwirken.

Die *Inhaltsseite* des Gegenstands der Erziehungswissenschaft resultiert aus den ökonomischen und ideologischen Bildungs- und Erziehungsbedürfnissen der historisch aufeinanderfolgenden Gesellschaftsformationen. Die Erziehungswissenschaft hat jene ihrem objektiven Gehalt nach zu ermitteln und im Hinblick auf die von ihr vertretenen Klasseninteressen zu analysieren und zu systematisieren. Forschungsgebiete für den inhaltlichen Teilaspekt der Erziehungswissenschaft sind alle für Lehr- und Lernprozesse in Frage kommenden Bereiche der Natur, der Gesellschaft sowie des menschlichen Denkens und der menschlichen Sprache. Einen zentralen Teilbereich bilden dabei vorhandene und gewesene Bildungs- und Erziehungssysteme und -institutionen, wo Theorien des Lehrens und des Lernens im Unterricht umgesetzt wurden und werden. Die Erforschung der bei allgemeinen Lehr- und Lernprozessen produzierten und rezipierten Inhalte erfolgt in der gesellschaftswissenschaftlich konzipierten Erziehungstheorie insofern parteilich, als jene im Hinblick auf ihr demokratisches Wirkungspotential reflektiert und ausgewählt werden (zum Demokratiebegriff vgl. das VORWORT des vorliegenden Bandes).

Mit der *Formseite* sind in bezug auf den Gegenstand erziehungswissenschaftlicher Forschung die auf systematischem, historischem und empirischem Wege gewonnenen Ergebnisse über die allgemeinen Faktoren und Bedingungen des Lehrens und Lernens gemeint. Eine gesellschaftswissenschaftlich konzipierte Erziehungswissenschaft betrachtet diese Lehr- und Lernprozesse in ihrem sozio-ökonomischen Funktionszusammenhang und forciert dabei stets diejenigen Elemente, die der Entwicklung vorhandener Produktivkräfte und der damit korrespondierenden Produktionsverhältnisse dienlich sind. Dies gilt u.a. bei der Herausbildung allgemeiner pädagogischer Grundsätze (z.B. Prinzip der Anschauung, Praxisbezug), bei der Aufstellung von umfassenden Theorien zur Effektivierung von Lernprozessen (z.B. programmiertes Lernen), zur Kompensation sozio-ökonomisch bedingter Lernbehinderungen (z.B. innere und äußere Differenzierung), zur Erzeugung sozialer und kreativer Qualitäten (z.B. Partner-, Gruppenarbeit, Selbsttätigkeit der Schüler) sowie bei der Begründung allgemeiner Bildungs- und Erziehungsziele (SUCHODOLSKY 1972).

Zu Inhalt und Form in der Sprachwissenschaft: Gegenstand der Sprachwissenschaft sind die grammatischen, artikulatorischen, phonologischen, stilistischen, semantischen sowie die etymologischen Strukturen und Normen der Sprache in deren gesellschaftlichem Funktions- und Verwendungszusammenhang.

Die *Inhaltsseite* des Gegenstands der Sprachwissenschaft besteht aus allen in versprachlichter Gestalt existierenden Bereichen der gesellschaftlichen Realität. Eine gesellschaftswissenschaftlich orientierte Sprachwissenschaft wendet sich

insbesondere denjenigen inhaltlichen Teilaspekten zu, die
für die Erkenntnis und Weiterentfaltung der Kommunikations-
und Denkfunktion der Sprache im Dienste demokratischer Interessen relevant sind. Wichtige gesellschaftliche Bereiche für
die Analyse, Funktionsbestimmung und Wertung sprachlicher Phänomene und Prozesse sind unter diesem Gesichtspunkt die verbreiteten Medien und Publikationsorgane, die Sphären der gesellschaftspolitischen Auseinandersetzung, die Fachwissenschaften, Institutionen, Organisationen sowie die Bevölkerungsschichten.

Mit der *Formseite* des Gegenstands der Sprachwissenschaft
ist die sich historisch entwickelnde materielle Seite der
Sprache bezeichnet (vgl. die Gegenstandsdefinition). Zu unterscheiden sind dabei der sprachlich-formale Bereich und
der semantische Bereich. Während ersterer als Instrument der
Kommunikation und des Denkens prinzipiell unabhängig von
Basis-Überbau-Einflüssen existiert, ragt letzterer in einigen
wichtigen Teilen in den Wirkungsmechanismus des gesellschaftlichen Überbaus hinein. Eine gesellschaftswissenschaftlich
aufgefaßte Sprachtheorie hat dies in mehrfacher Hinsicht zu
berücksichtigen. In bezug auf den sprachlich-formalen Bereich
ist festzuhalten, daß dessen unterschiedliche Qualität eine
qualitativ unterschiedliche Leistung für überregionale und
wissenschaftliche Kommunikation sowie für produktives und
kreatives Denken mit sich bringt (der Dialekt ist in dieser
Hinsicht z.B. der Einheitssprache unterlegen; AMMON 1973b).
Ein inhaltliches (z.B. ideologisches) Wirkungspotential in
bezug auf menschliche Gedankengänge ist dahingegen nicht
sprachlich-formalen Erscheinungen, sondern sozio-ökonomischen
Bedingungszusammenhängen zuzuschreiben. So prägt z.B. nicht
die gebräuchliche Kasussetzung, sondern die soziale Situation
die Gedanken eines Arbeiters - wohl aber trägt eine gesell-
schafts- und bildungspolitisch bedingte ungleiche Verteilung
der Einheitssprache entscheidend zur Stabilisation sozio-
ökonomisch bedingten Denkens bei. Auf den semantischen Bereich der Sprache trifft diese weitgehende Neutralität insoweit nicht zu, als Wortbedeutungen und Begriffsinhalte dem
ideologischen (z.B. politischen, juristischen) Sektor angehören. Unter Berücksichtigung der genannten wissenschaftstheoretischen Grundlagen für die Analyse der Formseite der Sprache ergeben sich als sprachwissenschaftliche Forschungsgebiete u.a. die Funktionsbestimmung verschiedener Dialekte und
verschiedener Formen der Umgangssprache im Vergleich zur Einheitssprache, die Analyse ideologischer Gehalte der Sprache,
die Analyse mündlicher und schriftlicher pragmatischer Texte
(ggfs. im Vergleich) im Hinblick auf deren kommunikative Leistung bzw. deren objektives Wirkungspotential und die Erforschung medientheoretischer Aspekte bei der Rezeption und
Produktion von pragmatischen Texten (AMMON 1977).

Zu Inhalt und Form in der Literaturwissenschaft: Gegenstand der Literaturwissenschaft ist alles durch Druck und Tonträger Überlieferte, also sowohl ästhetische Literatur (Dichtung, Unterhaltungsliteratur, ein Teil der Werbeliteratur) als auch pragmatische Literatur, sofern diese nicht ausschließlich unter sprachwissenschaftlichen Gesichtspunkten untersucht werden soll. Die Literatur wird von der gesellschaftswissenschaftlich aufgefaßten Literaturtheorie unter verschiedenen Aspekten - des zu erschließenden Ideengehalts bzw. der Wirkungsabsicht, der Produktion, der Rezeption, der Distribution usw. - auf gesellschaftlich-historischer Grundlage analysiert, interpretiert und gewertet.

Die *Inhaltsseite* des Gegenstands der Literaturwissenschaft ergibt sich aus ökonomisch-gesellschaftlichen und historischen Bedürfnissen und Verhältnissen, deren ideologischer Überbau jeweils durch Klasseninteressen und durch einen bestimmten Stand der Klassenauseinandersetzung geprägt ist. Für die Literaturwissenschaft sind Textinhalte insofern von besonderer Bedeutung, als an diesen die (offene oder verdeckte) Parteilichkeit des Textproduzenten und die gesellschaftlich-historische Relevanz des Textes abgelesen werden können. Eine gesellschaftswissenschaftlich konzipierte Literaturwissenschaft wertet dabei jene Literatur positiv, deren Inhalte die objektiven Entwicklungstendenzen eines bestimmten Zeitabschnitts bzw. einer bestimmten gesellschaftlich-historischen Situation repräsentieren, erklären, bzw. widerspiegeln. (Das anachronistische Wiederaufleben feudalistischer Inhalte in der Trivialliteratur des 20. Jahrhunderts wird unter diesem Aspekt z.B. negativ gewertet.) Forschungsgebiete der genannten inhaltlichen Art sind alle literarästhetisch und literarpragmatisch gestalteten Inhalte, wie sie z.B. von der Kulturindustrie, den Kulturinstitutionen (Theater, Kino), den übrigen Medien und Publikationsorganen (Rundfunk, Schallplatte, Tonband, Fachzeitschrift usw.) sowie auf dem Büchermarkt verbreitet werden.

Die *Formseite* des Gegenstands der Literaturwissenschaft besteht in den historisch sich entwickelnden literarästhetischen und literarpragmatischen Strukturen (Gattungen, Genres sowie anderen Gestaltungsmitteln und Kategorien) sowie in der durch die verschiedenen Autoren repräsentierten Literaturgeschichte. Diese werden historisch und systematisch im Hinblick auf ihr allgemeines und besonderes Wirkungspotential unter den verschiedenen gesellschaftlichen Bedingungen erforscht. Zur Formseite des Gegenstands der Literaturwissenschaft gehören u.a. auch literaturpsychologische und -soziologische Aspekte. Als Forschungsgebiete ergeben sich alle Bereiche, in denen literarische Texte (mündlich und schriftlich) produziert und rezipiert werden (vgl. die angegebenen Beispiele). Hinzu kommen kritische Analysen zur Literaturrezeption, zur Funktion und Verbreitung von Literatur unter bestimmten gesellschaftlichen Bedingungen sowie Untersuchungen zur schöpferischen Wahrnehmungs- und Verarbeitungsfähigkeit u.a.m. Die Literaturwissenschaft erhält in bezug auf diesen Forschungsbereich eine demokratische Funktion, indem sie eine Kommunikationsbrücke bildet zwischen vorhandenen literarischen Produkten und deren Rezipienten, die auf Identifikation oder kritische Distanzierung zielt (SOMMER 1978).

Da das Wesen vorhandener Objekte nicht unabhängig von deren Entwicklung gesehen werden kann (die aufgezeigten Inhalt-Form-Relationen beinhalten letztlich das Ergebnis eines historischen Prozesses), muß auch das *Verhältnis von Inhaltsseite und Formseite* der wissenschaftlichen Forschungsgegenstände in seiner dynamischen Dimension gesehen werden. Unter diesem Aspekt ist jenes geprägt durch die allgemeinen Gesetze der Dialektik, die jeweils spezifisch und konkret in Erscheinung treten.

Dazu als Beispiel das als "Quelle und Gehalt" jeglicher Entwicklung bekannte Gesetz von der "Einheit und dem Kampf der Gegensätze" (GROPP 1971, S. 100 ff.): Bezogen auf das Verhältnis von Inhalt und Form allgemein wird mit diesem Gesetz die grundlegende Priorität des Inhalts als Triebkraft der Inhalt-Form-Entwicklung sowie die aktive Rückwirkungsfunktion der Form definiert, wie sie in allen Bereichen der Natur und der Gesellschaft nachweisbar sind. Vorausgesetzt wird dabei der prinzipielle Zusammenhang von Inhalt und Form als jeweils widersprüchliche Seiten ein- und desselben Objektes. Die daraus zu folgernde spezifische Priorität der Inhaltsseite wissenschaftlicher Forschungsgegenstände erklärt sich daraus, daß diese jeweils Teilbereiche der objektiv vorhandenen Realität repräsentiert, die die Realität der jeweiligen Formseite der Wissenschaften erst herausfordern und bedingen. Die relativ selbständig erzielten Forschungsresultate der verschiedenen Disziplinen können umgekehrt einen hemmenden oder fördernden Einfluß auf die Weiterentwicklung der Realitätsbereiche haben.

So bedingen in der *Erziehung* die gesellschaftlichen Bedürfnisse ökonomischer und biologischer Art die Erziehungsvorstellungen der jeweils herrschenden pädagogischen Theorien. Letztere haben umgekehrt Einfluß auf die Realisation der jeweiligen gesellschaftlichen Bedürfnisse und können diese gegebenenfalls perspektivisch korrigieren. In der *Sprache* hat die Inhaltsseite insofern prinzipiellen Vorrang, als ohne sie keinerlei Artikulation irgendwelcher Art stattfände. Umgekehrt bedarf der auszudrückende Inhalt zu seiner Realisation der materiellen Sprachform, die zwar nicht in ihrem Grundbestand, wohl aber in ihrem Gestaltungsbereich (Stilistik) durch jenen geprägt wird. Die Frage nach dem Inhalt-Form-Bezug in der *Literatur*, vor allem in der ästhetischen Literatur, ist insofern von besonderer Bedeutung, als sie Teile des schöpferischen Prozesses immanent nachvollzieht. Die Geschichte der literarischen Gattungen, Genres usw. verweist stets auf die dahinter stehenden künstlerischen Ideen und Absichten sowie auf die diesen zugrundeliegenden gesellschaftlich-historischen Bedingungszusammenhänge. Umgekehrt bewirkt die schöpferische Entfaltung neuer Formen, die künstlerische Weiterentwicklung bestimmter Genres usw., daß die dahinter stehenden Wirkungsabsichten adäquater realisiert werden. (Die Verwendung verschiedener Sprachebenen, Dialekt und Hochsprache, in Hauptmanns Drama "Die Weber" zum Beispiel führt dem Zuschauer besonders kraß die mit Hilfe der ungleichen Sprachverteilung sanktionierten sozialen Antagonismen im 19. Jahrhundert vor Augen.)

Die hier beispielhaft vorgenommene Konkretisierung des
dialektischen Entwicklungszusammenhanges zwischen der Inhaltsseite und der Formseite wissenschaftlicher Forschungsgegenstände wäre im einzelnen anhand der übrigen Gesetze der
Dialektik zu vervollständigen (so anhand des Gesetzes von der
"Einheit von Qualität und Quantität", der "dialektischen Negation" usw.). Im Rahmen der vorliegenden Untersuchung kann
aufgrund der aufgezeigten Ansätze zur näheren Bestimmung des
Inhalt-Form-Bezuges innerhalb der erziehungswissenschaftlichen sowie der sprach- und literaturwissenschaftlichen Forschungsgegenstände festgehalten werden, daß die jeweiligen
Wissenschaften die Untersuchung der Inhaltsseite ihrer Gegenstände dialektisch mit derjenigen der Formseite zu verknüpfen haben, so daß die mit den formalen Aspekten einhergehenden inhaltlichen Funktionszusammenhänge und die von den
inhaltlichen Aspekten ausgehenden formalen Erfordernisse jeweils integriert untersucht werden können. Wird in dem Zusammenhang die Inhaltsseite als jeweiliger Teilaspekt des Allgemeinen überhaupt betrachtet, so bildet die Formseite das jeweils Besondere einer Wissenschaft, das in dieser Funktion
das Kriterium für die fachsystematische Grundlegung der Wissenschaften abgibt.

1.2 *Inhalt und Form als Gegenstand des Deutschlehrplans*

Unter dem Deutschlehrplan werden in der Deutschdidaktik
i.a. Lehrplankonzeptionen jeder Art verstanden, sofern sie
auf den Deutschunterricht oder auf einzelne Lernbereiche desselben bezogen sind. Der Begriff beinhaltet also neben den
staatlichen Lehrplänen die in den 'privat' verfaßten Methodi-
ken und Didaktiken vorhandenen Konzeptionen, die individuellen Lehrpläne einzelner Lehrer, Lehrergruppen oder Schulen,
die in Lese- und Sprachbüchern sowie in anderen Unterrichtsmaterialien vorfindbaren Lehrpläne u.a.m. Der in diesem Sinne
aufgefaßte Deutschlehrplan stellt einen wichtigen Forschungsbereich der Deutschdidaktik dar, da er als komplexes Mittel
der Bildungspolitik ein Fundament für die Realisation unterschiedlicher Positionen verkörpert.

Hauptgegenstand des Deutschlehrplans sind die Lernziele
des Deutschunterrichts. Die *Inhaltsseite* dieser Lernziele resultiert aus allen Bereichen der gesellschaftlichen Realität,
die in den Dienst erzieherischer Intentionen gestellt werden.
Die derart verstandenen inhaltlichen Lernziele des Deutschlehrplans werden von daher auch Erziehungsinhalte genannt.
Sie dringen (geplant oder unbewußt) über die Textinhalte
schriftlicher oder mündlicher Art in den Deutschlehrplan ein,
mit deren Hilfe sprachliche und literarische Lernprozesse initiiert werden sollen. Die mehr oder weniger ausgeprägte Reflexion der Erziehungsinhalte bei der Lehrplanerstellung ändert nichts an deren Parteilichkeit. Selbst vordergründig
'unparteilich' erscheinende Inhalte (z.B. realitätsferne Inhalte der 'heilen Welt') sind insofern als parteilich zu ent-
larven, als sie der Stabilisation vorhandener Entwicklungen
Vorschub leisten. Im Hinblick auf eine wahrhaftige gesellschaftspolitische Auseinandersetzung und im Hinblick auf die

wirksame Realisation der in unserem Grundgesetz garantierten
demokratischen Rechte und Prinzipien ist dagegen bei der Feststellung
von Erziehungsinhalten für den Deutschlehrplan eine
offene Parteilichkeit für demokratische Lernziele zu fordern.
Diese manifestiert sich zum einen in der systematischen Berücksichtigung
der für die Durchsetzung demokratischer und
für die Abwehr undemokratischer Prozesse relevanten Bereiche
der gesellschaftlichen Realität und zum anderen in der dementsprechenden
inhaltlichen Textauswahl sowohl mündlicher als
auch schriftlicher Art (ECKHARDT/HELMERS 1980a, S. 103 ff.).
Die faktische Verwirklichung der mittels der Inhaltsseite
der Lernziele zum Ausdruck gelangenden Erziehungsvorstellungen
kann durch die Aufnahme didaktischer und methodischer
Hinweise in den Deutschlehrplan forciert werden, die die reflektierte
Vermittlung der Inhalte durch den Lehrer und die
reflektierte Rezeption der Inhalte durch den Schüler zum Ziel
erheben. Unter diesem Aspekt ist im übrigen die individuelle
und gesellschaftliche Relevanz der Inhalte für die Schüler
von besonderer Bedeutung. Zu beachten sind u.a. die Altersstufengemäßheit,
die regionale Angemessenheit, die Aktualität,
das Motivationspotential der Inhalte sowie deren Bedeutung
für die objektiven Interessen der Schüler.
 Die *Formseite* des Deutschlehrplans resultiert aus dessen
sprachlichen und literarischen Lernzielen. Wird unter dieser
fachspezifischen Könnens- und Wissensvermittlung Bildung verstanden,
können die sprachlichen und literarischen Lernziele
auch als Bildungsziele bezeichnet werden. Bildungsziele des
Deutschlehrplans sind alle Lernziele, die aufgrund der Nachbarwissenschaften
der Deutschdidaktik (der Sprach- und Literaturwissenschaften)
unter didaktischen Gesichtspunkten ausgewählt
und systematisiert werden. Von daher ergeben sich
Lernziele in bezug auf die grammatischen, artikulatorischen,
orthographischen und lesetechnischen Fertigkeiten, in bezug
auf die mündlichen und schriftlichen gestalterisch-stilistischen
Fähigkeiten sowie in bezug auf die sprach- und literaturanalytischen
und sprach- und literaturhistorischen Fähigkeiten
und Kenntnisse. Die Aufstellung von Bildungszielen erfolgt
insofern (wie diejenige der Erziehungsinhalte) parteilich,
als von den sprachlichen und literarischen Erscheinungen
diejenigen ausgewählt werden, die für die individuelle
Lebensbewältigung und für die gesellschaftliche Interessenauseinandersetzung
von Bedeutung sind. Dies schließt die Berücksichtigung
der sprachlichen und literarischen Produktions-
und Rezeptionsgewohnheiten und -fähigkeiten der Schüler
mit ein. Letztere bilden im übrigen die Grundlage für
die Verankerung kompensatorischer Maßnahmen im Deutschlehrplan.
 Das *Verhältnis von Inhaltsseite und Formseite im Deutschlehrplan*
ist geprägt durch die prinzipielle Priorität der Erziehungsinhalte
einerseits und die lehrplanspezifische Priorität der
Bildungsinhalte andererseits. Letzterer wird dadurch Rechnung
getragen, daß, wie in den Lehrplänen aller anderen Unterrichtsfächer,
die didaktisch ausgewählten und systematisierten
fachspezifischen Lernziele die Grundlage für den Lehrplanaufbau
bilden (BROWELEIT u.a. 1975, S. 27 ff. u.a.). Dem
grundsätzlichen Vorrang der Erziehungsinhalte, der sich aus

der übergeordneten Erziehungsfunktion allen Unterrichts ergibt, wird entsprochen, sofern dem fachspezifischen Lehrplan ein inhaltlicher Bezugslehrplan an die Seite gestellt wird, der bei der Konkretisierung einzelner Lehrpläne (z.B. bei der Zusammenstellung von Texten für Sprach- und Lesebücher, bei der Lernzielbestimmung in Unterrichtseinheiten) gleichgewichtig zu berücksichtigen ist. Eine umgekehrte Konzeption, die die Erziehungsinhalte zur Lehrplangrundlage des Deutschunterrichts erhebt, ist fachdidaktisch schon deshalb fragwürdig, weil jene fächerübergreifend sind und sich somit eine fachspezifische Lehrplanerstellung erübrigen würde. Unter gesellschaftlich-historischem Aspekt soll darüberhinaus der bildungspolitische Funktionszusammenhang aufgezeigt werden, in dem die Frage nach der Lernzielpriorität beim Aufbau des Deutschlehrplans steht.

2. Erziehungsinhalte und sprachlich-literarische Ziele unter gesellschaftlich-historischem Aspekt

Die gesellschafts- und bildungspolitischen Faktoren, die den Funktionszusammenhang des Inhalt/Form-Verhältnisses in der Geschichte des Deutschlehrplans maßgeblich bedingen, ergeben sich aus der historischen Entwicklung der bürgerlichen Gesellschafts- und Bildungspolitik. Diese ist seit der weitgehend gescheiterten Revolution von 1848/49 bestimmt durch den Antagonismus der bürgerlichen Klassengesellschaft (Privateigentum an Produktionsmitteln einerseits, gesellschaftlicher Charakter der Arbeit andererseits) und dem damit einhergehenden prinzipiellen Dualismus des bürgerlichen Schulsystems (gymnasiale Bildung einerseits, Volksbildung andererseits). Die Geschichte des bürgerlichen Deutschlehrplans zerfällt auf diesem Hintergrund in hauptsächlich zwei Entwicklungsstränge: die Geschichte der 'höheren' Sprachbildung auf der einen Seite (Gymnasium) und die Geschichte der 'niederen' Sprachbildung auf der anderen Seite (Volksschule). Die im Geschichtsverlauf mehr oder weniger verschleierten lehrplanpolitischen Antagonismen werden durch das spezifische Verhältnis von Inhalt und Form, durch den Stellenwert von Erziehungsinhalten und sprachlich-literarischen Zielen in den bürgerlichen Deutschlehrplankonzeptionen, entscheidend mitgeprägt und in ihrer faktischen Wirksamkeit stabilisiert (ECKHARDT 1979b)[1]. Unter gesellschaftlich-historischem Aspekt soll dies konkretisiert werden.

---

1 Im Rahmen der zitierten Darstellung werden auch die über den bürgerlichen Deutschlehrplan hinausweisenden demokratischen Ansätze berücksichtigt, wie z.B. die demokratischen Konzepte der Aufklärungsepoche und die daran anknüpfende demokratische Deutschdidaktik der Gegenwart.

2.1 Die Lernzielbestimmung des Gymnasiums unter gesellschaftlich-historischem Aspekt

Charakteristisch für die Entwicklung der bürgerlichen Deutschlehrplankonzeption des Gymnasiums ist die sprach- und literaturwissenschaftliche Fundierung der Lernziele. Die Formseite bildet insofern grundsätzlich das Lehrplanfundament.
  Die wissenschaftstheoretische und weltanschauliche Qualität der an den Fachwissenschaften orientierten Lernziele hängt ab von den in den aufeinanderfolgenden Epochen vorherrschenden sprach- und literaturwissenschaftlichen Konzeptionen. Insbesondere sind es die verschiedenen Variationen bürgerlicher Sprach- und Literaturwissenschaften, die die gymnasiale Lernzielbestimmung prägen. Die dort vorhandenen Forschungsdefizite, Schwächen und Fehler in der Erkenntnisgewinnung dringen auf diesem Wege unvermittelt in den gymnasialen Deutschlehrplan ein, so daß es hier zu äquivalenten negativen, die sprachliche und literarische Realität entstellenden und verfälschenden Erscheinungsformen kommt.
  Die gesellschaftlich-historisch zu erklärende Hauptursache für die Mängel und Fehler in den maßgeblichen Richtungen der bürgerlichen Sprach- und Literaturtheorien und mithin auch im bürgerlichen Deutschlehrplan des Gymnasiums ist die prinzipiell idealistische Verankerung wissenschaftlicher Ziele, Methoden und Ergebnisse und die damit einhergehende zumeist undialektische Willkür in der Reflexion. So wird in den herkömmlichen ahistorischen Richtungen der Sprachwissenschaft die Sprache abgeschnitten von ihrem sozialen Ursprung im Zusammenhang mit der Herausbildung der menschlichen Arbeit. Die Idealisierung und Mystifizierung der Sprachentstehung (etwa als unerklärliche Weiterentfaltung des menschlichen Gehirns) hat zur Folge, daß die Funktionen der Sprache für die zwischenmenschliche Kommunikation und für das menschliche Denken ihres materiellen Charakters entkleidet werden. Zum Beispiel werden die Inhalte des menschlichen Denkens nicht in ihrer Abhängigkeit von sozio-ökonomischen Verhältnissen gesehen, sondern als bedingt durch die Sprachform. Die wissenschaftliche Erforschung sprachlicher Phänomene wird aufgrund dieser Auffassung herrschenden Interessen dienstbar gemacht, indem ökonomisch-gesellschaftlich begründete Erscheinungen, wie z.B. der deutsche Nationalismus und Faschismus, auf die deutsche Sprache zurückgeführt und von daher teilweise legitimiert werden.
  In den herkömmlichen Literaturwissenschaften führt die idealistische Ausgangsposition zur Abstraktion literarischer Erscheinungen von deren gesellschaftlich-historischen Bedingungszusammenhängen. Die daraus resultierenden irrationalistischen Tendenzen sind erkennbar an der subjektivistischen Willkür bei der Interpretation, der Leugnung der ästhetischen Widerspiegelungsfunktion hinsichtlich objektiv vorhandener gesellschaftlicher Gesetzmäßigkeiten und der Leugnung objektiver Wahrheitsgehalte in der Literatur. Diese wird nicht aus ihren realen Entstehungs- und Wirkungszusammenhängen, sondern einseitig fachimmanent oder aus korrespondierenden Überbaufaktoren (z.B. psychologischer, philosophischer Art) erklärt. Die in einigen Konzeptionen feststellbare Her-

anziehung biographischer und historischer Fakten, die als solche eine stärkere Verobjektivierung der Interpretation ermöglichen kann, wird durch eine subjektivistisch-idealistische Auslegung partiell neutralisiert. Idealistisch konzipierte Rezeptionstheorien, die das Verstehen ästhetisch wahrgenommener und gestalteter Aussagen der Beliebigkeit des rezipierenden Individuums überantworten, legitimieren bis in die Gegenwart das irrationalistische Vorgehen bei der literaturwissenschaftlichen Forschung. Diese kann aufgrund dessen unschwer in den Dienst herrschender Interessen gestellt werden (z.B. durch Privatisierung und Relativierung bestimmter Ideengehalte sowie durch die undialektische Verabsolutierung literarischer Einzelphänomene).

Der unmittelbare Einfluß der idealistischen Sprach- und Literaturwissenschaften auf den gymnasialen Deutschlehrplan wird besonders sichtbar in den zahlreichen Deutschmethodiken, deren Autoren sich oft dezidiert auf bestimmte sprach- und literaturwissenschaftliche Positionen und Strömungen beziehen. "Sprachgeschichte ist zugleich Kulturgeschichte", heißt es bezeichnenderweise in einer 1920 erschienenen Methodik (BIESE 1920, S. 26)[2]. Verbreitet ist traditionell die These von der Sprache als dem "Archiv und Organ der nationalen Gedankenwelt" (LAAS 1886, S. 240), die das Eindringen nationaler und später nationalistischer Tendenzen in die Sprachwissenschaft und damit auch in den gymnasialen Sprachunterricht markiert. Vom Einfließen faschistischer Gedankengänge aufgrund sprachidealistischer Vorstellungen zeugt z.B. die 1939 erschienene Schrift LEO WEISGERBERs, in der die Prämisse, daß "in der deutschen Sprache ein aus unserem Volke erwachsenes, ihm angemessenes und eigentümliches gedanklich-begriffliches Weltbild ausgeprägt und als Gemeinbesitz des deutschen Volkes niedergelegt ist", zu der Forderung führt, daß "die richtigen Zusammenhänge zwischen dem Weltbild unserer Muttersprache und den Grundzügen deutschen Wesens" erkannt werden sollen (LEO WEISGERBER 1939, S. 74)[3].

Der Einfluß der idealistisch begründeten Ergebnisse der bürgerlichen Literaturwissenschaft auf den gymnasialen Literaturunterricht spiegelt sich vor allem in irrationalistischen Zügen wider, die sowohl die Funktion von Dichtung als

---

2 Biese, Gymnasialdirektor in Frankfurt a.M., verbindet seine sprachidealistische Grundposition mit äußerst nationalistischen und chauvinistischen Intentionen. Im Hinblick auf die allgemeinen gesinnungsbildenden Ziele des Deutschunterrichts schreibt er z.B.: "Weh, wenn wir Danzigs, wenn wir Westpreußens gedenken ... Heiliger Zorn flammt auf, wenn wir zu dem wackeren Vorkämpfer deutscher Freiheit und Einheit, zu Ernst Moritz Arndt, in der Deutschstunde geführt werden und zu dem schwertscharfen Wort: 'Der Rhein, Deutschlands Strom, nicht Deutschlands Grenze', das jetzt die gierigen Franzosen zunichte machen wollen ...". (BIESE 1920, S. 127).

3 Weisgerber spricht in diesem Zusammenhang außerdem von der Konzeption einer "arteigenen deutschen Sprachlehre" und lehnt infolgedessen die Verwendung gleicher Fachausdrücke für verschiedene Sprachen ab. (WEISGERBER 1939, S. 52).

auch die methodische Vermittlung derselben erfassen. Auf
diese Weise kann - über die affirmativen Tendenzen der idealistischen Literaturwissenschaften - auch im gymnasialen Literaturunterricht herrschendes Gedankengut wirksam werden.
"Je trüber und trauriger die Gegenwart ist, desto mehr müssen wir uns an der Herrlichkeit und Größe unserer Vergangenheit aufrichten und überall deutsche Art und deutsche Kraft
da aufsuchen, wo sie zu finden ist", schreibt ALFRED BIESE
zu den allgemeinen Zielen des gymnasialen Literaturunterrichts (BIESE 1920, S. 43)[4].

Eine Verknüpfung des Irrationalismus mit dem Relativismus
bei der literarischen Interpretation wird bei SUSANNE ENGELMANN erkennbar: "Es gibt keine schlechthin allgemein gültige
Auffassung von Dichter und Dichtung", heißt es in der erstmals 1926 erschienenen und nach 1950 in der BRD mehrfach neu
aufgelegten Methodik (ENGELMANN 1926, S. 114, gesperrt). Mit
dieser Behauptung wird die objektive menschliche Erkenntnisfähigkeit negiert und somit interpretatorische Willkür im Literaturunterricht legitimiert.

Die im Zusammenhang mit den idealistischen Sprach- und
Literaturwissenschaften herausgestellten inhaltlichen Momente (Einfluß herrschender Ideologien) können nicht über die
fundamentalen Forschungen in bezug auf die sprach- und literaturwissenschaftlichen 'Formen' hinwegtäuschen. Im Gegenteil: Den traditionellen Literaturwissenschaften und vor allem den Sprachwissenschaften haftet traditionell eher ein
Mangel an konkretem Inhaltsbezug (verstanden als Praxisbezug)
an als ein Mangel an fachlich-formalen Erkenntnissen. Die
Entwicklung des gymnasialen Deutschlehrplans ist von parallelen Erscheinungsformen geprägt: Die durchgehend zu verfolgende wissenschaftliche Fundierung der Lernziele stellt sich
dar als ein System sprach- und literaturwissenschaftlich begründeter Formen. Die planmäßige Berücksichtigung der Formseite des Lehrplans geht traditionell einher mit einer mangelnden Reflexion der Erziehungsinhalte, also der Inhaltsseite des Lehrplans. Dies führt, verstanden als Verabsolutierung der Formseite des Lehrplans, zu formalistischen Tendenzen. Sprachliche und literarische Erscheinungen werden,
an welchen fachwissenschaftlichen Konzeptionen sie auch immer
orientiert sind, als Lernziele aufgestellt, ohne daß erzieherische (inhaltliche) Komponenten als solche systematisch reflektiert und transparent gemacht werden. "Natürlich wachsende Sprache ist ... an keinen festen Inhalt gebunden. Alle Inhalte, die ihr angemessen sind, müssen für die Schulung im
sprachlichen Gestalten als gleich gut gelten, wenn sie nur
einen Anreiz zu gestaltender Formung enthalten", heißt es in

---

4 Die bei Biese indirekt anklingende Indienstnahme der Literaturwissenschaft von herrschenden nationalistischen Kräften ("deutsche Art ...
wo sie zu finden ist") wird unter dem Faschismus besonders augenfällig, wenn z.B. literaturwissenschaftliche Abhandlungen über die "landschaftlichen und rassischen Kräfte in der deutschen Dichtung des Hochmittelalters" (BRINKMANN 1939, S. 122ff.) oder über "volkhafte Dichtung der Gegenwart" (LANGENBUCHER 1939, S. 185 ff.) erscheinen, die
Bluts- und Rassefragen im Zusammenhang mit vorhandener und historischer
Dichtung ansprechen.

einer 1930 erschienenen Methodik in bezug auf den Aufsatzunterricht (FISCHER 1930, S. 59). Im Hinblick auf die formalistische Zielsetzung dieser Konzeption wird ferner behauptet, daß "der Inhalt des Aufsatzes, das 'Thema', neben seiner Gestaltung an die zweite Stelle (rückt). Es handelt sich beim Aufsatz nicht mehr um philosophische oder sittliche Durchbildung, sondern um Schulung der sprachlichen Gestaltungskraft" (ders., S. 69). In einer Methodik der fünfziger Jahre der BRD soll folgender Text zum Aufsatzthema "Warum ich gerne in die Höhere Schule gehe" nicht inhaltlich, sondern nur sprachlich-formal reflektiert werden: "... Ein weiterer Punkt für meinen Besuch in der Höheren Schule ist eben das weit größere Wissen, das sie uns gegenüber der Volksschule vermittelt; man lernt Fremdsprachen, das richtige Deutsch ..." (ULSHÖFER 1968, S. 184). Selbst wenn erzieherische Intentionen bzw. ideologische Interessen in Gymnasialmethodiken im Einklang mit den zugrundeliegenden Fachwissenschaften ausdrücklich formuliert werden, sind es letztlich die sprachlichen und literarischen Formen, die das entscheidende Kriterium für den Lehrplanaufbau und (bei der Zensierung) für die Selektion der Schüler darstellen. Die oben zitierten gesinnungsbildenden Ziele in der Methodik BIESEs von 1920 halten diesen z.B. nicht davon ab, einen systematischen Lehrplan für den Literaturunterricht auf gattungspoetischer Grundlage aufzustellen (Einteilung in Epik, Lyrik, Dramatik und in jeweils dazugehörige Textsorten; BIESE 1920, S. 71 ff.). Eine ähnliche Erscheinung findet sich in bezug auf die Gestaltungslehre in der erstmals 1868 erschienenen Methodik von WILHELM SCHRADER. "Der Wert der Freundschaft, die Vaterlandsliebe und ähnliches versteht sich von selbst und ist keinem Schüler unklar und unbekannt: der Schüler kann also durch Bearbeitung solcher Aufgaben zwar seine formale Darstellungsfertigkeit fördern, allein hiermit ist der Zweck des Aufsatzes nicht erschöpft", schreibt SCHRADER einerseits. Andererseits relativiert er diesen inhaltlichen Anspruch im Hinblick auf die Aufsatzkorrektur: "Die Verbesserung des Lehrers darf nur bis zu einem gewissen Grade auf den Inhalt des Aufsatzes eingehen und hat sich bei weitem mehr auf die Form desselben zu erstrecken ... Insbesondere ist es die sprachliche Form, auf welche der Lehrer sein Augenmerk zu richten hat (SCHRADER 1882, S. 457, 489, 490).

Die skizzierten Grundzüge der traditionellen Lernzielbestimmung im bürgerlichen Deutschlehrplan des Gymnasiums werden auf dem Hintergrund der historischen Entwicklungsgesetzlichkeiten der bürgerlichen Gesellschaft in ihrer bildungspolitischen Funktion erkennbar. Die vorzugsweise in den Gymnasien unterrichteten Kinder der besitzenden Gesellschaftsschichten sollen zum einen privilegiert werden im Hinblick auf spätere Führungspositionen. Die prinzipielle Wissenschaftlichkeit des Deutschunterrichts garantiert diese Qualifikation in einem bestimmten Rahmen. Die Ausklammerung didaktischer Fragen aus der Lehrplankonzeption, die die formalistische Nichtbeachtung des Inhaltsaspekts miteinschließt, bewirkt zugleich, daß herrschende Ideologien manipuliert wirksam werden können. Folglich wird das von der Wissensvermittlung grundsätzlich ausgehende Reflexionspotential zugunsten jeweils herrschender Interessen kanalisiert. Ein Überblick über die Geschichte der gymnasialen Lernzielbestimmung im Bereich des Deutschunterrichts zeigt, daß zwar die der Lernzielbestimmung jeweils zugrundegelegten Fachwissenschaften variieren, daß jedoch bis in die Gegenwart der didaktische Aspekt abgedrängt wird (z.B. als immanenter Bestandteil der Fachwissenschaften) und somit die herkömmlichen bildungs- und gesellschaftspolitischen Wirkungsmechanismen fortbestehen. Wenn diese Feststellung auch angesichts der prinzipiell überkommenen ökonomisch-gesellschaftlichen Strukturen und der daraus resultierenden 'Stagnation' in der Überbauentwicklung der BRD nicht überrascht, so ist es angesichts absehbarer Teilreformen auf dem Gebiete des Schulsystems (Einrichtung von Gesamtschulen als Regelschulen) keineswegs müßig, die Konsequenzen einer elitären Lehrplanpolitik zu bedenken, zumal diese (wie es sich in neueren Lehrplänen sämtlicher Bundesländer andeutet) teilweise auf die Lehrpläne aller Schularten überzugreifen droht[5]. Bevor dies perspektivisch im Hinblick auf einen ungetrennten Deutschunterricht geschieht, ist die Frage der Lernzielpriorität im Deutschlehrplan der bürgerlichen Volksschule unter gesellschaftlich-historischem Aspekt zu beantworten.

2.2 Die Lernzielbestimmung der Volksschule unter gesellschaftlich-historischem Aspekt

Bezeichnend für die Geschichte des Volksschullehrplans ist die weitgehende Unwissenschaftlichkeit seiner Lernzielbestimmung. Die damit verbundene Zurückdrängung der Formseite des Deutschlehrplans wird in der Volksschule durch weitere bildungspolitische Faktoren, wie z.B. die mangelnde Wissenschaftlichkeit in der Lehrerausbildung und die Vernachlässigung des Fachlehrerprinzips insbesondere im Fach Deutsch, noch verstärkt. Sie wirkt sich in den einzelnen Lernbereichen unterschiedlich aus. In Lernbereichen, die den unmittelbaren ökonomischen Verwertungsinteressen dienen (z.B. im Orthographieunterricht), hat die Formseite des Lehrplans traditionell größere Bedeutung als in Lernbereichen, die der 'höheren' Bildung dienen (z.B. im Literaturunterricht). Dadurch wird einerseits die 'Funktionstüchtigkeit' der in den Volksschulen unterrichteten späteren Arbeitskräfte erreicht und andererseits deren sozialer Aufstieg durch Ausschluß von privilegierender Bildung lehrplanpolitisch blockiert.
Die als Abdrängung der Formseite kategorisierbare Unwissenschaftlichkeit wird in der Geschichte des Volksschullehrers durchweg pseudowissenschaftlich gerechtfertigt. Eine besonders wirksame Legitimationstheorie ist die Theorie der 'volkstümlichen' Bildung, die in dieser Funktion erstmals

---

5 Das nach dem Bonner Regierungswechsel von 1969 erkennbare Übergreifen elitärer Tendenzen auf die Deutschlehrpläne aller Schularten betrifft vor allem die Groblernziele des Deutschunterrichts (Lernbereichskonstruktion). (ECKHARDT 1979b, S. 256 ff.).

1854 in den 'Stiehlschen Regulativen' und seitdem mehr oder
weniger explizit bis in die Gegenwart vertreten wird. Die
Hauptargumentation dieser Theorie ist, daß die lohnabhängigen
Bevölkerungsmassen einen bestimmten Menschentypus darstellen,
der von demjenigen der besitzenden Gesellschaftsschicht angeblich
grundsätzlich unterschieden, dabei jedoch eigenwertig
in sich selbst sei. Aufgrund dieser Konstruktion vom 'volkstümlichen'
Menschen, dem ein eigener 'volkstümlicher' Denkhorizont
unterstellt wird, werden die sozioökonomisch bedingten
und lehrplanpolitisch forcierten sprachlichen und literarischen
Defizite der in der Volksschule versammelten Arbeiterkinder
als 'volkstümliche' Qualitäten hingestellt, die als
solche keiner unterrichtlichen Kompensation bedürfen. Das
Eintreten für die Niederhaltung der Volksbildung tarnt sich
demnach als Eintreten für das Volk:

"Das Streben, den Unterricht mehr auf das Wissen als auf das Können zu
richten, macht sich schon bei der Volksschule in nachteiliger Weise geltend.
Auch hier besteht die Neigung, den Lehrstoff auszudehnen und die
Anforderungen über das dem gesetzlich obligatorischen Elementarunterricht
gesteckte Ziel fortschreitend immer wieder hinaufzuschrauben. Die
Folge hiervon ist, daß die Schüler, anstatt durch die Schule für das
praktische Leben brauchbar gemacht zu werden, den Aufgaben desselben und
den Verhältnissen, in welchen sie und ihre Eltern leben, entfremdet werden",

heißt es in einem 1890 verfaßten Schreiben Bismarcks an
Wilhelm II. (Der deutsche Beamte 1977, H.4, S. 65). Entsprechend
der These vom 'volkstümlichen' Menschen, vom 'volkstümlichen'
Denken und von der 'volkstümlichen' Bildung wird die
Niederhaltung des Bildungsniveaus des Deutschunterrichts in
der Volksschule mehr oder weniger explizit unter Berufung
auf die angebliche Existenz einer 'volkstümlichen' Sprache
neben der Hochsprache der 'Intelligenz' gerechtfertigt. Diese
auf sprachidealistischer Grundlage konstruierte Pseudotheorie
wurde vor allem während des Faschismus und nach der
faschistischen Epoche in der BRD differenziert ausgearbeitet,
was auf die extrem undemokratischen Tendenzen dieser historischen
Zeitabschnitte schließen läßt.

"Wenn volkstümliches Denken etwas grundsätzlich anderes ist als wissenschaftliches
Denken ... so muß das vornehmste Zeugnis dafür die Sprache
selbst sein. Gibt es eine volkstümliche Bildung, einen Weg zum vollen
Menschentum, der nicht durch die wissenschaftliche Schulung geht, sucht
man das Vorbild des deutschen Menschen, zu dem unser Volksschüler heranwachsen
soll, im Volk selbst und nicht in der intellektuellen Schicht,
so muß man auch die Sprache im Volk suchen, die dem Volksschüler seine
Welt vermittelt ...",

schreibt GERTRUD FERCHLAND 1935 (FERCHLAND 1935, S. 19).
Der an der Bücherverbrennung von 1933 maßgeblich beteiligte
Nazi-Pädagoge ALFRED BAEUMLER unterstützt die 'Theorie'
FERCHLANDs mit Nachdruck:

"Begrifflicher Reichtum und logische Feinheit sind Kennzeichen der Sprache
jener, die eine höhere Schule besucht und eine wissenschaftliche Aus-

bildung erfahren haben. Jede Bildung und jede Ausdrucksweise an dieser
wissenschaftlichen Bildung und wissenschaftlichen Ausdrucksweise zu messen, scheint uns verfehlt ... die Hochsprache des Volkes ... ist weder
undeutlicher als die Sprache der wissenschaftlichen Bildung, noch ist
sie ein Erzeugnis träumerischer Bewußtlosigkeit. Vielmehr stellt sie
eine eigene, in sich geschlossene Weise des Ausdrucks dar, die einer
eigenen Vollkommenheit fähig ist" (BAEUMLER 1938, S. 411).

Ebenfalls unter Bezugnahme auf FERCHLAND äußert HERBERT
FREUDENTHAL noch 1951:

"Volkstümliche Sprachbildung ist nicht ein Hinaufziehen in den Laut- und
Formbestand, den Wortschatz und den Satzbau der Literatursprache und der
Fachsprachen der Wissenschaft, der Presse und des Amtsverkehrs. Sie hat
ein eigenes Sprachreich zum Gegenstand, in dem der 'Laie', der 'gemeine
Mann', sein unmittelbares geistiges Leben und sein Zwiegespräch mit sei-
nesgleichen bekundet. Dieses Sprachreich ist das Feld der Volksschule.
Alle darüber hinausgehenden Anliegen sind Aufgaben weiterführender Schulen, von der 'Höheren Schule' bis zur Universität oder zur Schauspiel-
schule" (FREUDENTHAL 1951, S. 354)[6].

Alle Theorien, die in dieser oder ähnlicher Weise die Niederhaltung der Sprachbildung bewußt oder unabsichtlich rechtfertigen, so auch die gegenwärtig populären 'Differenzhypothesen'
verschiedener Prägung, sind gesellschaftlich-historisch in
dieser undemokratischen Tradition zu sehen.
   Die mangelnde Berücksichtigung der Formseite im Deutschlehrplan der Volksschule ist konzeptionell erkennbar an mangelnder Lehrplansystematik einerseits und an der Verabsolutierung der Inhaltsseite des Lehrplans andererseits. Beide
Erscheinungen ergeben sich direkt aus der pseudotheoretisch
verschleierten Unwissenschaftlichkeit des Volksschullehrplans.
"Die Gelehrtenschule baut ihren Lehrgang der Grammatik nach
objektiven Rücksichten auf, sie hat ihr bestimmtes System,
das aus ... der Natur des Lehrobjekts abgeleitet wird. Mit
der Volksschule ist dies anders. Diese richtet sich nicht
nach den objektiven Rücksichten der Wissenschaft, sondern
lediglich und allein nach dem Subjekte des Unterrichts, d.h.
nach dem Kinde", heißt es in einer erstmals 1868 erschienenen
Methodik (KEHR 1875, S. 196). In einem 1934/35 veröffentlich-
ten Aufsatz über "volkstümliche Erziehung auf volkskundlicher
Grundlage" schreibt FREUDENTHAL: Einer "politischen Volkskun-
de der deutschen Gegenwart auf rassischer Grundlage ist Volk
die vielfältige Einheit aller Lebensäußerungen des unbekann-
ten deutschen Menschen ... Das gilt in erster Linie für die
Volksschule, die sich nicht in stetig verwässerter Wissenschaftlichkeit nach den Stoffen und Ordnungen der höheren
Schule richten kann, sondern als Grund- und Hauptschule des
deutschen Volksgenossen in Besinnung auf das volkstümliche
Leben in sich selbst erfüllen muß" (FREUDENTHAL 1934/35, S.
660-662). KARL REUMUTH, dessen deutschmethodische Position
in der BRD den Faschismus überdauerte (REUMUTH 1941; REUMUTH
1948 ff.), konstatiert 1937:

---

6 Freudenthal knüpft mit dieser Position nahtlos an gleichlautende Publikationen aus der Nazizeit an; so z.B. an den Aufsatz "Volkstümliche
   Erziehung und Bildung als Aufgabe nationalsozialistischer Volksschularbeit" (DIE VOLKSSCHULE 1936, S. 217-227).

"Die volkstümliche Bildung zielt nicht ab auf einen begrifflichen systematisch geordneten Wissensbesitz; so wie die bisherigen Lehrbücher die Unterrichtsstoffe aufbereiteten, sondern sie erschließt den Kindern die Lebenswirklichkeit von ihrem Lebenskreis aus und gliedert die gewonnenen Erfahrungen und Kenntnisse in das gewachsene Weltbild des Kindes ein. Ausschlaggebend für die Auswahl des Bildungsstoffes ist nicht ihre Bedeutung im wissenschaftlichen System, sondern die Lebensbedeutung für das Kind und seinen Lebenskreis" (REUMUTH 1937, S. 692).

Die besonders bei KEHR und REUMUTH erkennbare Berufung auf den Schüler und dessen 'Bedürfnisse' dient ebenfalls traditionell der Rechtfertigung von Ausbildungsbeschränkungen im Bereich der Sprachbildung für das Volk. "Der Ausgangspunkt hat sich nach dem zu richten, was dem Kinde Interesse bringt, ihm Freude bereitet, es glücklich macht. Der Gang ist durchaus psychologisch, nicht aber logisch-systematisch" heißt es analog in einer 1917 erschienenen Methodik (SCHMIEDER/SCHNEIDER 1917, S. 45). In bezug auf den Literaturunterricht äußert LINKE 1927: "Die Kinder wollen lesen, genießen! Sie wollen nicht durch Worterklärungen aufgehalten und nicht unterbrochen werden durch ... Beantwortung von Lehrerfragen" (LINKE 1927, S. 287). Die Bezugnahme auf die 'Bedürfnisse', 'Interessen', 'Wünsche' der Schüler, die sich seit der Jahrhundertwende vordergründig auf methodische Prinzipien der bürgerlichen Reformpädagogik stützen kann und die in der BRD bis in die didaktische Diskussion der Gegenwart reicht (BEHR u.a. 1975), erweist sich insofern objektiv als Bezugnahme auf die Interessen der gesellschaftlich Herrschenden, als sie die ideologisch opportune Niederhaltung der Volksbildung perpetuiert. In einigen Publikationen zum Deutschunterricht kommt dies unverhohlen zum Ausdruck. So heißt es z.B. im 1928 herausgegebenen Landeslehrplan für die Volksschule Sachsens: "Die Volksschule hat aus der Fülle der Bildungsgüter nur die Gebiete auszuwählen, die allen Gliedern der deutschen Volksgemeinschaft zugänglich gemacht werden sollen, die für alle Glieder des deutschen Volkes von Bedeutung, Wert und unentbehrlich sind" (nach TAUSCHER 1931, S. 98). Dementsprechend argumentiert BAEUMLER zwecks Rechtfertigung des niederen sprachlichen Bildungsniveaus im Volksschullehrplan: "Die volkstümliche Hochsprache ist die mit Bewußtsein erfaßte und gepflegte Sprache, in der das Volk alles zu sagen vermag, was es bewegt und was es bei der Arbeit nötig hat" (BAEUMLER 1938, S. 414).

Der beschönigte Aufruf zur Unwissenschaftlichkeit und die einseitige Betonung der Inhaltsseite in der Lehrplankonzeption der Volksschule sind didaktisch zwei Faktoren, die einander wechselseitig bedingen. Vordergründig wird dieser lehrplanpolitische Funktionszusammenhang erkennbar an den Kriterien für den jeweiligen Lehrplanaufbau: Inhaltsbereiche bzw. 'Themenkreise', auch 'Situationen' genannt, bilden die Grundlage der Lernzielbestimmung. In einer 1880 erschienenen Methodik wird z.B. eine Anordnung des Lehrstoffes nach folgenden Inhaltsbereichen vorgeschlagen: "Das Schulzimmer", "Der Wohnort" usw. (STERNER 1880, S. 98/99). RICHARD ALSCHNER, dessen Werk "Deutsch und Deutschkunde im Rahmen des Sachunterrichts" vor, während und in der BRD auch nach dem Faschismus mehrfach neu aufgelegt wurde, integriert den gesamten Deutschunterricht in die sogenannten 'Sachfächer' (Biologie, Geographie, Geschichte u.a.) und liquidiert damit den Deutschunterricht als Fachunterricht. Die von ihm vorgeschlagenen Inhaltsbereiche richten sich nach den jeweiligen sachunterrichtlichen Lernzielen; sie lauten "Von den Haustieren", "Neue Kampfmittel des Weltkrieges" (gemeint ist hier der Erste Weltkrieg), "Sehnsucht aller Deutschen nach Gesamtdeutschland" usw. (ALSCHNER 1953, S. 105, 310, 330). Ein derart zum Gelegenheitsunterricht zusammengeschrumpfter Deutschunterricht, wie er in der BRD bis in die Gegenwart durch gesamt- und projektunterrichtliche Konzeptionen forciert wird[7], verhindert einen systematisch geplanten Sprachunterricht und kann somit sozioökonomisch bedingte Sprachdefizite nicht einmal ansatzweise kompensieren. Daß diese demokratische Zielsetzung traditionell gar nicht angestrebt wird, zeigt bereits eine 1872 erschienene, für den damals aufkommenden Imperialismus programmatische Schrift. Darin wird ausdrücklich gefordert, daß man den Inhalt der Sprache für wichtiger "halte als die Form" und daß der "Hauptwerth der nationalen Erziehung der Volksschüler nicht auf ein Vielerlei von Kenntnissen, sondern auf die Charakterbildung zu legen" sei, um "den deutschen Idealismus zu bewahren und dem leider durch alle Poren in unser Volksthum eindringenden Materialismus der Gesinnung entgegenzutreten" (WEBER 1872, S. 23, 46). Deutlich wird an diesem Beispiel auch die Funktion der unwissenschaftlichen, einseitig die Inhaltsseite hervorhebenden Lehrplankonzeption, wie sie für den traditionellen Volksschullehrplan typisch ist: Bei variierender bildungs- und gesellschaftspolitischer Zielsetzung wird erreicht, daß die in den Volksschulen versammelten Kinder der arbeitenden Bevölkerungsmassen sprachlich und damit auch gesellschaftlich benachteiligt bleiben und gleichzeitig im Dienste jeweils herrschender Kräfte manipuliert werden. Dies gilt auch dann, wenn dieselben Lehrplanprinzipien im Rahmen schulartübergreifender Konzeptionen aufgestellt werden, die auf Realisation in der Gesamtschule zielen. Mit der organisatorischen Aufhebung des Klassencharakters des traditionellen Schulsystems innerhalb des fortbestehenden bürgerlichen Gesellschaftssystems sind dessen grundlegende Antagonismen keineswegs auch beseitigt. So wichtig ein bildungspolitisch ungetrennter Deutschunterricht für alle Schüler als Voraussetzung für eine Demokratisierung sprachlicher und literarischer Lernprozesse ist: Der damit erreichte Fortschritt wird indirekt wieder zurückgenommen, wenn die andauernden sozio-

---

7 Der Projektbegriff wird in Deutschland zunächst von Peter Petersen benutzt, der ihn aus dem amerikanischen Pragmatismus übernimmt (PETERSEN 1935). Nach der faschistischen Epoche greift Herbert Freudenthal den Begriff unter ausdrücklicher Bezugnahme auf dessen amerikanische Herkunft wieder auf (FREUDENTHAL 1957, S. 79-80). Unter Bezugnahme auf die vergleichbaren Tendenzen der Reformpädagogik hält das Projekt als fächerübergreifende oder -unabhängige Unterrichtsorganisation nach ca. 1970 Einzug in die Lehrpläne aller Bundesländer (ECKHARDT 1979b, S. 271 ff.).

ökonomisch bedingten Defizite nicht systematisch kompensiert werden, die in der Schule vorenthaltenen Lerninhalte der Vermittlung im Elternhaus überantwortet werden und somit an die Stelle der schichtenspezifischen Schularten schichtenspezifische Kurse zu treten drohen.

3. Die Berücksichtigung von Erziehungsinhalten und sprachlich-literarischen Zielen im demokratischen Deutschlehrplan

Zusammengefaßt ergeben die unter systematischem und historischem Aspekt festgehaltenen Beobachtungen, daß erstens jeweils die Formseite einer Wissenschaft (hier der Deutschdidaktik und deren Grund- und Nachbardisziplinen) das Spezifische ihres Gegenstandes ausmacht, während die Inhaltsseite einer Wissenschaft jeweils ihre Bezugnahme auf die verschiedenen Bereiche der gesellschaftlichen Realität allgemein darstellt (Kap. 1.1); daß zweitens diese Feststellung insofern auch für den Deutschlehrplan gilt, als dessen Formseite die Fachspezifik des Deutschunterrichts repräsentiert, während dessen Inhaltsseite den Zusammenhang mit den (fächerübergreifenden) Erziehungsinhalten allgemein markiert (Kap. 1.2). Der gesellschaftlich-historisch vorgenommene Überblick über das Verhältnis von Erziehungsinhalten und sprachlich-literarischen Zielen im bürgerlichen Deutschlehrplan des Gymnasiums einerseits und der Volksschule andererseits läßt drittens erkennen, daß hier die jeweilige Inhalt/Form-Relation traditionell der Stabilisation von Herrschaftsinteressen dienstbar gemacht wird. Die einseitige Akzentuierung der Formseite zuungunsten der Inhaltsseite des gymnasialen Deutschlehrplans bewirkt die mehr oder weniger indirekte Gesinnungsmanipulation bei gleichzeitiger Privilegierung; die einseitige Akzentuierung der Inhaltsseite zuungunsten der Formseite des Deutschlehrplans der Volksschule bewirkt die direkte Gesinnungsmanipulation bei gleichzeitiger bildungs- und gesellschaftspolitischer Benachteiligung (Kap. 2). Der Dualismus der bürgerlichen Deutschlehrplanentwicklung ist im Prinzip bis in die Gegenwart der BRD zu verfolgen. Er besteht auch in solchen lehrplanpolitischen Reformkonzepten indirekt fort, die einerseits auf eine Demokratisierung des Schulsystems zielen (schulartübergreifende Konzeptionen), jedoch andererseits eine (wie auch immer legitimierte) Relativierung der Formseite zugunsten der Inhaltsseite des Lehrplans forcieren (ansatzweise realisiert z.B. in den 1974 erschienenen "Materialien zur Vorbereitung von Rahmenplänen für den Sekundarbereich I" des Landes Niedersachsen). Die in solchen Konzeptionen perspektivisch anvisierte Senkung der Bildung für alle Schüler bleibt, abgesehen von der gesellschaftswissenschaftlichen und weltanschaulichen Unhaltbarkeit dieser Position, eine Scheinlösung, da die fortbestehenden sozio-ökonomischen Verhältnisse in der BRD für eine Perpetuierung der sprachlichen Benachteiligung der Unterschicht und damit auch der vorhandenen bildungs- und gesellschaftspolitischen Ungerechtigkeiten sorgen. Ein demokratischer Deutschlehrplan muß deshalb über die schulartübergreifende Konzeption hinaus eine Verwissenschaftlichung der sprachlichen und literarischen Ziele für alle Schüler anstreben und dabei durch systematische, im demokratischen Sinne zielgerichtete Miteinbeziehung des Inhaltsaspektes die von der traditionellen Konzeption des Gymnasiums ausgehenden rückschrittlichen Tendenzen ausschalten (vgl. den Lehrplan für den Literaturunterricht im Lesebuch LESESTÜCKE, Stuttgart 1975 ff.).

3.1 Demokratische Erziehungsziele

Um dem demokratischen Aspekt bei der wissenschaftlichen Fundierung der sprachlichen und literarischen Lernziele des Deutschlehrplans zur vollen Wirkung zu verhelfen, sind auch in bezug auf die Inhaltsseite des Lehrplans solche Themenkomplexe heranzuziehen, die eine Erziehung zu demokratischem Denken und Handeln ermöglichen. In diesem Sinne werden hier solche Inhalte verstanden, die die Bevölkerungsmehrheit in der umfassenden Wahrnehmung und Durchsetzung gesellschaftlicher Verantwortung und Rechte sowohl im Bereich der materiellen Produktion als auch im Bereich der geistig-ideologischen Arbeit unterweisen und bestärken. Die Tendenz der Inhalte ist außerdem dahingehend zu prüfen, inwieweit sie die Beherrschung von Entwicklungsgesetzen der Natur und Gesellschaft und damit die gezielte Entfaltung der menschlichen Freiheit zunehmend realisieren helfen (MEW Bd. 20, S. 260/261 und 264/265).

Die die Inhaltsseite des Deutschlehrplans repräsentierenden Inhaltsbereiche, die als allgemeine Erziehungsinhalte prinzipiell auch für alle anderen Unterrichtsfächer relevant sind, müssen im Hinblick auf die jeweils vorhandene Realität konstituiert und unter den genannten Aspekten konkretisiert werden. Von Bedeutung sind dabei u.a. folgende Realitätsbereiche, die zu Inhaltsbereichen des Lehrplans werden:

1) Das Verhältnis von Natur und Gesellschaft (Natur- und Umweltschutz, Städtebauplanung, Rohstoff- und Energiegewinnung usw.);

2) der Bereich der materiellen Produktion (Produktivkräfteentwicklung, Mensch als Produktivkraft, Arbeitsteilung, Theorie-Praxis-Bezug im Arbeitsprozeß usw.);

3) der Bereich der Produktionsverhältnisse (Verhältnis Produktionsverhältnisse/Produktivkräfteentwicklung, demokratische/undemokratische Gesellschaftsstrukturen, Eigentumsverhältnisse, Verhältnis Arbeitnehmer-Arbeitgeber, Arbeitskämpfe, Mehrwertproblematik bzw. Fragen der Gewinnbeteiligung, Sozialgesetzgebung, Gleichberechtigung der Frau usw.);

4) die Bereiche von Politik, Medien (Fragen der Gesetzgebung, Information und Manipulation durch Fernsehen, Rundfunk, Film und andere Publikationsorgane, Reklame, Zusammenhang Politik-Wirtschaft, Kriegsproblematik, Entwicklungspolitik usw.);

5) der Bereich von Kultur und Kunst (Funktion von Kunst, Dichtung, Trivialliteratur, Theater, Sport, Bildungsinstitutionen, Mode usw.);
6) der Bereich der zwischenmenschlichen Kommunikation (Sozialverhalten, Solidarität, Vorurteil- bzw. Diskriminierungsproblematik, Freizeitindustrie, Kontaktschwierigkeiten, Generationskonflikte, Konsumverhalten usw.);
7) der Bereich der medizinischen und psychologischen Versorgung (Fragen zur Verstaatlichung und Privatisierung der Krankenversorgung, Preisentwicklung bei Medikamenten, Naturheilmethoden, Stellung und Versorgung psychisch Kranker und körperlich Behinderter, Geburtenkontrolle usw.).

Die exemplarisch aufgeführten Inhaltsbereiche, die z.T. eng aufeinander bezogen sind, bezeichnen einige grundlegende Aspekte bei der inhaltlichen Lehrplankonzeption für den Deutschunterricht und bedürfen als solche bei der konkreten Lehrplanerstellung einer weitergehenden Differenzierung, wie sie stichwortartig angedeutet ist. Als denkbares System für die Auswahl von Inhalten für den Deutschlehrplan hat eine solche Zusammenstellung die Funktion, die Allseitigkeit der Erziehung zu ermöglichen bzw. notwendige oder gewollte Schwerpunktsetzungen oder Auslassungen im Bereich erzieherischer Intentionen transparent zu machen. Ein noch so umfangreiches System von Inhaltsbereichen und inhaltlichen Teilbereichen für den Deutschlehrplan kann allerdings nicht darüber hinwegtäuschen, daß es zur Verwirklichung konkreter demokratischer Vorstellungen einer gezielten 'Ausfüllung' mit entsprechenden Texten und Themen mündlicher und schriftlicher Art bedarf. Dies gilt grundsätzlich für alle Lernfelder des Deutschlehrplans, die der Realisation sprachlicher und literarischer Lernprozesse dienen. Dabei ist es möglich, daß Inhaltsbereiche eine längere Unterrichtseinheit bestimmen, die mehrere Lernbereiche des Deutschlehrplans enthält. Das Thema "Krieg" kann z.B. nacheinander im Literaturunterricht (Beispiel: Rezeption des Gedichts "Des Teufels ruß'ger Gesell" von FRANZ FÜHMANN), in der Gestaltungslehre (Beispiele: Rezeption des Berichts "Krieg" von URSULA WÖLFEL; Produktion eines Leserbriefes zu aktuellen kriegerischen Auseinandersetzungen in 'Entwicklungsländern') und im Grammatikunterricht realisiert werden (Beispiel: Etymologische Herleitung militaristischer Begriffe und Wendungen). Die mit dem Inhaltsbereich verfolgten erzieherischen Intentionen können auf diese Weise von mehreren Seiten her gefestigt und intensiviert werden. Der fächerübergreifende Aspekt der Erziehungsinhalte legt es aus ähnlichen Gründen nahe, die Inhaltsbereiche des Deutschlehrplans mit denjenigen anderer Unterrichtsfächer zu koordinieren (beim Thema "Krieg" z.B. mit den Fächern Politische Bildung, Sozialkunde, Geschichte). Die in den Deutschlehrplan aufgenommenen Inhalte erhalten dadurch ein fachunterrichtlich abgesichertes Fundament, das den mit den Inhalten verknüpften sprachlichen und literarischen Übungen zugute kommt.

3.2 Sprachlich-literarische Ziele als Grundlage eines demokratischen Deutschlehrplans

Sprachliche und literarische Ziele des Deutschlehrplans sind alle Ergebnisse der Sprach- und Literaturwissenschaften, die deren fortschrittlichstem Forschungsstand entsprechen und für die Schüler eine individuelle und gesellschaftliche Relevanz besitzen. Auszuklammern wären mithin solche Gebiete, die sprach- und literaturwissenschaftliche Spezialgebiete darstellen oder wissenschaftsimmanente Fragestellungen beinhalten. Von grundlegender Bedeutung sind dagegen alle Beobachtungen bezüglich der sich historisch mehr oder weniger verändernden sprachlichen und literarischen Phänomene als Teil der gesellschaftlichen Realität. In bezug auf den literarischen Bereich des Deutschlehrplans gewinnt der historische Aspekt insofern besondere gesellschaftspolitische Relevanz, als über den Einblick in Dokumente und in poetische Texte vergangener Epochen das Verständnis für die Gegenwartsliteratur und die Einsicht in die Gesetzlichkeiten menschlicher Geschichte vertieft werden. Wichtig ist unter diesem Gesichtspunkt auch die systematische Einbringung sprach- und literatursoziologischer Erkenntnisse in den Deutschlehrplan, da diese über die vielfältigen Bedingungsfaktoren sprachlicher und literarischer Produktion und Rezeption Aufschluß geben (z.B. biographische Faktoren und Faktoren der Wirkung und Distribution).

Der demokratische Aspekt bei der systematischen Berücksichtigung wissenschaftlich fundierter sprachlicher und literarischer Erscheinungen im Deutschlehrplan besteht, ähnlich wie bei der systematischen Bezugnahme auf bestimmte Inhaltsbereiche, in der prinzipiell zu fordernden Allseitigkeit sprachlicher und literarischer Lernprozesse. Oberstes Ziel der curricularen Allseitigkeit ist es, allen Schülern die sprachlichen und literarischen Voraussetzungen für die voll verantwortliche Teilnahme an den gesellschaftspolitischen Interessenkämpfen sowie für die kritische Rezeptions- und Produktionsfähigkeit im medien- und kulturpolitischen Bereich zu vermitteln. Um dieser Intention möglichst gerecht zu werden, ist bei der Lehrplankonzeption zu beachten, daß erstens alle Bereiche der sprachlichen und literarischen Kommunikation dezidiert Berücksichtigung finden, damit eine etwaige Abweichung von dem Ziel der Allseitigkeit in der unterrichtlichen Praxis als solche transparent und reflektiert werden kann; daß zweitens die Teilnahme an der Analyse (Rezeption) sowie der mündlichen und schriftlichen Produktion von Texten durch eigens der Fertigkeitsvermittlung dienende Lernfelder und -ziele auch für die sozio-ökonomisch Benachteiligten gewährleistet wird (die volle Teilnahme am Grammatikunterricht setzt z.B. ein bestimmtes grammatisches Können voraus); daß drittens bei der Aufstellung von sprachlichen und literarischen Zielen alle als relevant erachteten wissenschaftlichen Aspekte bedacht werden, wobei sich innerhalb der verschiedenen Lernbereiche des Deutschlehrplans Akzentverschiebungen ergeben. So kann z.B. bei der Lernzielbestimmung im Bereich der sprachlichen Fertigkeiten die historische Perspektive zurückgestellt werden, da es hier weniger um die

Analyse sprachlicher Strukturen als um deren Einübung geht.
Das Gegenteil ist bei der Lernzielbestimmung im Bereich der
literarpragmatischen und literarästhetischen Analyse der Fall,
die die gesellschaftlich-historische Dimension im Hinblick
auf die angestrebte kritische Rezeptions- und Produktionsfähigkeit der Schüler stets einbeziehen sollte.

In den verschiedenen Lernbereichen eines demokratischen
Deutschlehrplans sollten den gemachten Feststellungen zufolge insbesondere folgende Lernziele eingeplant werden:

1) in dem für das orthographisch richtige Schreiben zuständigen Bereich (Rechtschreibunterricht) gültige orthogra-
   phische Regeln;

2) in dem für das artikulatorisch und grammatisch richtige
   Sprechen zuständigen Bereich (Sprecherziehung/Sprachtrai-
   ning) gültige artikulatorische und grammatische Normen;

3) in dem für die gestaltete mündliche und schriftliche Produktion und Rezeption pragmatischer Literatur zuständigen
   Bereich (Gestaltungslehre) relevante literarpragmatische
   Gattungen, Genres, Gestaltungsmittel und Darstellungsformen, die Epochen literarpragmatischer Literatur (vertreten
   durch die Autoren pragmatischer Literatur) und die dazu-
   gehörigen literatursoziologischen Komponenten;

4) in dem für die Analyse grammatischer und etymologischer
   Strukturen zuständigen Bereich (Grammatikunterricht) grammatische Formen und etymologische Erscheinungen der Sprachgeschichte;

5) in dem für die Analyse (Rezeption) literarästhetischer Literatur zuständigen Bereich (Literaturunterricht) die literarischen Gattungen, Genres und Gestaltungsmittel, die
   literaturhistorischen Epochen (vertreten durch die Autoren ästhetischer Texte) und die literatursoziologischen
   Komponenten (realisiert u.a. durch Differenzierung zwischen poetischer Literatur, verstanden als Dichtung,
   einerseits und außerpoetischer ästhetischer Literatur,
   z.B. Trivial- und Werbeliteratur, andererseits; HELMERS
   1974a, S. 95 ff.).

Den Möglichkeiten auf dem Gebiet der Inhaltsbereiche im
Deutschlehrplan entsprechend, können auch die jeweiligen
sprachlichen und literarischen Ziele unter mehreren inhaltlichen Aspekten zum Tragen kommen. Das Lernziel "Fabel" kann
z.B. nacheinander an den Themen "Solidarität" (Beispiel:
FRIEDRICH WOLF, Der wackere Igel), "Undemokratische Gesellschaftsstrukturen" (Beispiel: CHRISTIAN AUGUST FISCHER, Der
Löwe und der Fuchs) und "Kriegsproblematik" orientiert sein
(Beispiel: HANS-WILHELM KIRCHHOFF, Der ewige Friede). Die
themenübergreifende Vermittlung einzelner sprachlicher oder
literarischer Ziele dient primär der Festigung und Intensi-
vierung der damit verbundenen fachspezifischen Bildungsinten-
tionen. Letztere beträfen bei dem genannten Beispiel neben
der Textsorte Fabel die Autoren WOLF, FISCHER und KIRCHHOFF
sowie die mit den Autoren verbundenen literaturhistorischen

Epochen (Weimarer Republik/Faschismus, Auseinandersetzung Feudalismus/Frühbürgertum, Feudalismus). (Analysen zu den genannten Texten in: Lehrerhandbuch zu LESESTÜCKE 6 und 7, Stuttgart 1977). Die grundlegende Bedeutung der Formseite, wie sie für die *didaktische Konzeption* eines demokratischen Deutschlehrplans festgestellt wurde, gilt nicht ohne weiteres in bezug auf *didaktische und methodische Lösungen* bei der Unterrichtsdurchführung. Bei der Lehrplanerstellung ist hier eine strikte Trennung des Vorgehens angebracht: Was sich gesellschaftlich-historisch gesehen als lehrplanpolitische Notwendigkeit erweist (Akzentuierung des Formaspekts), ist nicht unbedingt der methodischen Realisation von Lernprozessen dienlich. Die Beantwortung der Frage nach der Bewußtmachung formaler Aspekte und nach dem methodischen Ansatz ist zum einen abhängig vom Lerngegenstand und zum anderen vom Bildungsstand der Schüler. So kommt es z.B. beim Training grammatischer und artikulatorischer Normen zwecks Erweiterung des Repertoires selten zur begrifflichen Bewußtmachung (was eine didaktisch geplante Verbindung zu den formalen Aspekten des Grammatikunterrichts nicht ausschließt). Aus Motivationsgründen ist hier außerdem der Ausgang von dem für diese Übungen ausgewählten Inhalt angebracht, der den Schülern den Verwendungszusammenhang der sprachlichen Lernziele nahebringt und damit zugleich erzieherisch wirksam werden kann. Auch bei der mündlichen und schriftlichen Rezeption und Produktion pragmatischer Literatur bilden in der Regel inhaltliche Faktoren, wie z.B. bestimmte Sprecher/Schreiber-Intentionen, den unterrichtlichen Ausgangspunkt. Sie stellen einen konkreten Praxisbezug her zu den vom Lehrplan geforderten formalen Lernzielen. Die Rezeptionsfähigkeit hinsichtlich ästhetischer Literatur (z.B. des Märchens) kann ebenfalls geschult werden, ohne daß die literarästhetischen Strukturen (z.B. die Typisierung der Märchenfiguren) in das Bewußtsein der Schüler gehoben werden müßten. Hier sind es vor allem lernpsychologische Überlegungen, z.B. in bezug auf die Altersstufe der zu unterrichtenden Schüler, die bei der Entscheidung für oder gegen die Einbringung formaler Aspekte zum Tragen kommen. Insgesamt ist also festzuhalten, daß die sprach- und literaturwissenschaftliche Fundierung der sprachlichen und literarischen Ziele als lehrplanpolitische Antwort auf gesellschaftlich-historisch fundierte Untersuchungen keinen direkten Zusammenhang mit der didaktisch/methodischen Durchführung einzelner Unterrichtsstunden impliziert, sondern das demokratische Wirkungspotential des Deutschlehrplans prinzipiell garantieren soll.

Ulrich Ammon
Lehrzielorientierte Primärsprachdidaktik

1. Lehrzielorientierung in derzeitigen Primärsprachdidaktiken

1.1 Zurückweisung der Lehrzielorientierung

Die derzeitigen wissenschaftlichen Konzeptionen von Primärsprachdidaktik sind überwiegend nicht lehrzielorientiert, zumindest nicht in dem strengen Sinn, wie wir Lehrzielorientierung hier verstehen (vgl. zu Begriffen und Terminologie 2.). Teils wird Lehrzielorientierung explizit zurückgewiesen, teils sind die Konzeptionen damit unvereinbar. Die Primärsprachdidaktik ist dabei nicht unbeeinflußt von der allgemeinen Didaktik, wo es eine ausgedehnte Diskussion um Vorzüge und Nachteile der Lehrzielorientierung gibt. Darauf wird im folgenden jedoch nur Bezug genommen, sofern diese Diskussion für uns erkennbar in die Primärsprachdidaktik hineingewirkt hat. Prägnante Zusammenfassungen der allgemeindidaktischen Diskussion finden sich z.B. in W.J. POPHAM (1970), K. BOECKMANN (1971), F. SCHOTT (1972, S. 45-49) und W. SCHULZ (1969).
Globale Zurückweisungen der Lehrzielorientierung finden sich in der Primärsprachdidaktik selten, jedoch z.B. bei W. HERRLITZ (1976). Seine dementsprechende Argumentation ist keineswegs, wie ansonsten die Thematik seiner Abhandlung, auf die Sekundarstufe II beschränkt. Er stützt seine Ablehnung auf drei Einwände (S. 31 f.):

1) "Lernziele kleinster Reichweite" (= operationalisierte Lehrziele! U.A.) haben weder einen "eindeutigen Zusammenhang" mit "allgemeinen Zielvorstellungen" wie etwa "relevante Qualifikationen" noch mit "konkreten Erziehungsprozessen";

2) da Lehrziele "notwendigerweise abstrahieren" von der "konkreten Lernsituation" und den "Voraussetzungen" der Schüler, degenerieren sie "zu Instrumenten der Selektion";

3) da der Zusammenhang operationalisierter Lehrziele mit Qualifikationen "nicht explizierbar ist", werden "Lernerfahrungen" zu "völlig formalen Erfolgen" "entleert".

Den Hauptansatzpunkt dieser Einwände bildet offenkundig die in der Lehrzielforschung vielfach diskutierte Schwierigkeit, operationalisierte Lehrziele stringent auf Qualifikationen und allgemeine Lehrziele zu beziehen. Dabei wird allerdings hier aus der Schwierigkeit kurzerhand eine Unmöglichkeit gemacht. So weit geht aber nicht einmal der Entdecker des sogenannten "ungelösten Deduktionsproblems", H.L. MEYER (1971), der diese Schwierigkeit im deutschsprachigen Sachgebiet wohl als erster thematisiert hat; MEYER bestreitet nur die Lösbarkeit jener Schwierigkeit durch strenge Deduktion und schlägt stattdessen 'Deduktionshypothesen mittlerer Reichweite' vor, die jenen Zusammenhang unter Rückgriff auf hermeneutische Methoden herstellen könnten. Einen anderen Lösungsvorschlag hat K. BINNEBERG (1973, S. 240) vorgelegt, nämlich die Herstellung jenes Zusammenhangs in Form "lockerer Schlußketten" im Sinne von F. WAISMANN. In eine ähnliche Richtung weist K.J. KLAUER (1974, S. 75-79), wenn er die Verbindung von rein logischen Ableitungen mit empirischen Feststellungen vorschlägt, wobei vorausgesetzt ist, daß die allgemeinen Ziele präzise beschrieben sind. Keiner dieser Vorschläge wird von HERRLITZ erwähnt, geschweige denn widerlegt. Da auch ansonsten von ihm kein Beweis für die Unlösbarkeit jener Schwierigkeit geliefert wird, der übrigens schwerfallen dürfte, handelt es sich um nichts anderes als eine unbegründete Behauptung.

Auch für (2) bleibt HERRLITZ den Beweis schuldig. Es wird kein Grund angegeben oder ersichtlich, warum der wissenschaftlich abgesicherte Bezug von Lehrzielen auf lehrmethodische Komponenten ("Lernsituation", "Voraussetzungen der Schüler" u.a.) nicht fortlaufend präzisiert werden kann. Voraussetzung dafür ist allerdings die systematische und präzise Beschreibung der Lehrziele (SCHOTT 1975, S. 17), die gerade in der Primärsprachdidaktik aussteht.

Aus diesen beiden unbegründeten Behauptungen deduziert HERRLITZ, daß die Lehrzielorientierung zu einem "Instrument der Selektion" und zur "Entleerung der Lernerfahrungen" führt. Diese Folgerungen sind logischerweise nicht besser begründet als ihre Prämissen; weitere Argumente werden für sie auch nicht geliefert. Abgesehen davon ist die mögliche Perversion ein schwacher Einwand gegen eine didaktische Konzeption, da er gegen jede Konzeption vorgebracht werden kann, auch gegen die von HERRLITZ selber.

Dieser schlägt vor, das Curriculum *statt* an Lehrzielen an "intendierten Lernsituationen" zu orientieren (S. 32). Die Möglichkeit des Mißbrauchs wird offenkundig an HERRLITZ' Vorschlag der Evaluation des Curriculums, die er - darin durchaus übereinstimmend mit Lehrzielorientierung - für unverzichtbar hält (S. 43 f.). Sein Evaluationsvorschlag ist so verschwommen, daß es - folgt man ihm - nicht aufzufallen braucht, wenn die Schüler nichts gelernt haben. Die Evaluation soll erfolgen anhand von Fragen wie "Formulieren die Lernenden selbständig Fragen (oder sogar Hypothesen), oder nehmen sie nur Probleme auf, die vom Curriculummaterial oder vom Lehrer gegeben sind?" Die Beantwortung dieser Fragen ist offenkundig nur möglich anhand des Verhaltens der Lernenden.

Im Unterschied zur Lehrzielorientierung bleibt allerdings unklar, welches Verhalten positiv oder negativ evaluiert werden soll. So könnten die unsinnigsten und abwegigsten Fragen als "selbständig" gewertet werden, die scharfsinnigsten Fragen dagegen, vor allem wenn sie streng auf das Lehrmaterial bezogen sind, als "unselbständig". Sicher ist daran nicht gedacht; woran aber genau, bleibt der willkürlichen Einschätzung des Lehrenden überlassen. Soweit wir sehen, führt die Korrektur derartiger Mängel von HERRLITZ' Konzeption nirgendwo anders hin als zurück zu einer strengeren Lehrzielorientierung, die Wert darauf legt, daß genauer als in solchen vagen Fragen beschrieben ist, was Lernfortschritte sind.

Noch ein weiterer Punkt der Kritik. Um den Schwierigkeiten bei der Beziehung operationalisierter Lehrziele auf andere Curriculumbestandteile zu entgehen, schlägt HERRLITZ vor, nur Lern- und Lebenssituationen aufeinander zu beziehen (S. 32-35). Dies soll geschehen über "Qualifikationen" im Sinne von "Konstrukten, die erklären, was 'qualifiziertes Handeln' heißen kann" (S. 33). Lediglich aufgrund der Vagheit der weiteren Erläuterungen, die im wesentlichen nur grobe Umrisse von Forschungsdesideraten skizzieren, fällt es nicht ohne weiteres auf, daß sich damit genau gleichartige Schwierigkeiten der Herstellung stringenter Beziehungen eröffnen wie bei Lehrzielen. Denn wie soll der Bezug zwischen Lern- und Lebenssituationen über derartige "Qualifikationen" hergestellt werden? Wie auch immer im einzelnen, es ist dabei unumgänglich, daß einerseits in der Theoriebildung weitgehend von den konkreten Situationen abstrahiert, andererseits jedoch in der empirischen Überprüfung wieder darauf Bezug genommen wird. Darin aber gründen im wesentlichen auch die besagten Schwierigkeiten bei operationalisierten Lehrzielen. Somit werden durch HERRLITZ' Konzeption die Schwierigkeiten der Lehrzielorientierung nicht gelöst; dagegen werden deren wesentliche Vorzüge aufgegeben, vor allem die Möglichkeit, durchschaubar zu machen, inwiefern Lehre und Lernen erfolgreich waren, und Korrekturen für einen besseren Erfolg vorzunehmen.

Eine weitere, allerdings gleich auf den ersten Blick inkonsequente globale Zurückweisung der Lehrzielorientierung findet sich bei W. BOETTCHER/H. SITTA (1978). Sie distanzieren sich einerseits entschieden von einem "lernzielorientierten Konzept" und stellen dagegen - ähnlich HERRLITZ - die "Situations- und Schülerorientierung des Curriculums" (S. 130 f.), andererseits listen sie im Rahmen ihrer eigenen Konzeption an anderer Stelle ausdrücklich "Lernziele" auf (S. 194 f.).

Es ist einerseits möglich, daß hier wirkliche Lernziele, also von Lernenden selbst gesetzte Ziele, gemeint sind, dort aber Lehrziele, nämlich von Lehrenden gesetzte Ziele (vgl. 2.1). Terminologisch wird freilich keine entsprechende Unterscheidung getroffen. Diese Deutung entspräche jedenfalls der "Schülerorientierung" von BOETTCHER/SITTA; der Widerspruch steckte dann nur in der Homonymie des Terminus "Lernziel".

Andererseits sind ihre Beispiele von "Lernzielen" eher als Lehrziele formuliert ("die Schüler sollen lernen ..."). Handelt es sich daher bei dieser Auflistung von "Lernzielen" nur um ein Versehen? Zumindest deren Lehrzielcharakter paßt nicht ohne weiteres zum Anspruch der Konzeption. Genauer betrachtet verbergen sich allerdings hinter dem ganzen Konzept Lehrziele, die in den Erläuterungen immer wieder durchschimmern, z.B. "Im situationsorientierten Ansatz soll der Schüler den Prozeß der Analyse von jetzigen und vermuteten zukünftigen Lebenssituationen auf Handlungsanforderungen und für sie notwendige Weiterqualifizierung hin selbst mitmachen und solche Analysen dabei lernen, weil sie eine entscheidende Voraussetzung für kompetentes gesellschaftliches Handeln ist (...)" (S. 130 f. - Hervorhebungen hier getilgt). Daß der Schüler die genannte Analyse lernen soll, ist nichts anderes als ein - freilich vages - Lehrziel, gesetzt vom Lehrenden oder Lehrplanern, nicht den Lernenden selber.

Der Hauptunterschied gegenüber einer konsequenten Lehrzielorientierung besteht - außer der Vagheit der Zielbeschreibung - darin, daß die Lernenden die besagte "Analyse" selber durchzuführen haben - mit möglichst wenig Unterstützung durch den Lehrenden. Vor allem auf den "Experten", der die "Qualifikationen aufgrund der prognostizierten künftigen Lebenswirklichkeit" ermittelt und systematisiert, wird ausdrücklich verzichtet (S. 130). Seine Aufgabe wird den Lernenden überantwortet. Um diese Entscheidung von BOETTCHER/SITTA angemessen zu würdigen, muß man sich vor Augen halten, daß jene Aufgabe bislang sogar wissenschaftlich größtenteils ungelöst ist. Sie stellt sich selbst dem "Experten" als so kompliziert dar, daß mancher an einer zufriedenstellenden Lösungsmöglichkeit überhaupt zweifelt (z.B. TYMISTER 1974, S. 49). Eine andere als stümperhafte Lösung durch die Lernenden selber - im vorliegenden Fall ist vor allem an Schüler der Sekundarstufe I gedacht - ist daher nicht zu erwarten. Es scheint fast so, als seien sich BOETTCHER/SITTA vor allem der ungelösten wissenschaftlichen Probleme nicht bewußt; wie anders könnten sie sonst den lehrzielorientierten ("lernzielorientierten") Unterricht "schon fast klassisch" nennen (S. 130). Klassisch ist dieser nämlich allenfalls als Problemstellung, keinesfalls jedoch hinsichtlich seiner wissenschaftlichen Absicherung oder praktischen Bewährung, vor allem nicht im Primärsprachunterricht. - Allerdings intendiert Lehrzielorientierung die wissenschaftliche Absicherung dessen, was gelernt werden sollte. In der Konzeption von BOETTCHER/SITTA ist dies jedoch vom Ansatz her ausgeschlossen. Die dabei unvermeidlichen Schwierigkeiten der Lernenden, methodisch gesichert aufindig zu machen und zu begründen, was zu lernen für sie wichtig wäre, legt auch erhebliche Zweifel an den behaupteten motivationalen Vorzügen der Konzeption nahe.

Häufiger als die globale Zurückweisung der Lehrzielorientierung finden sich Vorbehalte insbesondere gegen einen ihrer wesentlichen Bestandteile, nämlich gegen die Ziel-Operationalisierung (vgl. 2.2). So z.B. bei O. HOPPE (1972, S. 85-88). Dieser behauptet aufgrund der Lektüre von R.F. MAGER (1965) die Unvereinbarkeit von "Operationen" als Grundbegriff der

sogenannten operationalisierten Lernziele (= Lehrziele! U.A.)"
und "linguistischer Kompetenz" oder "sprachlicher Fähigkeit",
die er übrigens gleichsetzt: "Wenn man die Ausführung einer
genau definierten Operation zum Lernziel macht, so gerät man
beim Aufsatzunterricht wieder zur Niederschrift auswendig gelernter Sprachmuster (...), im Grammatikunterricht zum Auswendig-Hersagen von Regeln. Wir dürfen für den Deutschunterricht als Sprachunterricht im weitesten Sinne feststellen,
daß Lernziele nur Kompetenzen sein können, also Fähigkeiten,
Sprache zu produzieren, zu verstehen und zu reflektieren".
(S. 86).

MAGERs Buch mag für sich genommen tatsächlich in diesem
Sinne mißverständlich sein, allerdings kaum, wenn man es im
größeren Kontext der amerikanischen Lehrzielforschung sieht
oder auch nur das (in der 3. Auflage 1969 hinzugefügte) Vorwort von W. SCHULZ dazu liest. HOPPE hat einerseits darin
recht, daß brauchbare Lehrzielbeschreibungen auf Systematisierungen von Fähigkeiten bezogen sein müssen. Andererseits
sind jedoch auch Angaben erforderlich, wie sich feststellen
läßt, ob angestrebte Fähigkeiten von den Lernenden erreicht
wurden oder nicht, wenn Lehrzielbeschreibungen ihre Orientierungsfunktion für Lehrende und Lernende voll erfüllen sollen.
Derartige Angaben sind mit "Operationalisierung" gemeint
(vgl. auch BERGMANN 1967). Sie müssen notgedrungen (möglichst)
eindeutig bezogen sein auf das Verhalten (HOPPEs "Operationen") der Lernenden, an dem allein, und nur empirisch, sich
überprüfen läßt, ob die Lernenden die betreffende Fähigkeit
erlangt haben. Diese Information ist nirgendwoher deduzierbar. Selbstverständlich lassen sich auch nichtoperationalisierte Fähigkeiten anstreben; ob sie erreicht werden, bleibt
jedoch verborgen. Damit sind aber auch Lehre und Lernen nicht
auf besseren Erfolg hin korrigierbar.

Operationalisierungen von Lehrzielen erfüllen nur ihren
vollen Zweck, wenn sie Angaben über beobachtbares Verhalten
- methodisch kontrolliert - beziehen auf systematisierte Fähigkeiten. Gerade auf die Herstellung dieses Zusammenhanges
kommt es dabei an und keineswegs nur - wie HOPPE offenbar
meint - auf unzusammenhängende Verhaltensangaben.

Ein anderes, in der Primärsprachdidaktik gängiges Argument gegen die Operationalisierung ist deren angebliche Unvereinbarkeit mit bewährten Lerntheorien. Dieses Argument
findet sich z.B. bei A. HOFER (1976, S. 265-280 passim) neben
anderen Einwänden gegen operationalisierte Lehrziele. HOFER
hält unter Bezug auf N. CHOMSKYs Kritik an B.F. SKINNER
(Language 1959, 35, S. 26-58) die behavioristische Lerntheorie
für falsifiziert, zumindest im Hinblick auf das Erlernen von
Sprache (S. 266 f.). Diese Auffassung sei hier nicht in Frage gestellt; wohl aber die zusätzliche Gleichsetzung HOFERs
von "operationalisiert" und "behavioristisch", so daß er
statt von "operationalisierten" auch einfach von "behavioristischen Zielbeschreibungen" oder "behavioristisch formulierten Zielkatalogen" spricht (S. 271 f.). Als Konsequenz dieser
Gleichsetzung hält er dann die mit operationalisierten Lehrzielen arbeitende Didaktik zusammen mit der behavioristischen
Lerntheorie für erledigt, da sie mit Sprachlernen als "hypothesentestendem Prozeß" unvereinbar sei (S. 274-277).

Dabei verkennt HOFER jedoch, daß der Unterschied zwischen den Behavioristen und CHOMSKY im wesentlichen ein theoretischer ist. Die Kritik CHOMSKYs richtet sich nicht auf die Forderung der Behavioristen nach empirischer Überprüfung von Theorien, sondern auf ihre Theorien selber. So hat er z.B. verschiedentlich selber die Intuition des Linguisten als blossen Behelf für Verhaltenskriterien ("behavioral criterions") zur empirischen Überprüfung der Grammatikalität von Sätzen charakterisiert (z.B. in Syntactic Structures, Den Haag usw. 1965^5, S. 13). Die Erklärung der Behavioristen, wie grammatische Sätze erlernt werden, hält CHOMSKY allerdings für unzureichend. Bei der Operationalisierung von Sprachlehrzielen geht es jedoch überhaupt nicht um die Erklärung, wie Sprachlernen stattfindet, sondern allein um die Präzisierung bzw. Feststellungsmöglichkeit, ob und inwiefern Lernen stattfinden soll bzw. stattgefunden hat. Die Möglichkeit dieser Feststellung wird von jeder (nicht-metaphysischen) Lerntheorie vorausgesetzt, von derjenigen CHOMSKYs ebenso wie einer behavioristischen.

Von lerntheoretischen ist der Schritt zu lehrmethodischen Einwänden nicht weit. Sie finden sich nicht selten in Kombination mit philosophisch überhöhten anthropologischen Bedenken. K. BEHR u.a. (1975b) äußern derartige Bedenken - unter Berufung auf H.L. MEYER (1974) - besonders pointiert, ausgedehnt sogar auf die Operationalisierung von Lernzielen (nicht nur Lehrzielen): "Auch wenn schüler, was kaum anzunehmen ist, ihre selbstgesetzten lernziele 'selbst bestimmt' (...) operationalisieren, wäre wirkliche selbstbestimmung und handlungsfreiheit zum teufel: die schüler würden zu perfekt funktionierenden lernmaschinen" (S. 615).

Sicher ist nicht die tatsächliche Verwandlung in Maschinen gemeint. Der Satz ist vielmehr metaphorisch zu verstehen - aber wie? Daß Lernen bei operationalisierten Lernzielen - notwendig, zumeist? - mißlingt, weil Schüler keine Lernmaschinen sind? Oder, daß solche Lernziele verwerflich sind, weil sie Schüler zu maschinenartigem Verhalten zwingen? Wie auch immer, es ist nicht ersichtlich, warum das bloße Sich-Klar-Machen des Zieles von Lernanstrengungen sich so negativ auswirken soll.

K. BEHR u.a. entwickeln solche Vorstellungen auch nur, weil sie in Anlehnung an MEYER mit der Operationalisierung problematische lehrmethodische Sachverhalte in Zusammenhang bringen, insbesondere "die permanente Kontrolle von Lernprozessen" (S. 615). Eine derartige Gefahr besteht jedoch nur bei unüberlegter Anwendung. Operationalisierte Lerh- oder Lernziele sind durchaus vereinbar mit längeren Phasen des Lehrens und Lernens ohne Kontrolle, zumal sich immer auch Phasen ohne strenge Lehrzielorientierung einschieben lassen. Denn Lehrzielorientierung, die operationalisierte Lehrziele beinhaltet, braucht überhaupt nicht auf jede Phase des Lehrgangs oder Curriculums ausgedehnt, sondern kann auf wichtige Schaltstellen beschränkt werden. Am Ende lehrzielorientierter Phasen steht allerdings die Überprüfung, ob die Lernenden das Ziel erreicht haben, die nur durch die Zieloperationalisierung verläßlich möglich ist.

Wiederum können dann freilich aus der Überprüfung sehr unterschiedliche Konsequenzen gezogen werden. Als Vorzug betrachten wir z.B. die Möglichkeit der gezielten Förderung erfolgloser Schüler so lange, bis sie die angestrebte Fähigkeit erreichen. Ohne Zieloperationalisierung ist diese Möglichkeit nicht gegeben, da die Erfolglosigkeit unbemerkt bleibt. Allerdings gerät in der Konsequenz der Gedanken von K. BEHR u.a. oder H.L. MEYER auch eine derartige gezielte Förderung in die Nähe von Manipulation, denn: "Die forderung, lernziele zu operationalisieren, unterstellt die manipulierbarkeit des schülers. Diese konsequenz erfolgt (!) aus der definition des operationalisierungsbegriffs (...)" (MEYER 1974 - vorbehaltlos zitiert bei BEHR u.a. 1975b, S. 615). Wie die Autoren selber die Beziehung zwischen Manipulierbarkeit und Zieloperationalisierungen sehen, wird letztlich nicht ganz klar. Trifft zu, was von Anhängern der Operationalisierung angeblich "unterstellt" wird, oder nicht? Wie dem auch sei, das negative Verdikt gegen Operationalisierungsversuche einschließlich gezielter Förderung auf ihrer Grundlage steht außer Zweifel. Grundsätzlich unterscheiden sich jedoch Anhänger von Zieloperationalisierungen darin nicht von allen anderen Didaktikern, daß sie von der Beeinflußbarkeit der Lernenden ausgehen und realistischerweise auch deren Manipulierbarkeit nicht ausschließen können.

Die Begründung für die behauptete Nähe zur Manipulation ist wieder die Koppelung von Zieloperationalisierungen mit einer bestimmten Lehrmethode auf der Grundlage behavioristischer Lerntheorie: "Wenn durch operationalisierung verhaltensänderungen geplant und meßbar gemacht werden sollen, wenn also das behavioristische reiz-reaktions-schema zugrunde gelegt wird, so wird auch dort, wo dies nicht ausdrücklich vermerkt worden ist, davon ausgegangen, daß durch einen bestimmten input ein bestimmter output mit einer bestimmten wahrscheinlichkeit produziert werden kann" (S. 615). Der hier unterstellte notwendige Zusammenhang zwischen Operationalisierung und behavioristisch motivierten Lehrmethoden - gemeint ist offenbar eine Art Drill - ist jedoch keineswegs gegeben. Kein ernstzunehmender Vertreter der Lehrzielorientierung behauptet, daß mit der Operationalisierung zugleich die geeigneten Lehrmethoden festgestellt wären. Vielmehr ist die Operationalisierung von Lehrzielen überhaupt erst die Voraussetzung dafür, daß nach den bestgeeigneten Lehrmethoden systematisch gesucht werden kann (SCHOTT 1972, S. 47 f.).

Am gewichtigsten ist vielleicht der Einwand, daß die Operationalisierung mit bestimmten Zielen unverträglich sei, und zwar gerade mit besonders bedeutsamen. Eine abgeschwächte Version besagt, daß sie zur Überbetonung unwichtiger und einfacher Lehrziele verleite (z.B. HÖLSKEN 1974, S. 39). Diese Gefahr ist zwar nicht von der Hand zu weisen, sie ist jedoch nicht unumgänglich. Vielmehr besteht begründete Hoffnung, daß sie auf längere Sicht gebannt werden kann durch Verbesserung sowohl der Operationalisierungs- als auch der Lehrmethoden und durch bessere Schulung der Lehrenden.

Anders bei einer schärferen Fassung dieses Einwandes, nämlich, daß bestimmte, besonders wichtige Lehrziele überhaupt nicht operationalisierbar seien, und zwar grundsätzlich nicht. Diese Fassung findet z.B. bei H. MELZER/ W. SEIFERT (1976). Sie schreiben: "Operationalisierte Lernziele (= Lehrziele! U.A.) können nur in denjenigen Lernbereichen oder Gebieten des Deutschunterrichts wissenschaftstheoretisch abgesichert formuliert werden, die den naturwissenschaftlichen Meßverfahren zugänglich sind wie der Bereich des Rechtschreibens, des Lesens, bestimmter kognitiver Operationen mit hohem Vorhersagegrad usw." "Unterrichtsgegenstände, die nicht im naturwissenschaftlichen Sinne meßbar gemacht werden können, werden konsequenterweise im Prozeß der Curriculumerstellung eliminiert." "Die Grenze der Operationalisierbarkeit von Lernzielen im Deutschunterricht wird einerseits im Bereich emotionaler und affektiver (Unterschied? U.A.) Zielvorstellungen, andererseits im Bereich produktiver Sprachleistungen erreicht, und zwar sowohl beim Schreiben von Aufsätzen wie bei der Interpretation von Texten und Literatur" (S. 135). Diese Feststellungen betreffen zwar in erster Linie den hier nicht zur Diskussion stehenden Literaturunterricht, aber nicht nur.

Zur Begründung stützen sich MELZER/SEIFERT wieder auf H.L. MEYER (1972, S. 95 - vorbehaltlos zit. S. 135): "Grundpostulat des Operationalismus ist die am naturwissenschaftlichen Erkenntnisideal orientierte These, daß nur solche Aussagen, Begriffe und Problemdefinitionen innerhalb wissenschaftlicher Aussagensysteme zugelassen werden dürfen, die auf meßbare und eindeutig reproduzierbare Operationen zurückgeführt werden können". Damit ist eine Extremposition gekennzeichnet, die in etwa übereinstimmt mit der von P. BRIDGMAN (The Logic of Modern Physics. New York 1949 (urspr. 1927), S. 3-32 passim), der als Begründer des Operationalismus gilt. Diese Position spielt in der derzeitigen Lehrzielforschung jedoch keine ernsthafte Rolle mehr. Kein ernstzunehmender Vertreter der Lehrzielorientierung will alle wissenschaftlichen Aussagen oder Begriffe auf derartige Operationen "zurückführen", z.B. auch mathematische und logische. Nicht einmal an der strengen Deduzierbarkeit von Beobachtungsaussagen aus empirischen Theorien dürften die meisten Vertreter ernsthaft festhalten, sondern konzedieren, daß der Bezug zwischen theoretischen und Beobachtungsaussagen zusätzliche methodische Konventionen erfordert (BUNGE 1967, Bd. 2, S. 302 f.). Derartige Auffassungen sind auch keineswegs eine notwendige Bedingung, um an der Operationalisierung von Lehrzielen festzuhalten, einer Beschreibung, die empirisch überprüfbar macht, ob die Lehrziele erreicht wurden.

Falsch ist zudem die strikte Zuordnung von Operationalisierungen zur Naturwissenschaft; es handelt sich vielmehr um einen Begriff der empirischen Methodologie, der gerade auch in den Sozialwissenschaften besonders verbreitet ist (R. MAYNTZ u.a. 1969, S. 22).

Schließlich liegen für die nach MELZER/SEIFERT angeblich nicht operationalisierbaren Bereiche z.T. schon differenzierte Operationalisierungshinweise vor, z.B. für den affektiven

Bereich in der Taxonomie von D.R. KRATHWOHL u.a. (1975). Auf diese Taxonomie stützen sich MELZER/SEIFERT übrigens an anderer Stelle (S. 103-105).

Betrachten wir noch kurz, wie die Deutschdidaktik nach MELZER/SEIFERT in den angeblich nicht operationalisierbaren Bereichen verfahren soll. Dies wird am deutlichsten in ihren literaturdidaktischen Hinweisen. Sie insistieren unter Hinweis auf die Hermeneutik einerseits darauf, daß die "Messung" "gerade die Literarität und Ästhetizität von Literatur verfehlt". Andererseits jedoch sprechen sie im Bezug darauf unbefangen von der "Güte von Schülerbeiträgen", die "von der Angemessenheit gegenüber dem Unterrichtsgegenstand herrührt", oder für die sich der "Maßstab" "aus dem Vergleich des Interpretationstextes mit dem interpretierten Text" ergibt (S. 136). Offenkundig soll demnach durchaus gemessen werden, und zwar nichts anderes als das Verhalten der Lernenden; der Unterschied zur Operationalisierung besteht allerdings darin, daß der Maßstab verborgen bleibt.

Dieser Maßstab kann sich aber an nichts anderem orientieren als an latenten Lehrzielen, die freilich aufgrund fehlender Explikation nicht nur vage und schwankend, sondern auch der rationalen Kritik unzugänglich bleiben. Dabei besteht keinesfalls notwendig mehr Spielraum für kluge Einfälle der Lernenden, wie MELZER/SEIFERT behaupten (S. 136). Dies ist vielmehr abhängig von anderen Faktoren, vor allem der Persönlichkeit des Lehrenden, der allerdings unter solchen Umständen seine Meinung besonders mühelos autoritär durchsetzen kann. Autoritäres Verhalten wird dagegen durch explizite Lehrziele erschwert, da diese der rationalen Kritik zugänglich sind. Sie führen daher auch keineswegs notwendig zu der ebenfalls behaupteten Erstarrung der Erziehung (S. 136), sondern sind gerade aufgrund von Argumenten korrigierbar. Einer Erstarrung kann zudem zusätzlich durch alternative Lehrzielangebote (TYMISTER 1974, S. 48-50) vorgebeugt werden. Gänzlich ausgeschlossen aber ist es, daß durch operationalisierte Lehrziele 'alle Denkprozesse vorweg geplant' werden, wie MELZER/SEIFERT außerdem befürchten (S. 136). Vielmehr ist der Weg zu den Zielen, auf dem ja auch gedacht und Gedachtes gelernt wird, variabel. Operationalisierte Lehrziele haben überhaupt nicht die Funktion, die Lernmöglichkeiten zu begrenzen, sondern nur, minimale Lernfortschritte zu sichern. Sie bilden gewissermaßen ein einheitliches Fundament für die Lernenden, auf dem jeder ein anderes Gebäude errichten kann.

Besonders unanfechtbar erscheint die Nichtoperationalisierbarkeit von Lehrzielen, die sich um Begriffe wie "Autonomie" oder "Emanzipation" gruppieren. Bei näherer Betrachtung sind jedoch auch die dafür vorgebrachten Begründungen wenig stichhaltig. So behauptet z.B. H. BALHORN (1974, S. 664), daß sich "experimentelle haltung und fähigkeit zur diskursiven kommunikation (...) nicht in lehrzielen operationalisieren" lassen, "weil z.B. die affinität zum eigenen vorurteil so wenig testbar ist wie die bereitschaft einzugestehen, daß man etwas nicht gewußt, oder man sich geirrt habe". Die Prämissen im Nebensatz, ohne jede wissenschaftliche Absicherung hingestellt, erweisen sich schon bei oberflächlichem Einblick in die empirische Sozialpsychologie und Vorurteilsforschung als höchst fragwürdig (z.B. U. QUASTHOFF: Soziales Vorurteil und Kommunikation. Frankfurt 1973). K. BEHR u.a. (1975b, S. 615) zitieren zustimmend H.L. MEYER (1974) folgendermaßen: "Lernziele, die ein autonomes verhalten des schülers zum gegenstand haben, können nicht operationalisiert werden. Beispiel: Alle lernziele, die die emanzipation des schülers zum gegenstand haben, formulieren ja gerade den wunsch nach nicht-manipulierbarkeit. Es ist ein widerspruch in sich, emanzipation durch manipulation herbeiführen zu wollen." Sieht man ab von der begrifflichen Unklarheit, daß "Ziele etwas zum Gegenstand haben", so kommt der behauptete Widerspruch nur dadurch zustande, daß Operationalisierung und Manipulation letztlich gleichgesetzt werden. Daß dies unzulässig ist, haben wir oben gezeigt.

Die notorische Zurückweisung der Lehrzielorientierung scheint uns tiefer begründet zu sein als durch die wechselnden vorgebrachten Gründe, die sich bei näherer Betrachtung jeweils als wenig stichhaltig erweisen. Eine unserer Vermutungen geht in die folgende Richtung. Insbesondere in bezug auf "Autonomie" oder "Emanzipation", aber auch auf das Verständnis ästhetischer Literatur würden präzise Lehrzielbeschreibungen u.a. einigermaßen eindeutige gesellschaftspolitische Stellungnahmen beinhalten. Diesen kann man sich entziehen, wenn man auf genaue Lehrzielbeschreibungen verzichtet. Man erklärt sich für unfähig, wissenschaftlich zu untersuchen und in Lehrzielen festzulegen, welche Fähigkeiten die Schüler lernen müßten, um gegenüber den vielfältigen Manipulationsversuchen in unserer Gesellschaft einigermaßen autonom zu werden und ihre Interessen wahrzunehmen. Stattdessen sollen die Schüler diese Fähigkeiten im "schülerorientierten Curriculum", "Projektunterricht", "Diskurs" usw. selber ausfindig machen und lernen. Der mit derartigen didaktischen Konzeptionen erhobene Anspruch auf "Emanzipation" o.ä. kaschiert, daß die Schüler damit hoffnungslos überfordert sind. Insoweit gleichen sich alle skizzierten Konzeptionen. Belege dafür, daß dadurch in der Praxis anderes erreicht würde als die Stabilisierung der bestehenden Verhältnisse, sind uns nicht bekannt.

1.2 Unvereinbarkeit mit Lehrzielorientierung

Im Rahmen vieler derzeitiger primärsprachlicher Didaktiken besteht gar keine Entscheidungsfreiheit für oder gegen Lehrzielorientierung. Sie sind vielmehr vom Ansatz her mit Lehrzielorientierung unvereinbar. Dies mag auch ein weiterer, tieferer Grund für die explizite Ablehnung sein. Uns interessiert dabei weniger die mit Lehrzielorientierung unvereinbaren pädagogischen Prinzipien wie "Projektorientierung" oder "Schülerzentrierung des Curriculums". Diese pädagogischen Prinzipien sind ihrerseits erzwungen durch fachwissenschaftliche Mängel, die Lehrzielorientierung ausschließen. Dies ist dann der Fall, wenn der fachwissenschaftliche Ansatz die systematische und präzise Beschreibung der zu lernenden Fähigkeiten nicht ermöglicht.

Die vollständige Beschreibung sprachlicher Fähigkeiten ist ausgeschlossen, wenn einzig pragmatische Theorien die fachwissenschaftliche Grundlage bilden. Diese beschreiben und erklären die Regeln der richtigen Anwendung von Sätzen in Situationen, z.B. gegenüber bestimmten sozialen Positionsinhabern, in bestimmten Medien, Domänen usw. Die explizite Beschreibung sprachlicher wie auch sprachwissenschaftlicher Fähigkeiten beinhaltet aber darüber hinaus die Beschreibung der zur Anwendung kommenden Sätze selber, und zwar im Rahmen von Grammatiktheorien (hinsichtlich der Formalität von Sprache) und von Semantiktheorien (hinsichtlich der Signifikativität von Sprache). Dem entspricht aus der Sicht des Sprechers, daß er ohne die Fähigkeit zur Bildung von Sätzen auch nicht zu ihrer situationsspezifischen Anwendung fähig ist (G. KLAUS, M. BUHR (Hg.): Philosophisches Wörterbuch, Bd.2. 1970[7], LEMMA "Pragmatik", S. 863; BOHN 1974, S. 19f., 28f.).

Zahlreiche neuere primärsprachdidaktische Konzeptionen weisen genau dieses Manko auf, daß sich ihre fachwissenschaftliche Grundlage auf pragmatische Theorien - bzw. auf eine Kombination verschiedener pragmatischer Theorien - beschränkt. Beispiele solcher Konzeptionen sind: G. ALTENRICHTER u.a. (1974); ARBEITSGRUPPE KOMMUNIKATIVER UNTERRICHT (1974); D. BAACKE (1973); W. BARSIG u.a. (1977); K. BEHR u.a. (1975 a,b); K. BEYER/D. KREUDER (1975); W. BOETTCHER/H. SITTA (1978); BREMER KOLLEKTIV (1974); T. DIEGRITZ u.a. (1975); H.-K. GÖTTERT (1975); A. HEINER u.a. (1976); H.-G. HÖLSKEN u.a. (1974); D. LENZEN (1973); M. MUCKENHAUPT (1978); E. OBENDIEK (1972), W. SCHLOTTHAUS (1971; 1973; 1975); H. ZABEL (1977). Bei z.T. großen Unterschieden im einzelnen, vor allem hinsichtlich Umfang und Explizitheit, gleichen sich diese Primärsprachdidaktiken allesamt darin, daß sich die Hinweise auf sprachliche und sprachwissenschaftliche Fähigkeiten als Bestandteile von Lehrzielen so gut wie ausschließlich auf pragmatische Theorien stützen und grammatisch und semantisch nicht explizit sind.

Sofern klar oder zumindest offen bleibt, daß zusätzlich auch grammatische und semantische Beschreibungen erforderlich wären, mag dies legitim sein. Jedoch ist dies keineswegs immer der Fall, z.B. sicher nicht bei K. BEHR u.a. (1975a). Das Verständnis, daß die Pragmatik die Grammatik ergänzt, zu ihr hinzukommt, ist dort ausgeschlossen, weil sie an deren Stelle tritt, genauer die Sprechakttheorie an die Stelle der generativen Transformationsgrammatik: der Sprechakttheorie "geht es nicht darum, herauszufinden, wie richtige sätze erzeugt werden und unter welchen kriterien sie richtige sind, sondern darum, wie sätze richtig verwendet werden und unter welchen kriterien die Verwendung eine richtige ist. Damit zeichnet sich eine grammatiktheorie ab, die die dimension des sozialen handelns einbezieht (...)" (S. 111). Die Sprechakttheorie wird somit selber zu einer grammatischen Theorie gemacht, der Unterschied zwischen Grammatik und Pragmatik aufgehoben.

Die hierdurch in die Wege geleitete Ungenauigkeit, zu der weitere hinzukommen, führt dann schließlich zu sehr vagen Lehrzielbeschreibungen. Darin ist auch die Sprechakttheorie

ihrerseits zu einer alles umspannenden Pragmatik erweitert.
Als übergreifendes "Lernziel" wird genannt die "sprachhandlungskompetenz", die "als eine präzisierung des begriffs der kommunikativen kompetenz zu verstehen" sei: sie umfasse:
1. die "inhaltlich-thematische kompetenz": sie "betrifft das sogenannte faktenwissen";
2. die "beziehungskompetenz": sie "betrifft die fähigkeit, das verhältnis zum kommunikationspartner richtig einzuschätzen, eine beziehung zu ihm herzustellen und im sinne erfolgreicher kommunikation verändern zu können";
3. die "situative kompetenz", auch "situationskompetenz": sie "betrifft die fähigkeit, den der situation adäquaten kode, kanal und stil zu verwenden sowie die in der jeweiligen Situation geltenden normen und konventionen zu beachten" (S. 303 f.).

In diesen Formulierungen wird zugleich ein methodisches Manko offenkundig, das sich negativ auf die fachwissenschaftliche Begründung auswirkt und sich in neueren Primärsprachdidaktiken häufig findet: die spontane, methodologisch nicht begründete Eigenkonstruktion oder Modifikation fachwissenschaftlicher theoretischer Grundlagen. Alle Begriffe sind hier definiert oder expliziert durch Begriffe, die ihrerseits wiederum gänzlich vage bleiben ('Faktenwissen', 'richtige Einschätzung des Verhältnisses zum Kommunikationspartner' usw.) und auch nicht andernorts im Rahmen von Taxonomien oder Theorien präzisiert sind; zumindest findet sich bei BEHR u.a. darauf kein Hinweis. Sofern aber Begriffe vorkommen, die andernorts wohldefiniert sind, verlieren sie im vorliegenden Kontext jegliche Präzision. Z.B. sind "Kode" und "Kanal" im Rahmen nachrichtentechnischer Kommunikationstheorien durchaus wohldefinierte Begriffe, nicht aber "der für (irgendwelche?) Situationen adäquate Kode" oder "Kanal". Entsprechendes gilt für den bei N. CHOMSKY wohldefinierten Begriff "Kompetenz", der hier ins gänzlich Unbestimmte verwässert ist.

Die schrittweise Verwässerung läßt sich grob rekonstruieren anhand eines bei BEHR u.a. (1975a, S. 317-319) beigefügten Textes von D.C. KOCHAN. Zunächst wird der CHOMSKYsche Begriff zur "kommunikativen Kompetenz" erweitert, und dies darüber hinaus im Rahmen sehr verschiedenartiger Konzeptionen, so daß der Ausdruck eine Gruppe recht unterschiedlicher Begriffe umfaßt. Diese werden dann von Didaktikern, im vorliegenden Fall von KOCHAN, rezipiert und nach unbegründeten Gesichtspunkten kombiniert (kritisch dazu HOPPENKAMPS 1975, S. 194-197). Diese Fassung wird schließlich von BEHR u.a. noch einmal abgewandelt, ohne daß die Abänderungen im einzelnen aufgezeigt, geschweige denn begründet würden. Die ursprünglichen theoretischen Bezüge der Begriffe, die ihnen Präzision verleihen, werden auf diesem Wege völlig zerstört. Die nachrichtentechnische Kommunikationstheorie und die generative Transformationsgrammatik werden von K. BEHR u.a. zwar auch skizziert, aber nur, um sich einerseits davon zu distanzieren (S. 32, 303) und andererseits ihrer Terminologie einige Ausdrücke zu entlehnen, die den damit gekoppelten vagen Begriffen den Schein von Präzision verleihen.

Diese in der Primärsprachdidaktik verbreitete Art des Umgangs mit fachwissenschaftlichen Theorien wird von H. ZABEL eingestanden in seiner Erläuterung der Lehrzielbeschreibung der "Richtlinien und Lehrpläne für die Hauptschule in Nordrhein-Westfalen" (Ratingen usw. 1973), die unter seinem Kommissionsvorsitz ausgearbeitet wurden. Diese Lehrzielbeschreibung nimmt ihren Ausgang vom nachrichtentechnischen Kommunikationsmodell, und zwar folgendermaßen: "Die Begriffe werden also, soweit sie in der Nachrichtentechnik und der Kommunikationstheorie Entsprechungen haben, im Zusammenhang des Lehrplanes Deutsch *metaphorisch* verwendet" (ZABEL 1977, S. 81 - Hervorhebung U.A.). Demnach ist davon auszugehen, daß die besagten Begriffe von den nachrichtentechnischen verschieden sind, inwiefern, wird jedoch nirgendwo präzisiert.

Einer der weiteren Ausgangspunkte dieser von ZABEL erläuterten Lehrzielbeschreibung sind die "Intentionen von Kommunikationspartnern". Für sie wird ohne Begründung oder Absicherung durch irgendeine Theorie kurzerhand "eine radikale Reduzierung (...) auf drei Grundformen des Informierens, Appellierens und Darstellens vorgenommen" (ZABEL 1977, S. 89). Das Hauptmanko besteht dabei darin, daß der Begriff der "Intention von Kommunikationspartnern" so unbestimmt bleibt, daß sehr Verschiedenes darunter subsumiert werden kann, z.B. "etwas versprechen", "eine Rede halten", "Äpfel verkaufen" oder "ins Paradies kommen". Offenkundig gibt es "Intentionen von Kommunikationspartnern" auf sehr unterschiedlichen Ebenen, zu deren Differenzierung und Systematisierung im vorliegenden Fall jedoch kein Versuch gemacht wird. Der Begriff wird auch nicht im Rahmen einer Theorie systematisch rekonstruiert wie etwa der zu Anfang ebenfalls unbestimmte Begriff "Satz einer Sprache" in der generativen Transformationsgrammatik. Man begnügt sich mit der Nennung einiger Beispiele. Dementsprechend ist schon die Zuordnung der von uns genannten Beispiele zu den vorgeschlagenen drei Hauptklassen höchst unsicher.

Allein die fundamentalen Unklarheiten dieser beiden fachwissenschaftlichen Ausgangspunkte schließen aus, daß die Fähigkeiten, die die Schüler erlernen sollen, systematisch und präzise beschrieben werden. Dementsprechend verschwommen sind die schließlich erreichten Lehrzielbeschreibungen; sie können gar nicht anders sein (AMMON 1979, S. 179-185). Gemäß der herrschenden Bildungspolitik erfüllen sie damit sogar ihren Zweck für "Richtlinien", indem sie ausreichenden Spielraum für eine "pluralistische" Ausgestaltung durch die einzelnen Lehrenden lassen (WILKENDING 1971).

Mögen Mängel der aufgezeigten Art teilweise durch diesen Aspekt der Bildungspolitik motiviert sein; andere Gründe dafür sind jedoch sicher gewichtiger. Genaue grammatische Beschreibungen sprachlicher Fähigkeiten werden aus verschiedenen Gründen im Hinblick auf Lehrziele für unwichtig gehalten. Einmal wird angenommen, daß die Schüler diejenigen Fähigkeiten, die die Grammatik beschreibt, ohnehin lernen: "Die Fähigkeit, Sätze den 'grammatischen Regeln' entsprechend zu formen, entwickelt sich im allgemeinen bei allen kommunikativen Übungen nebenbei (...)" (BREMER KOLLEKTIV 1974, S. 38).

Empirische Überprüfungen für diese Hypothese, die die gesamte Konzeption der betreffenden Didaktik prägt, sind dabei weder belegt noch angeregt oder geplant. Dabei sprechen empirische Befunde der Soziolinguistik zweifellos eher für das Gegenteil (vgl. nur z.B. die Beiträge von BROWELEIT, HASSELBERG, LÖFFLER, KETTNER in AMMON u.a. 1978b).

Verwandt mit dieser Hypothese ist die Annahme, daß jeder Primärsprachsprecher als "native speaker" ohnehin schon über die Sprachkompetenz verfügt, die in der Grammatik beschrieben wird (HERRLITZ 1976, S. 38). Es handelt sich dabei um die äußerst problematische Übertragung eines bei CHOMSKY wissenschaftsmethodisch motivierten Gedankens auf die Didaktik. Die Problematik besteht darin, daß die vom Sprachwissenschaftler nicht hintergehbare Kompetenz des native speakers nur die jeweilige Mutter- oder Eigensprache im strengen Sinn betrifft, d.h. den jeweiligen Familien- und Peergruppen-Soziolekt. Bei der Übertragung auf die Didaktik folgt daraus, daß sich das Sprachlehrziel auf diesen jeweiligen Soziolekt beschränkt. Streng genommen beinhalten dies auch Ausdrücke wie "Primär-" oder "Muttersprachdidaktik", die insofern ungenau und irreführend sind, als es darin gerade nicht nur um die Reproduktion des jeweiligen eigenen Soziolekts geht.

Der Gedanke, daß man sprachliche Fähigkeiten, die man lehren möchte, nicht grammatisch zu beschreiben braucht, scheint sich weitgehend verselbständigt zu haben. Er liegt etwa auch der allenthalben wiederholten Forderung zugrunde, die im Primärsprachunterricht zu lehrenden sprachlichen Fähigkeiten nicht auf die Einheitssprache (Hochsprache, Standardsprache) zu beschränken, sondern auch andere Soziolekte einzubeziehen. So wird, wie H. ZABEL zustimmend berichtet, in den Richtlinien für die Hauptschulen von Nordrhein-Westfalen (1973) "die zielvorstellung 'beherrschung der hochsprachlichen norm durch alle schüler', gegen die sich bereits die kritik der autoren der rahmenrichtlinien sekundarstufe I Hessen richtete, problematisiert, ohne dass es zu einer genauen bestimmung des verhältnisses von hochsprache, umgangssprache und mundart im blick auf die sprachlichen lernziele des deutschunterrichts kommt" (ZABEL 1978, S. 173). Hier müßte es eigentlich auffallen, daß der Lehrer ohne grammatische Beschreibung dieser Soziolekte nicht wissen kann, welche sprachlichen Fähigkeiten die Schüler am Ende haben sollen. Immerhin wird sonst für die Schulpraxis der Hauptschule legitimiert, daß die Schüler nichts hinzu lernen, sondern einfach bei ihrem jeweiligen Soziolekt verbleiben. Dieser bildungspolitische Hintergrund wird umso deutlicher, als die Richtlinien für das Gymnasium im Gegensatz dazu vorschreiben: "Ziel des deutschunterrichts muss es nach wie vor bleiben, alle schüler zu sprachlicher kommunikationsfähigkeit in der hochsprache zu erziehen" (zit. nach ZABEL 1978, S. 174). Durch vorliegende Grammatiken wird der Begriff "Hochsprache" zwar noch einigermaßen genau expliziert, wenngleich gänzlich unzureichend für Lehrzielbeschreibungen (vgl. 3.2); die Begriffe "Umgangssprache" und "Mundart" bleiben aber bei bloßer Nennung völlig verschwommen. Daß sie letztlich nur präzisiert werden können durch grammatische Beschreibungen, scheint kaum

einem der Didaktiker, die sie als Lehrzielbestandteile in
Betracht ziehen, in den Sinn zu kommen. Bei einer derartigen
Präzisierung würde allerdings die angedeutete bildungspolitische Problematik noch klarer erkennbar.
    Die oben skizzierte Neigung zur unbegründeten Ad-Hoc-Modi-
fikation und Neukonstruktion fachwissenschaftlicher Theorien
nähert sich bisweilen dem Versuch, die Realität gewissermassen unmittelbar zu erfassen. Dabei werden Theorien geradezu
als Hindernisse der Erkenntnis betrachtet, die sie schemati-
sieren und einengen. Wie anders wären z.B. die Begründungen
des BREMER KOLLEKTIVs zu verstehen für die Zurückweisung
nicht nur sämtlicher vorliegender grammatischer, sondern auch
sozio- und pragmalinguistischer Theorien? "Die bisher vorliegenden Ansätze pragmalinguistischer Analyse-Verfahren sind
für einen an der Kommunikation orientierten Sprachunterricht
nicht geeignet. Der pragmatische Aspekt wird im Sinne system-
linguistischer Analyse-Verfahren formalistisch als außer-
sprachliche Modellkomponente eingeführt und deskriptiv erarbeitet. Der dynamische Bedingungs-/Wirkungszusammenhang
sprachlicher und außersprachlicher Faktoren wird nicht erfaßt. Für diesen Typus pragmalinguistischer Analysen gelten
dieselben prinzipiellen Vorbehalte, die gegenüber allen anderen systemlinguistischen Verfahren bereits ausführlich
erörtert worden sind. "Von der Soziolinguistik sind Modelle
vorgelegt worden, in denen die sozialen Faktoren, die die
Sprache bestimmen, schematisiert dargestellt werden. Das dynamische Zusammenspiel der verschiedenen Bedingungsfaktoren
in konkreten Kommunikationssituationen wird nicht dargestellt"
(BREMER KOLLEKTIV 1974, S. 103 f.).
    Eine wissenschaftlich scheinbar seriösere, aber methodisch
nicht weniger aussichtslose Variante ist ein Ansatz bei
"sprachlichen Selektionsmustern", die "nicht nur die Form-
und Gestaltungsprinzipien aller Sprachverwendung" umfassen,
"sondern das gesamte, in die jeweilige Formgebung eingrei-
fende Bedingungsgeflecht individueller, soziokultureller
und historischer Determinanten, das für die Formgebung mitverantwortlich ist" (SCHLOTTHAUS 1971, S. 17).
    Die Intention geht in beiden Fällen dahin, die konkrete
Situation in ihrer Individualität vollständig zu erfassen.
Die Determinanten konkreter Situationen sind jedoch unendlich,
schon weil sie in einem unendlichen Regreß immer wieder auf
andere zurückbezogen werden können. Um überhaupt bestimmte
Aspekte konkreter Situationen erklären und verstehen zu können, bedarf es daher der idealisierenden Abstraktion und ihrer Systematisierung in Theorien. Schon Beobachtungsaussagen
über konkrete Situationen abstrahieren notgedrungen (POPPER
1973, S. 61). Gleichwohl sind sie noch keine immanenten Bestandteile von Theorien, die für Erklärungen unverzichtbar
sind, sondern nur durch methodologische Entscheidungen darauf beziehbar.
    Die aussichtslosen Versuche des unmittelbaren Ansatzes
bei Situationen sind sicher nicht zuletzt durch die neuere
Curriculumforschung motiviert, nämlich durch den Gedanken,
daß "in der Erziehung Ausstattung zur Bewältigung von Lebenssituationen" zu leisten sei (ROBINSOHN 1975, S. 45). Während

jedoch bei S.B. ROBINSOHN der fachwissenschaftlichen Semantik noch ein verhältnismäßig hoher Stellenwert zukommt, wenngleich ihre Funktion letztlich unklar bleibt (z.B. S. 46, 50), verschiebt sich in der Rezeption dieser Konzeption die Orientierung einseitig auf die Situationen. Dies ist z.B. schon evident im allgemeinen Lehrzielkatalog H. VON HENTIGS (1969) für die Gesamtschule. Dessen Spezifizierungen für den Sprachunterricht führen dann zu Lehrzielsammelsurien, wie manche Autoren selbst eingestehen: "Der Versuch, Lernziele des Sprachunterrichts mit Hilfe der VON HENTIGschen 'Allgemeinen Lernziele der Gesamtschule' aufzustellen, hat zu einem relativ buntscheckigen Katalog geführt" (FRITZ u.a. 1973, S. 65). Im vorliegenden wie in anderen Fällen (HACKER 1972; LENZEN 1973) gibt es kaum mehr brauchbare fachwissenschaftliche Anhaltspunkte für die systematische und präzise Beschreibung der angedeuteten umfassenden Fähigkeiten.

Die Tendenz geht in vielen der genannten sprachdidaktischen Konzeptionen hin zu einer theorieblinden Pragmatik. Gleichermaßen aussichtslos sind präzise Lehrzielbeschreibungen, wenn die fachwissenschaftliche Grundlage allein in pragmatischen Theorien besteht, die erst rudimentär entwickelt sind, z.B. von J. HABERMAS, D. HYMES oder U. MAAS und D. WUNDERLICH, oder aber eklatante Mängel aufweisen wie z.B. von P. WATZLAWICK u.a. (kritisch dazu ZIEGLER 1977). In solchen Fällen bleiben auch Unstimmigkeiten in den Begriffen "Lehr-" oder "Lernziel" selber folgenlos. So z.B. bei G. ALTENRICHTER u.a. (1974, S. 38-40). Sie entwickeln folgenden Begriff von "Lernziel": "Lernziele (LZ) werden als relation (R) zwischen einem lernprozeß (LP) und der diesen leitenden didaktischen entscheidung (E) gesehen. LZ $\rightarrow$ R (LP, E)." Die Bedeutung von "$\rightarrow$" wird nicht mitgeteilt; gemeint sein dürfte "besteht aus" im Sinne einer generativen Formationsregel. LP ("lernprozeß") wird weiter expliziert "als relation zwischen einem lerngegenstand (LG) und den auf sie bezogenen spezifischen tätigkeiten (ΔT) der lernenden. LP $\rightarrow$ R (LG, ΔT)." Kurz darauf ist die Rede von "für den eigensprachlichen unterricht spezifischen tätigkeiten der lernenden, nämlich kognitionen" und danach dann von einer "reihe der im eigensprachlichen unterricht stattfindenden lernprozesse, nämlich kognitionen". "Lernprozesse" und "tätigkeiten der lernenden" sind also einmal verschieden, nämlich in der Formel als "LP" und "ΔT", und das andere Mal identisch, nämlich beide "kognitionen". Schon diese fehlende Eindeutigkeit eines lexikalischen Terms erfüllt nicht die Bedingungen einer brauchbaren Formalisierung (A. MENNE: Einführung in die Logik. München 1973[2], S. 11). Vor allem aber: Versucht man, entsprechend "$\rightarrow$" Endketten zu derivieren, so sind die darin enthaltenen Begriffe noch vager als die Ausgangsbegriffe, z.B. "kommunikative Kompetenz", "operative Verfahren", "manifeste kommunikative Aktivitäten". Im ganzen Buch wird denn auch weder ein einziges Lehrziel mit dieser Art von Formalismus generiert noch erkennbar, wie dies geschehen könnte. Dies entspräche in der Linguistik einer generativen Grammatik, die keinen einzigen Satz generiert. Auch wenn "$\rightarrow$" eine andere Bedeutung als generative Regel haben sollte, machen die

aufgezeigten Mängel diese Formalisierung unbrauchbar. Sie
fallen jedoch nicht auf, weil die Beschreibungsmöglichkeiten
von Lehrzielen aufgrund des Bezugs auf unzureichende pragmatische Theorien (u.a. WATZLAWICK, HABERMASS, LOCH) ohnehin
nur im Bereich von Andeutungen verbleiben.
   Alle derartigen Konzeptionen sind mit Lehrzielorientierung unvereinbar. Ein strenger Anwendungsversuch würde ihre
elementaren Mängel sofort ans Licht bringen und zu ihrer
tiefgreifenden Umgestaltung nötigen.

1.3 Lehrzielorientierung an der Peripherie

Vorhandene Ansätze zur Lehrzielorientierung finden in der
derzeitigen wissenschaftlichen Diskussion der Primärsprachdidaktik wenig Beachtung. Sie beschränken sich auch weitgehend auf klar abgrenzbare Teilbereiche, für die ihnen z.T.
eine begrenzte Berechtigung zugestanden wird. Zum einen sind
sie eingeschränkt auf bestimmte Lernbereiche, insbesondere
die elementaren, Orthographie (BALHORN 1972; BALHORN/
HARRIES 1972; PLICKAT 1980) und Erstlesen (BIGLMAIER 1973).
Zuweilen wird die Ausweitung auf andere Bereiche sogar von
diesen Autoren selber abgelehnt (BALHORN 1974). Allerdings
ist es nicht zutreffend, daß die Lehrzielorientierung in
diesen Lernbereichen schon verwirklicht oder zumindest
leicht zu verwirklichen sei, wie gelegentlich behauptet
wird, z.B. von T. DIEGRITZ u.a. (1975, S. 58); vielmehr gibt
es auch dort noch zahlreiche ungelöste Probleme.
   Zum anderen beschränkt sich die Lehrzielorientierung auf
bestimmte Lehrmethoden, vor allem die programmierte Lehre
(DEUTRICH 1975; PLICKAT/ LÜDER 1979). Gelegentliche Appelle,
sie auch darüber hinaus anzuwenden, verhallen ohne Resonanz:
"Für den personalen Unterricht ist die exakte Bestimmung von
Lernzielen ebenso wichtig wie für programmiertes Lernen"
(DEUTRICH 1975, S. 71).
   Sonstige unzweifelhafte Befürwortungen der Lehrzielorientierung für die Primärsprachdidaktik finden sich fast nur
noch in Kurzdarstellungen wie Lexikonartikeln o.ä.
(WILKENDING 1974; MÜLLER-MICHAELS 1976) oder in rudimentären
Ansätzen (GRÜNERT/SPILLMANN 1973; für ungefächerten Sprachunterricht EDELSTEIN/SCHÄFER 1969).
   Differenzierte Bemühungen um Lehrzielorientierung gibt es
schließlich in unmittelbarer Nähe zur Praxis (PUKAS 1976),
vor allem bei der Entwicklung von Reformcurricula für Gesamtschulen (BURST 1971; GOEHRKE 1971a,b; TESCHNER 1968). Abgesehen von vereinzelten Ausnahmen (EDELSTEIN in BURST 1971)
erhalten diese Praktiker in ihren Bemühungen von der derzeitigen wissenschaftlichen Primärsprachdidaktik keine Unterstützung.

2. Grundbegriffe und Prinzipien der Lehrzielorientierung

2.1 "Lehrziel" - "Lernziel"

Für die Didaktik ist es zweckmäßig, Lehrziele und Lernziele zu unterscheiden. Lehrziele werden von lehrplanenden Institutionen gesetzt, Lernziele von Lernenden selber (KORNADT 1975, S. 164). Analog kann auch zwischen Lehrplanung und Lernplanung unterschieden werden. Die Beschränkung auf den Terminus "Lernziel" obliteriert diesen gewichtigen Unterschied und ist allein deshalb problematisch. Daher ist auch die Kritik daran keineswegs "gedankenlos und eilfertig", wie die "ARBEITSGRUPPE KOMMUNIKATIVER UNTERRICHT" behauptet (1974, S. 44). Da es Ziele gibt, die sowohl lehrplanende Institutionen als auch Lernende setzen, besteht zwischen Lehr- und Lernzielen insgesamt extensional Interferenz.

Das Wort "lernen" hat zwei klar unterscheidbare Hauptbedeutungen (KLAUER 1973, S. 56):

1. die einer bewußten und zielgerichteten Tätigkeit ("das will ich jetzt lernen"); diese Bedeutung beinhaltet der Begriff "Lernziel";
2. die eines unbewußt ablaufenden internalen Prozesses ("dabei habe ich das gelernt"). Lernen in dieser Bedeutung ist an sich nicht zielgerichtet.

Wohl aber ist sowohl im zielgerichteten Lernen in der Bedeutung von (1) als auch in zielgerichteter Lehre beabsichtigt, daß Lernen in der Bedeutung von (2) stattfindet. Dabei wird versucht, den an sich nicht zielgerichteten internalen Prozeß so zu beeinflussen, daß er in der Richtung von Lern- bzw. Lehrzielen verläuft.

Andere Ziele als durch Lernende oder Lehrende bzw. lehrplanende Instanzen gesetzte, also Lern- oder Lehrziele, gibt es nicht im Erziehungsprozeß; daher ist auch die Rede von "Erziehungszielen" ungenau. Der Erziehungsprozeß als Interaktion zwischen Lehrenden und Lernenden setzt sich keine eigenen, zusätzlichen Ziele (BREZINKA 1972).

Lehrplanung im strengen Sinn ist nur möglich im Hinblick auf Lehrziele, da nur diese *vor* der aktuellen Lehre bekannt sind. Dies aber ist Voraussetzung für ihre systematische und präzise Beschreibung und Begründung. Lernziele sind für die Erziehungswissenschaft unter anderen, vor allem lehrmethodischen Gesichtspunkten wichtig. Da es im vorliegenden Fall in erster Linie um Fragen der Lehrplanung als Teil der Curriculumentwicklung (MÖLLER 1976, S. 23-39) geht, beschränken wir uns weitgehend auf Lehrziele. Ferner verwenden wir stets den Ausdruck "Lehrziel" bzw. "Lehrplan" usw. für den betreffenden Begriff, auch in bezug auf Texte mit dem Ausdruck "Lernziel", "Lernplan" usw. - außer in Zitaten.

Im Erziehungsprozeß können die Lehrziele nicht nur den Lehrenden, sondern auch den Lernenden zur Orientierung dienen. Dies setzt allerdings voraus, daß sie diesen vorab erläutert werden. Wenn die Lehre nicht autoritär sein soll, müssen sie darüber hinaus den Lernenden begründet und, soweit irgend möglich, in Umfang, Reihenfolge und Lehrmethoden auf deren subjektive Interessen abgestimmt werden. Nur insoweit die Lehrziele auf diese Weise mit Lernzielen extensional identisch werden, wirkt lehrzielorientierte Erziehung vermutlich stark motivierend auf die Lernenden (SCHOTT 1972, S. 47; STREHLE/ALTENDORF 1977). Keinesfalls jedoch ist Lehrzielorientierung an sich autoritärer als Lehre überhaupt.

2.2 *Lehrzielbeschreibung*

Einerseits werden in der Lehrzielforschung Lehrziele gelegentlich *als* Beschreibungen, etwa "des von Lehrenden in der Vorstellung vorweggenommenen Verhaltens von Lernenden" o.ä. definiert (PETERßEN 1974, S.26). Andererseits ist häufig die Rede von "Lehrzielbeschreibung" (MÖLLER 1976, S. 70; BINNEBERG 1973, S. 208). Beide Ausdrucksweisen sind nicht ohne weiteres vereinbar, denn "Lehrzielbeschreibung" wäre sonst Beschreibung von Beschreibungen, was nirgends gemeint ist. Unzureichend ist auch die Definition von "Lehrziel" *als* "sprachlich artikulierte Vorstellung über die durch Unterricht (...) zu bewirkende gewünschte Verhaltensdisposition eines Lernenden" (MEYER 1974, S. 32).

Solche Vorstellungen oder Gedanken werden erst dadurch zu Lehrzielen, daß sie als solche gesetzt werden. Zu solcher Setzung ist nicht jedermann befugt, sondern nur bestimmte Institutionen einschließlich bestimmter Positionsinhaber wie Kultusministerien, Didaktiker und Lehrende. Derart gesetzte Lehrziele unterscheiden sich von irgendwelchen Vorstellungen oder Gedanken durch ihre gesellschaftliche und rechtliche Verbindlichkeit. Lehrziele sind daher soziale Normen.

Dementsprechend enthalten Äußerungen, in denen Lehrziele gesetzt oder mitgeteilt werden, sofern sie explizit formuliert sind, einen normativen Modus: "Es soll (...) sein." Es handelt sich um Normsätze im Sinne der deontischen Logik (vgl. KUTSCHERA 1973, S. 11-19; GLOY 1975, S. 11-20). Der normative Modus bezieht sich auf eine Proposition: "Es soll 'etwas der Fall sein'." Diese Proposition beinhaltet bei Lehrzielen, daß bestimmte Lernende bestimmte Fähigkeiten haben, und zwar als Ergebnis der Erziehung (ARBEITSGRUPPE KOMMUNIKATIVER UNTERRICHT, S. 34-36). Explizite Setzungen von Lehrzielen erfolgen demnach in Sätzen mit folgenden Grundbestandteilen:

1. einem modalen Ausdruck (M),
2. Ausdrücken zur Kennzeichnung bestimmter Fähigkeiten (F) und
3. Ausdrücken zur Kennzeichnung bestimmter Lernender, denen die betreffenden Fähigkeiten zukommen sollen.

Die betreffenden Fähigkeiten sollen also Eigenschaften dieser Lernenden werden. Die Beziehung zwischen diesen Bestandteilen läßt sich demnach folgendermaßen ausdrücken: $M(F(L))$.

Beispielsatz: "Es soll so sein (M), daß die Fähigkeit, Sätze der deutschen Einheitssprache mit einem bestimmten Korrektheitsgrad zu bilden (F), am Ende der allgemeinen Schulpflicht mindestens 90 % der Unterschichtkinder in Nordrhein-Westfalen (L) zukommt."

F (L) beziehen sich auf die Sachverhalte, die durch die Zielsetzung angestrebt werden. Um deren für Zwecke der Lehre optimale Beschreibung geht es in der Lehrzielbeschreibung. Ergebnis dieser Beschreibung sind Sätze bzw. Propositionen über bestimmte Fähigkeiten bestimmter Lernenden, z.B.: "Mindestens 90 % der Unterschichtkinder von Nordrhein-Westfalen haben am Ende der allgemeinen Schulpflicht die Fähigkeit, Sätze der deutschen Einheitssprache mit einem bestimmten (präzisierten) Korrektheitsgrad zu sprechen." Derartige Propositionen können im Verlauf des Erziehungsprozesses unterschiedliche Funktionen für die handlungsleitende Erkenntnis annehmen, z.B. zu Beginn die einer Prognose: "Es wird am Ende der Fall sein, daß ..."; vor der Ergebnisüberprüfung die einer Hypothese: "Vermutlich ist es nun der Fall, daß ..."; nach der Ergebnisüberprüfung die einer empirischen Feststellung: "Es ist der Fall/nicht der Fall, daß ...".

Sicher nicht ganz zufällig hat die Lehrzielforschung bisher der Beschreibung von F die meiste Aufmerksamkeit geschenkt. Daß L demgegenüber eher im Hintergrund geblieben ist, mag u.a. bildungspolitische und institutionelle Gründe haben, z.B. daß die Lernenden, auf die F zu beziehen ist, durch die Institution ohnehin vorgegeben sind oder zu sein scheinen. Außerdem liegen für die Beschreibung von F von seiten der Fachwissenschaften besonders differenzierte Vorarbeiten vor; darin besteht sogar hauptsächlich die spezifisch fachwissenschaftliche Grundlage der Didaktik. Vielleicht beinhaltet die Beschreibung von F auch die schwierigeren wissenschaftlichen Probleme.

"Fähigkeit" ist ein polysemes Wort. Wir verwenden es hier nicht als Antonym zu "Fertigkeit", sondern als Hyponym dazu für jedes durch Lernen erwerbbare Persönlichkeitsmerkmal einschließlich Kenntnissen und Einstellungen. Die Beschreibung von Fähigkeiten muß in Lehrzielbeschreibungen bestimmten Anforderungen genügen. Sie muß zum einen systematisch sein, d.h. zusammenhängende Komplexe von Fähigkeiten kohärent und vollständig erfassen; anderenfalls bildet sie keine geeignete Grundlage für einen kohärenten Lehrplan, der dem konsistenten Aufbau von Fähigkeiten dient (EIGENMANN/STRITTMATTER 1971, S. 72). Zum anderen muß sie beobachtungseindeutig sein, so daß aufgrund von Beobachtungen entscheidbar ist, ob die betreffenden Fähigkeiten vorliegen oder nicht; denn nur dann läßt sich am Ende des Erziehungsprozesses feststellen, ob und inwieweit die Lernenden die angestrebten Fähigkeiten tatsächlich erworben haben.

Systematisiert wird die Beschreibung von Fähigkeiten im Rahmen von Theorien, z.B. sprachlicher Fähigkeiten im Rahmen von Sprachtheorien, die wenigstens beschreibungsadäquat sein müssen. Beobachtungseindeutig wird die Beschreibung von Fähigkeiten durch Tests zusammen mit der Angabe der für das Bestehen notwendigen Leistungen (vgl. KLAUER u.a. 1972; HERBIG

1976). Diese Tests müssen dabei methodisch einwandfrei auf die systematische Beschreibung bezogen sein. Ohne diesen Bezug sind sie - zumindest im Hinblick auf Lehrziele - weitgehend ohne Aussagekraft, da unklar bleibt, welche Fähigkeiten getestet werden (HOPPE 1973; ARBEITSGRUPPE KOMMUNIKATIVER UNTERRICHT 1974, S. 45-72). Dagegen bildet die systematische Beschreibung von Fähigkeiten u.U. sehr wohl schon für sich genommen eine wichtige Orientierungsgrundlage für die Lehre. Die zuverlässige Überprüfung des Lehrerfolgs ist allerdings ohne einwandfreien Test ausgeschlossen.

Liegt wenigstens *ein* Test vor, der methodisch einwandfrei, d.h. gültig und verläßlich auf eine systematische Beschreibung einer Fähigkeit bezogen ist, dann ist die Beschreibung dieser Fähigkeit - wie es heißt - "operationalisiert". Die entsprechenden Bemühungen sind z.T. außerordentlich aufwendig, da die systematische Beschreibung vorausgesetzt ist (vgl. z.B. KLAUER 1974, S. 48-60). Daß die Beziehungen zwischen systematischen Beschreibungen und empirischen Feststellungen nicht immer einfach sind, zeigt sich gerade bei sprachlichen Fähigkeiten in den wissenschaftlichen Problemen bei der Herstellung einer stringenten Beziehung zwischen Kompetenz und Performanz.

Tests jener Art werden "lehrzielorientiert" genannt, obwohl sie sich zumeist nur auf Fähigkeiten, nicht die gesamte Lehrzielbeschreibung beziehen, oder auch "formativ" im Gegensatz zu "normativen" oder "summativen Tests". Testleistungen können offenkundig nur durch *Verhalten* von Lernenden erbracht werden. Ein solcher Test zusammen mit der Angabe der Mindestleistung für das Bestehen ist daher gewissermassen eine Beschreibung des Verhaltens, das die Lernenden zeigen sollen, wenn sie das Lehrziel erreicht haben. So hauptsächlich ist die häufig mißverstandene Forderung begründet, daß Lehrziele in Form von Verhaltensangaben zu beschreiben sind, worum sich insbesondere die amerikanische Lehrzielforschung intensiv bemüht hat (z.B. LINDVALL 1964; MAGER 1965; 1973; GERLACH 1971).

Erste Anhaltspunkte, wie systematische Fähigkeitsbeschreibungen auf Aussagen über beobachtbares Verhalten bezogen werden könnten, liefert ein Modell von K.J. KLAUER (1974, S. 46), das allerdings für ganze Lehrzielbeschreibungen vorschlägt. Daß es in Wirklichkeit nur Fähigkeitsbeschreibungen repräsentiert, zeigt sich auch bei KLAUER insofern, als er andernorts zusätzlich Angaben über die Lernenden vorsieht (1972, S. 40 f.).

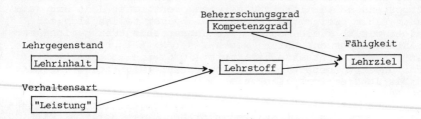

Die Bedeutung der Pfeile ist bei KLAUER nicht präzisiert; wir verstehen darunter nur die nicht näher spezifizierte Hinzunahme der betreffenden Komponente. Die von KLAUER verwendeten Termini sind hier eingerahmt. Wir ersetzen drei davon wegen Verwechslungsmöglichkeit (Vieldeutigkeit von "Inhalt" und "Leistung" - letzteres bei KLAUER in Anführungszeichen- und Homonymie mit "Kompetenz" im linguistischen Sinn) und einen aufgrund der Reinterpretation des Modells)"Lehrziel"). Unsere Ersetzungen verwendet KLAUER z.T. selber andernorts ungefähr in dieser Bedeutung ("Beherrschungsgrad", "Verhalten(sart)", "Fähigkeit": 1973, S. 35; 1974, S. 28, 45), z.T. sind sie in der Didaktik so gängig ("Lehrgegenstand").

Wenn wir die Begriffe an Beispielen der Primärsprachdidaktik verdeutlichen, so sind z.B. bestimmte Regeln zur Bildung richtiger Sätze oder Sprechakte Lehrgegenstände. Sprechen, Schreiben oder Explizieren sind Verhaltensarten. Sprechen oder Schreiben unter Einhaltung der betreffenden Regeln sind Lehrstoffe, und zwar im Hinblick auf praktische sprachliche Fähigkeiten, das Explizieren der betreffenden Regeln ist Lehrstoff im Hinblick auf eine sprachwissenschaftliche Fähigkeit. Der Beherrschungsgrad ist eine quantitative Angabe, z.B. die Prozentzahl richtig eingehaltener Regeln. Bezieht man den Beherrschungsgrad auf die betreffenden Lehrstoffe, so ergeben sich zum einen die praktischen sprachlichen Fähigkeiten, einen bestimmten Prozentsatz bestimmter Regeln zur Bildung richtiger Sätze oder richtiger Sprechakte beim Sprechen bzw. Schreiben einzuhalten, und zum andern die sprachwissenschaftliche Fähigkeit, einen bestimmten Prozentsatz dieser Regeln richtig zu explizieren.

Offenkundig handelt es sich dabei erst um grobe Andeutungen, die weiterer Präzisierung bedürfen. Außerdem sind damit nur sehr globale Fähigkeiten umrissen. Sie wären weiter in Teilfähigkeiten zu analysieren, ehe Tests darauf bezogen werden könnten. Diese weitere Präzisierung beinhaltet z.T. noch diffizile Probleme. Diese können jedoch nur durch eingehende Behandlung, nicht durch Abkehr von der Lehrzielorientierung gelöst werden - ein vielleicht angesichts der Situation in der Primärsprachdidaktik nicht ganz trivialer Hinweis.

Erinnern wir uns daran, daß es in Lehrzielbeschreibungen nicht nur um Fähigkeiten (F), sondern um die Fähigkeiten Lernender (F (L)) geht. Lehrzielbeschreibungen sind also erst vollständig, wenn auch genaue Kennzeichnungen der Lernenden vorliegen, die die betreffenden Fähigkeiten erreichen sollen. Dies mögen z.B. mindestens 90 % aller Schüler einer bestimmten Klasse in einer bestimmten Schule sein oder mindestens 80 % aller Schüler einer bestimmten Jahrgangsstufe in einem bestimmten Bundesland. Weiter sollen es vielleicht gleich viele Mädchen wie Jungen sein oder gleich viele Schüler aus der Unter- wie aus der Mittelschicht. Auch bestimmte Prozentsätze bestimmter IQ-Gruppen, Legastheniker oder anderer Lernbehinderter können dabei festgelegt werden.

Die letzten Beispiele zeigen, daß auch die Beschreibung der Lernenden erhebliche Schwierigkeiten bereiten kann. Für sie mögen u.U. kaum weniger aufwendige theoretische Systematisierungen und Operationalisierungen erforderlich sein als für die Fähigkeiten. So werden die Beschreibungen von Sozialschichten in soziologischen, die von Begabungsgruppen in psychologischen Theorien systematisiert. Die Operationalisierungen sollen idealiter die eindeutige, d.h. intersubjektiv übereinstimmende Zuordnung jedes einzelnen Lernenden zu einer Klassifikation gewährleisten (Verläßlichkeit), die ihrerseits methodisch einwandfrei auf die theoretisch begründete Systematik bezogen ist (Gültigkeit). Zum Teil werden dabei vielleicht unter "Operationalisierung" allzu heterogene wissenschaftliche Probleme zusammengefaßt (vgl. BUNGE 1967, Bd. I, S. 148 f., Bd. II, S. 172). Beim Rückgriff auf die Vorarbeiten von Soziologie und Psychologie liegt außerdem die Warnung vor ideologischen Implikationen nahe; sie ist jedoch nicht nur hier, sondern allenthalben in der Beschäftigung mit Lehrzielen angebracht.

2.3 *Lehrzielbegründung*

In der Lehrzielbeschreibung werden Wie-Fragen beantwortet: "Wie sind die angestrebten Fähigkeiten beschaffen, und wie die Lernenden, die sie erreichen sollen?" Die Lehrzielbegründung beantwortet dagegen Wozu- und Warum-Fragen. Allerdings nicht Warum-Fragen, die Tatsachenerklärungen erheischen (STEGMÜLLER 1973, S. 75): "Warum gelten hier und heute bestimmte Lehrziele?" sondern Warum-Fragen hinsichtlich der Relevanz (Wichtigkeit) von Lehrzielen: "Warum ist es relevant, daß bestimmte Lernende bestimmte Fähigkeiten erwerben sollen?" oder: "Wozu ist dies notwendig, dienlich, gut usw.?" Es mag naheliegen, statt von "Begründung" von "Legitimation" zu sprechen; in der Lehrzielforschung wird mit "Legitimation" jedoch in erster Linie die "Frage nach der Transparenz der Entscheidungs*prozesse* thematisiert, nicht (...) die inhaltliche Frage nach der Gültigkeit der Entscheidungs*produkte*" (MEYER 1972, S. 21; vgl. viele Beiträge im Curriculum-Handbuch 1975). Mit dem Ausdruck "Begründung" lehnen wir uns an K. BINNEBERG an (1973, S. 212-230 passim) sowie an W. SEGETH (1974, S. 69), der von 'rationaler Rechtfertigung' oder 'wissenschaftlicher Begründung' von Zielen spricht.

Ein Bedürfnis nach Begründung eines Lehrziels besteht, wenn dessen Relevanz zweifelhaft ist. In der Begründung wird versucht, ein solches Lehrziel auf ein anderes (Lehr)Ziel zu beziehen und im Hinblick darauf als notwendig zu erweisen. Ein solcher Versuch wird als gelungen betrachtet, wenn erstens die Notwendigkeit des zu begründenden Ziels für das andere Ziel erwiesen und zweitens die Relevanz des anderen Ziels unzweifelhaft ist. So kann man das Lehrziel: alle Schüler sollen die Fähigkeit erlangen, deutsche Texte zu lesen, dadurch als relevant begründen, daß man es als notwendig erweist für das Ziel: alle Schüler sollen die Fähigkeit erlangen, die Schulbücher zu lesen, vorausgesetzt, die Relevanz dieses Ziels sei unzweifelhaft. Man versteht nun, warum und inwiefern das zu begründende Lehrziel relevant ist.

Es kann freilich noch weiter das Bedürfnis bestehen, das zur Begründung herangezogene Ziel seinerseits zu begründen usw. Die Fortsetzung dieser Prozedur führt schließlich zu letzten Zielen und Werten.
Wie wird die Notwendigkeit des zu begründenden Ziels für das zur Begründung Herangezogene erwiesen? Dazu muß zurückgegriffen werden auf bewährte empirische Hypothesen oder Theorien. Durch sie allein dürfte allerdings keine zureichende Begründung von Lehrzielen möglich sein, da es bislang nicht gelungen ist, normative Aussagen zwingend von reinen Faktenaussagen abzuleiten (IWIN 1975, S. 302-305).
Nehmen wir folgendes Lehrziel, dessen Relevanz zweifelhaft und daher zu begründen sei: Bestimmte Lernende sollen die Fähigkeit erwerben, bestimmte Wortarten zu unterscheiden, wobei wir hier und auch ansonsten in diesem Kapitel die einwandfreie Lehrzielbeschreibung voraussetzen. Zur Begründung wird zunächst Bezug genommen auf ein anderes Lehrziel, z.B.: Die betreffenden Lernenden sollen die Fähigkeit erwerben, die Mikrostruktur von Texten zu analysieren. Dieses Lehrziel sei allgemein als relevant anerkannt. Um die Notwendigkeit des zu begründenden Lehrziels für dieses anerkannt relevante (Lehr)Ziel nachzuweisen, müssen wir auf eine bewährte Hypothese über Texte zurückgreifen; dabei handelt es sich um eine empirische Hypothese, denn Texte sind empirische Sachverhalte. Sie könnte etwa besagen, daß die betreffenden Wortarten für die Mikrostruktur von Texten konstitutiv sind. Dann könnten wir schließen, daß die Fähigkeit, die betreffenden Wortarten zu unterscheiden, ein notwendiger Bestandteil der Fähigkeit ist, die Mikrostruktur von Texten zu analysieren.
Der Bezug sowohl auf ein anerkanntes anderes Ziel als auch eine bewährte empirische Hypothese dürften zwei Mindestbestandteile jeder Lehrzielbegründung sein. Hinzu kommt als Drittes die Methode, mit der diese Bestandteile beweiskräftig aufeinander bezogen werden, nämlich die Logik, und zwar, da es um die Bewertung von Lehrzielen, um ihre Relevanz geht, vermutlich die modale Logik, vielleicht aber auch die Prädikatenlogik. Eine fundiertere Behandlung dieser Frage der Logik, die eine weitere Präzisierung des Begriffs der Relevanz voraussetzt, ist in einer späteren Arbeit vorgesehen. Im vorliegenden Fall müßte die Gültigkeit des folgenden Schlusses bewiesen werden:

Es ist relevant, daß alle Lernenden die Fähigkeit erwerben, die Mikrostruktur von Texten zu analysieren (1. Prämisse = anerkannt relevantes Ziel).

Die Wortarten $W_{1..n}$ sind konstitutiv für die Mikrostruktur von Texten (2. Prämisse = empirische Hypothese).

Es ist relevant, die Fähigkeit zu erwerben, die Wortarten $W_{1..n}$ zu unterscheiden (Konklusion).

Für den zwingenden Nachweis, daß dieser Schluß gültig ist, bedürfte es der Formalisierung, auf die wir hier verzichten. Zumindest in der Primärsprachdidaktik scheinen derartige methodische Fragen bislang kaum thematisiert worden zu sein.

Die bisherigen Bestandteile ergeben noch immer keine ganz vollständige Begründung für ein Lehrziel. Für sie ist es weiterhin erforderlich, daß auf die Ausgangsverhältnisse zu Beginn des Erziehungsprozesses Bezug genommen wird. Fähigkeiten, über die alle Lernenden von Anfang an verfügen, haben keine aktuelle Relevanz, keinen Sinn als Lehrzielbestandteile; auf ihre Lehre kann verzichtet werden. Umgekehrt sind allerdings Fähigkeiten nie allein deshalb relevant, weil noch nicht alle Lernenden darüber verfügen, sondern ihre Relevanz muß erst nach Art des obigen Vorgehens begründet werden. Die mangelnde Verfügung zumindest eines Teils der Lernenden über eine Fähigkeit ist daher nur eine notwendige, keine hinreichende Bedingung für ihre Relevanz als Lehrzielbestandteil. Entsprechendes gilt für Fähigkeiten, die ohne formelle Lehre gewissermaßen nebenbei erlernt werden.

K. BINNEBERG (1973, S. 212-216, 230) möchte von der Begründung von Lehrzielen die Frage ihrer Erreichbarkeit streng trennen. Diesem Vorschlag ist zumindest insofern zuzustimmen, als der Nachweis der Erreichbarkeit wiederum für die Begründung prinzipiell unzureichend ist; sonst könnten zahllose irrelevante oder unerwünschte Fähigkeiten als Lehrzielbestandteile begründet werden, wenn sie nur leicht erreichbar sind. Umgekehrt betrifft auch die Unerreichbarkeit eines Lehrziels nicht direkt seine Relevanz. Daß z.B. alle Lernenden die Fähigkeit entwickeln sollten, wie Vögel zu fliegen, kann vermutlich trotz Unerreichbarkeit letztlich als relevant begründet werden. Dennoch zeigt dieses Beispiel, daß die Begründung von der Erreichbarkeit wohl nicht ganz absehen kann, wenn sie sich nicht in eine Fantasiewelt verlieren will. Der von BINNEBERG zu Recht betonte "kategoriale" Unterschied zwischen Erreichbarkeit und Relevanz (bei BINNEBERG "Triftigkeit") steht trotzdem außer Zweifel. Für seine konsequente Beachtung spricht die dauernde Gefahr, daß Lehrziele vorschnell als unerreichbar aufgegeben werden, weil die Bedingungen für ihre Erreichbarkeit nicht konsequent auf Veränderungsmöglichkeiten hin überprüft wurden. Wenn die Frage der Erreichbarkeit als eigenständiger Problemkomplex gewahrt bleibt, bestehen vielleicht bessere Aussichten, die Veränderungsmöglichkeiten der Rahmenbedingungen systematisch zu überprüfen, damit bloße Vermutungen der Unerreichbarkeit nicht so leicht restriktiv gegen die Einführung neuer, relevanter Lehrziele ausgespielt werden können. Auch im Hinblick auf die Entscheidung über konkurrierende Lehrziele zeigt sich der kategoriale Unterschied zwischen Erreichbarkeit und Relevanz: Wenn man eine Auswahl treffen muß, wird man bei Lehrzielen gleicher Relevanz die leichter erreichbaren, bei Lehrzielen gleicher Erreichbarkeit die relevanteren vorziehen.

Fragen wir abschließend noch nach der Art der Ziele, auf die in der Begründung von schulischen Lehrzielen Bezug genommen wird. Wie schon gesagt, kann es sich dabei um andere Lehrziele handeln, zu denen die Beziehungen unterschiedlich sein mögen, z.B.:

- Das zu begründende Lehrziel kann Teil eines anderen Lehrziels sein wie im Falle von: alle Lernenden sollen /i/,/ü/ artikulatorisch unterscheiden können ⊂ alle Lernenden sollen die deutsche Einheitssprache korrekt sprechen können. "⊂" trifft zu kraft kodifizierter Sprachnorm.
- Das zu begründende Lehrziel kann eine statistisch nachgewiesene Voraussetzung des anderen Lehrziels sein. So ist die Fähigkeit, die deutsche Einheitssprache korrekt zu sprechen, eine solche Voraussetzung für gute Fähigkeiten im Rechtschreiben oder mündlichen und schriftlichen Darstellen (AMMON 1978b).
- Es kann ein positiver Transfer von einer Fähigkeit zur anderen statistisch nachgewiesen sein. Z.B. wäre ein solcher Nachweis denkbar, der uns aber nicht bekannt ist, zwischen bestimmten sprachwissenschaftlichen Fähigkeiten, vor allem im Bereich der formalen Linguistik, und bestimmten mathematischen Fähigkeiten, und zwar ein Transfer nach beiden Richtungen. Jede der betreffenden Fähigkeiten wäre damit ein geeigneter Bezugspunkt für die Begründung der anderen als Lehrzielbestandteil - vorausgesetzt ihre Relevanz stände fest.

Da trivialerweise die Schüler "nicht für die Schule, sondern für das Leben lernen", ist der Bezug allein auf andere Lehrziele für die Lehrzielbegründung unzureichend. Fähigkeiten lassen sich in bezug auf Anforderungen in außerschulischen Situationen als Lehrzielbestandteil begründen. Auch diese Begründung setzt allerdings eine Norm voraus, nämlich, daß die Lernenden diese Anforderungen zu erfüllen in der Lage sein sollen; ohne diese Norm ist die Relevanz der betreffenden Fähigkeiten als Lehrzielbestandteil trotz objektiver Anforderungen nicht zwingend begründbar. Bei Fähigkeiten, für die nachgewiesen ist, daß sie zur Bewältigung außerschulischer Situationen erforderlich sind, handelt es sich um "Qualifikationen" (ROBINSOHN 1975, S. 45). Qualifikationen beziehen sich nicht nur auf Anforderungen in der Arbeit, das Ressort der Bildungsökonomie, sondern auch in sonstigen Situationen, z.B. der politischen Betätigung oder des Familienlebens. Nicht wenige neuere primärsprachdidaktische Konzeptionen sind darum bemüht, daß in der Schule wirkliche Qualifikationen vermittelt werden, und enthalten in dieser Hinsicht viele Anregungen (z.B. EDELSTEIN/SCHÄFER 1969; FRITZ u.a. 1973; LENZEN 1973; HEINER u.a. 1976). Ihre Brauchbarkeit wird freilich oft gemindert durch die Vagheit der Lehrzielbeschreibung und die bloße Intuitivität der Begründung.

Welche Lernenden bestimmte Fähigkeiten erwerben sollten, läßt sich ebenfalls in bezug auf außerschulische Anforderungen begründen. So beispielsweise, daß Fähigkeiten, die nur in verhältnismäßig wenigen Berufen erforderlich sind, z.B. das Morsealphabet anzuwenden, nicht für alle Lernenden notwendig, also nicht Bestandteil der Allgemeinbildung (vgl. zum Begriff NEUNER 1973, S. 136) sein sollten. Umgekehrt ist zu fragen, und diese Frage ist u.E. dringlicher, ob nicht manche Fähigkeiten, die z.Z. nur von einem Teil der Lernen-

den erreicht werden, von allen gelernt werden sollten - ausgenommen zweifelsfrei pathologischen Lernenden.
   Dies läßt sich etwa begründen für die Fähigkeit, die Einheitssprache korrekt zu sprechen. Die Begründung geht dabei in folgende Richtung. Aufgrund ihrer Eigenschaften: überregionale Geltung, Standardisierung, Verschriftung, ausgebauter Wortschatz (AMMON 1978a), ist die Einheitssprache in vielen wichtigen Kommunikationssituationen, insbesondere bei größerer Öffentlichkeit unverzichtbar. Solche Kommunikationssituationen ergeben sich u.a. in der Leitung der Wirtschaft und bei aktiver politischer Betätigung wie der Kandidatur für politische Ämter. Weiterhin hat jedermann das Recht, entweder für Leitungsfunktionen in der Wirtschaft (Mitbestimmungsgesetz) oder für politische Ämter zu kandidieren (Art. 33 GG). Stimmt man nun noch der Forderung zu, daß niemand durch mangelnde sprachliche Fähigkeiten, sofern sie sich durch Erziehung beheben lassen, in der Wahrnehmung dieser Rechte behindert sein sollte, so folgt aus alledem, daß jeder Absolvent einer allgemeinbildenden Schule über die Fähigkeit verfügen sollte, die Einheitssprache korrekt zu sprechen. Um sicherzustellen, daß es sich um ein sinnvolles Lehrziel handelt, wäre noch nachzuweisen - was im vorliegenden Fall ausreichend gesichert sein dürfte -, daß nicht jeder Lernende über diese Fähigkeit schon bei Schulbeginn verfügt oder sie außerhalb der Schule ohnehin erwirbt. Sollte sich schließlich dieses Lehrziel unter den gegebenen Bedingungen als unerreichbar erweisen, so wären diese Bedingungen im einzelnen auf Veränderungsmöglichkeiten zu überprüfen.
   Bei aller Ungenauigkeit und mangelnden Explizität im einzelnen dürfte an diesem Beispiel folgendes erkennbar geworden sein. Auf diese Weise sind - bei Weiterentwicklung des methodischen Instrumentariums und Vertiefung unserer empirischen Kenntnisse - zwingende Begründungen für Lehrziele möglich. Als Prämissen dienen dabei nicht nur bestätigte empirische Hypothesen wie die Unverzichtbarkeit der Einheitssprache in öffentlichen Kommunikationssituationen, sondern wiederum Ziele normativen Charakters, wie daß niemand durch mangelnde Sprachfähigkeit in der Wahrnehmung seiner Rechte behindert sein soll. Für derartige Ziele könnten ihrerseits wieder Begründungen gefordert werden. Ferner dürfte der gesellschaftspolitische Charakter dieser Ziele offenkundig geworden sein, sowie daß solche Begründungen bestimmte gesellschaftspolitische Optionen voraussetzen, nämlich im Fall der Befürwortung einer höheren Allgemeinbildung die Option für mehr Demokratie und umgekehrt (vgl. NEUNER 1973, S. 136-145; ECKHARDT 1979b).
   Die Begründung von Lehrzielen führt offenkundig weit über den einzelnen fachdidaktischen Horizont hinaus; dennoch ist ihre Systematisierung und Vertiefung ein dringendes Desiderat, vor allem für die Primärsprachdidaktik. Abschließend sei freilich daran erinnert, daß auch eine noch so gut gesicherte Begründung niemals schon ein Lehrziel in Kraft setzt. Dies geschieht erst durch entsprechende Entscheidungen seitens politisch dazu befugter Institutionen. Ob diese Setzung erfolgt, ist eine Frage politischer Kräfteverhältnisse. Die wissenschaftliche Didaktik kann jedoch immerhin Orientierungs- und

Argumentationshilfen liefern, und zwar im Falle einer demokratischen Option vor allem den Interessenvertretungen der breiten Bevölkerungsmehrheit.

3. Anwendung in der Primärsprachdidaktik

3.1 Strukturierung der Lehrstoffe

Lehrstoffe sind Bestandteile von Lehrzielbeschreibungen, genauer: von Fähigkeitsbeschreibungen (vgl. 2.2). In der Primärsprachdidaktik lassen sich hauptsächlich zwei große Klassen von Lehrstoffen unterscheiden: 1. sprachpraktische Lehrstoffe, 2. sprachwissenschaftliche Lehrstoffe. Die beiden Klassen unterscheiden sich sowohl in den Lehrgegenständen als auch den Verhaltensarten.

Die sprachpraktischen Lehrstoffe sind Bestandteile von Beschreibungen sprachpraktischer Fähigkeiten. Sie enthalten als Lehrgegenstände Regeln der Primärsprache und ihres Gebrauchs. Man beachte, daß solche Beschreibungen sprachpraktischer Fähigkeiten zunächst eine Orientierungsgrundlage für die Lehre darstellen. Sie brauchen den Lernenden nicht unbedingt explizit zu werden, wenn diese die betreffenden Fähigkeiten erlernen sollen; sprachpraktische Fähigkeiten können ja zumindest teilweise auch imitativ erlernt werden. Dennoch wird auch hier nur autoritäre Lehre den Lernenden die systematischen Beschreibungsmöglichkeiten von Fähigkeiten und Lehrzielen vorenthalten.

Sprachwissenschaftliche Lehrstoffe sind Bestandteile von Beschreibungen sprachwissenschaftlicher Fähigkeiten. Sie enthalten als Lehrgegenstände sprachwissenschaftliche Erkenntnisse, und zwar, je nach Lehrzielen, verschiedener Art: neben Sprach- und Sprachgebrauchsregeln Begriffe, Methoden und methodologische sowie theoretische und wissenschaftstheoretische Erkenntnisse. Im Gegensatz zu den sprachpraktischen Lehrgegenständen müssen die sprachwissenschaftlichen den Lernenden expliziert werden; andernfalls können sie keine sprachwissenschaftlichen Fähigkeiten erlernen.

Partiell sind die Lehrgegenstände beider Lehrstoffklassen identisch, nämlich in denjenigen Sprach- und Sprachgebrauchsregeln, die die Lernenden sowohl praktisch zu befolgen (sprachpraktische Fähigkeiten) als auch im Rahmen grammatischer oder pragmatischer Theorien zu explizieren (sprachwissenschaftliche Fähigkeiten) lernen sollen. Hinsichtlich dieser Regeln besteht also der Unterschied zwischen (1) und (2) nur in der Verhaltensart. Diese Identität der Lehrgegenstände erstreckt sich allerdings sicher nicht auf alle Sprach- und Sprachgebrauchsregeln. Realistischerweise ist davon auszugehen, daß Lernende wohl nie alle Grammatik- und Sprachgebrauchsregeln explizieren lernen, die sie praktisch befolgen können. Umgekehrt mögen sie auch einzelne Regeln explizit kennenlernen, ohne sie praktisch befolgen zu können, z.B. historische oder dialektale.

In der Bereitstellung der Lehrgegenstände besteht die vielleicht wichtigste Aufgabe der Fachwissenschaften für die Fachdidaktik, wobei letztere nach eigenen Gesichtspunkten aus dem fachwissenschaftlichen Angebot auswählt und dieses auch - oft vereinfachend - restrukturiert (SCHOTT 1975). Für die Präzisierung der Verhaltensarten ist dagegen in erster Linie die Psychologie zuständig, vor allem die Lernpsychologie.

Für die sprachwissenschaftlichen Lehrstoffe liefern die in der Lehrzielforschung allgemein bekannten "Taxonomien" von B.S. BLOOM u.a. (1972) und D.R. KRATHWOHL u.a. (1975) Systematisierungsansätze der Verhaltensarten, die zumindest vorläufig durchaus brauchbar erscheinen. Diejenige Kritik, die diese Taxonomien pauschal verwirft, ist sicher verfehlt und hat - so weit wir sehen - auch keine Alternativen anzubieten. So bemängelt z.B. O. HOPPE (1972, S. 88) unter anderem die Abstraktion der Taxonomien "von jedem konkreten, situativ gebundenen Verhalten" und hält sie deshalb für gänzlich unbrauchbar für Lehrzielbeschreibungen, denn "ihre Unbrauchbarkeit für die Analyse von konkreten Verhaltensformen ist die unausweichliche Konsequenz". In Wirklichkeit ist die Abstraktion von konkreten Situationen nicht nur unvermeidlich in Taxonomien und Theorien, sondern die Voraussetzung für das Begreifen = begriffliche Verständnis dieser Situationen, jeweils unter dem spezifischen Aspekt der Abstraktion. Bei aller Problematik vollständiger Zurückweisung wird die Verbesserungsbedürftigkeit der Taxonomien indessen von niemand bestritten; die Autoren selber bitten um Kritik.

Durch diese Taxonomien - auf andere gehen wir hier nicht ein (z.B. GAGNE 1965) - werden die Verhaltensarten zunächst in drei "Bereiche" unterteilt, den kognitiven, affektiven und psychomotorischen. Für diese Bereiche werden dann die spezifischen Verhaltensarten hierarchisch klassifiziert, wobei der psychomotorische Bereich bislang noch kaum erarbeitet ist (DAVE 1968). Insbesondere die Taxonomie des kognitiven Bereichs von BLOOM u.a. (1972) verdient für sprachwissenschaftliche Lehrstoffe Beachtung. Ihre Hauptklassen sind: "Wissen" $\supset$ "Verstehen" $\supset$ "Anwendung" $\supset$ "Analyse" $\supset$ "Synthese" $\supset$ "Evaluation". Wir beschränken uns hier auf die Nennung der Klassen, deren begriffliche Schärfe sicher zu wünschen übrig läßt. Die von uns hinzugefügte Beziehung "$\supset$" entspricht denn auch eher der Absicht der Autoren (S. 30-33), bzw. dem Zustand einwandfreier Taxonomien (BUNGE 1967, Bd. I, S. 74-80), als dem im vorliegenden Fall tatsächlich erreichten Präzisionsgrad. Gemeint ist jedoch, daß wer etwas "verstanden hat" ("Verstehen"), es stets "weiß" ("Wissen"), nicht umgekehrt; wer etwas "anwenden kann" ("Anwendung"), es stets auch "versteht", nicht umgekehrt usw. Somit beinhaltet diese Hierarchie zugleich eine Hypothese über die Reihenfolge des Lernens dieser Verhaltensarten in bezug auf jeweils ein und denselben Lehrgegenstand. Darauf vor allem basiert die Orientierungsfunktion dieser Taxonomien für die Lehre.

Vorausgesetzt, die sprachwissenschaftlichen Lehrgegenstände lägen vor, dann ließen sich mit Hilfe dieser Taxonomien die sprachwissenschaftlichen Lehrstoffe systematisch darstellen in Form von Relationstabellen - nicht ohne weiteres

"Matrizen", wie es in der Lehrzielforschung oft vorschnell heißt (z.B. bei SCHOTT 1972, S. 50; MARENBACH 1973), da Matrizen im strengen, mathematischen Sinn mehr Informationen voraussetzen (W. GRÖBNER: Matrizenrechnung. Mannheim usw. 1966, S. 20-25). Die Lehrgegenstände können dabei in den Zeilen, die Verhaltensklassen in den Spalten angeordnet werden. Die Zellen, also die jeweiligen Verhaltensarten in bezug auf die jeweiligen Lehrgegenstände, repräsentieren dann Lehrstoffe, z.B. das Wissen (Verhaltensart) bestimmter Termini (Lehrgegenstand), die Anwendung (Verhaltensart) bestimmter Regeln (Lehrgegenstand) usw. Dergestalt dargestellte Lehrstoffe werden übrigens in der Tradition der amerikanischen Lehrzielforschung, v.a. von R.W. TYLER (1973), oft schon "Lehrzielbeschreibungen" oder "Lehrziele" genannt. Sie sind nach unserem Verständnis jedoch von vollständigen Lehrzielbeschreibungen noch weit entfernt (vgl. 2.2).

Jene Taxonomien sind nur für sprachwissenschaftliche Lehrstoffe verhältnismäßig gut geeignet, nicht aber, wie G. WIENOLD (1975, S. 240) zu Recht hervorgehoben hat, für sprachpraktische Lehrstoffe, zur Beschreibung der "Beherrschung einer Sprache", denn das "Sprechen einer Sprache vollzieht sich nahezu ausschließlich ohne Kenntnis der dafür geltenden Gesetzmäßigkeiten (...)". Auch das Erlernen sprachpraktischer Fähigkeiten erfolgt nicht notwendig, oder sogar zumeist nicht, nach der Hierarchie etwa der BLOOMschen Taxonomie des kognitiven Bereichs, wonach eine Sprachregel zuerst "gewußt" und "verstanden" und danach erst "angewandt" würde. Diese spezielle Bedeutung hat aber "Anwendung" im Rahmen der BLOOMschen Taxonomie.

Dennoch wurde versucht, jene Taxonomien auch für sprachpraktische Lehrstoffe zu adaptieren, insbesondere für den Fremdsprachunterricht (VALETTE 1971; VALETTE/DISICK 1972). Auch für den Primärsprachunterricht liegen entsprechende Versuche vor, z.B. von W.J. MOORE/L.D. KENNEDY (1971). In diesem Fall wird für sprachpraktische und sprachwissenschaftliche Lehrstoffe einfach dieselbe Verhaltensklassifikation herangezogen, nämlich die des kognitiven Bereichs von BLOOM u.a. (1972). Dabei werden die "language skills" (Hören, Sprechen, Lesen, Schreiben) behandelt wie Lehrgegenstände (S. 402 f.). Die daraus entspringenden Schwierigkeiten fallen nicht auf, weil gerade die "language skills" außer in Form von Relationstabellen weitgehend nur andeutungsweise dargestellt werden. Wie "Wissen", "Verstehen", "Anwendung" usw. in bezug auf Hören, Sprechen usw. zu verstehen sind, bleibt unklar.

Eine weitere Schwäche dieses Versuchs von MOORE/KENNEDY besteht in der durchgehenden Beschränkung auf den kognitiven Bereich. Tatsächlich jedoch ist in der Primärsprachdidaktik nicht nur zusätzlich der affektive Bereich wichtig, sondern auch der psychomotorische, speziell für sprachpraktische Lehrstoffe, und zwar die artikulatorische (Sprechen), auditive (Hören), manuelle (Schreiben) und visuelle (Lesen) Psychomotorik. Für sprachwissenschaftliche Lehrstoffe spielt der psychomotorische Bereich dagegen keine nennenswerte Rolle, da eine dafür ausreichende Psychomotorik weitgehend vorausgesetzt werden darf.

Trotz solcher Mängel enthalten Versuche wie die von MOORE /KENNEDY interessante Anregungen zur Systematisierung der Lehrzielbeschreibung für den Primärsprachunterricht. Sie verdienen sorgfältige Auswertung, anstatt voreiliger pauschaler Zurückweisung. Dies gilt ebenso für die Taxonomien, auch die des affektiven Bereichs, die - zumindest im Primärsprachunterricht - bislang kaum zur Lehrzielbeschreibung herangezogen wurde. Deshalb brauchen ihre ideologischen Implikationen (ROTH 1973) nicht blind übernommen zu werden. Immerhin verspricht speziell die Taxonomie des affektiven Bereichs nicht nur systematischere Lehrzielbeschreibungen, sondern auch Aufschlüsse über Lehrerfolge hinsichtlich Motivation und Einstellungen der Lernenden, worauf die Gegner der Lehrzielorientierung zu Recht besonderes Gewicht legen. Im Gegensatz zu diesen begnügen sich die Autoren dieser Taxonomie allerdings nicht damit, auf Lehrerfolge blindlings zu vertrauen.

Die Taxonomien könnten vermutlich auch bezogen werden auf die fachübergreifenden Lehrgegenstände des Primärsprachunterrichts, die "Inhalte" im Sinne von H. HELMERs (1976, S. 61-63) "Dialektik von Inhalt und Form", die im sprachpraktischen Unterricht wohl vor allem durch den Sinn der Äußerung des Lernenden und der Texte des Lehrmaterials vermittelt werden: Informationen, die geeignet sind, antifaschistische, antimilitaristische, humanistische und demokratische Einstellungen zu bilden. Ihre Systematisierung als Lehrstoffe wäre ebenfalls eine wichtige Vorarbeit für die Lehrplanung und die Überprüfung des Lehrerfolgs.

Offenkundig ließen sich auf diese Weise freilich auch die Möglichkeiten zur Indoktrination mit entgegengesetzter Ideologie verbessern. Diese Gefahr und jene Vorzüge können nur im Rahmen einer sorgfältigen Analyse der politischen Verhältnisse gegeneinander abgewogen werden, auf die verantwortungsbewußte Primärsprachdidaktiker u.E. ohnehin nicht verzichten können.

3.2 Strukturierung der sprachpraktischen Lehrgegenstände

Die sprachpraktischen Lehrgegenstände umfassen die Sprach- und Sprachgebrauchsregeln, die die Lernenden im praktischen Sprachhandeln befolgen können sollen. Sie werden systematisch und detailliert erstellt im Rahmen grammatischer und pragmatischer Theorien. Wir beschränken uns im folgenden auf einige Hinweise zur Abgrenzung des Referenzbereichs (Gegenstandsbereichs) solcher, insbesondere grammatischer Theorien. Zur wenigstens ansatzweisen Begründung müssen wir auch die Verhaltensarten des praktischen Sprachhandelns grob differenzieren, und zwar in mündliches und schriftliches, passives und aktives Sprachverhalten. Damit ist nur gemeint, daß die betreffenden Sprach- und Sprachgebrauchsregeln, die unsere Lehrgegenstände ausmachen, passiv mündlich, aktiv mündlich usw. befolgt, also identifiziert und eingehalten werden können. Diese Verhaltensarten sind daher unspezifischer als Hören, Sprechen, Lesen und Schreiben, die u.U. mehr umfassen bzw. als Termini polysem sind.

Die Lehrgegenstände des deutschen Primärsprachunterrichts liegen im Referenzbereich des Begriffs "deutsche Sprache im weitesten Sinn". Dessen für das vorliegende Problem zweckmässige Differenzierung ist zunächst einmal möglich anhand des gängigen strukturalistischen Begriffs "Sprachsystem" (langue oder Kompetenz). Das Sprachsystem wird konstituiert durch die Analysemethode und die einbezogenen Einheiten, wobei es Differenzen zwischen verschiedenen linguistischen Schulen gibt. Als Einheiten werden der Satz und seine Elemente einbezogen, sofern sie Zeichenfunktion erfüllen oder dafür konstitutiv sind. Die Abgrenzung ist im Einzelfall kaum ohne jegliche Willkür möglich, aber in der Mehrzahl der Fälle unproblematisch. Die Analysemethode ist systematisch, d.h. kohärent und auf vollständige Einbeziehung aller fraglichen Einheiten angelegt. Mit Sprachsystem ist dabei nicht unbedingt an einen Gesamtzusammenhang aller Teile gedacht, wie etwa in der generativen Transformationsgrammatik; vielmehr ist es gerade didaktisch u.U. sogar zweckmäßig, relativ unabhängige Teilsysteme der Phonemik und Graphemik, der Grammatik im engeren Sinn (Morphemik und Syntax) und Lexik auseinanderzuhalten. Ferner geht es nicht um eine möglichst abstrakte Systematisierung, sondern um die detaillierte Erfassung der Regeln der Sprachnorm, ohne die die sprachpraktischen Lehrgegenstände nicht genau beschreibbar sind. Um dies zum Ausdruck zu bringen, ist es vielleicht angemessener, statt von "Phonemik" von "Orthophonie" ("Orthoepie"), und entsprechend von "Orthographie", "Orthogrammatik" und "Ortholexik" zu sprechen, wenn auch letztere Ausdrücke ungebräuchlich sind.

Vom Sprachsystem, das die Regeln der Bildung richtiger Sätze umfaßt, sind die konstitutiven Regeln pragmatischer Einheiten zu unterscheiden wie Sprechakten, Diskursen, Kommunikationsverfahren, Textsorten u.a.. Diese pragmatischen Einheiten stehen derzeit im Zentrum des Interesses der Primärsprachdidaktiker, obgleich ihre Systematisierung fachwissenschaftlich z.T. noch wenig entwickelt ist. Zweifellos handelt es sich dabei um einen wichtigen Komplex sprachdidaktischer Lehrgegenstände. Jedoch besteht derzeit die Gefahr, daß darüber die Sprachlehrgegenstände innerhalb des Sprachsystems im engeren linguistischen Sinn aus dem Blickfeld geraten. Daher beschränken wir unsere weiteren Hinweise auf sie, denn auch hinsichtlich ihrer Präzisierung als sprachpraktische Lehrgegenstände gibt es noch viele offene Fragen. Außerdem sind die Sprachlehrgegenstände innerhalb des Sprachsystems insofern elementarer, als die Bildung richtiger Sätze zu den Voraussetzungen der richtigen Bildung pragmatischer Einheiten gehört.

Unsere Beschränkung auf das Sprachsystem beinhaltet die gängige strukturalistische Unterscheidung in Synchronie und Diachronie. Im Hinblick darauf ist eine fast triviale Präzisierung, daß die sprachpraktischen Lehrgegenstände des deutschen Primärsprachunterrichts vor allem das deutsche Gegenwartssystem beinhalten. Keineswegs trivial ist dagegen die Frage, inwieweit sie sich auch darauf beschränken sollten. Hier wird die Differenzierung des Sprachverhaltens wichtig. So ist es teils unvermeidlich, teils unproblematisch, daß sich das gesamte mündliche sowie das aktive schriftliche Verhalten auf die Gegenwartssprache beschränken. Beim schriftlichen passiven Verhalten ist es dagegen anders. Soll sich auch das Lesenkönnen gänzlich auf die Gegenwartssprache beschränken, wodurch alle älteren historischen Texte nur in Übersetzung zugänglich wären? Dies entspräche dem Ist-Zustand der derzeitigen Schulbildung, zumindest in der BRD; angesichts der Fülle von Gegenwartsproblemen und entsprechenden denkbaren Lehrzielen mag diese Beschränkung spontan auch vernünftig erscheinen. Andererseits beinhaltet sie doch einen vielleicht nicht unbedeutenden Verzicht auf historische Informationsmöglichkeiten, dessen Konsequenzen noch nicht zufriedenstellend durchdacht sind (LANGNER 1975).

Beschränken wir unsere weiteren Überlegungen auf die deutsche Gegenwartssprache, so stellt sich weiter die zunächst wiederum trivial erscheinende Frage der Außenabgrenzung von der englischen, französischen und anderen Fremdsprachen. Mißlicherweise stellt diese Frage gerade in unserem Zusammenhang durchaus ein ernsthaftes Problem dar, vor allem in der Lexik und Orthophonie. Denn gerade mit den Fremd- und Lehnwörtern verbinden sich bekanntlich besondere Verständnisschwierigkeiten, so daß sorgfältig zu bedenken ist, inwieweit diese nicht einen besonders beachtenswerten Bestandteil unserer Lehrgegenstände bilden. Sie lassen sich andererseits wegen ihrer enormen Anzahl nicht ohne weiteres insgesamt einbeziehen, was schon daran deutlich wird, daß sicher kein einziges Mitglied unserer Sprachgemeinschaft sie komplett beherrscht. Ebenso ungeklärt ist es, ob und inwiefern fremdsprachliche Aussprachebestandteile für die normgerechte Aussprache von Fremdwörtern allgemein erlernt werden sollten (vgl. DUDEN AUSSPRACHE-WÖRTERBUCH. Mannheim 1974, S. 105-115).

Nach der Außenabgrenzung von Fremdsprachen stellt sich die Frage der Differenzierung zwischen Einheitssprache (Standard-, Hoch-, Literatursprache - zum Begriff AMMON 1978a) und Regionaldialekten. Unter die Regionaldialekte lassen sich nach dem Kriterium der regional enger begrenzten Geltung weitgehend auch die sogenannten Umgangssprachen subsumieren, wenngleich diese großräumiger sind als die eigentlichen Dialekte. Nun ist die Abgrenzung der Einheitssprache von diesen Regionaldialekten speziell unter didaktischen Gesichtspunkten keineswegs eindeutig. Besonders im Bereich der Orthophonie erscheint es einerseits überzogen, daß jedermann die geltende einheitssprachliche Norm (Hoch-/Standardlautung) vollkommen erlernt, da geringfügige regionale Abweichungen weder nennenswert die Kommunikation beeinträchtigen noch sanktioniert werden. Andererseits ist eine relativ weitgehende Annäherung an die geltende Norm wiederum unverzichtbar, um Kommunikationsschwierigkeiten und Sanktionen zu vermeiden. Linguistische Präzisierungen des Grades der Mindestannäherung fehlen jedoch bislang oder basieren weitgehend auf blossen Vermutungen und sind nicht durch repräsentative empirische Untersuchungen abgesichert.

Unzweifelhaft hat die Einheitssprache didaktischen Vorrang vor den Regionaldialekten. Wir haben dies andernorts auch gegenüber der populären Forderung nach Zweisprachigkeit Einheitssprache/Dialekt ausführlicher begründet (AMMON 1978b, S. 245-271). Dennoch sind auch die Regionaldialekte in sehr beschränktem Umfang als sprachpraktische - nicht nur als sprachwissenschaftliche - Lehrgegenstände zu erwägen. In Regionen, wo noch von breiten Bevölkerungsschichten überwiegend ausgeprägter Dialekt gesprochen wird, könnten in Sonderfällen kurzfristige gezielte Hilfestellungen der Schule für Zugezogene angebracht sein, um das Verstehen von Dialektäusserungen zu erleichtern.

Auch nach der Abgrenzung von den Regionaldialekten kann die deutsche Einheitssprache noch nicht en bloc den Lehrgegenständen des Primärsprachunterrichts zugeschlagen werden. Sie läßt sich weiter differenzieren in vier staatenspezifische Varietäten. Insbesondere in der Lexik und der Orthophonie variiert sie zwischen der Schweiz, Österreich, der DDR und der BRD. Nun hat sicher für jeden der deutschsprachigen Staaten primär die eigene Varietät Vorrang. Andererseits stellt sich speziell hinsichtlich der Lexik ernsthaft die Frage, ob nicht einige Besonderheiten der übrigen deutschsprachigen Varietäten wenigstens von jedermann verstanden werden sollten. Aber welche in erster Linie? Für die BRD dürfte es besonders wichtig sein, daß jedermann die spezifische politische Lexik der DDR wenigstens versteht. Dies ist eine der Voraussetzungen dafür, daß die Kommunikation zwischen den beiden gesellschaftspolitisch konträren Staaten künftig rationaler gestaltet werden kann. Allerdings ist es fraglich, ob diese Lexik nicht ohnehin größtenteils Bestandteil der Einheitssprache der BRD ist, wenngleich in ihrem Gebrauch weitgehend beschränkt auf bestimmte politische Gruppen. Unabhängig davon beinhaltet diese Spezifizierung eine wichtige Differenzierung hinsichtlich der Organisation des Lehrprozesses. Die betreffende politische Lexik wäre vermutlich zweckmäßigerweise nicht Lehrgegenstand des Deutsch-, sondern des Politikunterrichts, da sie unverkürzt nur im Zusammenhang mit politischer Theorie erlernt werden kann.

An diesem Punkt wird deutlich, daß und warum die deutsche Einheitssprache nicht nur zu den Lehrgegenständen des Deutschunterrichts, sondern auch der Sachfächer gehört. Der spezifische Anteil der Sachfächer umfaßt deren Fachsprachen, die offenkundig nicht Lehrgegenstände des Deutschunterrichts sind, wenn dieser nicht zum Universalfach aufquellen soll. Wohl aber gehören diese Fachsprachen zur deutschen Einheitssprache. Außer den Fachsprachen der schulischen Sachfächer gibt es zahlreiche weitere, teils von außerordentlichem Umfang, die ebenfalls allesamt zur deutschen Einheitssprache gehören, aber überhaupt nicht Lehrgegenstände der allgemeinen Schul-, sondern der Berufsbildung sind. Hinsichtlich der Fachsprachen stellen sich zwei Abgrenzungsprobleme: einmal die zwischen Berufs- und allgemeiner Schulbildung, zum andern innerhalb der allgemeinen Schulbildung die zwischen Sachfächern und Sprachunterricht im Fach Deutsch. Voneinander abzugrenzen sind also erstens die berufsspezifischen, zweitens die schulfachspezifischen Fachsprachen und drittens der verbleibende Rest der Einheitssprache, den wir mangels eines geeigneteren Terminus vorläufig *"Gemeinsprache"* nennen. Diese Gemeinsprache

bildet den Kern der Lehrgegenstände des deutschen Primärsprachunterrichts innerhalb des Sprachsystems.
Die Abgrenzung der Gemeinsprache von den Fachsprachen betrifft grammatisch vor allem die Lexik. Ein handliches Abgrenzungskriterium aufgrund eines intensionalen Begriffsmerkmals ist derzeit nicht in Sicht. Aufgrund der Durchdringung der gesamten Lebenswelt unserer Gesellschaft mit technischen und wissenschaftlichen Informationen erweitert sich der Bereich der Gemeinsprache zunehmend, wie die Fachsprachen im Zuge des wissenschaftlich-technologischen Fortschritts anwachsen. Daher dürfte nur eine sorgfältige, von Zeit zu Zeit zu revidierende statistische Abgrenzung zwischen fachsprachlicher und gemeinsprachlicher Lexik möglich sein. An vorliegenden Schülerwörterbüchern (SCHÜLERDUDEN 1970; 1977; KAPPE u.a. 1977) läßt sich zwar anknüpfen; sie sind jedoch lückenhaft und verbesserungsbedürftig - in der derzeitigen Schule werden sie fast nur als Nachschlagewerke für die Orthographie verwendet. Ein ausreichender gemeinsprachlicher Wortschatz müßte alle für sämtliche Arten von Weiterbildung, Berufsbildung, öffentliche und private sprachliche Kommunikationen vorausgesetzten Wörter umfassen, außer den Fachwortschätzen der Sachfächer und der Berufe.

Hiermit sind nur die gröbsten Differenzierungsschritte im Hinblick auf eine Systematik der sprachpraktischen Lehrgegenstände für den deutschen Primärsprachunterricht skizziert. Was wäre zusätzlich notwendig für systematische und vollständige Lehrzielbeschreibungen? Die Systematik der Lehrgegenstände wäre durch eine Systematik der Verhaltensweisen zu ergänzen. Schon unsere Grobdifferenzierung zeigt insofern deren Notwendigkeit, als manche Lehrgegenstände nur für bestimmte Verhaltensarten relevant sind. Der Bezug der Verhaltensarten auf die Lehrgegenstände ergäbe Lehrstoffe. Durch die zusätzliche Angabe des Beherrschungsgrades, des Prozentsatzes (richtig) eingehaltener, "beherrschter" Regeln würde daraus eine Beschreibung von Fähigkeiten. Für den gemeinsprachlichen Wortschatz wäre dabei vermutlich folgende Hierarchie des Beherrschungsgrades in den hier unterschiedenen Verhaltensarten realistisch: schriftlich passiv ⊃ mündlich passiv ⊃ schriftlich aktiv ⊃ mündlich aktiv; d.h. der schriftlich passiv beherrschte Wortschatz hätte den größten, der mündlich aktiv beherrschte den kleinsten Umfang. Zureichend wären derartige Fähigkeitsbeschreibungen für Zwecke der Lehrzielorientierung freilich erst, wenn auch methodisch einwandfreie Tests vorlägen, durch die diese Fähigkeiten empirisch festgestellt werden könnten. Schließlich wären Angaben erforderlich, welche Lernenden welcher Kategorien (Geschlecht, Schichtenzugehörigkeit usw.) die betreffenden Fähigkeiten erreichen, also die "lehrzielorientierten" Tests bestehen sollten. Erst damit wären die Lehrzielbeschreibungen vollständig.

Die Tabelle gibt einen Gesamtüberblick über die vorausgegangenen Differenzierungsschritte. Die Zellen der vier rechten Spalten enthalten grobe sprachpraktische Lehrstoffklassen, da sie aus Lehrgegenständen und Verhaltensarten kombiniert sind.

Die Markierungen bedeuten folgendes:
⊕ : spezifisch für den Primärsprachunterricht im Fach Deutsch;
⑦ : spezifisch für den Primärsprachunterricht im Fach Deutsch, aber - zumindest teilweise - von fraglicher Relevanz;
- : als sprachpraktische Lehrstoffe irrelevant;
+ : als sprachpraktische Lehrstoffe relevant, aber - zumindest teilweise - unspezifisch für das Fach Deutsch, zumindest in der BRD.

Zuständige Lehrinstitutionen	Differenzierung der sprachpraktischen Lehrgegenstände des deutschen Primärsprachunterrichts	Verhaltensarten			
		mündlich		schriftlich	
		aktiv	passiv	aktiv	passiv
	Deutsche Sprache im weitesten Sinn	+	+	+	+
Literaturunterricht, weiterführendes Lesen, Gestaltungslehre, Sprecherziehung im DU	Texte und pragmatische Einheiten	⊕	⊕	⊕	⊕
	Sprachsystem	+	+	+	+
Sprachbetrachtung im DU	Historische Systeme	-	-	-	⑦
	Gegenwartssysteme	+	+	+	+
Sprachtraining, Sprecherziehung, Sprachbetrachtung im DU	Fremdsprachliche Bestandteile: Lautung, Lexik	⑦	⊕	⊕	⊕
	Eigensprache	+	+	+	+
Sprachbetrachtung, Sprachtraining im DU	Regionaldialekte	-	⑦	-	-
	Einheitssprache	+	+	+	+
Sprachbetrachtung, Sprachtraining im DU, Politikunterricht	Varietäten der DDR, Österreichs, Schweiz	-	+	-	+
	BRD-Varietät	+	+	+	+
	Fachsprachen				
Berufsbildung	beruflich	+	+	+	+
Sachfächer	der Sachfächer	+	+	+	+
Sprachtraining, Sprecherziehung, Lesen Rechtschreiben, Sprachbetrachtung im DU	Gemeinsprache	⊕	⊕	⊕	⊕

Unter den in der ersten Spalte genannten Lehrinstitutionen
wird der Deutschunterricht (DU) nach "Lernbereichen" differenziert in Anlehnung an die Didaktik von H. HELMERS (1976,
S. 31-35).

4. Schlußbemerkung

Wer heute in der BRD strenge Lehrzielorientierung befürwor-
tet unter Einbeziehung von Lehrzieloperationalisierungen,
kann kaum vermeiden, daß er mißverstanden und als Drillmei-
ster, Behaviorist u.ä. verdächtigt wird. So wird insbesondere die Absicht, einen bestimmten gemeinsprachlichen Wortschatz als sprachpraktischen Lehrzielbestandteil festzulegen, notorisch dahingehend mißverstanden, daß "stures Vo-
kabellernen" in den Primärsprachunterricht Einzug halten soll.
Möglicherweise hat der seit W. SCHULZ (1969, S. 25. Vgl.
MEYER 1972, S. 53) behauptete "Implikationszusammenhang"
zwischen Lehrzielen und Lehrmethoden derartige Mißverständ-
nisse gefördert; er besagt aber für unser Problem letztlich
nicht mehr, als daß für bestimmte Lehrziele auch bestimmte,
oft erst noch zu ermittelnde Lehrmethoden bestgeeignet sind,
keinesfalls aber, daß mit irgendwelchen Lehrzielen zugleich
ungeeignete Methoden gesetzt seien. Jene vorschnellen Gegen-
argumente verraten allzu deutlich die Bereitschaft, wichtige
Lehrziele wegen vermuteter lehrmethodischer Schwierigkeiten
a limine auszuschließen oder vorschnell aufzugeben. Das Insistieren auf strenger Lehrzielorientierung verringert diese Gefahr.
 Sie ist aber darüber hinaus überhaupt eine der Voraussetzungen dafür, daß die Erziehung in unseren Schulen verbessert wird. Verbesserung heißt dabei in erster Linie, daß zunehmend das gelernt wird, was für die Schüler tatsächlich
wichtig ist, gerade auch unter gesellschaftskritischen Gesichtspunkten und im Hinblick auf die Demokratisierung unserer Gesellschaft. Dahingehend begründete Lehrziele gilt es
zu ermitteln und die Lehre sorgfältig auf sie hin zu planen
(HELMERS 1970a). Diese Aufgabe beinhaltet schwierige wissenschaftliche Probleme und kann keinesfalls von Lernenden selber zufriedenstellend gelöst werden. Vielmehr ist anzunehmen,
daß die Überantwortung an die Lernenden, wie die ganze einseitige Orientierung der derzeitigen Primärsprachdidaktik an
reformpädagogischen Gedanken, zur Stagnation und Verschlech-
terung der primärsprachlichen Erziehung führt. Insbesondere
sozial benachteiligte Schüler bleiben dabei vermutlich aussichtslos unterqualifiziert.
 Da präzise Schulabschlußlehrziele nirgendwo vorliegen,
bleiben solche Auswirkungen innerhalb der Schule weitgehend
unbemerkt. Durch die Ablehnung der Lehrzielorientierung im-
munisiert sich die reformpädagogische Primärsprachdidaktik
gegen dementsprechende Kritik. Die Lehrer wissen nicht, welche primärsprachlichen Fähigkeiten die Schüler bei Schulab-
schluß haben sollten (vgl. die Äußerung eines Hauptschul-
rektors bei SCHLUTZ 1976, S. 181). Nach der Schule erfahren

dann viele Schüler, daß sie nicht einmal die Mindestqualifikation für den Eintritt in ein Lehrverhältnis erhalten haben, wenn sie nämlich in den Eingangsprüfungen dazu scheitern (z.B. H.-P. FREYTAG: Ergebnisse des Deutsch- und Rechentests 1978. Leistungsstand Hessischer Schulabgänger, in: Wirtschaft und Berufserziehung (1979), H. 2; METZGER, R.: Lehrstellenbewerber: Rechnen und Schreiben - unbefriedigend, in: Der Ausbilder (1979), H.8). Lehrzielorientierung statt "schülerzentriertem" Curriculum könnte die Anzahl solcher Tragödien weitgehend reduzieren. Sie impliziert deshalb keineswegs, daß die Bedingungen der betreffenden Eingangsprüfungen blindlings und affirmativ hingenommen werden. Vielmehr böten gerade sorgfältige Lehrzielbegründungen die Chance einer wissenschaftlich gesicherten Kritik daran.

Schließlich brächten präzise beschriebene Schulabschlußlehrziele Mängel des derzeitigen Schulsystems klarer ans Licht. Vermutlich würde sich insbesondere zeigen, daß dieses System nicht in der Lage ist, sozial benachteiligten Kindern ausreichende primärsprachliche (aber wohl auch sonstige) Qualifikationen zu vermitteln, ganz zu schweigen von den primärsprachlichen Voraussetzungen für politische Mündigkeit. Im Hinblick darauf ist es unverzichtbar, in die Lehrzielbeschreibungen auch Angaben über die Lernenden, ihre Anzahl und Kategorie (Schichtenzugehörigkeit, Geschlecht) einzubeziehen, nicht nur über die angestrebten Fähigkeiten. Jene Befunde wären wichtige Informationsgrundlagen für Forderungen nach weiteren nachhaltigen Schulreformen wie

- kompensatorischer Spracherziehung zum Ausgleich sozial bedingter Sprachdefizite, deren pauschale Diskreditierung infolge der methodisch unzureichenden und ideologisch fragwürdigen amerikanischen Versuche dringend der Korrektur bedarf;

- Gesamt- und Ganztagsschule zur nachhaltigeren Förderung und zum Aufbau einer stärkeren Lernmotivation, insbesondere für sozial benachteiligte Schüler;

- Durchsetzung des Fachlehrerprinzips, gerade im Primärsprachunterricht, zur Anhebung der Qualität der Lehre. Die gängigen Bedenken gegen das Fachlehrerprinzip hindern bezeichnenderweise die Gymnasien nicht an dessen Realisierung, sondern nur die Hauptschulen, an denen damit bewußt eine geringere fachliche Qualität der Lehre in Kauf genommen wird (vgl. HELMERS 1975).

Hartmut Wille

Deutschunterricht und Schulreform. Materiale Chancengleichheit und Demokratisierung durch neue Lehrpläne?

1. Einleitung

Seit Beginn der sechziger Jahre vollzieht sich in der Bundesrepublik ein äußerst widersprüchlicher Prozeß der Schulreform. Die Begriffe Vereinheitlichung, Differenzierung, Individualisierung, Chancengleichheit, Wissenschaftsorientierung sind dabei die Zielprojektionen einer Demokratisierung des allgemeinbildenden Schulwesens, das in der Bundesrepublik 1949 als dreigliedriges Schulsystem wiederhergestellt worden war.

Im folgenden soll der Frage nachgegangen werden, welche Auswirkungen die in den staatlichen Reformplänen formulierten Zielvorgaben auf den Deutschunterricht haben und ob die Reform des Deutschunterrichts selber zur Realisierung der allgemeinen Reformziele beiträgt.

2. Veränderungen des Deutschunterrichts in der Sekundarstufe I (Jahrgangsstufe 5-10)

2.1 Reform des Deutschunterrichts in den Empfehlungen und Gutachten des Deutschen Ausschusses für das Erziehungs- und Bildungswesen

Den ersten wesentlichen Reformvorschlag für den Bereich der Jahrgangsstufen 5-10 des allgemeinbildenden Schulwesens stellt der "Rahmenplan zur Umgestaltung und Vereinheitlichung des allgemeinbildenden Schulwesens" des "Deutschen Ausschusses für das Erziehungs- und Bildungswesen" dar (DEUTSCHER AUSSCHUSS 1959). Mit dem Vorschlag einer einheitlichen, alle Schulformen umgreifenden Förderstufe und dem Ausbau der Volksschuloberstufe zur Hauptschule werden als Konkretisierung des Rahmenplans die ersten umfassenden Vorschläge zur Demokratisierung des Schulwesens in Richtung auf Vereinheitlichung der Qualifizierungsprozesse bei gleichzeitiger Verbesserung der Chancengleichheit für den einzelnen Schüler durch Differenzierung vorgelegt.

Der Unterricht in den Empfehlungen zur *Förderstufe* beruht auf einer idealistischen Theorie der muttersprachlichen Bildung (DEUTSCHER AUSSCHUSS 1962, S. 298). Dabei soll vom realen Sprachgebrauch der Schüler, "dem freien und ungebrochenen sprachlichen Leben der Kinder ausgegangen werden" (ebda.)

Für den Sprachunterricht werden die Ziele "Erziehung zur Gesprächsgemeinschaft" (DEUTSCHER AUSSCHUSS 1962, S. 299) formuliert. Durch äußere Differenzierung soll eine getrennte Förderung der "geistig langsameren oder sich langsamer entwickelnden Kinder (erfolgen), deren Vermögen und Neigung zur Abstraktion noch gering und deren Ausdrucksfähigkeit unsicher ist" (DEUTSCHER AUSSCHUSS 1962, S. 300). Ohne äußere Differenzierung soll der Literaturunterricht erfolgen, in dem die Schüler das "Geschmacklose, Minderwertige und Unwahre" von wertvoller Dichtung unterscheiden lernen sollen (DEUTSCHER AUSSCHUSS 1962, S. 301). Als allgemeines Unterrichtsprinzip wird eine engere Verknüpfung von Deutschunterricht und Sachkunde vorgeschlagen (ebda.). Trotz der zugrundegelegten idealistischen Theorie der muttersprachlichen Bildung beinhaltet die Konzeption des Deutschunterrichts in der Förderstufe tendenziell Ansätze, die auf der Linie der allgemeinen Intention dieser Reformmaßnahme - mehr Chancengerechtigkeit durch längere gemeinsame Förderung *aller* Schüler - liegen (Berücksichtigung des realen Sprachgebrauchs, besondere Förderung der benachteiligten Schüler).

Die Irrationalität und Unwissenschaftlichkeit des herkömmlichen Deutschunterrichts an der Oberstufe der Volksschule wird in den "Empfehlungen zum Aufbau der *Hauptschule*" des Deutschen Ausschusses nicht grundsätzlich verändert. Trotz gegenteiliger Ziele (Vermittlung einer "allgemeinen Bildung in einem neuen, zeitgemäßen Sinn" (DEUTSCHER AUSSCHUSS 1964, S. 381) für die gestiegenen Anforderungen des Berufslebens wird der Deutschunterricht an der Hauptschule mit einer idealistischen Konzeption der muttersprachlichen Bildung begründet, die die Schüler an ein normativ festgelegtes Weltbild ("Sprachgemeinschaft", "geistiges Leben des ganzen Volkes") fixiert (vgl. DEUTSCHER AUSSCHUSS 1964, S. 394).

Einem "kleineren Teil der Schüler (im höheren Deutschkurs)" wird die bisher dem gymnasialen Deutschunterricht vorbehaltene "Teilnahme am sprachgeformten Besitz der Kulturgemeinschaft bis zur Schärfung des kritischen Blicks" zugestanden (ebda.).

Es zeigt sich, daß die Reformintentionen des Deutschen Ausschusses, die durchaus auf Vereinheitlichung, Durchlässigkeit des Bildungswesens, Verwissenschaftlichung des Lernens und die Verbesserung der Chancengleichheit gerichtet sind, im Fach Deutsch nicht realisiert werden, da diesem eine Konzeption unterlegt wird, die bisher nur zur Beibehaltung der Chancengleichheit verhindernden "volkstümlichen Bildung" für die große Masse der Schüler beigetragen hatte (vgl. ECKHARDT 1979b, S. 224-232).

2.2 Die Reform des Deutschunterrichts gemäß den Vorschlägen des Deutschen Bildungsrates zur Sekundarstufe I

2.2.1 Die Vorschläge des Deutschen Bildungsrates für die Reform der Sekundarstufe I

Die vom Deutschen Ausschuß vorgesehenen Reformmaßnahmen liefen auf eine teilweise Angliederung der verschiedenen Schulformen im Bereich der Sekundarstufe I hinaus. An der dreigliedrigen Struktur des allgemeinbildenden Schulwesens der Bundesrepublik wurde aber festgehalten (vgl. DEUTSCHER AUSSCHUSS 1959, S. 2). Eine eigentliche Reform, die die gesamten Bildungsgänge im Bereich der Sekundarstufe I umfassen sollte und zur Vereinheitlichung durch *Integration* beitragen wollte, wobei die Sekundarstufe I als eine Einheit betrachtet wurde, hat erst der Deutsche Bildungsrat beabsichtigt (vgl. zum Folgenden KEIM 1978).

In seinen Empfehlungen "Zur Neugestaltung der Abschlüsse im Sekundarschulwesen" (DEUTSCHER BILDUNGSRAT 1969a) zur "Einrichtung von Schulversuchen mit Gesamtschulen" (DEUTSCHER BILDUNGSRAT 1969b) und im "Strukturplan für das Bildungswesen" (DEUTSCHER BILDUNGSRAT 1970) werden weitreichende Reformmaßnahmen für das allgemeinbildende Schulwesen vorgeschlagen.

Aus dem Gleichheitsgrundsatz des Grundgesetzes wird die Notwendigkeit eines "für alle Lernenden gemeinsamen" öffentlichen Bildungsangebotes abgeleitet (DEUTSCHER BILDUNGSRAT 1970, S. 29). Daraus ergeben sich für den Bildungsrat das Prinzip der Wissenschaftsorientierung des Lernens für alle Bildungsgänge der Sekundarstufe I, die Aufhebung der Unterscheidung von allgemeiner und beruflicher Bildung, der Grundsatz des Lernen des Lernens und der Vermittlung der "für das Zusammenleben erforderlichen Verhaltensweisen" als allgemeinste Ziele des allgemeinbildenden Schulwesens (DEUTSCHER BILDUNGSRAT 1970, S. 30).

Für die Sekundarstufe I folgt aus solchen Zielbestimmungen, daß die "bisherige Unterscheidung zwischen volkstümlich-praktischer Bildung für Hauptschüler, gehobener praxis- und berufsorientierter Bildung für Realschüler und wissenschaftsorientierter Bildung für Gymnasiasten" (DEUTSCHER BILDUNGSRAT 1970, S. 148) den Reformzielen widerspricht und zugunsten einer "vergleichbaren Grundbildung" für alle Schüler aufgegeben werden muß (DEUTSCHER BILDUNGSRAT 1970, S. 154).

An die Stelle der bisher möglichen drei Abschlüsse der traditionellen Schulformen soll ein gemeinsamer Sekundarstufen I-Abschluß, das Abitur I, treten (vgl. DEUTSCHER BILDUNGSRAT 1969a, S. 57-62).

Die vom Bildungsrat geforderte gemeinsame *wissenschaftsorientierte Grundbildung* sollte

"einen relativ breiten Fächer grundlegender Kenntnisse und Fähigkeiten ebenso wie eine Theoretisierung auch praxisnaher Unterrichtsgegenstände, (...) die Einübung in problemlösendes Denken ebenso wie die Fähigkeit, die angeeigneten Kenntnisse und erlernten Verfahrensweisen auf außerschulische Erfahrungen anzuwenden"

umfassen (DEUTSCHER BILDUNGSRAT 1970, S. 154).

2.2.2 Konsequenzen für die Reform des Deutschunterrichts

Für den Deutschunterricht als einem Fach, das einen großen Teil dieser "grundlegenden Kenntnisse und Fertigkeiten" (ebda.) in den bisherigen Schulformen der Sekundarstufe I vermittelt, ergaben sich aus den oben genannten Zielen der Reform weitreichende Änderungen (vgl. dazu WILLE 1978, S. 77-91).

Am Beispiel der Konzeption des Deutschunterrichts für die *Gesamtschule* kann die ursprüngliche Reformintention am deutlichsten abgelesen werden, denn die Gesamtschulreform beinhaltete gebündelt alle notwendigen Schulreformmaßnahmen im Bereich der Sekundarstufe I überhaupt.
- Wissenschaftsorientierung
- Individualisierung des Lernens
- bessere Förderung durch Leistungsdifferenzierung
- Chancengleichheit
- soziales Lernen

sind dabei die allgemeinen Ziele der Gesamtschule (vgl. DEUTSCHER BILDUNGSRAT 1969b, S. 21-30), die im Deutschunterricht verwirklicht werden sollen.

Aus diesen Zielen ergibt sich die Vermittlung von "Kommunikationsfähigkeit, (als) Fähigkeit zu symbolischer Interaktion im Medium der Sprache" (EDELSTEIN/SCHÄFER 1969, S. 47) bzw. "die Befähigung zum Erkennen und Beherrschen der vielfältigen Mittel der deutschen Sprache" (GOEHRKE 1971b, S. 116) als allgemeinstes Lehrziel des Deutschunterrichts. Dabei wird diese Zielsetzung für den Deutschunterricht auf die für die "wissenschaftliche Weltorientierung notwendige Fähigkeit" zur "Kommunikation im Bereich verwissenschaftlicher Erfahrung, (und) damit auch zur Kooperation zwischen arbeitsteiligen Funktionen" (DEUTSCHER BILDUNGSRAT 1969b, S. 22) bezogen, um damit den Deutschunterricht zu legitimieren (vgl. dazu GOEHRKE 1971, S. 117).

Diese neue Funktionsbestimmung für den Deutschunterricht hat sich inzwischen in allen Deutschlehrplänen aller Schulformen der Sekundarstufe I der Bundesländer (zumindest terminologisch) durchgesetzt (vgl. WILLE 1978, S. 84-90 und CHRIST/HOLZSCHUH 1974, S. 13 f.). Kennzeichnend für alle diese reformierten Lehrpläne ist, daß sie einen strukturalistisch-informationstheoretischen Sprachbegriff als Grundlage für die Formulierung der fachspezifischen Lernziele und der Lernbereichskonstruktion heranziehen (vgl. WILLE 1978, S. 130).

Ob diese neuen Lehrpläne für den Deutschunterricht in der Sekundarstufe I auch real zur Verbesserung der Chancengleichheit im Sekundarbereich beitragen, soll anhand folgender Kriterien untersucht werden:

- wird die Lehrplankonstruktion nach dem Prinzip der Integration der "Lernbereiche für die Sprachfertigkeiten und der Lernbereiche für die Sprach- und Literaturanalyse" (ECKHARDT 1979b, S. 246) vorgenommen?
- Ist die Vermittlung der allgemeinen verkehrssprachlichen Norm (Hochsprache) vorgesehen?
- Welche Maßnahmen für kompensatorische Sprachbildung werden vorgeschlagen?

Dazu soll der einzige Deutschlehrplan untersucht werden, der in der Folge der Sekundarstufen I-Konzeption des Deutschen Bildungsrats als schulartübergreifend für die Sekundarstufe I konzipiert worden ist, die "Rahmenrichtlinien Sekundarstufe I. Deutsch" 1972 aus Hessen[1] (vgl. MERKELBACH 1974, S. 479-483). Weiterhin soll anhand der schulartspezifischen Deutschlehrpläne eines Bundeslandes (Nordrhein-Westfalen) noch zusätzlich zu den oben genannten Fragen untersucht werden, ob sich aus den jeweiligen schulformbezogenen Konzeptionen "ein hoher Grad an curricularer Übereinstimmung und damit zwischenschulischer Durchlässigkeit ergibt", was für den Bildungsrat ein wesentliches Kriterium für die Vermittlung einer "anspruchsvollen Grundbildung" für *alle* Schüler darstellt (DEUTSCHER BILDUNGSRAT 1970, S. 154).

2.2.2.1 Schulartübergreifende Lehrpläne für den Deutschunterricht in der Sekundarstufe I

Die Hessischen "Rahmenrichtlinien für die Sekundarstufe I Deutsch" gehen von der allgemeinen Aufgabe des Deutschunterrichts aus, "die sprachliche Kommunikationsfähigkeit der Schüler zu fördern" (DER HESSISCHE KULTUSMINISTER 1972, S. 5). Dabei grenzen sie sich ausdrücklich von dem Konzept der muttersprachlichen Bildung ab (vgl. MERKELBACH 1972, S. 483). Sie sehen drei Arbeitsbereiche vor: "Sprachliche Übungen: Mündliche und schriftliche Kommunikation, Umgang mit Texten, Reflexion über Sprache" (DER HESSISCHE KULTUSMINISTER 1972, S. 9). Aus den Ausführungen zum Arbeitsbereich "Sprachliche Übungen" wird deutlich, daß das Üben des "lautreinen Sprechens, (der) 'Grundformen' des Gesprächs (...) (und des) grammatikalisch richtigen Sprechen(s)" abgelehnt wird, da sich in einer solchen Aufgabenbestimmung für den Lernbereich die Auffassung ausdrückt,

"daß die bereits entfaltete Sprachfähigkeit unter dem Gesichtspunkt einer als vorbildhaft verstandenen Hochsprache und eines als vorbildhaft verstandenen Katalogs von Formen ihres Gebrauchs einer methodisch organisierten Schulung und Verbesserung bedarf" (DER HESSISCHE KULTUSMINISTER 1972, S. 10).

Den Bereich *"Schriftliche Kommunikation"* wollen die Hessischen Rahmenrichtlinien über eine Ableitung aus Verwendungssituationen und Schülerbedürfnissen neu legitimieren und sich damit vom herkömmlichen normativen Aufsatzunterricht absetzen (vgl. DER HESSISCHE KULTUSMINISTER 1972, S. 18-23). Um die

---

[1] Auf die Entwicklung von anderen schulartübergreifenden Lehrplänen, wie sie z.B. die Curricula für den Deutschunterricht in der Gesamtschule darstellen, wird im folgenden nicht eingegangen, da die Gesamtschulreform (immer noch) nicht repräsentativ für die reale Situation in der Sekundarstufe I ist. Inwiefern die Beibehaltung des traditionellen Schulsystems zur Anpassung des Deutschunterrichts in der Gesamtschule an dessen curriculare Standards führt, vgl. WILLE 1980.

Schüler vor "ungerechtfertigten Benachteiligungen" zu schützen, sollen sie "Grundkenntnisse der *Rechtschreibung* erwerben. Diese Rechtschreibkenntnisse sollen im Zusammenhang mit den eigentlichen Lernprozessen im Deutschunterricht und nicht in einem systematischen Kurs erlernt werden (DER HESSISCHE KULTUSMINISTER 1972, S. 24).

Eine Orientierung des Deutschunterrichts an der allgemeinen verkehrssprachlichen Norm wird in den Hessischen Rahmenrichtlinien abgelehnt (DER HESSISCHE KULTUSMINISTER 1972, S. 7). Begründet wird das erstens damit, daß die Aufgabe für die Schule, über die Vermittlung der *Hochsprache*, die "überregionale Kommunikation zu sichern", sich heute aufgrund der "Verbreitung der Massenkommunikationsmittel" nicht mehr vordringlich stelle (DER HESSISCHE KULTUSMINISTER 1972, S. 6) und zweitens damit, daß die Vermittlung der Hochsprache als "Gruppensprache" der Herrschenden zur Stabilisierung der sozialen Verhältnisse durch die Ideologie einer konfliktfreien "Sprachgemeinschaft" beigetragen habe (DER HESSISCHE KULTUSMINISTER 1972, S. 6 f.).

Mit dieser Haltung zur allgemeinen verkehrssprachlichen Norm wird auch die Ablehnung der *kompensatorischen Spracherziehung* begründet. Dabei wird kompensatorischer Sprachunterricht als Einübung in den elaborierten Kode gesehen, der mit der Hochsprache identisch sei. Weil die Ausrichtung auf diese "Gruppensprache" die zu fördernden Schüler von ihren "Herkunftsgruppen entfremdet", die Erkenntnis ihrer eigenen Interessen verstellt und somit "gesellschaftspolitisch zur Sicherung der bestehenden Zustände beiträgt", werden kompensatorische Maßnahmen in den Hessischen Rahmenrichtlinien nicht vorgesehen (DER HESSISCHE KULTUSMINISTER 1972, S. 8).

Die unbestritten demokratische Zielsetzung der Hessischen Rahmenrichtlinien, die sich in dem Versuch zeigt, die Dreigliedrigkeit des Schulwesens und den Gegensatz von volkstümlicher und wissenschaftlicher Allgemeinbildung zu überwinden, führt aber im Fach Deutsch zur abstrakten Negation der bestehenden Praxis des Deutschunterrichts. Indem die an Reflexion orientierte Lernbereichsgliederung des Gymnasiums als Grundlage übernommen, die Vermittlung der hochsprachlichen Norm abgelehnt und auf kompensatorische Maßnahmen verzichtet wird, werden die Schüler nicht gefördert, die mit einem Defizit in der *Beherrschung* der allgemeinen Verkehrssprache in die Sekundarstufe I eintreten (vgl. HELMERS 1975, S. 61). Dadurch, daß auf Maßnahmen für den Ausgleich dieses Defizits verzichtet wird, erweist sich die Reformintention der Hessischen Rahmenrichtlinien im Fach Deutsch als abstrakt. *Materiale Chancengleichheit* für alle Schüler wird durch eine solche Konzeption des Deutschunterrichts nicht hergestellt. Besonders, wenn man berücksichtigt, daß im Deutschunterricht die Kenntnisse und Fähigkeiten zur Beherrschung des Mediums Einheitssprache erlernt werden müssen, mittels dessen sich alle Lernprozesse in den übrigen Fächern vollziehen, zeigt sich, daß *systematische* Übungen zur Vermittlung dieser Fähigkeiten unverzichtbar zur Erreichung der Ziele der Sekundarstufen I-Reform (Chancengleichheit, Wissenschaftsorientierung, Durchlässigkeit der Bildungswege, Höherqualifizierung) sind.

Die Verfasser der Hessischen Rahmenrichtlinien von 1972
haben offensichtlich, wenn sie eine "Einübung in die 'Hochsprache'" ablehnen, eine bestimmte Praxis bei der Vermittlung der hochsprachlichen Norm - die Selektion von Dialektsprechern (vgl. MERKELBACH 1974, S. 484 und IVO 1976, S.
292 f.) - mit der objektiven gesellschaftlichen Funktion der
Einheitssprache verwechselt.

Mit der These, daß in die Hochsprache als "Gruppensprache" der Herrschenden alle "Wertungen und Normen dieser Gruppen" (MERKELBACH 1974, S. 483) untrennbar eingegangen seien
und eine Erlernung dieser Sprache Anpassung an diese Inhalte
bedeute (MERKELBACH 1974, S. 484), setzen sich die Hessischen
Rahmenrichtlinien selbst außer Stand, die real zur Demokratisierung führende Forderung aufzustellen, daß die sozial benachteiligten Schüler das für den Ausdruck und die Verfolgung
ihrer Interessen zweckmäßigste *sprachliche* Mittel sich aneignen sollen.

In dem richtigen Bestreben, die selektive Funktion des
Deutschunterrichts abzuschaffen, verhindern sie aber - ohne
es subjektiv zu wollen -, daß den bisher benachteiligten
Schülern wichtige Fähigkeiten vermittelt werden, die zur gesellschaftlich notwendigen Grundlagenqualifikation (vgl. dazu WILLE 1978, S. 186 f.) gehören.

2.2.2.2 Schulformspezifische Lehrpläne für den Deutschunterricht in der Sekundarstufe I

Die den einzelnen Bundesländern vorbehaltene Kompetenz zur
Regelung des Schulwesens hat dazu geführt, daß die Sekundarstufen-I-Reformkonzeption des Bildungsrates von 1971 im Sinne
einer integrierten Schulstufe nur in Bremen realisiert wird.
Alle anderen Bundesländer haben die unterschiedlichen Schularten innerhalb der Sekundarstufe I beibehalten und sich -
bis auf Bayern und Schleswig-Holstein, die auch das ablehnen - mit der Einführung des Begriffs "Sekundarstufe I" begnügt (vgl. dazu KEIM 1978, S. 24-30).

In Nordrhein-Westfalen ist 1977/78 die Reform der Sekundarstufe I mit dem erfolgreichen Volksbegehren gegen die
"Kooperative Schule" vorläufig gescheitert.

Ob trotz Weiterbestehens der unterschiedlichen Schulformen der Sekundarstufe I eine curriculare Übereinstimmung
der Deutschlehrpläne vorhanden ist, soll im folgenden kurz
untersucht werden (vgl. dazu ZABEL 1975b, 1977; YBEMA 1974):

1972 wird in Nordrhein-Westfalen eine Kommission "Sekundarbereich I und seine Abschlüsse" gegründet. Als die Fachkommission Deutsch dieser allgemeinen Planungskommission ihre
Arbeit beginnt, liegt der "Rahmenplan für das Fach Deutsch/
Eigensprachlicher Unterricht an den Gesamtschulen in NW, 5.
und 6. Jahrgang" vor (DER KULTUSMINISTER DES LANDES NRW 1972).
Dieser Lehrplan beeinflußt wesentlich den Lehrplan für den
Deutschunterricht in der Orientierungsstufe, der in dieser
Fachkommission erarbeitet wurde und 1973 im Entwurf erscheint
(DER KULTUSMINISTER DES LANDES NRW 1973a). Gleichzeitig arbeiten Kommissionen an Lehrplänen für den Deutschunterricht
an der Hauptschule (DER KULTUSMINISTER DES LANDES NRW 1973b),

der Realschule (DER KULTUSMINISTER DES LANDES NRW 1973c) und am Gymnasium. Aufgrund enger Zusammenarbeit und Doppelmitgliedschaft in den Kommissionen kommt es zu einer weitgehenden Angliederung der Lehrpläne Deutsch für die Hauptschule und die Realschule mit dem der Orientierungsstufe. Zum Teil stimmen diese Lehrpläne, besonders was die Lernziele angeht, wörtlich überein (vgl. ZABEL 1975b, S. 24, Anm. 11).

Der Lehrplan für die Sekundarstufe I am Gymnasium (DER KULTUSMINISTER DES LANDES NRW 1973d) beansprucht demgegenüber eine Sonderstellung der Schulform Gymnasium, die mit der Vorbereitung auf den Unterricht in der Sekundarstufe II begründet wird (DER KULTUSMINISTER DES LANDES NRW 1973d, S. 5 (Vorwort des Ministers)). Zwar wird auch hier die Erweiterung und Förderung der "sprachlichen Kommunikationsfähigkeit" als allgemeines Lernziel des Deutschunterrichts formuliert (DER KULTUSMINISTER DES LANDES NRW 1973d, S. 9) - insofern ergibt sich eine Übereinstimmung mit den weiteren Lehrplänen für das Fach Deutsch der Sekundarstufe I in Nordrhein-Westfalen -, aber ansonsten unterscheidet sich das Gymnasialcurriculum deutlich von den anderen Lehrplänen: Während z.B. die Lehrpläne für den Deutschunterricht an der Orientierungsstufe, Hauptschule und Realschule die jeweiligen Einzelziele aus den relevanten Faktoren von Kommunikationssituationen abzuleiten (vgl. dazu DER KULTUSMINISTER DES LANDES NRW 1973a, S.D/5; DERS. 1973b, S.D/3; DERS. 1973c, S. 9 und ZABEL 1977, S. 86) und danach zu strukturieren versuchen, orientieren sich die gymnasialen "Unterrichtsempfehlungen" daran, "welche Fragestellungen, Stoffe, Themen oder Aufgaben (...) bewältigt werden (können)" (DER KULTUSMINISTER DES LANDES NRW 1973d, S. 7; vgl. dazu YBEMA 1974, S. 558).

Bei Anwendung der oben genannten Kriterien (vgl. S. 78) auf die Lehrpläne ergibt sich:

1. Lernbereichskonstruktion:
Der Lehrplan für die gymnasiale Sekundarstufe I enthält drei Lernbereiche: "Mündliche und schriftliche Kommunikation; Umgang mit Texten; Reflexion über Sprache" (vgl. DER KULTUSMINISTER DES LANDES NRW 1973d, S. 15-17). Die Lehrpläne für die Orientierungsstufe, die Hauptschule und die Realschule enthalten fünf Lernbereiche, die bis auf unwesentliche terminologische Unterschiede identisch sind: "Mündliche Produktion von Äußerungen/Texten; Schriftliche Produktion von Äußerungen/Texten; Rezeption von Texten; Sprachfähigkeit und Spracheinsicht; Rechtschreibung und Zeichensetzung" (vgl. DER KULTUSMINISTER DES LANDES NRW 1973a, S.D/15 - D/18; DERS. 1973b, S.D/7 - D/9 und DERS. 1973c, S.11). Als integrierter Teilbereich werden in diesen Plänen noch jeweils "Arbeitstechniken" aufgeführt.

Die Durchsicht der Bereiche zur schriftlichen und mündlichen Produktion von Texten zeigt, daß in allen vier Plänen dort die Vermittlung von artikulatorischen und grammatischen Sprach*fertigkeiten* nicht systematisch vorgesehen ist. Es überwiegen die an der Texttheorie orientierten kommunikativen Fähigkeiten, die sich primär auf die Einschätzung fremden und die situationsgemäße Planung eigenen Sprach*verhaltens* beziehen.

Während der gymnasiale Lehrplan überhaupt keinen Lernbereich zur Vermittlung von Sprachfertigkeiten vorsieht, ist jedenfalls in bezug auf die Rechtschreibung und Zeichensetzung in den drei anderen Lehrplänen ein systematischer Lehrgang vorgesehen. Obwohl das äußerst defensiv als von außen dem Deutschunterricht aufgezwungene Aufgabe begründet wird (vgl. ZABEL 1977, S. 101), stellt es doch eine Maßnahme dar, die die Chancengleichheit und sprachliche Qualifizierung der Schüler verbessert.

2. Hochsprachliche Norm:
Der gymnasiale Lehrplan hält an der Vermittlung der Hochsprache als Ziel fest, argumentiert in diesem Zusammenhang allerdings ziemlich zynisch, wenn er davon ausgeht, daß "Kinder aller Schichten" in "repressionsfreien Situationen mit individueller Erwartungshaltung lernen, (...) elaboriert zu sprechen" (DER KULTUSMINISTER DES LANDES NRW 1973d, S. 14 f), zumal, wenn auf der gleichen Seite etwas später von den "sozialen Sanktionen" die Rede ist, mit denen die Gesellschaft Sprachnormverstöße belegt (DERS. 1973d, S. 15).
Bis auf die Bemerkungen zum "Teilbereich Rechtschreibung und Zeichensetzung" finden sich in den Lehrplänen der Orientierungsstufe, Real- und Hauptschule keine Äußerungen zur Vermittlung der hochsprachlichen Norm. In den Erläuterungen zum Hauptschullehrplan wird die Vermittlung "hochsprachlicher Soziolekte" mit der Aufgabe begründet, die Schüler zur Bewältigung von Lebenssituationen zu qualifizieren (ZABEL 1977, S. 104). Das Verfügen über die Hochsprache wird in diesem Zusammenhang als Teil von kommunikativer Rollenflexibilität und von situationsadäquatem Verhalten angesehen (vgl. ebda.).

3. Kompensatorischer Unterricht:
In den Unterrichtsempfehlungen für das Fach Deutsch in der Sekundarstufe I - Gymnasium wird zum Problem des Ausgleichs sprachlicher Defizite ausgeführt, daß eine Kompensation von Sprachdefiziten in der Sekundarstufe I wohl zu spät einsetze und aufgrund mangelnder Diagnoseinstrumente curricular nicht durchführbar sei (vgl. DER KULTUSMINISTER DES LANDES NRW 1973d, S. 25 f.). Über Schaffung von komplexen Situationen und "punktuelle und individuelle Korrekturen" der Schüleräußerungen solle dennoch versucht werden, zur Behebung von sprachlichen Defiziten beizutragen (DERS. 1973d, S. 27).
Selbständige kompensatorische Kurse sind aber nicht vorgesehen. Selbst in dem Angleichungskurs in Klasse 5 (vgl. DERS. 1973d, S. 68 f.) und den Ergänzungskursen in Klasse 9/10 (vgl. DERS. 1973d, S. 128 u. 145) finden sich außer allgemeinen Absichtserklärungen keine realisierbaren Vorschläge für kompensatorischen Sprachunterricht.
Allerdings gibt es einen Aufgabenkatalog für den Rechtschreibunterricht (vgl. DERS. 1973d, S. 61 f.), der aber, da er keinen eigenen Lernbereich darstellt, keine curricularen Konsequenzen in den eigentlichen Unterrichtsempfehlungen hat.
In den anderen Lehrplänen für den Deutschunterricht in der Sekundarstufe I finden sich wesentlich genauere Äußerungen zu "speziellen Förderungsmaßnahmen" (DER KULTUSMINISTER DES LAN-

DES NRW 1973b, S.D/10; vgl. auch DERS. 1973a, S.D/26; DERS. 1973c, S. 22). Für "ausgleichenden Sprachunterricht" und "Rechtschreibtraining" sind bestimmte Förderungsmaßnahmen in Kleingruppen vorgesehen (vgl. ebda.).

Im Vergleich zeigt sich, daß die Lehrpläne der Schularten des dreigliedrigen Schulwesens, die bisher schon immer die sozial und damit sprachlich benachteiligten Schüler aufnahmen, dieser Tatsache Rechnung zu tragen suchen, indem sie zur Erreichung der allgemeinen Reformziele Chancengleichheit und Durchlässigkeit der Bildungsgänge besondere curriculare Maßnahmen vorsehen. Im Deutschlehrplan für die Sekundarstufe I des Gymnasiums werden die Reformziele für die Sekundarstufe I nicht realisiert. Das zeigt z.B. die Lernbereichskonstruktion, die die Vermittlung von Sprachfertigkeiten nicht als eigenen Bereich vorsieht. Das zeigen die Bemerkungen zur Vermittlung der Hochsprache und zur Sprachkompensation.

Schon darin erweist sich, daß von curricularer Übereinstimmung im Bereich der Deutschlehrpläne für die Sekundarstufe I in Nordrhein-Westfalen nicht die Rede sein kann. Dieser Eindruck wird noch dadurch verstärkt, daß von den optimal aufeinander abgestimmten Lehrplänen der Orientierungsstufe, Haupt- und Realschule nur der für die Hauptschule 1975 in Kraft gesetzt wurde. Für die Realschule gelten neben den Empfehlungen von 1973 die Richtlinien von 1967 weiter (vgl. DER KULTUSMINISTER DES LANDES NRW 1973c, S. 5). Der Lehrplan für die Orientierungsstufe ist noch nicht gültig (vgl. DERS. 1973a, S. V).

Angesichts dieses Zustandes, der dazu führt, daß in der Realschule bis heute und in der Sekundarstufe I des Gymnasiums bis 1979 zwei völlig verschiedene Konzeptionen für den Deutschunterricht (muttersprachliche Bildung - Förderung der sprachlichen Kommunikationsfähigkeit) gültig sind (vgl. dazu ZABEL 1977, S. 70 f.), kann man nur die Feststellung treffen, daß die Curriculumreform für das Fach Deutsch im Land Nordrhein-Westfalen nicht zur Chancengleichheit in der Sekundarstufe I beiträgt, da sie keine "curriculare Übereinstimmung und damit schulische Durchlässigkeit" (DER DEUTSCHE BILDUNGSRAT 1970, S. 154) schafft.

3. Veränderungen des Deutschunterrichts in der Sekundarstufe II

3.1 Die Funktionsbestimmung für den Deutschunterricht in Reformkonzepten für die Sekundarstufe II

Im Zusammenhang mit der *Reform der gymnasialen Oberstufe* in der Bundesrepublik ergeben sich für den Deutschunterricht weitgehende Änderungen (vgl. zum Folgenden WILLE 1978, S. 77-83). Seit 1960 beginnt eine Entwicklung, den Deutschunterricht in der gymnasialen Oberstufe von einem Fach, das sich primär als literarische Bildung versteht, zu einem Fach zu machen, das primär Sprachbildung betreiben soll.

Eingeleitet wird diese Entwicklung mit einem Beschluß
der Kultusministerkonferenz zur gegenseitigen Anerkennung
der Reifezeugnisse der Gymnasien, der vorsieht, daß ein Ausgleich mangelhafter Leistungen im Fach Deutsch im Abitur nur
dann möglich ist, wenn diese "in mangelnder Beherrschung der
deutschen Sprache in Wort und Schrift ihre Ursache haben"
(VEREINBARUNG ÜBER DIE GEGENSEITIGE ANERKENNUNG DER REIFEZEUGNISSE DER GYMNASIEN 1964, § 20 (2)).

Die Empfehlung für die "Neuordnung der Höheren Schule"
des "Deutschen Ausschusses für das Erziehungs- und Bildungswesen" betonen dann noch wesentlich stärker die sprachliche
Qualifizierungsfunktion des Deutschunterrichts in der gymnasialen Oberstufe:

"Die literarische Grundbildung steht herkömmlicherweise im Vordergrund
(des Deutschunterrichts; H.W.). (...). Im Blick auf sie ist Deutsch ein
Fach neben anderen Fächern. (...) Die *sprachliche Grundbildung* gehört
zu den Fundamentalaufgaben der Schule und umgreift damit alle Fächer.
Sie verleiht dem Fach Deutsch einen besonderen Rang." (DEUTSCHER AUSSCHUSS 1964, S. 594; Hervorh. von mir; H.W.).

Mit der Akzentuierung der sprachlichen Qualifizierungsfunktion des Deutschunterrichts gehen Pläne zur Teilung des Faches in Sprache und Literatur einher, wobei der Literaturunterricht immer mehr den Status eines musischen Faches für
speziell interessierte Schüler erhält:

"Die Funktionen des Faches Deutsch als für alle obligatorisches Fach
sind demnach im *wesentlichen Sprachbildung* und methodisch bewußtes Verstehen. Demgegenüber treten die literaturhistorischen Funktionen zurück;
sie werden stärker eine Sache der individuellen Wahl und des speziellen
Interesses (DEUTSCHER BILDUNGSRAT 1969b, S. 72; Hervorh. von mir; H.W.).

Mit der Formulierung: "Im sprachlich literarisch-künstlerischen Aufgabenfeld dient das Fach Deutsch vor allem dem Studium der Muttersprache" (VEREINBARUNG ZUR NEUGESTALTUNG DER
GYMNASIALEN OBERSTUFE IN DER SEKUNDARSTUFE II 1972, S. 23)
wird die veränderte Funktionsbestimmung für den Deutschunterricht offiziell festgeschrieben und bestätigt.

Eine Trennung in Sprach- und Literaturunterricht sehen
vor allem Konzeptionen vor, die direkt aus der Diskussion um
die Reform des Germanistikstudiums abgeleitet werden. So
schlägt Wolfgang ISER vor, "die bisher auf die Nationalliteratur bezogenen Unterrichtsfächer an der Höheren Schule zugunsten eines getrennten Sprachen- und Literaturunterrichts
aufzugeben" (ISER 1969, S. 195). Der Wissenschaftsrat geht
in seinen Vorschlägen zur Reform der Deutschlehrerausbildung
davon aus, daß die Unterscheidung von Linguistik und Literaturwissenschaft "Konsequenzen für die Lehrerausbildung" hat,
indem sie "die Konzeption einer Ausbildung (erlaubt), die
schwerpunktmäßig entweder die Linguistik oder die Literatur
betont" (WISSENSCHAFTSRAT 1970, S. 107).

Neben den bisher herangezogenen Reformkonzeptionen für
die Sekundarstufe II, in denen das Fach Deutsch insofern curricular eigenständig blieb, als es auf bestimmte Gegenstandsbereiche bezogen wurde, gibt es noch weitere Vorschläge, die
den Deutschunterricht als Fach mit eigener Spezifik aufheben
wollen.

Im Konzept des Bielefelder Oberstufenkollegs wird der Wissenschaftskanon, der anhand der traditionellen Fächer des Gymnasiums vermittelt wurde, aufgegeben zugunsten der Vermittlung der allgemeinen wissenschaftlichen Erkenntnisformen selbst (vgl. VON HENTIG 1971, S. 43 u. 45). Für den Deutschunterricht bedeutet das, daß er als eigenständiges Fach wegfällt und als *"Allgemeine Kommunikations- und Bedeutungslehre - vornehmlich an der Sprache"* (VON HENTIG 1971, S. 47, Hervorh. i.Text, H.W.) dazu dienen soll, die Fähigkeiten für Abstraktion und Kommunikation zu vermitteln.

Eine weitere Konzeption für die reformierte Sekundarstufe II schlägt vor, "in der Auseinandersetzung mit den sachlichen Problemen auch die Sprache zu bilden" (KNEPPER 1971, S. 123), was eine Auflösung des Faches und seine Verteilung auf andere Fächer bedeuten würde.

Für die Kollegstufe NW, die versucht, allgemeine und berufliche Bildung zu integrieren, gibt es - ähnlich wie für die Konzeption des Bielefelder Oberstufenkollegs - keinen Kanon von allgemeinbildenden Fächern mehr (vgl. KOLLEGSTUFE NW, S. 22; BLANKERTZ 1975, S. 83-89). Ein im obligatorischen Lernbereich angesiedelter "Unterricht in der deutschen Sprache" wird nicht mit einem bestimmten Gegenstandsbereich legitimiert, sondern aus der Funktion des obligatorischen Bereichs abgeleitet, soziale Handlungskompetenz zu vermitteln:

"Da (...) soziales Handeln, (...), mit sprachlicher Interaktion vermittelt ist, ergibt sich die Notwendigkeit eines weiteren obligatorischen Aspekts, eines an Methoden und Ergebnissen der strukturalen Sprachwissenschaft, der Sozio- und Psycholinguistik orientierten Unterrichts in der deutschen Sprache" (KOLLEGSTUFE NW 1972, S. 56; vgl. auch HEURSEN/LENZEN 1977, S. 201).

Ohne eigenen Gegenstandsbereich kann "die sprachliche Dimension des obligatorischen Lernbereichs keine Inhalts- sondern vornehmlich Zielformulierungen enthalten" (HEURSEN/LENZEN, S. 201).

"Da dieser Unterricht der Ausbildung kommunikativer Kompetenz zum Zwecke der Vermittlung des sprachlichen Instrumentariums für 'kritische Reflexion' dient, korrespondiert er direkt der Gesellschaftslehre. Er ist kein Literaturunterricht" (KOLLEGSTUFE NW 1972, S. 56).

Diese Funktionsbestimmung für den Deutschunterricht findet sich fast gleichartig in den Empfehlungen des Deutschen Bildungsrates "Zur Neuordnung der Sekundarstufe II" (DEUTSCHER BILDUNGSRAT 1974, S. 57-60).

Die Konzeptionen, die eine Trennung des Faches in Sprache und Literatur oder eine völlige Aufhebung beinhalten, haben sich in der Curriculumreform für die Sekundarstufe II nicht durchgesetzt. Stattdessen ist die "Normalität" des Deutschunterrichts in dieser Bildungsstufe durch die "Vereinbarung der Kultusminister zur Neugestaltung der gymnasialen Oberstufe in der Sekundarstufe II" geprägt. Inzwischen haben alle Bundesländer entsprechende Lehrpläne vorgelegt (vgl. WILLE/ZABEL 1977/78). Diese sollen im folgenden kurz analysiert werden (vgl. dazu WILLE 1978, S. 79 f.).

In der Vereinbarung über die Reform der gymnasialen Oberstufe wird dieser Bildungsstufe weiterhin allein die Aufgabe zugewiesen, die allgemeine Hochschulreife zu vermitteln (vgl. VEREINBARUNG ZUR NEUGESTALTUNG DER GYMNASIALEN OBERSTUFE IN DER SEKUNDARSTUFE II 1972, S. 17). Im Zusammenhang mit der Unterteilung in Grund- und Pflichtkurse sollen im Fach Deutsch in den Grundkursen die für ein Studium notwendigen Grundqualifikationen im schriftlichen und mündlichen Sprachgebrauch und die Techniken des wissenschaftlichen Arbeitens vermittelt werden. Die Leistungskurse haben allgemein die Aufgabe "vertieftes wissenschaftspropädeutisches Verständnis und erweiterte Spezialkenntnisse" zu vermitteln (VEREINBARUNG ZUR NEUGESTALTUNG DER GYMNASIALEN OBERSTUFE IN DER SEKUNDARSTUFE II 1972, S. 23).

Diese Funktionsbestimmung für die Sekundarstufe II im Gymnasium führt dazu, daß der Deutschunterricht in Inhalten und Methoden direkt aus den entsprechenden Disziplinen der Germanistik abgeleitet wird. Das drückt sich besonders in der Übernahme des pragmatischen Textbegriffs aus der Linguistik aus, der damit zur Basis für die Curriculumkonstruktion wird (vgl. z.B. VORENTWURF ZUM CURRICULUM DEUTSCH 1973, S. 12, 14 f; und CURRICULUM GYMNASIALE OBERSTUFE DEUTSCH 1973, S. 12 f.). Bestimmte Ergebnisse der Linguistik (Texttheorie) werden herangezogen, um die Einheit des durch Reform der Sekundarstufe II gefährdeten Faches auf der Grundlage des Textbegriffes neu legitimieren (vgl. WILLE 1978, S. 130-132) zu können. Über die direkte Übernahme des linguistischen Sprach- und Literaturbegriffs bleibt die an der Behandlung von Formaspekten orientierte Grundkonzeption des gymnasialen Deutschunterrichts (vgl. ECKHARDT 1979, S. 238 f., S. 285-289) erhalten.

Daß der gymnasiale Deutschunterricht durch die Reform der Sekundarstufe II keinen prinzipiell neuen Charakter erhält, zeigt auch die Beibehaltung der traditionellen Lernbereichseinteilung in allen Curricula, die für die neue gymnasiale Oberstufe nach 1972 erstellt wurden. Die für den Deutschunterricht des Gymnasiums kennzeichnende Einteilung in die drei Hauptbereiche: mündliche und schriftliche Gestaltungslehre, Grammatikunterricht und Literaturunterricht (vgl. ECKHARDT 1979b, S. 263) findet als "Umgang mit Texten, Mündliche und schriftliche Kommunikation, Reflexion über Sprache" (DER HESSISCHE KULTUSMINISTER 1978, S. 5), immer in dieser Dreiteilung, mit zum Teil anderen Bezeichnungen, in allen entsprechenden Lehrplänen der Bundesländer. Neu ist nur die Betonung der Vermittlung von wissenschaftlichen Arbeitstechniken, die aber nur z.T. in eigenen Kursen stattfinden soll (vgl. z.B. CURRICULARER LEHRPLAN FÜR DEUTSCH IN DER KOLLEGSTUFE (GRUNDKURS) 1976, S. 458 f.).

Daß in der Bundesrepublik die Schulreform zum Stillstand gekommen ist und erreichte Reformpositionen zurückgedrängt werden, zeigt die Entwicklung in der Sekundarstufe I. Für die Sekundarstufe II kann man feststellen , daß eine Reform im Sinne der Sekundarstufen-II-Konzeption des Bildungsrats noch gar nicht stattgefunden hat. Die dort vorgeschlagene Integration von allgemeiner und beruflicher Bildung über die

Durchlässigkeit und Integration der Bildungsgänge (DER DEUTSCHE BILDUNGSRAT 1970, S. 163-168) ist in der "Vereinbarung zur Neugestaltung der gymnasialen Oberstufe in der Sekundarstufe II" ausgeklammert worden (VEREINBARUNG a.a.O., 1972, S. 17) und ist damit ohne Konsequenz für das öffentliche Schulwesen geblieben.

Stattdessen kann man den Versuch registrieren, durch eine "Vereinbarung über die Anwendung einheitlicher Prüfungsanforderungen in der Abiturprüfung der neugestalteten gymnasialen Oberstufe" (Kultusministerkonferenz 1975) sämtliche curricularen Fortschritte zu eliminieren, die sich in Lehrplänen einzelner Bundesländer trotz der Vereinbarung über die Neugestaltung der gymnasialen Oberstufe von 1972 herangebildet haben.

Diese Tendenz zur Zurückdrängung von systemimmanenten Teilreformen in der gymnasialen Oberstufe (vgl. BLANKERTZ 1976, S. 40) zeigt sich besonders in den *"Einheitlichen Prüfungsanforderungen im Fach Deutsch"* (KULTUSMINISTERKONFERENZ 1975). Der Formalismus des gymnasialen Deutschunterrichts wird über die Verwendung einer inhaltleeren Taxonomie von Lernzielebenen (vgl. KULTUSMINISTERKONFERENZ 1975, S. 6 und 12) und die Zugrundelegung eines von Inhalten abstrahierenden literaturwissenschaftlichen Textbegriffs (vgl. DIES. 1975, S. 9) noch einmal auf den Begriff gebracht.

Die Anforderungen für die schriftliche Abiturprüfung beziehen sich auf zwei traditionelle Lernbereiche des gymnasialen Deutschunterrichts: den Aufsatzunterricht und den Literaturunterricht (vgl. ECKHARDT 1979a, S. 224 f.; und LENZEN/WUNDERLICH 1977, S. 198). Sie stellen nichts anderes dar als den dialektischen Besinnungsaufsatz und den Interpretationsaufsatz. Lernleistungen im Bereich "Reflexion über Sprache" werden nicht verlangt. Sprachliche Fähigkeiten sind für das "Normenbuch Deutsch" "aufgabenartunabhängig" und an die Verwendung der "Standardsprache" gebunden (KULTUSMINISTERKONFERENZ 1975, S. 11).

Die wissenschaftspropädeutische Funktion des Deutschunterrichts, die die verschiedenen schon vorhandenen Lehrpläne berücksichtigen, wird in den einheitlichen Prüfungsanforderungen für die Abiturprüfung Deutsch völlig außer Acht gelassen. Es ist also damit zu rechnen, daß diese minimalen Reformansätze des Deutschunterrichts im Sinne einer Qualifizierung für spätere Lebenssituationen verschwinden werden, da sie nicht mehr prüfungsrelevant sind (vgl. LENZEN/WUNDERLICH 1977, S. 208).

Diese Restauration der traditionellen Abituranforderungen (Übergewicht von schriftlichen Leistungen und literarischen Kenntnissen) und die Bevorzugung einer bestimmten Position textwissenschaftlicher Theoriebildung (vgl. LENZEN/WUNDERLICH 1977, S. 200 f.; BÜRGER 1977, S. 107; VORSTAND DER VEREINIGUNG DER DEUTSCHEN HOCHSCHULGERMANISTEN 1977, S. 17) würde bei Inkrafttreten des Normenbuches eine völlige Zurückdrängung schon erreichter Reformpositionen im Bereich des Deutschunterrichts auf der Sekundarstufe II zur Folge haben (vgl. z.B. die ersten Auswirkungen in: FREIE UND HANSESTADT HAMBURG 1974, S. 13).

3.2 Chancengleichheit durch Reform des Deutschunterrichts in der Sekundarstufe II?

Die vorher diskutierten Probleme bei der Herstellung von *Chancengleichheit* durch die Reform des Deutschunterrichts in der Sekundarstufe I (vgl. Teil 2.2.2.1 und 2.2.2.2) werden durch die curricularen Entwicklungen in der Sekundarstufe II noch weiter verschärft.

So ist es z.B. kein Beitrag zur Chancengleichheit und Durchlässigkeit der Bildungsgänge, wenn in der Sekundarstufe II des Gymnasiums weiterhin Anforderungen gestellt werden, auf die bisher sozial und sprachlich benachteiligten Schüler nicht *systematisch* vorbereitet werden. Sei es, weil keine kompensatorischen Maßnahmen zur Vermittlung von Sprachfertigkeiten vorgesehen sind, sei es, weil der Deutschunterricht in der Sekundarstufe I aufgrund einer an der Vermittlung von Inhalten orientierten Didaktik nicht die für die Sekundarstufe II erforderlichen Kenntnisse und Fähigkeiten vermittelt. Durch die Restaurierung des herkömmlichen Deutschunterrichts im Gymnasium sind alle die Schüler weiterhin benachteiligt, die die notwendigen sprachlichen Fähigkeiten nicht in ihrer Familie erwerben können. Die Auseinanderentwicklung der Lehrpläne für den Deutschunterricht in der Sekundarstufe I und der Sekundarstufe II führt so beim Stillstand der Schulreform insgesamt zur Beibehaltung der indirekten *sozialen Auslese*.

Daß aber nicht nur die Zurückdrängung von Reformen die Demokratisierung verhindert und zur Beibehaltung von Bildungsprivilegien führt, sondern auch das Gegenteil, soll im folgenden kurz dargestellt werden. Einige Konzepte zur Reform der Sekundarstufe II (KOLLEGSTUFE NW, BILDUNGSRAT 1974) fordern eine weitgehende Integration von allgemeiner und beruflicher Bildung. Sie sehen sich dazu durch die Konvergenz von berufsbildender Funktion der allgemeinbildenden Schulen und die Verwissenschaftlichung der Produktion berechtigt (vgl. KOLLEGSTUFE NW, 1972, S. 23). Um bildungstheoretisch eine gleichberechtigte Integration von Berufsbildung und Allgemeinbildung zu legitimieren, wird auf einen inhaltlich fixierten Kanon von Allgemeinbildung verzichtet (KOLLEGSTUFE NW, 1972, S. 20 und 54) und die Identität der Inhalte für die Berufs- und Allgemeinbildung proklamiert (ebda.).

Für den Deutschunterricht führt das dazu, daß er als eigenständiges Fach aufgehoben wird und unter dem Aspekt, Qualifikationen für soziales Handeln zu vermitteln, in den obligatorischen Lernbereich eingeht (vgl. KOLLEGSTUFE NW, 1972, S. 56).

Mit dem in diesem Konzept verwendeten formalen Begriff von Allgemeinbildung (Wissenschaftsorientierung, Kritik) (vgl. KOLLEGSTUFE NW, 1972, S. 22 f.) wird es unmöglich gemacht, daß die fortschrittlichen Tendenzen dieses Reformvorschlages zur Herstellung materialer Chancengleichheit und zur Hebung des allgemeinen Bildungsniveaus führen (vgl. zur Kritik an der KOLLEGSTUFE NW, ELSÄSSER 1978, S. 117-225). Von der "modischen Diffamierung des Begriffs der Allgemeinbildung" ausgehend, drücken sich in dieser Schulreformkonzeption "sowohl Positionen eines spätbürgerlichen Pessimismus (aus), der ein umfassendes gesellschaftliches Leitbild nicht mehr entwerfen kann, als auch Elemente technokratischer Funktionalität für kapitalistische Verwertungsinteressen" (FAULSTICH/MENDE 1974, S. 80).

Es wird darauf verzichtet, die Bildungsdefizite der im Zuge der Integration von Berufs- und Allgemeinbildung erfaßbaren Schüler der Berufsschulen und arbeitslosen Jungarbeiter zu kompensieren und diesen eine dem Stand der Wissenschaften und der Produktion angemessene allgemeine Bildung zu vermitteln. Die Schüler werden in der so verstandenen Sekundarstufe II nicht befähigt, sich die sprachlichen Fähigkeiten und Kenntnisse *systematisch* anzueignen, die sie für ihre Berufstätigkeit und ihre eigene und die gesellschaftliche Emanzipation benötigen. Weiterhin werden sie nicht befähigt, sich die *kulturelle Produktion und Tradition* ihrer Gesellschaft anzueignen (vgl. WILLE 1978, S. 220 f.), da Literatur als Unterrichtsgegenstand nicht mehr vorgesehen ist.

Eine solche Funktionsbestimmung für den Deutschunterricht im Rahmen der Schulreform trägt wider ihre eigene Intention nicht zur Demokratisierung und materialen Chancengleichheit bei. Denn die Schüler werden weder befähigt, sich und die Gesellschaft auf dem in der gesellschaftlichen Produktion erreichten Niveau des Wissens und Könnens zu reproduzieren noch, über die Aneignung und Anwendung dieser minimalen gesellschaftlichen Grundlagenqualifikation für die Durchsetzung ihrer sozialen Interessen ihre Lage real zu verbessern.

Rosemarie Neumann

Zur Didaktik des Deutschunterrichts für Kinder ausländischer Arbeiter

In den vergangenen 15 Jahren hat der Anteil der Kinder ausländischer Arbeiter in unseren Schulen beständig zugenommen. Es ist offensichtlich, daß sich diese Entwicklung fortsetzen wird. So geht die Kultusministerkonferenz inzwischen davon aus, daß sich der Anteil der Kinder ausländischer Herkunft an der gesamten Schülerschaft in der Bundesrepublik - im Durchschnitt aller Schultypen - von heute 5 % auf etwa 20 % im Jahre 1985 erhöhen wird. Bedenkt man dabei, daß die ausländischen Arbeiter hauptsächlich in der Industrie oder in anderen städtischen Berufen beschäftigt sind, so ergibt sich für die Ballungsgebiete ein sehr viel höherer Anteil, der zwischen 40 % und 80 % der Schüler liegen dürfte.

Angesichts dieser Situation ist für jeden Lehrer und für jeden Lehramtsstudenten davon auszugehen, daß er in absehbarer Zeit in einer Regelklasse mit hohem Ausländeranteil oder aber in einer Ausländerklasse beschäftigt sein wird. Um so bedenklicher ist es, daß die besondere Situation der Schüler ausländischer Herkunft in der Lehrerausbildung bis heute mit wenigen Ausnahmen nicht vorkommt. Dieser Zustand darf aus zwei klar voneinander zu unterscheidenden Gründen nicht länger geduldet werden:

Einmal haben die Kinder ausländischer Herkunft genau wie alle anderen Kinder auch ein unabdingbares Recht auf eine zeitgemäße, qualifizierende und humanistische Bildung und Ausbildung. Daß dies Recht in unseren Schulen auch für die Kinder ausländischer Arbeiter verwirklicht werden muß, ergibt sich aus den Artikeln 2.1 und 3.3 des Grundgesetzes. Jeder Versuch, das Menschenrecht der ausländischen Schüler auf Bildung und Ausbildung herunterzuspielen oder zu sabotieren, ist ein unmittelbarer Angriff auf den Wesensgehalt unserer Verfassung.

Der zweite Gesichtspunkt betrifft die deutschen wie die ausländischen Schüler gleichermaßen. Die Erfahrung in vielen Ballungsgebieten zeigt schon heute sehr eindrucksvoll, daß dort, wo der Lehrer einer Regelklasse mit hohem Ausländeranteil auf die besonderen Probleme der ausländischen Schüler nicht oder nur unzureichend vorbereitet ist, tendentiell der gesamte Unterricht lahmgelegt wird. Eine Verbesserung der Situation auch für die deutschen Schüler setzt voraus, daß der Unterricht in der Vorbereitungsklasse wie auch in der Regelklasse darauf angelegt ist, den ausländischen Schülern möglichst effektiv über ihre Schwierigkeiten hinwegzuhelfen. Das aber können nur Lehrer bewerkstelligen, die besonders für diese Aufgabe ausgebildet sind.

Die hier angesprochene Notwendigkeit gilt übrigens auch für den Fall der Realschulen und Gymnasien, obwohl auf diesen Schultypen die Kinder ausländischer Arbeiter bisher hoffnungslos unterrepräsentiert sind. Dieser Zustand muß und wird sich ändern, weil die ausländischen Eltern nach und nach - trotz aller Barrieren - über die alternativen Schulformen informiert werden und weil auch immer mehr Kollegen darauf drängen, ausländische Schüler auf höhere Schulen zu schicken. Es wäre auch falsch anzunehmen, daß die ausländischen Schüler auf den höheren Schulen wegen besserer Deutschkenntnisse keine Schwierigkeiten hätten bzw. machten. Hierzu ist zunächst einmal zu sagen, daß in einem auch nur leidlich demokratischen Schulwesen die Deutschkenntnisse ausländischer Kinder sicher nicht das Hauptkriterium für den Zugang auf höhere Schulen sein dürften. Hinzu kommt, daß die Probleme durch bessere Deutschkenntnisse nicht einfach verschwinden - sie verlagern sich vielmehr auf Bereiche wie Semantik und Hintergrundwissen etwa zu Literatur und Geschichte. Der Realschul- und Gymnasiallehrer ist daher im Grunde genauso gefordert wie der Lehrer an Grund-, Haupt- oder Berufsschule, wenn dies auch in der Regel heute noch nicht im gleichen Maße deutlich wird.

Angesichts dieser Lage muß die gesamte Aus- und Fortbildung der Lehrer in der Bundesrepublik möglichst rasch und umfassend umgestaltet werden. Didaktische Lehrmeinungen, Lehrpläne und auch methodische Überlegungen können unter den konkreten Bedingungen unserer Gesellschaft zunehmend nur noch dann als "demokratisch" angesprochen werden, wenn sie die besonderen Probleme der ausländischen Schüler miteinbeziehen. Die Tatsache, daß es in dieser Frage an unseren Hochschulen und in den einschlägigen Fachpublikationen bis heute nur wenige Ansätze in dieser Richtung gibt, ist ein Symptom dafür, in welchem Ausmaß die Lehrerausbildung immer noch fernab der Praxis im Elfenbeinturm betrieben wird. Der vorliegende Beitrag soll mithelfen, diese Situation zu verändern.

1. Rahmenfragen

Den Kindern ausländischer Arbeiter bleibt in unseren Schulen nach wie vor in großem Maße der Schulerfolg versagt. Viele verlassen die Schule vorzeitig, der größte Teil von ihnen erreicht nicht einmal den Hauptschulabschluß. Eine wesentliche Rolle spielt dabei die Tatsache, daß die Schüler ausländischer Herkunft oft das Deutsche nicht in einem solchen Ausmaß lernen, daß sie es problemlos als vollwertiges Mittel des Wissenserwerbs in allen Schulfächern einsetzen können.

Fragt man nach den Gründen hierfür, so stößt man immer wieder auf Auffassungen, die das Ganze mehr oder weniger als ein Problem der Einstellung der Betroffenen sehen möchten. So wird argumentiert, viele ausländische Eltern seien für sich und für ihre Kinder nicht genügend integrationsbereit. Sie wichen dem Kontakt mit Deutschen aus, nutzten unsere Kindergärten nicht, zögen sich in Wohnghettos zurück und gäben ihren Kindern integrationsfeindliche Einstellungen mit, die die Arbeit der Schule behinderten. Geht man diesen Argumenten auf den Grund, so findet man eine ganze Reihe objektiver Hindernisse, die einer reibungslosen Integration im Wege stehen: die Unsicherheit von Aufenthaltserlaubnis und Arbeitsplatz, das Fehlen geeigneter und leicht erreichbarer Deutschkurse für die erwachsenen Ausländer, die finanzielle Situation der Familien, die Schwierigkeit für Ausländer, Wohnungen zu finden etc. Bezieht man all diese objektiven Bedingungen mit ein, so wird man sich bald darüber klar, daß die meisten ausländischen Eltern die schulische Integration ihrer Kinder im Rahmen ihrer Möglichkeiten durchaus unterstützen. Der Spielraum für Erfolge durch bloße Einstellungsänderungen dürfte hier nicht besonders groß sein. Echte Verbesserungen setzen voraus, daß die objektiven Hindernisse abgebaut werden.

Über die Frage nach der Einstellung der ausländischen Eltern gerät man als Lehrer leicht in Versuchung, die Frage nach der eigenen Einstellung zu vergessen. Nun spielen zwar auch hier objektive Faktoren - etwa das Fehlen der für den Unterricht für ausländische Schüler erforderlichen Spezialausbildung, der Mangel an geeigneten Lehr- und Lernmitteln, die starke Arbeitsbelastung des Lehrers und teilweise widersinnige organisatorische Bedingungen in den Vorbereitungsklassen - eine größere Rolle. Dennoch ist die Frage, mit welcher Einstellung der Lehrer in einer Reihe von Punkten an seine Aufgabe herangeht, gerade im Falle der ausländischen Schüler für das Ergebnis des Unterrichts nicht unwichtig. Der Lehrer sollte sich u.a. über folgende Fragen Rechenschaft ablegen:

- Wie stehe ich zu Arbeitern und ihren Kindern?
- Wie stehe ich zu Ausländern?
- Halte ich die Arbeit in der Schule für sinnvoll vorstrukturiert?
- Überschaue ich den möglichen Bildungs- und Ausbildungsweg meiner Schüler?
- Welche lerntheoretischen Voraussetzungen mache ich?
- Wieviel Mut, Kraft und Ausdauer habe ich, mich für meine Schüler einzusetzen?
- Bleibe ich Einzelkämpfer oder nutze ich die Möglichkeiten der gewerkschaftlichen Organisation?

Arbeiter gehören einer anderen sozialen Schicht an als Lehrer: sie haben im Gegensatz zum Lehrer keine Hochschulbildung, ihre Arbeitswelt ist der Mehrzahl der Lehrer fremd. Dies kann den Lehrer leicht dazu verleiten, sich bei Arbeiterkindern mit der Orientierung an relativ niedrige Bildungsziele zufriedenzugeben. Bei den Eltern der ausländischen Arbeiterkinder kommt noch hinzu, daß sie in der Regel nicht als Facharbeiter beschäftigt sind. Viele von ihnen sind ursprünglich überhaupt keine Arbeiter gewesen, sondern Bauern unter relativ rückständigen dörflichen Verhältnissen. In vielen Fällen liegt die Schulbildung der ausländischen Eltern weit unter dem Einheimischen üblichen Niveau. All dies verschärft den sozialen Gegensatz zwischen den ausländischen Arbeiterfamilien und dem deutschen Lehrer, und damit auch die Gefahr, daß der Lehrer in der Perspektive zu niedrige Erwartungen an den Schulerfolg und das Leistungsvermögen der ausländischen Kinder richtet.

Unter den Bedingungen des dreigliedrigen Schulsystems stuft sich der Schulerfolg nach den erreichten Schulabschlüssen. Eine demokratische Position ist unter diesen Umständen die Bemühung darum, Arbeiterkinder in gleichem Ausmaß in die höheren Schulen gelangen zu lassen wie Kinder anderer Schichten. Das muß auch für die Kinder ausländischer Arbeiter gelten. Wieweit wir hiervon entfernt sind, zeigt die Tatsache, daß von allen deutschen Schülern ca. 30 % höhere Schulen besuchen, von allen türkischen Schülern aber nur ca. 3 %.

Was die Einstellung gegenüber Ausländern angeht, hat man zwischen zwei verschiedenen Fällen zu unterscheiden. Menschen, die aus einem industriell hoch entwickelten und politisch der Bundesrepublik relativ gleichgestellten Land kommen, haben es nicht so schwer, soziale Anerkennung zu finden. Anders ist es leider für Menschen aus wirtschaftlich und politisch abhängigen Ländern, die ihre Heimat in der Hoffnung verlassen haben, in der Bundesrepublik ein besseres Auskommen zu finden. In ihrem Fall setzt sich das soziale Gefälle zwischen dem Herkunftsland und der Bundesrepublik im Kopf vieler Deutscher um als Wertgefälle zwischen den jeweiligen Ausländern und Deutschen. Dieser Vorgang wird noch unterstützt durch die relative Rückständigkeit der fraglichen Herkunftsländer, aber auch durch die weitgehende Rechtlosigkeit der Ausländer in der Bundesrepublik. Wo es Menschen gibt, über deren Aufenthalt die Polizei entscheidet, die bei der Arbeitsplatzsuche zurückstehen müssen, die schließlich an den Wahlen nicht beteiligt werden, ist es naheliegend, daß sich das ideologisch als Bewußtsein einer Minderwertigkeit dieser Menschen umsetzen kann. Im Falle der ausländischen Arbeiter kumuliert dies mit der Tatsache, daß es sich gleichzeitig um die niedrigste Schicht der Arbeiterklasse handelt - um diejenigen, die die schwersten, schmutzigsten und am wenigsten qualifizierten Arbeiten verrichten müssen und am wenigsten dafür bezahlt bekommen.

Zu einer demokratischen Einstellung zu den Kindern dieser ausländischen Arbeiter kann der Lehrer am besten dann finden, wenn er die Gesamtsituation möglichst genau kennt, engen Kontakt zu vielen ausländischen Eltern hat, und wenn er von daher die umfassende Entrechtung der erwachsenen ausländischen Arbeiter durchschaut und als demokratiefeindlich erkennt. Eine solche Haltung ist für die ausländischen Schüler sehr viel günstiger als eine Freundlichkeit, die die Kinder zwar akzeptiert, sie aber möglichst weitgehend von ihren Eltern trennen möchte.

Ein weiterer wichtiger Punkt in der Einstellung zu den ausländischen Schülern ist, daß man in ihnen nicht einfach kleine Deutsche sehen darf, die nur noch einige Schwierigkeiten haben. Wie gut diese Kinder ihr Deutsch auch sprechen mögen, so haben sie in der Regel doch ihre eigene Muttersprache, die sie noch viel problemloser beherrschen und die ihnen emotional noch näher liegt. Dieser Zustand kann sich ändern, wenn in der Schule nur das Deutsche weiterentwickelt wird, und die Muttersprache damit lexikalisch auf dem Stand der einfachen Verständigung in der Familie verbleibt. Ein solcher Zustand ist aus vielen Gründen nicht wünschenswert: er stellt eine Diskriminierung des Ausländerkindes und seiner Familie dar und hat auch für die intellektuelle Entwicklung schädliche Folgen. Eine demokratische Position besteht darin, die Zweisprachigkeit des ausländischen Schülers anzuerkennen und sich für eine volle Entwicklung beider Sprachen einzusetzen. Dabei hat natürlich die Möglichkeit, den Schüler in seiner Muttersprache wahrzunehmen und einzuschätzen, nur derjenige Lehrer, der seinerseits diese Sprache kennt. Nun ist es sicher für den deutschen Lehrer in der Regel nicht möglich, die Sprachen aller ausländischen Schüler zu beherrschen. Andererseits ist zu beobachten, daß sich das Erlernen einer Gastarbeitersprache in der Lehrerschaft der Ballungsgebiete nach und nach zu einer Massenbewegung entwickelt.

Sehr kompliziert ist die Frage des Verhaltens gegenüber Inhalten der Kultur des Herkunftslandes. Wie bei der Kultur unseres eigenen Landes haben wir auch bei den Kulturen der Herkunftsländer zwischen demokratischen und antidemokratischen Inhalten zu unterscheiden. Zweifellos gehört etwa der Versuch, ältere Mädchen der Schule fernzuhalten oder Mädchen und Jungen getrennt sitzen zu lassen, nicht zu den demokratischen Traditionen der türkischen Kultur. Ähnliches gilt für die Korankurse, in denen der Koran auf Arabisch auswendig gelernt, aber nicht verstanden wird. Wie soll man sich als deutscher Lehrer hier verhalten? Die bloße Ablehnung negativer Erscheinungen, bei gleichzeitiger Unwissenheit oder Gleichgültigkeit gegenüber dem Herkunftsland, seiner Kultur und Geschichte, bewirkt sicher häufig das Gegenteil dessen, was man erreichen will. Wer ausländische Schüler unterrichtet - ganz gleich, ob in der Vorbereitungs- oder Regelklasse - sollte sich nach und nach umfangreiches und zutreffendes Wissen über die Herkunftsländer verschaffen und dies Wissen auch in seinen Unterricht einbringen. Dann kann er auch damit rechnen, in problematischen Fragen als Autorität anerkannt zu werden.

Die Arbeit des Lehrers ist durch seine Ausbildung, durch Lehrpläne, Lehr- und Lernmittel und durch die Schulorganisation wesentlich vorstrukturiert. Wie für jeden anderen arbeitenden Menschen ist es auch für ihn naheliegend, anzunehmen, daß diese Vorstrukturierung sinnvoll ist. Das würde bedeuten, daß er nur in den vorgegebenen Organisationsformen in der durch seine Ausbildung, die Lehrpläne sowie die Lehr- und Lernmittel vorgegebenen Weise zu arbeiten braucht, um für seine Schüler einen akzeptablen Schulerfolg zu sichern. Wieweit dieser Erfolg im einzelnen eintritt, hängt dann neben der Leistung des Lehrers auch an der Leistungsbereitschaft der Schüler.

All diese naheliegenden Voraussetzungen treffen auf den Fall des Unterrichts für ausländische Schüler nicht zu. Ihr Bildungsweg ist nicht etwa in einer Weise durchdacht und vorstrukturiert, die auch nur einen minimalen Schulerfolg garantieren würde. Vorprogrammiert ist vielmehr das Schulversagen. Um ein einfaches Beispiel zu nehmen: die problemlose Teilnahme am Unterricht der 5. Klasse erfordert einen Wortschatz von ca. 35 000 bis 40 000 lexikalischen Einheiten des Deutschen. Im Deutschunterricht der Vorbereitungsklasse werden aber nur ca. 2 000 lexikalische Einheiten vermittelt. Dies ist durch die bisher verwendeten Deutsch-Lehrwerke vorprogrammiert, die außerdem weder die Fähigkeit zur Wörterbuchbenutzung noch die Einsicht in Wortbildungsregeln des Deutschen sonderlich trainieren. Die Schulorganisation sieht einen abrupten Übergang in die Regelklasse vor und verzichtet aus durchsichtigen finanziellen Gründen auf den notwendigen zweisprachigen Förderunterricht in der Zeit nach dem Übergang. Ein weiteres Beispiel: Die Vorbereitungsklassen werden entweder international unter Verzicht auf Fachunterricht oder national mit einem Fachunterricht nach Lehrbüchern aus dem Herkunftsland durchgeführt. Beide Modelle sind nicht dazu angetan, den Übergang in die Regelklasse zu erleichtern. Unter solchen Bedingungen ist in der Regel nicht zu erwarten, daß der ausländische Schüler den Anschluß an den Unterricht der Regelklasse in angemessener Zeit findet. Schafft er dies trotzdem, so ist er ein ausgesprochener "Überflieger". Wir dürfen uns aber mit solchen vereinzelten Fällen nicht trösten. Alle ausländischen Arbeiterkinder haben ein Recht darauf, daß ihr Lernprozeß in der Schule so vorstrukturiert wird, daß sie bei einem verantwortbaren Arbeitseinsatz in der Regel erfolgreich sein können. Daß dies zur Zeit nicht so ist, darf den demokratisch gesinnten Lehrer nicht ruhen lassen. Dabei ist zu beachten, daß die durch Lehrer-Aus- und -Fortbildung und durch den Mangel an geeigneten Lehr- und Lernmittel geschaffenen Defizite entscheidender sind als schulorganisatorische Fragen.

Eine entscheidende Frage ist die Orientierung der Schüler und ihrer Eltern auf mögliche Bildungs- und Berufsziele. In Familien aus gebildeten Schichten wird diese Orientierung im wesentlichen durch die Eltern vollzogen. Im Falle von Arbeiterkindern spielt der Lehrer dabei eine größere Rolle. Dies gilt für ausländische Arbeiterkinder in noch größerem Maße, weil hier die Eltern in der Regel das Bildungssystem der Bundesrepublik nicht kennen und den Bildungsgang ihrer Kinder deshalb aufgrund unzutreffender Vergleiche mit dem Heimatland beurteilen. So ist es etwa nicht selten, daß türkische Eltern von einem Kind, das die 8. "Türkenklasse" besucht, annehmen, es könne im folgenden Jahr auf die "Lehrerschule" gehen und Lehrer werden. Sie halten einfach die 8. Vorbereitungsklasse der Hauptschule für vergleichbar mit der 3. Klasse der türkischen Mittelschule, nach der man das Erziehungs-Institut besuchen kann, um Lehrer zu werden.

In dieser Situation muß wenigstens der Lehrer einen genauen Überblick über mögliche Bildungswege des Kindes haben und diesen Überblick auch an die Eltern und an die Kinder weitergeben. Solange das Kind nämlich nicht auf die Weichenstellungen in seinem Bildungsweg orientiert wird, ist nicht zu erwarten, daß es zu seiner eigenen Entwicklung - und damit auch zum Unterricht - eine aktive Haltung einnimmt. Insbesondere muß den ausländischen Arbeiterkindern immer wieder klar gemacht werden, daß der bloße Hauptschulabschluß zwar eine Mindestvoraussetzung für alles weitere ist, daß er aber für sie keineswegs als eine Garantie auf einen Arbeitsplatz zu betrachten ist.

Leider ist in der Praxis immer wieder zweierlei zu beobachten. Lehrer von Arbeiterkindern gehen oft nicht deutlich genug auf die Frage nach den Weichenstellungen in unserem dreigliedrigen Schulsystem ein; häufig machen sie sich auch selbst Illusionen darüber, welche Möglichkeiten ihren Schülern real noch verbleiben, wenn sie sich einmal für den jeweils unteren Weg an einer Gabelung entschieden haben. Schuld an dieser Situation ist u.a. die Tatsache, daß die Schüler in dem Augenblick, wo sie den jeweiligen Schultyp verlassen, mehr oder weniger vollständig aus dem Blickfeld des Lehrers verschwinden. Ein demokratischer Lehrer wird sich hiermit nicht zufrieden geben - er wird vielmehr den weiteren Bildungs- und Ausbildungsweg möglichst vieler Schüler weiter zu verfolgen versuchen. Bei der Orientierung ausländischer Schüler auf Bildungsziele wird er sich zusätzlich vor Augen halten, daß sie später bei der Konkurrenz um Arbeitsplätze systematisch gegenüber gleichwertig ausgebildeten Deutschen benachteiligt werden, wie das auch im Arbeitsförderungsgesetz (§ 19) vorgesehen ist. Die einzig sinnvolle Folgerung daraus ist es, den ausländischen Schülern schon von ihrer Schulbildung her möglichst gute Startchancen zu sichern.

Eine zentrale Frage für die Effektivität des Unterrichts - und damit auch für den Schulerfolg - ist es, wieweit der Lehrer in der Lage ist, den Unterricht als dialektische Einheit von Lehren und Lernen zu gestalten. Der Unterricht darf nicht als bloßes "Geben und Nehmen" gesehen werden, vielmehr muß die Lehrertätigkeit darauf gerichtet sein, das Lernen als aktive, selbständige Tätigkeit des Schülers anzuregen, zu leiten und zu lenken. Zwischen der Selbsttätigkeit des Schülers und der Führung des Unterrichts durch den Lehrer besteht dabei ein enger Zusammenhang: Der Lehrer muß die Struktur des jeweiligen Unterrichtsgegenstandes sowie das von den Schülern bezüglich dieses Gegenstandes erreichte Niveau genau kennen, dementsprechend Ziele auf dem jeweils nächsten erreichbaren Entwicklungsniveau setzen und optimale Bedingungen für die erforderlichen Schülertätigkeiten herstellen. Dabei geht es nicht nur um Wissensvermittlung bzw. -aneignung, sondern auch um die Ausbildung der für ein sinnvolles und effektives Lernen notwendigen geistigen Handlungen[1]. Sie können in folgenden Etappen entwickelt werden:

I. Erarbeitung einer vollwertigen Orientierungsgrundlage (bezüglich der wesentlichen Bedingungen der Handlung)
II. materielle oder materialisierte Ausführung der Handlung (anhand des Gegenstandes oder anhand von Modellen, explizit in allen Teiloperationen)

---

[1] Der Begriff der "Ausbildung geistiger Handlungen" stammt von dem sowjetischen Psychologen P.J. GALPERIN. Vgl. hierzu die Sammelbände: GALPERIN 1967 und LOMPSCHER 1972. Bei LOMPSCHER erscheint die Problematik unter dem Terminus: "Entwicklung geistiger Fähigkeiten", wobei eine Reihe weiterer Aspekte aufgenommen werden. Vgl. hierzu LOMPSCHER 1970 sowie weitere Arbeiten anderer Autoren aus dieser Serie.

III. Ausführung der Handlung in der Form des äußeren Sprechens für Andere (in ausführlicher Form)
IV. Ausführung in der Form des äußeren Sprechens für sich selbst (reduziert auf die Teilergebnisse)
V. Übergang zur voll verinnerlichten Ausführung in der Form des inneren Sprechens (dabei Verkürzung und Automatisierung).

Wie man sieht, kommt bei diesem Prozeß der Aneignung einer geistigen Handlung der Analyse von Gegenstand, Ziel und möglichem Ablauf der Handlung, und ebenso auch ihrer Versprachlichung eine wesentliche Rolle zu. Die systematische Anwendung des skizzierten Verfahrens im Unterricht macht es möglich, Bewußtheit und Selbständigkeit der geistigen Tätigkeit der Schüler erheblich zu steigern.

Von alledem kann natürlich dann keine Rede sein, wenn der Lehrer selbst weder die Struktur des Unterrichtsgegenstandes durchschaut, noch Einblick in die Ausgangsbedingungen seiner Schüler hat. Genau dies ist aber die Situation für die große Mehrzahl derjenigen Kollegen, die als Deutschlehrer für Ausländerkinder eingesetzt werden. Ihr Einsatz kann nur damit "gerechtfertigt" werden, daß sie das Deutsche mündlich wie schriftlich praktisch beherrschen und folglich auch alle Fehler der Schüler erkennen und korrigieren können. Sie können jedoch weder einen effektiven Lernprozeß der Schüler organisieren noch die Ursachen der auftretenden Fehler durchschauen. Angesichts solchermaßen unausgebildeter Lehrer kann der Schüler bei seiner Lerntätigkeit nur zu aufwendigen und gleichzeitig ineffektiven Methoden wie Imitation und Versuch-und-Irrtum greifen. Von den für die Lehrerbildung und Lehrplangestaltung zuständigen Stellen wird diese beklagenswerte Situation zu allem Überfluß auch noch zum didaktischen Prinzip erhoben: in den Richtlinien[2] dominiert einsprachiges, imitatives Arbeiten mit weitgehender Zurückstellung der Schriftform (Materialisierungsmöglichkeit!) und des begrifflichen Erfassens. Daß auf diese Weise das Deutsche nicht effektiv vermittelt werden kann, liegt auf der Hand. Die Wurzel des Übels liegt aber nicht in einer falschen didaktischen Theorie, sondern in der Weigerung der zuständigen Stellen, das Geld für die notwendige Spezialausbildung der im Unterricht für ausländische Schüler bzw. für Regelklassen mit hohem Ausländeranteil eingesetzten Lehrer bereitzustellen. Daß man sich dabei hinter Bruchstücken einer behavioristischen Sprachdidaktik - der sog. "direkten Methode" - verschanzt, ist nur als Ergebnis dieser ökonomischen Ausgangslage zu verstehen.

---

2   Vgl. hierzu die Richtlinien von Nordrhein-Westfalen und den Lehrplan "Deutsch als Fremdsprache" in Bayern. (a) Richtlinien für den Unterricht der Kinder ausländischer Arbeitnehmer und für Vorbereitungsklassen, Die Schule in Nordrhein-Westfalen. Köln 1977 (= Schriftenreihe des Kultusministeriums, Nr. 5002). (b) Akademie für Lehrerfortbildung Dillingen: Deutsch für Kinder ausländischer Arbeitnehmer, Unterrichtspraktische Hilfen zum Lehrplan DEUTSCH ALS FREMDSPRACHE. Donauwörth 1979, S. 9-34.

Auch hier spielt die Einstellung des Lehrers eine nicht zu unterschätzende Rolle. Ein Kollege, der Unterricht im wesentlichen als Abarbeiten eines vorgegebenen Lehrplanes durch den Lehrer sieht, wird für die mangelnde Effektivität in erster Linie die ausländischen Schüler verantwortlich machen. Noch schlimmer ist es, wenn der Lehrer bereit ist, in relativ planloser Folge einzelne Gegenstände zu behandeln. Demgegenüber befähigt ein konsequentes Beharren auf der Position, daß der Unterricht immer eine Einheit von Lehren und Lernen sein muß, daß der Lehrer für die Aufrechterhaltung dieser Einheit die Verantwortung hat, daß der Schüler Subjekt seiner eigenen Lerntätigkeit ist, die durch die Tätigkeit des Lehrers sinnvoll gesteuert werden muß, den Lehrer auch unter den Bedingungen eines umfangreichen Ausbildungsdefizites dazu, in der richtigen Richtung an sich selbst und an seinem Unterricht zu arbeiten und sich zugleich für eine sachgerechte Fortbildung einzusetzen. Von diesem Standpunkt aus wird der Lehrer die mangelnde Effektivität seines Unterrichts weder herunterspielen, noch die Schuld dafür einseitig bei den ausländischen Schülern suchen.

Daß unter den derzeitigen Bedingungen Mut, Kraft und Ausdauer dazu gehört, sich als Lehrer nachhaltig für die Bildungsrechte seiner ausländischen Schüler einzusetzen, braucht angesichts der tatsächlichen Situation und angesichts des bereits oben Ausgeführten nicht besonders begründet zu werden. Das Entstehen einer solchen Grundhaltung ist ein sehr komplexer Prozeß, der hier nicht im einzelnen analysiert werden soll. Ganz sicher spielt es aber für die Festigung einer solchen Grundhaltung eine wichtige Rolle, daß der Lehrer in seiner Aus- oder Fortbildung eine möglichst tiefgehende Einsicht erhält in:

- Voraussetzungen, Verlauf und Perspektive der Arbeitsmigration
- das Ausmaß der bildungsmäßigen Unterprivilegierung der ausländischen Arbeiterkinder
- den Umfang der gesamtgesellschaftlichen Katastrophe, die sich bereits heute abzeichnet für den Fall, daß in unseren Schulen weiter so verfahren wird wie bisher.

Die Frage schließlich, wieweit Mut, Kraft und Ausdauer der einzelnen Kollegen in größerem Maßstab wirksam werden kann, hängt wesentlich davon ab, wieweit sie dazu bereit und in der Lage sind, ihren Einsatz für die ausländischen Schüler in die Gewerkschaftsarbeit einzubringen. Als Beispiel dafür, in welche Richtung die Entwicklung gehen kann und wird, einige kurze Hinweise zur Ausländerarbeit der GEW Nordrhein-Westfalen. Hier gab es bereits seit Mitte der 70-er Jahre Arbeitsgruppen zur Situation der ausländischen Schüler in zwei Stadtverbänden (Gelsenkirchen, Essen). Nach einer Landestagung im Frühjahr 1977 zum Thema "Ausländische Kinder und Jugendliche in unseren Schulen" entstanden in mehreren Städten weitere Arbeitskreise, gleichzeitig wurde zentral eine Arbeitsgruppe bei der Erziehungswissenschaftlichen Landesstelle (heute: Referat B 1) gebildet, die die Koordinierung der Arbeit übernahm. Inzwischen gibt es in weit über

20 Städten örtliche Arbeitsgruppen, die fachgruppenübergreifend arbeiten und deutsche und ausländische Kollegen vereinigen. Als beratendes Organ sind sie im örtlichen Vorstand vertreten. Sie untersuchen die Situation vor Ort und ermöglichen damit, daß die GEW Vorstöße zur Verbesserung der Lage unternimmt. Außerdem unterstützen sie die Personalräte, insbesondere hinsichtlich der unsicheren Situation der ausländischen Kollegen. In vielen Fällen gibt die Diskussion in der Arbeitsgruppe Kollegen, die in ihrer Schule auf Schwierigkeiten gestoßen sind, auch Hinweise, die sie unmittelbar in die Praxis umsetzen können. Die Arbeitsgruppe auf Landesebene sorgt für den Informationsfluß und berät - über das Referat B1 - den Landesvorstand. Sie organisiert viermal im Jahr zentrale Treffen von Delegierten der örtlichen Arbeitsgruppen. Außerdem organisiert sie Fortbildungstagungen für deutsche und ausländische Kollegen zu zentralen unterrichtlichen und arbeitsrechtlichen Problemen im Zusammenhang mit ausländischen Schülern.

Die Arbeit im Bereich "Ausländische Kinder und Jugendliche in unseren Schulen" hat eine erhebliche Dynamik entwickelt und viele Kollegen an die Gewerkschaftsarbeit herangeführt. Durch die Durchführung von Festen unter dem Thema: "Deutsche und Ausländer gemeinsam!" in mehreren Städten konnten Tausende deutscher und ausländischer Eltern in gelockerter Form, aber eindringlich auf die Problematik in unseren Schulen aufmerksam gemacht werden. Welchen Konkretionsgrad die Arbeit in Nordrhein-Westfalen erreicht hat, zeigt z.B. der ausführliche Beschluß des Landesvorstands vom November 1978[3].

Diese Entwicklung in Nordrhein-Westfalen - und parallel dazu in anderen Bundesländern - zeigt: Je mehr Kollegen zu der Erkenntnis kommen, daß gewerkschaftliches Engagement auch in dieser Frage nicht mehr Arbeit, sondern im Gegenteil Arbeitserleichterung bedeutet, um so näher kommen wir einer Lösung wenigstens der brennendsten Probleme.

2. Deutsch für Kinder ausländischer Arbeiter

Obwohl das Fach "Deutsch" nach wie vor sinnvollerweise eine Einheit aus Sprach- und Literaturunterricht bilden soll, verbindet man im allgemeinen bisher mit dem Stichwort "Deutsch für Ausländerkinder" eigentlich nur die Vorstellung von Sprachunterricht. Dies mag mit dem ungeheuren Praxisdruck zu tun haben, der im Unterricht bereits aufgrund rein sprachlicher Verständnishindernisse entsteht - begründet ist die Beschränkung auf die sprachliche Seite des Faches "Deutsch" jedoch sicher nicht. Auch im deutschen Literaturunterricht sind die Schüler ausländischer Herkunft mit sehr vielseitigen spezifischen Schwierigkeiten konfrontiert, die

---

3 Abgedruckt in: HANSEN/KLEMM: Kinder ausländischer Arbeiter. Essen 1979 (= Woche der Wissenschaft 1979), S. 119-142.

sich allein durch die Aneignung der deutschen Sprache nicht lösen lassen. Man denke nur einmal daran, wieviel historisch-kultureller Hintergrund selbst in Texten neuerer Autoren aufgehoben ist - und mache sich dann klar, was alles etwa einem türkischen Schüler, der in muslimischer Tradition aufgewachsen ist, zum Verständnis dieser Texte fehlt. Und auch das Umgekehrte ist im literarischen Deutschunterricht bisher festzustellen: das weitgehende Fehlen von Texten, die an den ausländischen Schülern vertrauten Inhalten anknüpfen. Ähnliches gilt auch für die literarischen Formen: was den ausländischen Schülern aus dem Herkunftsland der Eltern wenigstens bruchstückhaft bekannt ist, wird im Deutschunterricht negiert - was im Deutschunterricht angeboten wird, ist dem ausländischen Schüler zunächst mehr oder weniger fremd. Sich mit dieser Problematik zu befassen, ist zweifelsohne eine lohnende Aufgabe für Literaturwissenschaftler. Ob sie in absehbarer Zeit von Fachkollegen im Hochschulbereich angenommen wird, oder ob das an so profanen Dingen wie Unkenntnis der Sprachen der Herkunftsländer scheitert, ist eine offene Frage. Ganz sicher aber werden sich die Deutschlehrer in den Schulen mehr und mehr auch dieser Problematik zuwenden müssen. In absehbarer Zeit wird deshalb "Deutsch für Ausländerkinder" mehr umfassen als nur die Sprachausbildung. Im vorliegenden Beitrag werde ich mich jedoch - entsprechend dem bisherigen Stand der didaktischen Entwicklung - im folgenden auf Fragen der Sprachvermittlung beschränken.

Das Deutsche ist für die ausländischen Kinder und Jugendlichen weder Muttersprache noch Fremdsprache. Daß es nicht die Muttersprache ist, ist offensichtlich. Weder ist es die Sprache ihrer ersten Sozialisation in der Familie, noch wird es in der Regel von den Schülern ausländischer Herkunft in gleichem Maße beherrscht wie von den deutschen Kindern. Es ist jedoch auch keine Fremdsprache im herkömmlichen Sinne. Fremdsprachen sind Sprachen anderer, räumlich entfernter Gesellschaften - Sprachen, zu denen man hauptsächlich durch den Unterricht Kontakt hat. Hinzukommen können: Ferienaufenthalte, Brieffreundschaften, Bücher und Schallplatten in der Fremdsprache, Rundfunksendungen und in seltenen Fällen vereinzelte ausländische Bekannte, die diese Sprache sprechen. Deshalb hat der Fremdsprachunterricht immer etwas Unwirkliches: die Sprache wird sozusagen auf Vorrat gelernt. Was man schon können muß, ist durch die Progression des Lehrbuchs festgelegt. Wie gut man ist, beurteilt der Lehrer.

Ganz anders ist die Situation für die ausländischen Schüler in der Bundesrepublik. Sie sind überall von der deutschen Sprache - und von Menschen, mit denen sie sich nur auf Deutsch verständigen können - umgeben. Durch Rundfunk und Fernsehen, aber auch durch einzelne Familienangehörige, dringt das Deutsche bis in ihre Wohnungen ein. Was vielleicht noch wichtiger ist: bei verschiedensten Anlässen wird dem Kind die Überzeugung vermittelt, daß man Deutsch können muß, um in dieser Umwelt zurechtzukommen. Diese Überzeugung ist - ganz im Gegensatz zur allgemeinen Vermutung - nach unseren Beobachtungen auch in türkischen Wohnghettos verbreitet. Das ist auch nicht verwunderlich, wenn man an die Hilflosigkeit vieler Väter gegenüber Briefen von Vermietern und Behörden denkt und an die vielen Gelegenheiten, wo die Kinder von ihren Eltern als Dolmetscher mitgenommen werden.

Der Schüler im Fremdsprachenunterricht begegnet der Fremdsprache jeweils nur in der Form, wie sie vom Lehrbuch dargeboten und vom Lehrer und den Mitschülern gesprochen wird. Das Lehrbuch richtet sich mehr oder weniger nach einer Progression, der Lehrer wird bemüht sein, seinen jeweiligen Sprachstandard dem bereits bearbeiteten Stoff anzupassen und die Mitschüler können über diesen Stoff ohnehin nicht hinausgehen. Die gesamten Sprachkontakte dienen damit der Wiederholung von Bekanntem oder aber der Einführung einiger weniger neuer Elemente.

Nicht so im Falle der ausländischen Kinder und Jugendlichen. Sie sind im Prinzip stets mit dem Deutschen in seiner ganzen Breite konfrontiert. Dies gilt zunächst einmal für alle außerschulischen Kontakte, wo sich ihre Gesprächspartner bestenfalls bemühen, möglichst langsam oder möglichst laut zu sprechen, um besser verständlich zu sein - oder wo sie - in selteneren Fällen - Elemente eines vermeintlichen "Ausländerdeutschs" in ihre Äußerungen aufnehmen. Ein Bewußtsein darüber, was sprachlich leicht und was schwer ist, haben diese Gesprächspartner jedoch nicht. Das gleiche gilt für die schulische Situation, soweit das Ausländerkind den Unterricht der Regelklasse verfolgen soll. Aber auch in den Deutschkursen der Vorbereitungsklassen kann man immer wieder beobachten, daß die Lehrer zwar einerseits sehr einfaches Sprachmaterial zum Unterrichtsstoff machen, andererseits aber ihren Unterricht mit einem Lehrervortrag begleiten, der bezüglich des Schwierigkeitsniveaus nicht oder fast nicht kontrolliert ist. Entsprechend verhält es sich mit dem Deutsch von Rundfunk und Fernsehen. Im Ergebnis dieser Tatsache muß das Ausländerkind ständig ein Sprachniveau bewältigen, auf das es nicht vorbereitet ist. Zu der Masse der Tag für Tag auf es einströmenden Äußerungen erhält es auch keine parallele schriftliche Fassung, die es sich vor Augen führen, betrachten und analysieren könnte. Andererseits herrscht in vielen Situationen ein starker Druck, möglichst viel zu verstehen und auch auf Deutsch zu antworten. Von daher entwickelt sich leicht eine Aufmerksamkeitshaltung, die von der ohnehin unverstandenen und beim Hören nicht einmal voll wahrgenommenen formalen Seite des Deutschen (Endungen, grammatische Hilfswörter, Stammveränderungen, Stellung) weitgehend absieht und sich auf die lexikalisch bedeutsamen Wörter konzentriert. Da auch diese teilweise falsch verstanden werden, wird die Bedeutung mitunter nur als allgemeiner Eindruck erfaßt. Eigene Äußerungen werden auf diesem Entwicklungsniveau mittels der bekannten lexikalisch bedeutenden Wörter entlang einer vereinfachten Grammatik - deren Rückgrat die Syntax der eigenen Muttersprache ist - komponiert. Auf diese Weise entsteht das, was Deutsche als "Ausländerdeutsch" wahrnehmen und was in seiner auf dem Türkisch basierenden Variante auch als "Tarcana" - "Tarzan-Sprache" - bekannt ist. Hierdurch wird für den Deutschunterricht für Ausländerkinder eine ganz andere Situation geschaffen, als sie für den normalen Fremdsprachenunterricht existiert.

Einschneidende Unterschiede bestehen jedoch nicht nur hinsichtlich des Erwerbskontextes, sondern auch bezüglich der Zielperspektiven. Für das ausländische Kind in der Bundesrepublik besteht eine drängende objektive Notwendigkeit, Deutsch zu lernen. Dabei geht es nicht nur um die Kommunikation mit Deutschen außerhalb des Unterrichts, es geht auch - und vornehmlich - darum, daß das Deutsche für den ausländischen Schüler in möglichst kurzer Zeit zum hauptsächlichen Medium seines Wissenserwerbs werden muß. Den größten Teil seiner Schulbildung und seine gesamte Berufsausbildung muß der ausländische Schüler auf Deutsch erwerben. Hierzu muß er das Deutsche bezüglich seiner Grammatik, Lautung und Rechtschreibung ähnlich flüssig und fehlerfrei beherrschen lernen wie seine Muttersprache. Im lexikalischen Bereich muß er sogar in der Regel in kurzer Zeit im Deutschen einen Stand erreichen, der über das in der Muttersprache erreichte Niveau hinausgeht. Leistungsanforderungen dieser Art kennen wir aus dem Fremdsprachenunterricht unserer Schulen weder hinsichtlich der Zielperspektive noch hinsichtlich des zur Verfügung stehenden Zeitraumes.

Nehmen wir als Vergleichsbeispiel den Fall des Englischunterrichts im Gymnasium, der dort mit einer Dauer bis zu 9 Jahren in einem durchschnittlichen Umgang von 4 Wochenstunden erteilt wird. Selbst am Ende dieser 9 Jahre dürfte die Mehrzahl der Schüler nicht in der Lage sein, sich ohne Schwierigkeiten in allen Fächern am Unterricht einer entsprechenden englischen Klasse zu beteiligen. Die ausländischen Schüler in der Bundesrepublik haben aber - wenn sie in der Schule überhaupt erfolgreich sein wollen - für den Abschnitt des Deutscherwerbs, der sie dazu befähigen soll, dem Unterricht der Regelklasse folgen zu können, keine 9 Jahre Zeit, sondern bestenfalls ein bis zwei Jahre. Geht man über diesen Zeitraum hinaus, so werden die inhaltlichen Lücken so groß, rückt das Ziel der Beteiligung am Unterricht der Regelklasse in so ungreifbare Ferne, daß an ein Einholen der Regelklasse und selbst an einen effektiven vorbereitenden Deutschunterricht nicht mehr zu denken ist. Die ersten zwei Jahre bringen im Englischunterricht eine Minimalgrammatik von ca. 1 600 Vokabeln. Auf das Ausländerkind bricht aber in der Regelklasse das Deutsche in seiner ganzen Komplexität berein, und mit dem gesamten Wortschatz der jeweiligen Klassenstufe - also etwa 35 000 bis 40 000 Einheiten in der 5. Klasse. Sowohl vom Erwerbskontext als auch von der Zielperspektive her ist es also nicht sinnvoll, den Deutscherwerb eines ausländischen Kindes in der Bundesrepublik mit dem Erlernen einer Fremdsprache im Fremdsprachenunterricht gleichzusetzen. Man kommt sonst in Gefahr, den Unterricht, der den Deutscherwerb fördern soll, an der realen Situation vorbei zu konzipieren. Aus diesem Grunde hat sich für das Deutsche für Ausländerkinder der Terminus "Zweitsprache" eingebürgert. Dieser Terminus soll verdeutlichen, daß es sich im Gegensatz zur Fremdsprache um eine Sprache handelt, bei der es um den gleichen Beherrschungsgrad wie bei der Muttersprache geht, und die auch eine große Zahl von Funktionen erfüllt, die sonst von der Muttersprache abgedeckt werden. Gegen den Terminus "Zweitsprache" kann eingewendet werden, daß es einen Teil Kinder gibt, die schon vom Herkunftsland her mehrere Sprachen beherrschen (etwa Albanisch und Serbokroatisch bei Jugoslawen aus Kosovo, oder Kurdisch und Türkisch bei Kindern aus Dörfern der östlichen Türkei). Für diese Kinder wäre dann das Deutsche sozusagen eine "Dritt-", in einigen Fällen gar eine "Viertsprache". Andererseits hat das Deutsche für diese Kinder innerhalb der Bundesrepublik die gleiche Funktion wie für Kinder, die vom Herkunftsland her nur eine Sprache kennen, so daß es sinnvoll ist, das Deutsche durch einen einheitlichen Terminus zu kennzeichnen. Es ist natürlich nicht sinnvoll, angesichts dieser Situation dann doch auf den Ausdruck "Fremdsprache" zurückzugreifen. Man sollte sich stattdessen - solange kein besseres Wort vorgeschlagen wird - mit der leichten Ungenauigkeit von "Zweitsprache" zufrieden geben, und dementsprechend die spezifische Seite der Didaktik "Deutsch für Ausländerkinder" als "Zweitsprachdidaktik" bezeichnen.

Die Zweitsprachdidaktik "Deutsch" zeichnet sich allgemein durch folgende Merkmale aus:

- Sie betrifft den Unterricht einer Sprache, die zwar nicht im Elternhaus, wohl aber in der täglichen Umgebung gehört und gelesen wird, und bei der das gleiche Beherrschungsniveau wie bei der Muttersprache erreicht werden muß.

- Sie ist auf mehrfache Weise mit der Didaktik anderer Fächer eng verknüpft:
  - Die Zweitsprachdidaktik muß - wegen der immer häufigeren Regelklassen mit hohem Ausländeranteil - in den Muttersprachunterricht "Deutsch" eingehen;
  - die Zweitsprachdidaktik hat in sehr hohem Maße Service-Funktion für alle Fächer, da nach und nach alle Fächer in der Zweitsprache gelernt werden sollen;
  - umgekehrt müssen alle Fächer Elemente der Zweitsprachdidaktik aufnehmen;
  - die Zweitsprachdidaktik muß dem ausländischen Schüler eine Brücke von der Muttersprache ins Deutsche bauen - sie muß daher starke kontrastive Elemente enthalten; von hier aus ist sie auch mit dem Muttersprachunterricht des ausländischen Schülers zu verbinden.

- Die Zweitsprachdidaktik muß die breite außerunterrichtliche Aneignung und Anwendung der Zweitsprache berücksichtigen und nutzen:
  - sie muß den Abbau eingeschliffener Fehler ermöglichen;
  - sie muß dem Schüler helfen, die außerunterrichtliche Aneignung und Festigung des Deutschen planvoll zu betreiben und zu effektivieren; das gleiche gilt auch für die Situation, wo das Deutsche Unterrichtsmedium, aber nicht Unterrichtsgegenstand ist.

Zur Frage der Service-Funktion für andere Fächer ist auf folgenden Zusammenhang hinzuweisen. Auch der Unterricht im Fach "Deutsch als Muttersprache" hat in seiner sprachkundlichen Komponente im wesentlichen die Aufgabe, die Aneignung der deutschen Schriftsprache durch die Schüler zu sichern, und zwar mit allen zur vollständigen Beherrschung der Schriftsprache notwendigen Fähigkeiten, Fertigkeiten, Kenntnissen und Einstellungen. Da nun die Schriftsprache ihrerseits das Medium fast aller anderen Fächer ist - unter Schriftsprache wird hier die geschriebene wie auch die gesprochene Variante dieser Sprachform verstanden - leistet auch der Muttersprachunterricht einen erheblichen Beitrag für den Unterricht der übrigen Fächer. Umgekehrt wird von dem deutschen Schüler, der ja die umgangssprachliche Form des Deutschen beim Schuleintritt bereits weitgehend beherrscht, ein Teil der Eigenschaften der Schriftsprache unter der Hand auch im Unterricht der übrigen Fächer angeeignet. Es ist sinnvoll - gerade in Hinblick auf die schwächeren Schüler -, diesen Vorgang bewußt zu machen und planvoll einzusetzen - d.h. also im Fachunterricht neu auftretende Eigenschaften der Schriftsprache bewußt aneignen zu lassen. Man nennt dieses Vorgehen, das sowohl für den Deutschunterricht als auch für den Fachunterricht nützlich ist, "muttersprachliches Prinzip" im Fachunterricht. Es ist offensichtlich, daß sich bei konsequenter Anwendung des "muttersprachlichen Prinzips" im Fachunterricht die Stoffverteilung zwischen Deutschunterricht und Fachunterricht bis zu einem gewissen Maße verschiebt.

Wendet man diesen Gesichtspunkt auf die Zweitsprachdidaktik an, so gewinnt er sogar noch größere Bedeutung. Denn hier verfügen die Schüler als Grundlage ihres Lernprozesses nur über eine sehr unvollkommene oder fehlerhafte Version der deutschen Umgangssprache, auf die sie bei der Aneignung der Schriftsprache nur begrenzt zurückgreifen können. Deshalb kann die Aneignung der Schriftsprache im Fachunterricht zunächst keinesfalls unter der Hand ablaufen, sondern muß hier planvoll gesteuert werden. Da unsere Lehrer in der Regel nicht darauf vorbereitet sind, den Fachunterricht gleichzeitig auch als Sprachunterricht zu betreiben, bricht in vielen Fällen der deutschsprachige Fachunterricht in der Vorbereitungsklasse zusammen, und die Kollegen fordern stattdessen eine Erweiterung des Deutschkurses. Die Erfahrung zeigt jedoch, daß diese Forderung nicht sinnvoll ist. Die Schriftsprache ist die spezifische Ausdrucksform für Fachinhalte. Sie kann nur erfolgreich erworben werden, wenn der Schüler im Prozeß der Aneignung zugleich breite Möglichkeiten der Anwendung im Verstehen und Formulieren von Inhalten verschiedener Fächer hat. Der Versuch, die Schriftsprache reduziert auf Inhalte des Alltagsgesprächs zu vermitteln, ist widersinnig und muß weitgehend scheitern. Dies ist offensichtlich für den Bereich des Wortschatzes, gilt aber auch für alle komplexeren grammatischen Konstruktionen, von denen der Schüler aus Erfahrung weiß, daß sie im Alltagsgespräch nicht notwendig sind. Ausgehend von dieser Situation ergibt sich die Forderung, daß jeder spezifisch für ausländische Schüler veranstaltete Fachunterricht eine starke sprachkundliche Komponente enthalten muß. Soweit der Lehrer dazu in der Lage ist, sollte er zusätzlich zweisprachig arbeiten: durch muttersprachliche Elemente kann er die für das Verständnis förderliche Antizipation aufbauen; die neu eingeführte Fachterminologie sollte auf jeden Fall immer mit den muttersprachlichen Entsprechungen verbunden werden, damit sich der Schüler in beiden Sprachen zu den neu angeeigneten Zusammenhängen äußern kann. Andererseits sollte es im Deutschunterricht einen auf den Fachunterricht gerichteten und diesen unterstützenden Anteil geben[4].

Sehr wichtig ist die Koordinierung und Verknüpfung von Zweitsprach- und Muttersprachunterricht der ausländischen Schüler. Dies deshalb, weil die Zweitsprache auf der Basis der bereits vorhandenen Muttersprache gelernt wird. Es ist generell so, daß der Mensch beim Erlernen weiterer Sprachen - bewußt oder unbewußt - vom Modell einer bereits bekannten Sprache ausgeht. Das muß nicht in jedem Fall die Muttersprache sein: bei Englisch lernenden Türkenkindern konnten wir immer wieder beobachten, wie sie von ihrer Kenntnis des Deutschen ausgehend etwa Fragesätze folgender Art bildeten: "*Writes* the man a letter?". Für den türkischen Deutschanfänger ist das Ausgangsmodell aber in der Regel Türkisch - selbst dann, wenn nicht Türkisch, sondern etwa Kurdisch oder Armenisch[5] die eigentliche Muttersprache ist.

Daß die neue Sprache auf der Grundlage einer bereits bekannten Sprache gelernt wird, bedeutet, daß der Lehrer im großen und ganzen bereits ein wenigstens intuitives Bild davon hat, wie Sprache funktioniert und was ihn folglich in der neuen Sprache erwartet. Soweit sich beide Sprachen durch mehr als nur die äußere Form des Wortschatzes unterscheiden, entstehen Fehlerquellen. Dabei wirkt sich allerdings die Reduktion von Komplexität meist nicht unmittelbar aus. Kein deutscher Schüler dürfte z.B. mit der Tatsache Schwierigkeiten haben, daß es anstelle der sechs deutschen Artikelformen *der, das, die, den, dem, des* im Englischen nur die eine From *the* gibt. Umgekehrt ist es für den englischen Schüler ein Problem, die Verteilung der deutschen Artikelformen zu erfassen und sich anzueignen. Ähnlich liegt der Fall für die Maße der Ortsangaben zwischen dem Deutschen und dem Türkischen: für den deutschen Lerner ist es ein Leichtes, die unterschiedlichen grammatischen Kennzeichnungen von: *im Bett, auf dem Tisch, an der Wand* etc. auf den türkischen Lokativ zu reduzieren. Für den türkischen Lerner ist es dagegen schwierig, sich die differenzierteren und komplizierteren deutschen Formulierungsweisen anzueignen. Alle Unterschiede, die über die bloße Reduktion von Komplexität hinausgehen, schlagen sich in der Regel als Lernschwierigkeiten und Fehlerquellen nieder. Deshalb muß im Fremd- und Zweitsprachunterricht unbedingt auf alle Bereiche eingegangen werden, wo solche Unterschiede bestehen.

Tatsächlich wird im Fremdsprachunterricht auch stillschweigend so vorgegangen. Wer sich z.B. die Grammatik-Progression gängiger Englisch-Lehrbücher anschaut, wird schnell feststellen, daß die grammatischen Merkmale des Englischen, die sich

---

4 Vgl. hierzu J. MEYER-INGWERSEN: Fachorientierter Deutschunterricht in einer türkischen Vorbereitungsklasse, in: Jahrbuch Deutsch als Fremdsprache, Bd. 4. Heidelberg 1978, S. 171-183.
5 Allerdings ist bei Armeniern mit einem erheblichen lautlichen Substrat bereits im Türkischen zu rechnen, das sich dann auch im Deutschlernprozeß niederschlägt.

vom Deutschen unterscheiden, intensiv behandelt werden, während alles, was gleich oder einfach reduziert ist, stillschweigend übernommen wird. So braucht z.B. die Anfangsstellung des Relativpronomens nicht besonders geübt zu werden - was dagegen geübt werden muß, ist seine Trennung von der Präposition und seine Weglassbarkeit.

Daß der Lehrer im Zweitsprachunterricht Deutsch diejenigen Merkmale des Deutschen besonders hervorheben und üben lassen kann, die dem ausländischen Schüler aufgrund seiner Muttersprache Schwierigkeiten machen, hat eine Reihe von Voraussetzungen: Der Lehrer muß dazu das Deutsche in all seinen Eigenschaften und Zusammenhängen genau kennen, darüber hinaus braucht er eingehende Kenntnisse der jeweiligen Muttersprache der Schüler. Schließlich braucht er außerdem eine Lerngruppe, die bezüglich ihrer Muttersprache homogen gehalten wird.

Die Forderung nach einer sprachhomogenen Lernergruppe und einem beide Sprachen einigermaßen durchschauenden Lehrer ist eine Minimalforderung, die bestenfalls absichern kann, daß der Zweitsprachunterricht das Niveau des in unseren Schulen üblichen Fremdsprachenunterrichts erreicht. Um dies Niveau zu überschreiten - was angesichts der knappen Zeit unbedingt erforderlich ist - ist es notwendig, auch im Sprachunterricht den Anspruch einzulösen, daß der Unterricht immer mehr eine Einheit von Lehren und Lernen sein soll. Auch im Sprachunterricht muß die Lehrertätigkeit so angelegt sein, daß sie beim Schüler Bewußtheit und Selbständigkeit des Lernens optimal fördert. Dies bedeutet, daß dem Schüler im Rahmen seiner eigenen Lerntätigkeit zusätzlich zu den sprachlichen Fähigkeiten Kenntnisse über den Bau beider Sprachen, die auftretenden Unterschiede und die durch sie verursachten Lernschwierigkeiten vermittelt werden müssen. Die Entwicklung eines systematischen Wissens über den Aufbau von Sprachen und über Sprachkontrast ist deshalb als Rückgrat des Zweitsprachunterrichts anzusehen. Hier ergibt sich aber ein enger Bezug zum Muttersprachunterricht der ausländischen Schüler. Denn die schriftsprachliche Form ihrer Muttersprache lernen sie hier nicht unter den gleichen Bedingungen wie im Heimatland, sondern unter dem ständigen Druck der Anwesenheit der Zweitsprache. Auch im Muttersprachunterricht muß deshalb nicht nur Bewußtheit über Sprache, sondern auch Wissen über den Sprachkontrast ausgebildet werden. Beide Fächer können sich deshalb ausgesprochen fruchtbar ergänzen und unterstützen. Hinzu kommt, daß in beiden Fächern ja nicht nur die Elemente der jeweiligen Schriftsprache, sondern auch ihre Anwendung erlernt werden muß. Die hierbei zu entwickelnden komplexen Fähigkeiten wie: formulieren, paraphrasieren, Text planen, sinnentnehmend lesen, auf Stichwörter reduzieren, exzerpieren, Aufsatz schreiben etc. müssen im Endeffekt in beiden Sprachen beherrscht werden. Hierfür kann - bei planvollem Vorgehen - ein breiter Übertrag zwischen dem Muttersprach- und Deutschunterricht organisiert werden, der Schülern und Lehrern die Arbeit wesentlich erleichtert.

Aufgrund der angeführten Aspekte ist es deshalb unbedingt erforderlich, daß der Deutschunterricht für ausländische Schüler und ihr Muttersprachunterricht möglichst weitgehend aufeinander abgestimmt werden. Dies muß sowohl bei der Leh-

reraus- und -fortbildung, als auch bei der Erstellung von
Lehrplänen sowie von Lehr- und Lernmitteln berücksichtigt
werden.

3. Zur Organisation des Deutschunterrichts für Ausländerkinder

Die Verständigungsproblematik hat - je nach den örtlichen
und regionalen Bedingungen - zu unterschiedlichen Organisationsformen des Unterrichts für ausländische Arbeiterkinder
geführt. Nahezu durchgängige Prämisse ist dabei, daß die
Beschulung dieser Kinder - trotz ihrer besonders schwierigen Lernsituation - nicht mehr kosten dürfe als die der
deutschen Schüler. Der Effekt dieser Prämisse wird noch dadurch verschärft, daß in vielen Schulen eine Umverteilung
des allgemeinen Mangels zuungunsten der ausländischen Schüler stattfindet, was damit zusammenhängt, daß sie der sozial
schwächsten Schicht entstammen und von ihren Eltern gegen
Benachteiligung nicht wirksam geschützt werden.

Als generelle Regel kann man die Tendenz erkennen, die
ausländischen Schüler dort, wo sie viele sind, zeitweise
oder dauernd in abgetrennten Klassen zu unterrichten, und
sie andererseits dort, wo sie in geringer Zahl auftreten,
von vornherein in die Regelklassen aufzunehmen. Eine wichtige Rolle spielt es weiter, ob als abgetrennte Einrichtungen national homogene oder international gemischte Klassen gebildet werden. Wo es um international gemischte Klassen
geht, entscheidet die Gesamtzahl aller ausländischen Schüler
über die Bildung abgetrennter Klassen. Wo man dagegen bemüht
ist, die Klassen wenigstens bezüglich Herkunftsland und Muttersprache homogen zu halten, kann es ohne weiteres sein, daß
für einige Nationen abgetrennte Klassen eingerichtet werden,
die Kinder anderer Nationen dagegen sofort in die Regelklassen eingegliedert werden.

Die abgetrennten Klassen können dem Anspruch nach drei
verschiedene Funktionen haben. Sie können:

- auf den Besuch der Regelklasse vorbereiten ("Vorbereitungs-" oder "Übergangsklassen")
- dem Zweck einer bilingualen Erziehung dienen ("bilinguale Klassen")
- angeblich normale Regelklassen sein, die jedoch nur mit
  Ausländerkindern besetzt werden ("besondere Klassen" in
  West-Berlin, "türkische Regelklassen" in Duisburg).

Die intendierte Hauptfunktion all dieser segregierten Klassen ist - ungeachtet des unterschiedlichen Anspruchs - bisher leider immer die gleiche gewesen: es ging und geht darum, die Regelklassen von Problemen zu entlasten. Dies ist
denn auch das erklärte Ziel aller Ausländerklassen des dritten Typs - also derer, die als "Regelklassen" deklariert
werden. Demgegenüber ist die Funktion der "Vorbereitung"
oder der "bilingualen Erziehung" im Falle der beiden anderen
Typen mehr oder weniger auf dem Papier geblieben, weil weder in der Lehrerbildung noch in der personellen und materiellen Ausstattung dieser Klassen Bedingungen geschaffen
wurden, die dazu nötig gewesen wären, dem jeweiligen Anspruch zu genügen.

Für diejenigen ausländischen Schüler, die sofort in Regelklassen eingewiesen werden, obwohl sie das Deutsche nicht oder nur sehr unvollkommen beherrschen, gibt es teilweise zusätzliche Förderstunden in Deutsch, die mancherorts auch unter der irreführenden Bezeichnung "Intensivkurs" angeboten werden. Die gleiche Bezeichnung wird stellenweise auch für solche internationale Vorbereitungsklassen benutzt, die auf den Deutschkurs reduziert sind. Viele ausländische Schüler aus nationalen Gruppen, die nicht so zahlreich vertreten sind - Portugiesen, Araber u.a. - erhalten spezifische Zuwendung überhaupt nicht oder nur durch inoffizielle und unbezahlte zusätzliche Bemühungen von Lehrern.

Für solche Schüler, die aus Vorbereitungsklassen in Regelklassen übergegangen sind, die aber natürlich noch Schwierigkeiten haben, gibt es ab und zu Silentien, wo sie meist gemeinsam mit schwachen deutschen Schülern in ziemlich inhomogenen Gruppen gefördert werden. Diese Silentien sind dementsprechend nur begrenzt wirksam. Sehr selten werden spezifische Förderstunden für die ausländischen Schüler einer Regelklasse eingerichtet. Die meisten Schüler erhalten nach dem Übergang in die Regelklasse keine Förderung mehr.

Die Schüler der Vorbereitungsklassen sollten z.B. in Nordrhein-Westfalen theoretisch in den musischen Fächern auf deutsche Regelklassen verteilt werden ("gemeinsamer Unterricht"). Dies wird jedoch in den meisten Fällen schon aus stundenplantechnischen Gründen und wegen der damit verbundenen Erhöhung der Klassenfrequenz nicht durchgeführt. Ein relativ sinnvolles Gegenmodell ist in Krefelder Grundschulen erprobt worden: die ausländischen Schüler wurden von vornherein den Regelklassen zugeordnet und nur für die Fächer Muttersprache, Deutsch als Zweitsprache und (teilweise) Sachkunde ausgegliedert. Hierdurch entsteht natürlich ein erhöhter Bedarf an Lehrerstunden.

Von den oben skizzierten Organisationsformen ist die national homogene Vorbereitungsklasse die entwicklungsfähigste, soweit es tatsächlich um Schüler mit sehr geringen Deutschkenntnissen geht. Denn in solchen Klassen können Muttersprach- und Zweitsprachunterricht koordiniert werden. Ebenso ist es hier im Prinzip möglich, den Fachunterricht zweisprachig (mit langsam zunehmenden Elementen in der Zweitsprache) durchzuführen und einen Teil des Deutschunterrichts mit diesem Fachunterricht zu verknüpfen. Würden also die notwendigen Voraussetzungen in der Lehrerbildung, Lehrplangestaltung und der Entwicklung von Lehr- und Lernmitteln geschaffen, so wäre die national homogene Vorbereitungsklasse ein sehr wirksames Instrument, das vielen ausländischen Schülern helfen könnte.

Allerdings müßten auf jeden Fall eine Reihe von Vorkehrungen getroffen werden, um abzusichern, daß die Vorbereitungsfunktion bei diesen Klassen nicht ein bloßer Vorwand für Segregation bleibt. Zunächst einmal müßte die Höchstdauer für den Besuch dieser Klassen auf 2 Jahre beschränkt bleiben. Außerdem müßte für alle ausländischen Schüler von Regelklassen ein leicht erreichbarer und sinnvoll organisierter Unterricht in der Muttersprache garantiert werden, um der Tendenz entgegenzuwirken, die Vorbereitungsklasse als Nationalschul-Ersatz zu benutzen. Weiterhin muß der Deutschunterricht quer zu mehreren Klassen nach Leistungsniveau gegliedert werden. Schließlich dürften solche Vorbereitungsklassen nur als Jahrgangsklassen geführt werden, und nicht - wie heute üblich - als gemischte Klassen, die mehrere Jahrgänge umfassen.

Ein in einer sinnvoll organisierten Vorbereitungsklasse nach den in Abschnitt (2) skizzierten Grundsätzen erteilter Muttersprach-, Zweitsprach- und Fachunterricht könnte diejenigen ausländischen Schüler, die mit sehr geringen Deutschkenntnissen in unsere Schulen eintreten, soweit voranbringen, daß sie dann nach spätestens 2 Jahren dem gesamten Unterricht der Regelklasse - wenn auch noch mit einigen Schwierigkeiten - folgen könnten.

Für ausländische Schüler mit besseren, aber noch nicht vollkommenen Deutschkenntnissen, und für alle diejenigen ausländischen Schüler, die aus der Vorbereitungsklasse in die Regelklasse überwechseln, müßte ein spezifischer zweisprachig angelegter Förderunterricht erteilt werden, der ihnen dabei hilft, mit den Verständnisschwierigkeiten im Fachunterricht fertig zu werden. Ein großer Teil des notwendigen Fachwortschatzes wird erst in diesem Rahmen erworben werden, weil sich hier der Fachunterricht gerade in seiner sprachlichen Vielfalt gegenüber dem Fachunterricht der Vorbereitungsklasse naturgemäß stark erweitert. Andererseits wird die Arbeit in diesem Förderunterricht erheblich erleichtert, wenn die Regeln der Wortbildung und des Aufbaus von phraseologischen Wendungen zu diesem Zeitpunkt bereits aus der Vorbereitungsklasse her bekannt sind.

Darüber hinaus sollte der Deutschlehrer der Regelklasse in der Lage sein, einzuschätzen, welche Schwierigkeiten seine ausländischen Schüler noch mit der deutschen Schriftsprache haben; er sollte dies mit zum Gesichtspunkt der Auswahl und Darbietung von Unterrichtsinhalten machen. Das gleiche gilt auch für die sprachliche Seite des Fachunterrichts. Ein solches besonderes Eingehen auf die Bedürfnisse der ausländischen Schüler dürfte auch für die schwächeren deutschen Schüler von Nutzen sein, insofern es nämlich den Lehrer veranlaßt, genauer zu planen und mehr Wert auf eine begriffliche Absicherung der Unterrichtsschritte und -ergebnisse zu legen.

4. Bereiche und Ziele des Zweitsprachenunterrichts

Oberstes Lernziel des Deutschunterrichts für deutsche wie ausländische Kinder ist die volle Beherrschung der deutschen Schriftsprache in Wort und Schrift.

Für den spezifischen Deutschunterricht in den verschiedenen Typen von segregierten Klassen (Vorbereitungsklasse, bilinguale Klasse, besondere Klasse) ist es strittig, ob die Schriftsprache (in ihrer mündlichen und schriftlichen Verwendung) unmittelbar angestrebt werden soll, oder ob zunächst als Zwischenziel die Umgangssprache zu vermitteln sei, wie dies der Lehrplan in Bayern und - in gemilderter Form - die

Richtlinien in Nordrhein-Westfalen vorsehen[6]. Hinter dieser
Auseinandersetzung verbirgt sich dreierlei.

Zum ersten geht es um die Frage, ab wann und mit welcher
Intensität die schriftliche Seite des Deutschen in den Unterricht einbezogen wird und welchen Stellenwert schriftliche
Arbeitsformen im Zweitsprachunterricht haben sollen. Die Vertreter der Umgangssprache setzen sich in dieser Frage für
den Vorrang des mündlichen Sprachgebrauchs ein. Dementsprechend verschieben sie den Beginn des Lese-Schreib-Kurses im
Deutschen entweder ganz in die zweite Klasse oder jedenfalls
ins 2. Halbjahr der 1. Klasse. Auch in den folgenden Klassen
lassen sie hauptsächlich sprechen. Vorschläge für Arbeitsformen, bei denen Schriftliches eine Rolle spielt, finden
sich bei ihnen nur in geringem Maße. Die Gegenposition hierzu ist es, von vornherein mit dem Lese-Schreib-Kurs im Deutschen wie in der Muttersprache zu beginnen, die Arbeit in
beiden Sprachen zu koordinieren und der Verschriftlichung von
Sprache eine große Bedeutung beizumessen. Bei der Beurteilung beider Positionen muß man von folgendem ausgehen: Die
nur gesprochene Sprache ist ausschließlich über die Ohren
wahrnehmbar, wobei nur ein augenblicklicher, sofort vorbeigehender Eindruck entsteht. Durch die Verschriftlichung entsteht die zusätzliche Möglichkeit der Wahrnehmung über die
Augen, also einen sehr viel intensiveren und wirkungsvolleren Wahrnehmungskanal. Hinzu kommt, daß geschriebene Sprache
fixiert ist und deshalb analysiert und zum Gegenstand materialisierter Handlungen gemacht werden kann (Legeübungen,
Verschiebungen, Abstreichen, Ausfüllen von Leerstellen, Sortieren etc.). Es ist deshalb offensichtlich, daß die Gewichtung des zusätzlichen visuellen Kanals, der durch die Verschriftung eröffnet wird, in engem Zusammenhang damit steht,
welche lerntheoretischen Voraussetzungen man macht. Die Vernachlässigung des Schriftlichen hängt zusammen mit einer
Lerntheorie, die Imitation und Versuch-und-Irrtum zur Methode erhebt. Wo es dagegen um die Entwicklung von Selbständigkeit und Bewußtheit der Schüler geht, wird der schriftlichen
Seite der Sprache von vornherein großes Gewicht beigelegt.

Der zweite Konfliktpunkt ist, welche Anwendungsbereiche
der Zweitsprache im Vordergrund stehen, wie die Motivation
gesteigert und ein Transfer des im Zweitsprachunterricht
Gelernten auf Situationen außerhalb des Zweitsprachunterrichts erreicht werden kann. Die Vertreter des Lernziels
"Umgangssprache" stehen hier auf dem Standpunkt, daß es
zunächst um die Erhöhung der Gesprächsfähigkeit gehen müsse.
Durch Befähigung zu umgangssprachlich richtiger Kommunikation glauben sie, die Schüler für den Erwerb von korrektem
Deutschen motivieren zu können. Als Anwendungsbereich, in
dem hauptsächlich und als allererstes ein Transfer zu geschehen habe, sehen sie die mündlichen Äußerungen der Schüler. Im Gegensatz hierzu halten sich die Vertreter des Lernziels "Schriftsprache" zunächst nicht damit auf, unmittelbar
an den mündlichen Äußerungen der Schüler herumzubasteln. Sie
stellen die Konkurrenz von "Ausländerdeutsch", "Umgangsspra-

---

6   S. die Angaben in Anm. (2).

che" und "Schriftsprache" in der realen Lebenssituation der
Ausländerkinder in Rechnung und sind der Meinung, daß sowohl
Motivation für den Zweitsprachunterricht als auch Transfer
nur zu erreichen sind, wenn die ausländischen Schüler in die
Lage versetzt werden, (a) über den Unterschied zwischen Ausländerdeutsch und richtigem Deutsch zu reflektieren, (b) sie
interessierende Kinderliteratur in größerem Umgang zu lesen,
(c) sich mit schriftlichen Unterrichtsmaterialien auf Deutsch
auseinanderzusetzen (im Sach- bzw. Fachunterricht) und (d)
Arbeitsergebnisse schriftlich auf Deutsch zu formulieren. Das
heißt natürlich nicht, daß im Unterricht nicht Deutsch gesprochen wird - realistischerweise wird nur nicht erwartet,
daß der Angelpunkt für die Aneignung von korrektem Deutsch
ausgerechnet in imitativen Sprechübungen liegen kann. Diese
Hoffnung ist deshalb unberechtigt, weil die meisten Ausländerkinder in ihrer alltäglichen Kommunikation mit ihrem jeweiligen Ausländerdeutsch genauso erfolgreich sind, wie sie
es mit den im Deutschunterricht eingebläuten Standardsätzchen wären. Das Imitierenlassen richtiger deutscher Sätze
allein schafft weder Motivation noch Klarheit über die tatsächlichen Schwierigkeiten.

Eine dritte Frage ist, auf welcher Komplexitätsebene der
Unterricht sein Hauptaugenmerk ansiedelt. Die Vertreter der
Umgangssprache konzentrieren sich auf die Ebene relativ komplexer sprachlicher Fähigkeiten - auf die Ebene der Kommunikationsfähigkeit im allgemeinen und die Ebene der sogenannten Sprachhandlungen im einzelnen. Bei ihnen lernen die Ausländerkinder: bitten, danken, fragen, Information einholen
und erteilen, akzeptieren und zurückweisen usw. Daß solche
Sprachhandlungen sprachlich ausgesprochen komplex sind und
deshalb eine große Zahl von Teilfähigkeiten integrieren,
die von einem Ausländerkind erst erworben werden müssen,
wird von den Vertretern nicht bedacht. Dementsprechend vernachlässigen sie solche relativ elementaren Bereiche wie:
(a) Aussprache von Lauten, Lautunterscheidungen; (b) systematische Beziehungen zwischen Lauten; (c) Schreibmotorik;
(d) Buchstabenformen; (e) Rechtschreibung; (f) systematische
Wortschatzerweiterung; (g) Wortbildung; (h) Bildung phraseologischer Wendungen; (i) Flexionsmorphologie; (j) Syntax.
Es ist z.B. typisch, daß Grammatik in bayerischen Lehrplan
für die Klassen 1 bis 5 zwar unter den Unterrichtsinhalten
vorkommt, nicht aber unter den Lernzielen - und daß außerdem für diese Klassenstufe bei Grammatik sowohl die Spalte
"Unterrichtsverfahren" als auch die Spalte "Lernzielkontrollen" freigeblieben ist. Des weiteren zeichnen sich die Vertreter des Lernziels "Umgangssprache" dadurch aus, daß bei
ihnen die Entwicklung solcher Fähigkeiten wie: (k) Isolieren sprachlicher Schwierigkeiten, (l) Ausnutzen von Paralleltexten, (m) Benutzung von Wörterbüchern, (n) Führen von
geordneten Vokabelheften, (o) Übersetzen als Verständniskontrolle, (p) Aufdecken von Sprachkontrast, (q) Reduzieren
auf Stichwörter, (r) Exzerpieren, (s) Notieren von Gehörtem
etc. etc. praktisch nicht vorkommt. Im Gegensatz dazu legen
die Vertreter der Schriftsprache auf die relativ elementaren
Bereiche (a-j) und Fähigkeiten vom Typ (k-s) erheblichen
Wert, ohne darüber die Forderung nach Einheit von Aneignung
und Anwendung zu vergessen.

Zur abschließenden Charakterisierung beider Richtungen sei darauf verwiesen, daß die Vertreter des Lernziels Umgangssprache die Auswahl von Sprachmaterial und Situation an der derzeit bestehenden sozialen Stellung der ausländischen Arbeiterkinder orientieren: "... Dabei darf nicht übersehen werden, daß diese Kinder und ihre Eltern nicht als wohlsituierte Bundesbürger an diesen Lebensbereichen teilhaben, sondern als gesellschaftliche Randgruppe. Alle Situationen, in denen Sprachkontakte aufgegriffen und ausgestaltet werden, müssen diesen pragmatischen und soziolinguistischen Aspekt im Auge behalten"[7]. Demgegenüber orientieren die Vertreter des Lernziels Schriftsprache die Schüler darauf, alle zeitgemäßen und humanistischen Bildungsgüter in ihrer ganzen Fülle in Besitz zu nehmen und gleichberechtigte Bürger einer Gesellschaft zu werden, in der Arbeiter – ganz gleich ob deutsche oder ausländische – nicht mehr als gesellschaftliche Randgruppe behandelt werden können.

5. Forderungen zur Lehrerbildung

Aus der oben skizzierten Sachlage ergeben sich eine Reihe von Forderungen für die Lehrerbildung, und zwar sowohl für die Ausbildung von Lehramtsstudenten, als auch für die Fortbildung bereits im Dienst befindlicher Kollegen. Zunächst einmal ist es offensichtlich, daß angesichts der rapide zunehmenden Zahl ausländischer Schüler *praktisch alle Lehrer* ein Minimalwissen über die Problematik "ausländische Schüler in unseren Schulen" haben müssen. Alle Lehrer – unabhängig von ihrem Fach und unabhängig vom Schultyp – müssen über Ursachen und Folgen der Arbeitsmigration, Unterschiede in den Bildungssystemen, bildungsökonomische Fragen im Zusammenhang mit Ausländerkindern, der Lebenssituation ausländischer Arbeiter und den prinzipiellen Sprachschwierigkeiten von Schülern unterschiedlicher Muttersprachen vertraut gemacht werden. Veranstaltungen zu diesen Problemkreisen müssen zum Pflichtbestand des Studiums aller Lehramtsstudenten gemacht werden. Entsprechend muß auch eine breite Fortbildungskampagne über diese Fragen ingang gesetzt werden.

Darüber hinaus werden für Vorbereitungsklassen, Regelklassen mit hohem Ausländeranteil und Förderunterricht für ausländische Schüler eine große Zahl von Lehrern mit Spezialqualifikationen zusätzlich zu ihren jeweiligen Schulfächern gebraucht. Zu diesen Spezialqualifikationen muß gehören: genaue Kenntnis der Struktur des Deutschen auf allen Ebenen, Beherrschung und theoretische Kenntnis wenigstens einer Gastarbeitersprache, gute Kenntnisse in Didaktik und Methodik der Zweitsprachvermittlung, Wissen über die typischen Fehlerquellen, die aus den gängigen Gastarbeitersprachen resultieren, Befähigung zur Vermittlung von Fachwissen in der Zweitsprache. Diese Spezialqualifikationen müssen zusätzlich zu den studierten Fächern erworben werden, was das Studium na-

---

[7] So M. STEINDL in "Deutsch für Kinder ausländischer Arbeitnehmer". Donauwörth 1979, S. 36

turgemäß verlängert - bzw. bei bereits im Dienst stehenden Lehrern Beurlaubung für ein Kompaktstudium erforderlich macht. Diese Ausbildung muß grundsätzlich wiederum Lehrern aller Fächer zuteil werden, darf also nicht an das Fach "Deutsch" gebunden sein, weil es nicht ausreicht, daß der Deutschlehrer für das Ausländerkind Verständnis hat. Es ist aber offensichtlich, daß dem Fach "Deutsch" hier erhebliche Aufgaben im Sinne von Service-Leistungen zufallen.

In Kooperation mit dem Fach Deutsch sollten durchgeführt werden:

- alle allgemeinen Veranstaltungen zur Didaktik und Methodik von "Deutsch als Zweitsprache",
- sprachpropädeutische Veranstaltungen mit dem Ziel, über die Hauptkontraste der verschiedenen Gastarbeitersprachen zum Deutschen und die damit verbundenen Sprachlernschwierigkeiten zu informieren,
- "Problemorientierte Sprachkurse" in Gastarbeitersprachen, die die Aneignung der Sprache eines Herkunftslandes durch den Studenten mit der intensiven Diskussion von Fragen der Vermittlung des Deutschen an Lerner aus dem jeweiligen Herkunftsland verbinden.

Gerade das Konzept der "Problemorientierten Sprachkurse" hat sich unserer Erfahrung nach als sehr wirksames Mittel zur Aufarbeitung zweitsprachdidaktischer Fragen durch Lehramtsstudenten und Lehrer erwiesen. Es muß deshalb zum unverzichtbaren Bestandteil der Spezialausbildung für alle die Lehrer gemacht werden, die Vorbereitungsklassen oder Regelklassen mit hohem Ausländeranteil unterrichten sollen.

Jürgen Ziegler

Systematischer Grammatikunterricht

0. Vorbemerkung

Seitdem in zahlreichen Lehrplänen und Richtlinien für den Deutschunterricht als oberstes Lernziel "Befähigung zur Kommunikation" oder "kritische Kommunikationsfähigkeit" festgeschrieben wurde, sind die Sprachdidaktiker bemüht, diese von ihnen erst geschaffene Chiffre auszudeuten. Einigkeit besteht weitgehend darin, daß dieses Lernziel nur in einem "kommunikativ-orientierten Deutschunterricht" erreicht werden könne und daß die traditionellen Lernbereiche des Deutschunterrichts einer Revision unterzogen werden müssen. Als besonders revisionsbedürftig erscheint der traditionelle Grammatikunterricht, dem nicht selten das Attribut "klassisch" beigelegt wird. Zahlreiche Arbeiten sind seiner Kritik gewidmet worden, Neukonzeptionen werden angeboten und füllen die entstandene Marktlücke[1]. Dabei wird meistens verschwiegen, daß dieser "klassische" Grammatikunterricht einseitig auf den Bereich des Gymnasiums beschränkt bleibt; in der Volksschule wurde in der Regel nichts unterrichtet, was den Namen "Grammatik" verdiente.

Im folgenden soll der Versuch unternommen werden, die didaktische Intention und Konzeption des "klassischen" Grammatikunterrichts zu verteidigen, ohne dabei irgendeinem bestimmten Grammatikmodell den Vorzug zu geben. Dabei ist selbstverständlich auf die genannte Kritik einzugehen. Dies kann exemplarisch geschehen, da im wesentlichen immer dieselben Argumente vorgebracht werden. Als Beispiel für einen "alternativen" Grammatikunterricht halten wir uns an das 1978 erschienene Buch von BOETTCHER/SITTA mit dem bezeichnenden Titel "Der andere Grammatikunterricht". Dabei kann gleichzeitig gezeigt werden, daß hinter Kritik und Neukonzeption ein ganz bestimmter, ein "empiristischer" Sprachbegriff und, damit zusammenhängend, ein "empiristischer" Sprachlernbegriff stecken. Dem stellen wir einen "rationalen" Sprachbegriff gegenüber, aus dem allein sich u.E. ein Begriff von Grammatik entwickeln läßt, der sowohl rein sprachwissenschaftlich als auch didaktisch gerechtfertigt ist. Dabei ist ein Rekurs auf die Geschichte der Sprachwissenschaft nicht zu vermeiden, nicht zuletzt um deutlich zu machen, daß das Neueste auf dem didaktischen Markt ebenfalls eine alte Tradition hat.

---

1 Erwähnt seien AUGST 1976, BOETTCHER/SITTA 1978, BREMER KOLLEKTIV 1978, HAMBURGER AUTORENKOLLEKTIV 1975, LESCH 1978, SCHWENK 1976.

1. Die Kritik am „klassischen" Grammatikunterricht

1.1 Gegenstand und Richtung der Kritik

"Was man heute als 'traditionelle' oder als 'klassische' Grammatik bezeichnet, ist die Grammatik, wie sie seit den ersten grammatischen Untersuchungen von PLATO und ARISTOTELES in der griechisch-römischen Antike begründet, im Mittelalter weiterentwickelt worden ist und heute noch an den Schulen gelehrt wird. Ein gutes Beispiel einer solchen traditionellen Grammatik stellt die Duden-Grammatik von GREBE dar, in der trotz vieler moderner Ansätze und Modifikationen das Grundschema der alten Grammatik erhalten ist" (SCHÖNEFELD 1978, S. 58). Die Kritik, die in diesen Worten anklingt, gilt dem alten "Grundschema"; sie gehört zu den Topoi der zünftigen, besonders der strukturalistischen Sprachwissenschaft und beinhaltet dort, daß dieses "Schema" - beispielsweise in der Einteilung der Wortarten oder "Redeteile" ("partes orationis") - das Objekt "Sprache" nur unzureichend erfasse. Entsprechend sind in neuerer Zeit "adäquatere" Grammatiken entwickelt worden; erwähnt seien die Valenzgrammatik oder die Generative Transformationsgrammatik, die eine wesentlich präzisere Sprachbeschreibung zulassen als ihre älteren Vorläuferinnen.

Die Kritik am "klassischen" Grammatikunterricht würde so in der Kritik an der Unzulänglichkeit der verwendeten Grammatikmodelle ihren Grund haben und wäre damit rein sprachwissenschaftlich motiviert. Die Schule hätte nichts weiter zu tun, als die unzulänglichen Modelle durch bessere zu ersetzen. In diesem Sinne ist auch tatsächlich verfahren worden: Valenzgrammatik und Generative Transformationsgrammatik haben Eingang in die Schulbücher gefunden.

In der neueren Diskussion um den Grammatikunterricht wird dies indes keineswegs als Fortschritt angesehen, ja häufig als "Linguistisierung" des Deutschunterrichts verurteilt[2]. Die Kritik zielt in eine andere Richtung. Bei aller Unzulänglichkeit hat die "klassische" Grammatik mit modernen Grammatiken zwei Momente gemeinsam:

1. Ihr Gegenstand sind die linguistischen Kategorien "Wort" und "Satz" und deren Zusammenhang.
2. Sie ist bemüht, ihren Gegenstand systematisch, d.h. methodisch und terminologisch unter kohärenten Gesichtspunkten in den Griff zu bekommen.

Genau gegen diese beiden Punkte richtet sich, sobald sie im Unterricht in Erscheinung treten, die moderne Kritik: sie bezweifelt den Sinn und Nutzen "des systematischen und primär form- und strukturbezogenen Analysierens von isolierten Sätzen" (BOETTCHER/SITTA 1978, S. 22). Als Argumente werden u.a. vorgebracht:

---

[2] So beispielsweise HAMBURGER AUTORENKOLLEKTIV 1975, S. 4 ff. und 22 ff. oder BREMER KOLLEKTIV 1978, S. 88 f.

- ein solcher Grammatikunterricht sei zu abstrakt und könne deshalb höchstens in der Sekundarstufe II erteilt werden (SCHWENK 1976, S. 227);
- er sei zu abstrakt, so daß die Schüler "Sinn und Bedingungen ihres unterrichtlichen Tuns" nicht "erfahren und einsehen können" (BOETTCHER/SITTA 1978, S. 29);
- durch "seine interne Systematik" verführe er "zu einer starren Planung und Gliederung" (BOETTCHER/SITTA 1978, S. 40);
- er habe sein Modell am Unterricht der toten Fremdsprachen und sei daher der Muttersprache und dem muttersprachlichen Unterricht wesensfremd (so dem Sinn nach SCHWENK 1976, S. 212)[3];
- er vermittle einen falschen Begriff von "sprachlicher Korrektheit" (BOETTCHER/SITTA 1978, S. 38);
- er vermittle überhaupt einen falschen Sprachbegriff, im Grunde handle es sich "nur noch scheinbar um 'Sprache'" (BOETTCHER/SITTA 1978, S. 25).

Alle diese Argumente - BOETTCHER/SITTA führen in immerhin 22 Thesen die Punkte auf, in denen der "klassische" Grammatikunterricht problematisch sei (BOETTCHER/SITTA 1978, S. 38-40) - kulminieren in zwei Einwänden, von denen der eine mehr sprachpraktischer, der andere mehr sprachtheoretischer Natur ist, wenngleich beide, wie wir sehen werden, eng miteinander zusammenhängen:

1. Zwischen grammatischem Wissen und sprachlichen Fertigkeiten finde kein Transfer statt; grammatisches Wissen sei, zumindest im Hinblick auf die Sprachproduktion, unnütz.
2. Dem Schüler werde durch die Art, wie Grammatik ihren Gegenstand erfasse, ein falscher Sprachbegriff vermittelt; die Aneignung grammtischen Wissens versetze ihn nicht in die Lage, Sprache in ihren konkreten Zusammenhängen adäquat zu analysieren.

Das BREMER KOLLEKTIV faßt beide Aspekte zusammen: "Ergebnis eines systemgrammatisch orientierten Unterrichts ist bestenfalls, daß *dieses* spezifische System gelernt wird. Die Fähigkeit der Schüler, Sprache ihrer Umwelt zu analysieren, sprachliche Steuerungen zu durchschauen und selbst Sprache in konkreten Kommunikationssituationen bewußt zu äußern, wird nicht erweitert" (BREMER KOLLEKTIV 1978, S. 97).

1.2 Die Nutzlosigkeit des Grammatikunterrichts

Die Behauptung, grammatisches Wissen sei für die konkrete Sprachproduktion wertlos, stützt sich in der Regel auf die Beobachtung, daß das Kind schon sprechen kann, wenn es in die Schule eintritt. "Die Sprache wird in der Phase der primären Sozialisation gelernt" (BREMER KOLLEKTIV 1978, S. 100).

---

3 Dies erinnert an Rudolf HILDEBRANDs Forderung aus dem Jahre 1867, der Schüler dürfe die Muttersprache nicht wie ein "anderes Latein" lernen (HILDEBRAND 1917, S. 5).

Das Kind lernt seine Muttersprache ganz offenbar nicht über ein Wissen grammatischer Regeln, sondern in der "Erfahrung" seiner "Lebenswirklichkeit". Grammatikunterricht hat von daher gesehen keinerlei praktischen Wert und muß schlicht als Zeitvergeudung erscheinen.

Das Argumemt ist alt. So klagte John LOCKE bereits 1692, daß man mit der Grammatik diejenigen quäle, "die sich durchaus nicht um sie zu kümmern brauchen" (LOCKE 1962, S. 133). Denn: "Man lernt Sprachen für den täglichen Verkehr in der Gesellschaft und für die Mitteilung von Gedanken im täglichen Leben, ohne mit ihrem Gebrauch irgendwelche weitere Absicht zu verbinden. Für diesen Zweck reicht die ursprüngliche Art des Spracherlernens durch Umgang und Gespräch nicht nur aus, sondern ist als die schnellste, angemessenste und natürlichste sogar vorzuziehen. (...) ... zu diesem Gebrauch der Sprache ist Grammatik nicht nötig" (ebda. S. 133 f.). LOCKE läßt dies indes nur für den "normalen" Sprachgebrauch gelten. Für Leute nämlich, "die den größten Teil ihrer Geschäfte in dieser Welt mit der Zunge und mit der Feder zu erledigen haben" und "die sich bemühen wollen, ihre Sprache zu kultivieren und ihren Stil zu vervollkommnen" (ebda. S. 134), ist die Kenntnis der Grammatik unerläßlich. LOCKEs Argumentation ist pragmatisch-funktional motiviert. Die Unterscheidung eines "normalen" und eines "kultivierten" Sprachgebrauchs ergibt sich für ihn aus der beruflichen Tätigkeit verschiedener Gesellschaftsgruppen und aus den damit verbundenen sprachlichen Anforderungen; entsprechend entscheidet sich die Frage, ob grammatisches Wissen notwendig ist oder nicht. Dieses Argumentationsmuster ist in den letzten 130 Jahren oft benutzt worden, wenn es darum ging, die Trennung von "Volksbildung" auf der einen Seite - das ist die Bildung für "die Stände, die ihren Lebensunterhalt vorzugsweise durch körperliche Arbeit gewinnen" (VON RAUMER 1857, S. 229) - und höherer Bildung auf der anderen Seite zu rechtfertigen.

Die modernen Kritiker des "klassischen" Grammatikunterrichts heben diese Trennung wenigstens theoretisch auf, indem sie die Nutzlosigkeit des Grammatikunterrichts für den Sprachgebrauch überhaupt erklären. Zwischen grammatischem Wissen und Sprachfertigkeit finde keinerlei Transfer statt. Man beruft sich dabei gern auf empirische Untersuchungen, die zu eben diesem Ergebnis gelangen (HAMBURGER AUTORENKOLLEKTIV 1975, S. 13; BREMER KOLLEKTIV 1978, S. 99; HELMERS 1976, S. 98), unterläßt es aber, sich der Beweiskraft dieser Untersuchungen zu versichern[4]. Von größerem Gewicht sind

---

4 Hinzu kommen bezeichnende Verkürzungen in der Rezeption jener Untersuchungen. So werden eine Reihe einschlägiger Untersuchungen zur Auswirkung des Grammatikunterrichts auf Sprachfertigkeiten referiert von D.C. KOCHAN (1975b, S. 98-115). Diese Untersuchungen weisen sehr wohl auf positive Auswirkungen hin, wenngleich KOCHAN eher das Gegenteil akzentuiert; nicht zuletzt deshalb kommt KOCHAN immerhin zu dem Ergebnis: "Die bisherigen Untersuchungen rechtfertigen keinesfalls den Schluß, daß in der Schule systematische Grammatik nicht gelehrt werden solle" (ebda., S. 11). Das HAMBURGER KOLLEKTIV (S. 13) rezipiert KOCHAN dann jedoch nur dahingehend, daß "ein konkreter Lernerfolg, also eine tatsächliche Verbesserung des Sprachgebrauchs in seiner (des Grammatikunterrichts! J.Z.) direkten Folge, nicht nachgewiesen werden konnte." Vgl. zum gegenteiligen Befund auch U. DÖHMANN (1977).

hier Überlegungen, wie sie beispielhaft von SCHWENK unter
Anlehnung an psychologische Handlungsmodelle angestellt werden.
Der Mensch, so SCHWENK, könne sein Verhalten in unterschiedlichem
Maß bewußt steuern; vom "plan" auf der höchsten
Ebene über "strategie", "taktik" und "motorik", auf deren
Ebene "nahezu instinktiv gehandelt" werde, habe man es "von
oben nach unten fortschreitend mit graden abnehmender bewußtheit
zu tun" (SCHWENK 1976, S. 220). Sprechen könne man als
Handeln auffassen. Dabei sei die Satzbildung "nach den grammatischen
gewohnheiten" "den automatischen abläufen und untergeordneten
plänen zuzurechnen" (ebda., S. 220); sie erfolge
unwillkürlich und automatisch. Eine bewußte Steuerung
des Sprachhandelns auf der grammatischen Ebene sei deshalb
nicht möglich, "und dem grammatikunterricht muß dieser sinn,
nämlich in die sprachproduktion hineinzuwirken, generell abgesprochen
werden" (ebda., S. 222). Wir werden dieses Argument
weiter unten würdigen. Hier sei nur darauf hingewiesen,
daß die Bedingungen des Lernens aus dem Vollzug des Gelernten
abgeleitet werden - eine petitio principii, die SCHWENK
nicht durchschaut, obgleich sie selbst Fälle erwähnt, in
denen "die handlungsroutine über einen hohen bewußtseinsgrad
angeeignet wird" (ebda., S. 222).

1.3 Die Schädlichkeit des Grammatikunterrichts

Von der Behauptung der mangelnden Transferierbarkeit grammatischen
Wissens in die Sprachpraxis ist es kein weiter
Schritt zu der Ansicht, Grammatikunterricht sei nicht nur
Zeitvergeudung, sondern stelle sogar eine Gefahr dar. Und
dies deshalb, weil grammatisches Wissen Wissen über einen
alltäglichen Gegenstand - das Sprechen - ist und Wissen und
Erfahrung dieses Gegenstandes divergieren. Bekannt ist das
Diktum von Jacob GRIMM, demzufolge durch Grammatikunterricht
"gerade die freie Entfaltung des Sprachvermögens in den Kindern
gestört und eine herrliche Anstalt der Natur, welche
uns die Rede mit der Muttermilch eingibt und sie in dem Befang
des elterlichen Hauses zu Macht kommen lassen will, verkannt"
wird (GRIMM 1819, S. IX). GRIMM behauptet hier nicht weniger,
als daß durch ein grammatisches Regelwissen die erfolgreiche
Aneignung der Sprache gefährdet sei. Impliziert
ist darin, daß solchen Grammatiken ein falscher Begriff von
Sprachvermögen und Sprachlernen und damit letztlich auch
ein falscher Begriff von Sprache zugrundeliege.
In dieser Beurteilung der Grammatik treffen sich der Romantiker
GRIMM und die modernen Sprachdidaktiker, die vom
"pragmatischen Aspekt" der Sprache her argumentieren: Grammatik
erfasse die Sprache nur unter Abstraktion von den konkreten
Verwendungszusammenhängen; sie führe deshalb zu einem
verkürzten, "bloß formalen" Sprachbegriff. Sie führt - so
GRIMM - zu den "abgezogenen, matten und mißgegriffenen Regeln
der Sprachmeister" (GRIMM 1819, S. X) oder - so BOETTCHER
/SITTA - "zur Etablierung einer *sekundären* abstrakt-verbalistischen
Wissenswelt neben der unverändert belassenen Alltagswelt
des Schülers" (BOETTCHER/SITTA 1978, S. 125).
"Das Bewußtsein, das Schüler von *Sprache* anhand eines primär

formalistischen Grammatikunterrichts erhalten, trennt sich ab von den faktisch in der Sprachverwendung wirksamen Bedingungen" (ebda., S. 39). Grammatik ist demnach in letzter Konsequenz eine hybride Fehlkonstruktion, Resultat einer illegitimen Abstraktion von den wirklichen Bedingungen des menschlichen Sprechens. Wird sie dem Schüler eingepaukt, dann wird ihm unter der Hand ein falscher Sprachbegriff aufgezwungen, der sich im Bewußtsein des Schülers nicht mit den konkreten Erfahrungen des Sprechens vermitteln läßt und so gerade das verhindert, was Grammatikunterricht zu leisten vorgibt: "die freie Entfaltung des Sprachvermögens" oder, im modernen Jargon, die Entwicklung "sprachlicher Kompetenz".

1.4 Die Tendenz

Insgesamt laufen die aktuellen Bestrebungen darauf hinaus, den in den Lehrplänen immer noch geforderten Grammatikunterricht auf "das Nötigste" einzuschränken. Dies kann nichts anderes bedeuten als den Verzicht auf die Vermittlung systematischen grammatischen Wissens. Man ist sich weitgehend einig, daß die traditionellen "Sinngebungen" (SCHWENK 1976, S. 212 ff.) bzw. "Standardbegründungen" (BOETTCHER/SITTA 1978, S. 140 ff.) entweder ganz versagen oder doch auf schwachen Beinen stehen, da die Konzeption der "klassischen" Grammatik selbst auf einem falschen bzw. verkürzten, didaktisch nicht brauchbaren Sprachbegriff beruht. Deshalb begreift man die Beschränkung auf "das Nötigste" auch nicht als Reduktion, sondern als Alternative zum "klassischen" Grammatikunterricht, als Versuch, "alle Möglichkeiten sinnvollen Deutschunterrichts" zu nutzen (BOETTCHER/SITTA 1978, S. 41).

2. Der „andere" Grammatikunterricht

2.1 Vorrang des "pragmatischen Aspekts"

Während das BREMER KOLLEKTIV den traditionellen Grammatikunterricht generell durch "Kommunikationsanalyse" (BREMER KOLLEKTIV 1978, S. 85) ersetzen will, wobei zugestanden wird, "daß es für den Schüler nützlich sein kann, einige grundlegende grammatische Sachverhalte zu kennen, über eine brauchbare Terminologie zu verfügen" (ebda., S. 98), wollen BOETTCHER/SITTA einen alternativen Grammatikunterricht begründen. Sie begreifen diesen Versuch als "Veränderung des klassischen Grammatikunterrichts" (BOETTCHER/SITTA 1978, Untertitel). Beide Konzeptionen haben indes mehr gemeinsam, als die Bezeichnungen vermuten lassen. Für das BREMER KOLLEKTIV gilt als oberster Grundsatz: "Die Sprache wird als Teilbereich des sozialen Handelns betrachtet" (BREMER KOLLEKTIV 1978, S. 85). BOETTCHER/SITTA wollen "Sprache unter den Bedingungen ihres alltäglichen Gebrauchs (...) zeigen" (BOETTCHER/ SITTA 1978, S. 43). Daraus geht hervor, daß Sprache "nicht als lediglich gesellschaftlich vereinbartes spezifisch strukturiertes Zeichen- und Regelsystem verstanden werden kann, daß sie nicht von ihrem sozialen Kontext isoliert werden sollte" (BREMER KOLLEKTIV 1978, S. 85). In beiden Konzeptionen wird dem sog. "pragmatischen Aspekt" gegenüber anderen Aspekten der Sprache der absolute Vorrang eingeräumt; aus eben diesem Grund wird eine "autonome" Betrachtung grammatischer Verhältnisse verworfen.

Wie bereits angekündigt, orientieren wir uns in unseren Ausführungen an dem Entwurf von BOETTCHER/SITTA. Der Vorrang des "pragmatischen Aspekts" wird dort so formuliert:

"Dabei (bei der Analyse sprachlicher Verwirklichungen und ihrer Bedingungen, d.h. bei der Kommunikationsanalyse - J.Z.) wird die Bearbeitung grammatischer Phänomene nicht *ersetzt* durch pragmatische Betrachtungsweisen, jedoch haben pragmatische Gesichtspunkte zeitlichen und gewichtungsmäßigen *Vorrang* von syntaktisch-grammatischen Untersuchungen. Anstelle der klassischen Reihenfolge 'Syntax → Semantik → Pragmatik', die hinter dem Begriff der 'Elementargrammatik' und hinter der Praxis des klassischen Grammatikunterrichts steht, entsteht die Reihenfolge 'Pragmatik → Semantik → Syntax': Erst in dem Maß, in dem der Sinn von Sprachreflexion den *Schülern* klar geworden ist, kann man mit ihnen auch gelegentlich anhand von Beispielsätzen grammatisch-formale Regularitäten und operationale Fertigkeiten trainieren; einsichtig wird den Schülern aber der Sinn von Sprachreflexion nur anhand sprachverwendungsorientierter Reflexionen konkreter Äußerungs- und Textzusammenhänge, die sie betreffen. Mit ihnen muß daher ein Grammatikunterricht beginnen, wenn er Schüler kompetenter machen will zu reflektiertem sprachlichen Handeln" (BOETTCHER/SITTA 1978, S. 30).

Für den Lernbereich "Reflexion über Kommunikation" bedeutet dies das folgende "Inklusionsverhältnis":

"Grammatikunterricht (= Reflexion über grammatische Phänomene - J.Z.) ist ein Ausschnitt des übergeordneten Bereichs 'Reflexion über sprachliche Kommunikation', dieser ist seinerseits Teilbereich des weiteren Bereichs 'Reflexion über Kommunikation'" (ebda., S. 162).

Damit sich in diesem Inklusionsverhältnis nicht doch wieder unter der Hand eine systematische Grammatik einschleicht, wird ausdrücklich betont, daß Grammatikunterricht "keinen autonomen Gegenstandsbereich" habe: "grammatische Regularitäten erscheinen vielmehr als (in der Regel untergeordnete) Teilaspekte komplexer sprachlicher Phänomene - Äußerungsverläufe und Textzusammenhänge; Grammatikunterricht hat daher von entsprechend komplexen Fragestellungen auszugehen" (ebda., S. 165). Entsprechend gibt es "keine autonomen Fragestellungen" des Grammatikunterrichts: "grammatische Regularitäten tragen vielmehr zu Problemen und Möglichkeiten sprachlicher Verständigung immer nur in Situationen und unter Bedingungen bei, die durch - ranghöhere - Aspekte und Bedingungen der Sprachverwendung bestimmt werden. Grammatikunterricht hat sich daher in solche komplexen Untersuchungsaspekte einzugliedern" (ebda., S. 165 f.).

2.2 "situationsorientiert" vs. "lernzielorientiert"

Das Ergebnis dieser didaktischen Überlegungen ist die Forderung nach einem "situationsorientierten Grammatikunterricht", der seinerseits in einen "situationsorientierten Deutschunterricht" eingebettet ist. Dabei wird das Konzept der "Situationsorientiertheit" ausdrücklich einem "lernzielorientierten Konzept" entgegengehalten; begründet wird es weniger mit Hilfe sprachtheoretischer als mit Hilfe lern- und unterrichtstheoretischer Überlegungen.

Vier Aspekte zeichnen das "situationsorientierte Konzept" gegenüber dem "lernzielorientierten Konzept" aus:

1. Der "lernzielorientierte" Ansatz wolle die schulischen Inhalte und Ziele verändern "durch Anbindung an (von Wissenschaftlern analysierte) nachschulische Lebenswirklichkeit"; der "situationsorientierte" Ansatz wolle "primär Schule als Situation für die Schüler verändern, um überhaupt erst wieder ihre Bereitschaft zu gewinnen, Unterricht und Lernen als ihre eigene Sache anzusehen" (ebda., S. 130).
2. Im "lernzielorientierten" Ansatz werde "Schule als Lernraum zur 'Herstellung' der durch Experten aus der prognostizierten künftigen Lebenswirklichkeit abgeleiteten Qualifikationen genommen"; im "situationsorientierten" Ansatz sei die Schule "gegenwärtige Lebenswirklichkeit der Schüler", "von der her Lernerfordernisse von Lehrern und Schülern starten" (ebda., S. 130).
3. Im "lernzielorientierten" Ansatz würden "Lernziele" und "Lernwege" vorentschieden, auf die hin der Schüler "gesteuert" werde; im "situationsorientierten" Ansatz "soll der Schüler den Prozeß der Analyse von jetzigen und vermuteten zukünftigen Lebenssituationen auf Handlungsanforderungen und für sie notwendige eigene Weiterqualifizierung hin selbst mitmachen und solche Analyse dabei lernen, weil sie eine entscheidende Voraussetzung für kompetentes gesellschaftliches Handeln ist" (ebda., S. 130 f.).
4. Im "lernzielorientierten" Ansatz werden "für den Schüler durch die von späteren Lebenssituationen abgeleiteten Lernziele jetzige Arbeitsprozesse festgelegt"; im "situationsorientierten" Ansatz würden dem Schüler "in der Reflexion jetziger Erfahrungs- und Arbeitsprozesse mögliche sinnvolle Lernziele sichtbar" (ebda., S. 131).

Man könnte mit guten Gründen der Ansicht sein, daß in der "situationsorientierten" Konzeption der didaktische Aspekt (was wird gelernt) mit dem methodischen Aspekt (wie wird gelernt) verwechselt wird. Dieser Einwand, so berechtigt er ist, geht freilich nicht an den Kern dieser Konzeption, die ja mit dem Begriff der "Situationsorientiertheit" die Einheit von Didaktik und Methodik gleichsam programmatisch formuliert. Es gilt vielmehr, den Lernbegriff und den Sprachbegriff ausfindig zu machen, der eine solche Einheit rechtfertigt.

2.3 Erfahrung und Lernen

An diesem Punkt führt die Beobachtung weiter, daß sowohl der Lernbegriff als auch der Sprachbegriff im Bereich der "Situation" konvergieren. "Situation" ist im Kontext dieser Konzeption der Raum und gleichzeitig der Gegenstand von Erfahrung. Tatsächlich steht in der Theorie des "situationsorientierten" Deutschunterrichts ähnlich wie in bestimmten pragmalinguistischen Ansätzen (z.B. bei MAAS 1976) der Begriff der Erfahrung im Mittelpunkt. Gegen den "klassischen" Grammatikunterricht, der notgedrungen mit Beispielsätzen arbeiten muß, wird ja eingewandt, daß die Schüler "allenfalls Vermutungen anstellen (können) über den Sinn solcher grammatischer Analysen, sie können ihn nicht *erfahren*" (BOETTCHER/SITTA 1978, S. 26); die Forderung lautet ja, daß sich der Deutschunterricht "auf die (Sprach-) Erfahrungszusammenhänge des Schülers beziehen" müsse (ebda., S. 120), daß die "Schüler im Unterricht ihre eigenen Erfahrungen und *ihre Weisen, Erfahrungen 'zu machen'*, bewußt wahrnehmen und reflektieren" sollen (ebda., S. 126) usw. Der Begriff des Lernens ist damit eng an den der Erfahrung gebunden, ja kaum von ihm zu unterscheiden: "Der Grundgedanke situationsorientierten Deutschunterrichts läßt sich dahingehend zusammenfassen, daß hier *die 'jetzigen' innerschulisch zugänglichen Lebenssituationen und -erfahrungen der Schüler als paradigmatische, modellhafte Lernsituationen aufgegriffen werden*" (ebda., S. 125). Der Vorrang des "pragmatischen Aspekts" gilt nicht nur im Bereich der Sprache; er ist die zwingende methodische Konsequenz aus einem alles begründenden Erfahrungsbegriff.

Man würde deshalb dem Konzept des "situationsorientierten" Deutschunterrichts Unrecht tun, wollte man unterstellen, Situationsbezogenheit sei ein unterrichtspraktischer Trick, um ein vorher bestimmtes und ausgewiesenes Lernziel zu erreichen. Die Schüler sollen wirklich aus und nur aus der Erfahrung lernen, weil man überzeugt ist, daß nur ein solches Lernen wirkliches Lernen bedeutet. Die Vermittlung von systematischem Wissen über einen Gegenstand, das von der Sache her nur zufällig direkten Bezug zur "jetzigen" Situation des Lernenden haben kann, führt deshalb zur "Etablierung einer *sekundären* abstrakt-verbalistischen Wissenswelt *neben* der unverändert belassenen Alltagswelt", zu einem Wissen, dessen "Sinn" der Schüler nicht begreifen, weil nicht "erfahren" kann.

Das Konzept der Situationsorientiertheit läuft letztlich darauf hinaus, den alten empiristischen Grundsatz "Alle Erkenntnis stammt aus der Erfahrung" auf Gegenstand und Methode des Unterrichts anzuwenden. Erkennen heißt ja, vom Nichtwissen zum Wissen zu gelangen, und da beim Lernen Wissen erworben wird, heißt Lernen hier: Erfahrungen machen. Insofern sind Lernen und Erfahrungen Machen identisch. Schon LOCKE hatte in seinem "Essay"[5] die in dem zitierten Grundsatz enthaltene erkenntnistheoretische Fragestellung zu lösen versucht, indem er sie psychologisch und entwicklungsgeschicht-

---

5 John LOCKE (1689): An essay concerning human understanding. - Dt.: Über den menschlichen Verstand. - Hamburg 1976[3].

lich behandelte - ein Unterfangen, das KANT in der Vorrede zur ersten Auflage der "Kritik der reinen Vernunft" kritisch als "eine gewisse Physiologie des menschlichen Verstandes" apostrophierte. LOCKE wäre freilich nie auf die Idee gekommen, das erkenntnistheoretische Erfahrungspostulat und Lernsituation einfach zu identifizieren, wie dies der Sache nach in der "situationsorientierten" Didaktik der Fall ist. Während nämlich die alten Empiristen viel Scharfsinn darauf verwendeteten, die Richtigkeit dieses Grundsatzes nachzuweisen und den Erfahrungsbegriff konsequent aus den Sinnesempfindungen zu entwickeln versuchten, bleibt dieser Begriff bei den "situationsorientierten" Didaktikern merkwürdig unkonturiert. Sein Inhalt reicht vom vorreflektiven direkten Aufnehmen bis zum Einsehen und Begreifen (wenn z.B. die Rede davon ist, daß der Schüler den Sinn der grammatischen Analyse "erfährt" bzw. nicht "erfährt"). Diese Unbestimmtheit macht es möglich, daß die Momente des Unmittelbaren, Direkten, Subjektiven sich verselbständigen und so geeignet sind, systematische Wissensvermittlung als "Etablierung einer sekundären abstrakt-verbalistischen Wissenswelt" zu diskreditieren. In letzter Konsequenz bedeutet dies, daß es gesellschaftlich bedingte Akkumulation und Tradierung von Wissen nicht geben kann, da ein solches Wissen notwendig den Erfahrungshorizont des einzelnen Individuums transzendiert und deshalb kein wirkliches Wissen darstellt.

2.4 Der empiristische Sprachbegriff

In der oben angeführten Behauptung Jacob GRIMMs von der Schädlichkeit des Grammatikunterrichts ist implizit enthalten, daß Sprache, oder doch wenigstens die Muttersprache, nicht eigentlich gelehrt werden könne. Auch hier trifft er sich in der Grundtendenz mit den modernen Kritikern des "klassischen" Grammatikunterrichts, auch wenn diese nicht wie GRIMM eine quasi-natürliche "organische" Sprachentwicklung im Individuum annehmen, sondern, ausgehend wie beispielsweise SCHWENK von den "untergeordneten plänen", den Spracherwerb nüchterner als eine un- oder unterbewußte Leistung betrachten, die durch "Erfahrung" zustandekommt. Damit schliessen sie auch hier an Lehrstücke des alten Empirismus an. Für diesen ist Sprachlernen Eingewöhnung in den Sprachgebrauch der Umwelt, Sprechen geschieht, einmal gelernt, aus Gewohnheit. Diese Auffassung stützt sich - wir erwähnten dies bereits - auf die Beobachtung, daß das Kind seine Muttersprache ohne jede Regelunterweisung gleichsam spielend erlernt. Wir wollen den Sprachbegriff, der sich ausschließlich am Modell des sprachlernenden Kindes orientiert und Sprache wesentlich als Gebrauch und Gewohnheit auffaßt, den *empiristischen* Sprachbegriff nennen. In diesem Sprachbegriff ist enthalten, daß der Erwerb der Muttersprache im Prinzip mit der primären Sozialisation abgeschlossen ist und es darüberhinaus keines grammatischen Regelwissens bedarf; in ihm ist weiter enthalten, daß es einen grammatisch bewußten Sprachgebrauch im Sinne begründeten richtigen Sprechens nicht geben kann, da über sprachliche Richtigkeit einzig die soziale Gebrauchsnorm entscheidet.

Das Konzept der Situationsorientiertheit transportiert dieses Modell in die Schule. Der muttersprachliche Unterricht erhält hier die Funktion, die frühkindliche Lernsituation zu prolongieren, bestenfalls zu organisieren. Am Lernprozeß selbst - dem "Machen von Erfahrungen" - soll nichts geändert werden, denn dies würde zu jenem "sekundären" Wissensballast führen, der mit der "Lebenswirklichkeit" des Schülers nicht in Einklang zu bringen ist. Dies aber bedeutet, daß in einem solchen Unterricht so gut wie kein Wissen über Sprache, schon gar kein grammatisches, erarbeitet werden kann.

2.5 Das Dilemma

Diese Feststellung steht im Widerspruch zu dem Anspruch, daß Lernen im "situationsorientierten Ansatz" in der "Reflexion jetziger Erfahrungs- und Arbeitsprozesse" bestehe (BOETTCHER/SITTA 1978, S. 131), daß der Ausgang von den Erfahrungen der Schüler "gemeint (ist) als *zieländerndes* problematisierendes Aufgreifen" von momentanen Schülervorstellungen und -zielen "im Sinne des *Beginns* eines Lernprozesses" (ebda., S. 126). In dieser Absichtserklärung offenbart sich das Dilemma dieses Ansatzes. Nimmt man das Theorem der Situationsorientiertheit ernst und nicht als methodischen Kniff, dann bleibt der Gegenstand der "Reflexion" die jeweilige konkrete Situation, die das erkennende oder lernende Subjekt in unmittelbarer Weise erfährt; Ziel der "Reflexion" kann nur eine Art Theorie eben dieser konkreten Situation sein. Eine solche Theorie wird umso aussagekräftiger sein, je genauer sie die Bestimmtheit dieser konkreten Situation erfaßt. Die dazu erforderlichen begrifflichen Bestimmungen aber sind situationstranszendent; sie erfolgen notwendig in allgemeinen Begriffen, die in allgemeinen Theorien ihren systematischen Platz haben. Da im "situationsorientierten Ansatz" allgemeine Theorien gar nicht entwickelt werden können - man reflektiert ja immer den "jetzigen" Erfahrungszusammenhang -, können die Reflexionsbegriffe, die dabei in Anwendung kommen, selbst nur wiederum jener unmittelbaren "Lebenswirklichkeit" oder "Erfahrung" entstammen. Das aus solcher "Erfahrung" resultierende Wissen müßte - bleibt man dem Prinzip treu - eine fortlaufende Reihe solcher Einzeltheorien darstellen, was insofern absurd ist, als eine genügend abstrakte und allgemeine Begrifflichkeit als deren Voraussetzung gerade nicht gegeben sind. Der klassische Empirismus versuchte dieses Dilemma theoretisch zu lösen, indem er die allgemeinen Begriffe mehr oder weniger direkt aus der Wahrnehmung hervorgehen ließ. Er hat es nicht lösen können. Der "situationsorientierte" Unterricht institutionalisiert es als Lernpraxis.

Auf den Deutschunterricht angewandt würde der "situationsorientierte Ansatz" seinem Anspruch nach jene alte Forderung erfüllen, deren "Standardform" von HERDER stammt: "So lernt man Grammatik aus der Sprache; nicht Sprache aus der Grammatik" (HERDER 1961, S. 47). Dem Kind wird zugemutet, das in wenigen Jahren zu leisten, was jahrhundertelange grammatische Reflexion erbracht hat, ja es wird ihm zugemutet, dies besser zu tun. In Wirklichkeit wird ein solcher Sprachunterricht, bleibt er konsequent, nicht über eine Sprachreflexion in Alltagsbegriffen hinauskommen; er wird stets repetieren, was das Kind ohnehin schon weiß. Dies gilt für die umfassende "pragmatische" Kommunikationsanalyse genauso wie für die bloß grammatische. Daran ändert sich auch wenig, wenn man hin und wieder, wenn es gerade "sinnvoll" erscheint, irgendein bestimmtes grammatisches Problem erarbeiten will, wie dies BOETTCHER/SITTA vorschlagen. Was können Schüler mit grammatischen Begriffen anfangen, die ihnen bruchstückhaft und notwendig ohne Kohärenz vom Lehrer geboten werden müssen, da sie allemal nicht ihrer Lebenserfahrung entstammen können? Es wird gar kein Wissen zustandekommen, noch nicht einmal ein "sekundäres"; schon gar nicht wird es möglich sein, "grammatische Regularitäten" als "Teilaspekte komplexerer sprachlicher Phänomene" zu begreifen (BOETTCHER/SITTA 1978, S. 165).

3. Rationaler Sprachbegriff und Grammatik

3.1 Sprachwissenschaft und Schulgrammatik

Von GLINZ stammt die Feststellung, daß seit dem Siegeszug der BECKERschen Schulgrammatik in den 30er Jahren des vergangenen Jahrhunderts Schulgrammatik und Sprachwissenschaft auseinandergetreten seien (GLINZ 1947, S. 63 ff.). BECKERs System stelle eine "Vergewaltigung der wirklichen Sprache durch das logische Schema" dar (ebda., S. 49); spätestens die Kritik STEINTHALs an diesem System aus dem Jahre 1855[6] habe der "logischen Grammatik" den "Todesstoß" versetzt: "Von nun an gilt sie als unwissenschaftlich, auch wenn sie sich noch erhält" (ebda., S. 65). Das BECKERsche System erhielt sich trotz seiner angeblichen "Vernichtung" durch STEINTHAL[7] "in allen wesentlichen Punkten" (ebda., S. 75). "Die Erklärung für diese Langlebigkeit ist bald gefunden:

---

6   STEINTHAL 1968.

7   STEINTHALs Kritik setzt am Organismusbegriff BECKERs an, auf den letzterer seine Grammatik gründen will (vgl. BECKER 1970). BECKERs Prinzip des "Organischen" ist in der Tat vollkommen diffus, was indes der Ausarbeitung seines grammatischen Systems keinen Abbruch tut. Mit Recht weist STEINTHAL darauf hin, daß BECKER im Grunde ähnlich verfahre wie die "allgemeinen" Grammatiker im 17. und 18. Jahrhundert (STEINTHAL 1968, S. 62 f.); dies aber ist seine Stärke, nicht seine Schwäche. Von einer "wissenschaftlichen Vernichtung" kann keine Rede sein; HASELBACH hat dies klar herausgestellt. HASELBACH hebt hervor, daß STEINTHAL sogar gezwungen war, "die von BECKER geprägten grammatischen Begriffe, z.B. den des Objekts und Attributs, des attributiven und prädikativen Satzverhältnisse zu übernehmen" (HASELBACH 1966, S. 11).

die Sprachwissenschaft hat noch nichts Besseres geliefert, und so hielt sich eine ungenügende Lehre, weil sie eben die einzige Lehre war[8], und weil man eine Lehre brauchte" (ebda., S. 75).

Nach GLINZ ist also die Schulgrammatik hinter der wissenschaftlichen Linguistik zurückgeblieben, entweder weil es die Wissenschaft versäumt hat, eine "pädagogische Grammatik" zu entwickeln, oder weil die Pädagogen den Anschluß an die linguistische Entwicklung verpaßt haben. Dieses Deutungsmuster von der Obsoletheit der Schulgrammatik ist noch heute verbindlich. Es verkürzt jedoch die Problematik erheblich, ja es verfälscht sie. Schon im bereits zitierten Vorwort zur "Deutschen Grammatik" von GRIMM hätte man nachlesen können, daß von der methodischen Haltung und vom Sprachbegriff der seit 1800 sich etablierenden Sprachwissenschaft her eine pädagogische Grammatik gar nicht zu entwickeln war; GRIMM verkündet ja mit Nachdruck, daß er nicht in die Tradition der Sprachlehren vor und nach ADELUNG eintreten, "sondern ganz aus ihr heraustreten will" (GRIMM 1819, S. IX); ja, er hält "Art und Begriff deutscher Sprachlehren, zumal der in dem letzten halben Jahrhundert bekannt gemachten und gutgeheißenen für verwerflich, ja für thöricht" (ebda. S. IX). Dies ist eine deutliche Absage an jede Art pädagogischer Grammatik. GRIMM betrachtet die Sprache ausschließlich als historisch-empirisches Faktum, das allein durch den Sprachgebrauch konstituiert wird; jede Sprachlenkung - sei es im Sinne der planmäßig betriebenen Normierung der Nationalsprache, sei es im Sinne der sprachlichen Unterrichtung von Kindern - lehnt er als widernatürlich ab. Entsprechend heißt Sprachwissenschaft betreiben: Sprache beschreiben. Schon mit der Etablierung der ersten sprachwissenschaftlichen Lehrstühle wird der Deskriptivismus zur einzigen als wissenschaftlich anerkannten methodischen Haltung. An dieser Haltung änderte sich auch nichts, als man den historischen und historistischen Standpunkt aufgab und Sprache als "synchrones" System zu begreifen begann; sie herrscht noch heute vor, selbst da, wo sich unter der Hand ein Beschreibungsapparat durchgesetzt hat, der eben diese Haltung konterkariert[9]. Dieser Haltung und diesem Sprachbegriff liegt das Dogma zugrunde, Sprache sei, was ihre "Formen" anbelangt, ein "autonomes" Gebilde, und jede Sprache habe ihre eigene, nur in ihr selbst begründete Struktur.

Das methodologische Ideal des Deskriptivismus koinzidiert in überraschender Weise mit dem empiristischen Sprachbegriff. Das Erlernen der Sprache durch "Erfahrung" bedeutet ja im Grunde begriffsloses Lernen; das Kind transferiert die sprachlichen Gewohnheiten seiner Umgebung in einem Prozeß geringer "Bewußtheit" in seine "untergeordneten Pläne", es baut "sprachliches Routinehandeln" auf (BOETTCHER/SITTA 1978, S. 153). Sprache erscheint als nicht hintergehbares Faktum,

---

8   GLINZ widerspricht sich hier. Er selbst berichtet, daß das grammatische System von J.Ch.A. HEYSE zum BECKERschen System in Konkurrenz stand (GLINZ 1947, S. 3 und 70).

9   s. nächste Seite

mit dessen Formen das Kind umgehen lernt, ohne zu begreifen, was dieser Umgang bedeutet und was ihm zugrundeliegt. Der Deskriptivismus, der die Autonomie der Sprache unterstellt, behandelt in ähnlicher Weise die sprachlichen Formen als Gegebenheiten, die ausdrücklich als keiner weiteren Begründung bedürftig angesehen werden.

3.2 Rationaler Sprachbegriff und grammatische Reflexion

Mit der Unterstellung, die Sprache sei "autonom", wurde eine Fragestellung als "unwissenschaftlich" abgeblockt, die immerhin zweieinhalb Jahrtausende die Sprachreflexion beschäftigt hatte. Es ist die Frage: Wie verschafft sich der Gedanke in der Sprache seinen Ausdruck? Der Frage liegt die Überzeugung zugrunde, daß Sprechen wesentlich und in erster Linie Ausdruck des menschlichen Denkens ist und daß deshalb zwischen der Struktur des Denkens und der Struktur der Sprache ein methodisch induzierter und systematischer Zusammenhang besteht. Hier meldet sich der Anspruch an, sprachliche Form als solche und die besonderen sprachlichen Formen zu begründen und nicht einfach als bloßes Faktum zur Kenntnis zu nehmen; Sprache und sprachliche Form sind dann mehr und anderes als Gebrauch und Konvention.
Ein solches Verständnis von Sprache und sprachlicher Form liegt allen "allgemeinen" oder, wie man sie irreführenderweise auch nannte, "logischen Grammatiken" zugrunde, auch der BECKERschen, obwohl BECKER seine Grammatik auf eine Art Metaphysik des Organismus zu gründen versuchte, was ihr keineswegs zum Vorteil gereicht. Für BECKER steht indes fest, daß die Sprache "die Erscheinung des Gedankens" ist: "daher treten uns die in dem Gedanken waltenden Gesetze in der Sprache,

---

9 So geht z.B. die Generative Transformationsgrammatik von der Annahme aus, daß eine Grammatik alle wohlgeformten Sätze einer Sprache und nur diese zu generieren habe und daß die Zahl dieser Sätze unbegrenzt sei. Diese Annahme ist methodologisch motiviert: sie soll die Beschreibung einer Sprache vereinfachen (vgl. CHOMSKY 1957, S. 23 f.). Einer solchen Grammatik liegt dann notwendig nicht mehr ein Corpus "beobachteter" Sprache (d.h. Produkte des Sprachgebrauchs) zugrunde, wie es der methodische Ansatz des Deskriptivismus fordert. Gegenstand der Beschreibung ist die sog. "Sprachkompetenz" des idealen Sprecher/Hörers (CHOMSKY 1969, S. 13 f.) - ein theoretisches Konstrukt, das sich aus dem oben angedeuteten methodologischen Ansatz ergibt und das, besonders seitens der Didaktik, vielen Mißverständnissen ausgesetzt gewesen ist. (Die häufig zu hörende Kritik, daß es diesen idealen Sprecher/Hörer nicht gebe, geht ins Leere, da sie den methodologischen Kern nicht erfaßt und in gut empiristischer Naivität die Normativität der Sprache mit ihrer Formalität verwechselt.) Entscheidend ist, daß der Beschreibungsapparat auf den Kategorien S (Satz), NP (Nominalphrase) und VP (Verbalphrase) aufbaut, denen man ihre Konstituierung durch die logischen Kategorien Urteil, Subjekt und Prädikat leicht ansieht. In dieser kategorialen Hinsicht ist die Generative Transformationsgrammatik nicht über die aristotelische Analyse des Satzes in 'onoma' und 'rhema' hinausgekommen, die ebenfalls von der Struktur des geltungsdifferenten Urteils ausgeht (vgl. Anm. 11 und 12).

gleichsam verkörpert, in lebendiger Anschaulichkeit entgegen"
(BECKER 1970, S. XVI). "Die Nothwendigkeit einer Verbindung der
Logik mit der Grammatik muß Jedem, der da weiß, was Sprechen
ist, einleuchtend sein." Und: "... die allgemeinen Denkgesetze und Anschauungsformen, durch welche und unter welchen der
Mensch die Dinge wahrnimmt und zu Erkenntnissen verarbeitet,
müssen sich in jeder Sprache aufzeigen lassen" (ebda., S.XVI).
Gerade der Rekurs auf die Struktur des Denkens, gerade der
Begründungsversuch sprachlicher Form und der große Allgemeinheitsanspruch waren Anlaß für das Verdikt, hier werde Sprache
"wesensfremd" begriffen, werde sie unter ein logisches Schema gepreßt, ja - so STEINTHAL über BECKER - es werde Logik
mit Sprache identifiziert[10]. Das Gegenteil ist der Fall: eben
die Beobachtung, daß Sprachstruktur und Denkstruktur *nicht*
identisch sind, gleichwohl aber etwas miteinander zu tun haben
müssen, führte zu dieser Fragestellung. Und selbstverständlich war denen, die diese Problematik erkannten, sehr wohl
bewußt, daß die verschiedenen Sprachen durchaus verschiedene
Strukturen aufweisen; sie würdigten diesen Sachverhalt vielleicht mit mehr Ernst als jene, die die Autonomie der und
jeder Sprache verkünden.

Einzig dieser Sprachbegriff, den ich im Gegensatz zum
skizzierten empiristischen den *rationalen* Sprachbegriff nenne,
eröffnet die Möglichkeit wirklicher grammatischer Reflexion.
Der empiristische Sprachbegriff betrachtet Sprache wesentlich unter dem Aspekt der Zeichenhaftigkeit, und weil die
Sprachzeichen als arbiträr erkannt werden, gibt es für die
Verwendung bestimmter Zeichen in einer Sprache keinen anderen Grund als eben den, daß die Zeichen, sollen sie verstanden werden, normiert sein müssen. In der bis in die Antike
zurückreichenden Redeweise, die Sprachzeichen seien "ex consensu", durch Vereinbarung und Konvention, wird genau das
Normproblem der Sprache angesprochen, und es ist kein Zufall,
daß in der gegenwärtigen didaktischen Diskussion um den Grammatikunterricht vorgeschlagen wird, "grammatische Reflexion
als Normenkritik" zu betreiben (BOETTCHER/SITTA 1978, S.
186; SCHWENK 1976, S. 217). Der rationale Sprachbegriff umfaßt selbstverständlich den Zeichenaspekt der Sprache und
trägt der Arbitrarität der Zeichen und der daraus resultierenden Normenproblematik Rechnung; er beinhaltet aber auch,
daß es sich dabei nicht um ein grammatisches, sondern um ein
soziologisches Faktum handelt. Grammatikalität der Sprache
geht so nicht in gesellschaftlicher Norm auf. Grammatische
Reflexion betrachtet die Zeichen einer Sprache nicht ausschließlich morphologisch, sondern in erster Linie hinsichtlich ihrer Verwendungsmöglichkeit; sie betrachtet die Formierung der Zeichen zu höheren linguistischen Einheiten immer unter dem Gesichtspunkt, daß in der Sprache die logische
Form des Gedankens manifest werden muß. Deshalb steht die

---

10 "Beckers Grundanschauung ist so falsch, daß er seinen Gegenstand, die
Grammatik, gänzlich bei Seite läßt und ihr ein der Sprache fremdartiges Wesen unterschiebt; statt der Grammatik bietet Becker bloß Logik;
er muß die Grammatik leugnen, nur Logik kann für ihn da sein"
(STEINTHAL 1968, S. 95).

Betrachtung des Satzes im Zentrum: der Satz ist die Einheit, in der das geltungsdifferente, d.h. der Wahrheit oder Falschheit fähige Urteil als der logischen Kernstruktur menschlicher Erkenntnis[11] seinen kategorialen linguistischen Ausdruck findet. Schon ARISTOTELES erkannte im Wort und im Satz die beiden kategorial unterschiedenen sprachlichen Einheiten; seine Unterscheidung von 'onoma' und 'rhema' bildet den Ausgangspunkt jeder grammatischen Reflexion[12]. Die Feststellung, die Grammatik erfasse die Sprache nicht als "Äußerung", sondern "nur" als Satz, ist völlig berechtigt; nur ist dies nicht der Mangel grammatischer Betrachtungsweise, sondern ihr Vorzug. Denn nur von dieser Stufe der Reflexion aus läßt sich begreifen, was sprachliche Form überhaupt ist und was sie leistet; gerade deshalb muß dabei von den konkreten "pragmatischen" Verwendungszusammenhängen abstrahiert werden.

3.3 Die pädagogische Grammatik

Grammatische Reflexion, die den Zusammenhang von Gedanken und sprachlichem Ausdruck betrachtet und sprachliche Form dabei als methodisch induzierte Form begreift, setzt voraus, daß Sprechen *mehr* ist als ein gewohnheitsmäßiger Automatismus und daß zwischen grammatischem Wissen und sprachlicher Ausdrucksfähigkeit sehr wohl eine Verbindung besteht. Der rationale Sprachbegriff konzipiert Grammatik immer schon als pädagogische Grammatik, weil diese nicht nur die Begriffe zur Analyse der sprachlichen Form bereitstellt, sondern es dadurch auch erlaubt, sprachliche Formen zum Ausdruck des Gedankens *bewußt* und damit auch *besser* zu verwenden.

Claude LANCELOT, einer der beiden Verfasser der im 17. und 18. Jahrhundert berühmten, vom Dogmatismus der Sprachwissenschaft des 19. Jahrhunderts verfemten "Grammaire générale et raisonnée" ("Grammatik von Port-Royal"), drückt dies im Vorwort zu dieser Grammatik klar aus. Die Rede ("parole") sei einer der größten Vorzüge des Menschengeschlechts; einem Menschen von Urteilskraft stehe es wohl an, sich dieses Vorzugs mit der ganzen, dem Menschen angemessenen Vollkommenheit ("perfection") zu bedienen. Vollkommenheit aber bestehe darin, nicht nur gemäß dem Gebrauch zu sprechen, sondern bis zu

---

11 Vgl. FLACH 1974.
12 Vgl. De Interpretatione 16a,b (dt.: ARISTOTELES 1974, S. 95 ff.).
 - 'onoma' und 'rhema' werden gewöhnlich mit 'Nomen' und 'Verb' übersetzt. Diese Übersetzung ist insofern mißverständlich, als es ARISTOTELES nicht darum geht, Wortarten im Sinn der späteren 'partes orationis' ('Redeteile') zu begründen. 'onoma' heißt zunächst einmal 'Wort' im Sinne von (kleinstem) bedeutungstragendem Sprachzeichen; es ist die linguistische Kategorie, die gegenständliche Bedeutung im weitesten Sinn repräsentiert und die durch ihre Zeichenhaftigkeit vollständig bestimmt ist. 'rhema' ist zwar ebenfalls bedeutungstragendes Sprachzeichen; im Unterschied zum 'onoma' aber hat es satzbildende Funktion, ist es auf den Satz hin formiertes Sprachzeichen. Im 'rhema' ist also - modern gesprochen - der satzbildende Funktor, die Kopula, enthalten, was in der Finitheit des Verbs seinen Ausdruck findet.

den Vernunftgründen des Sprechens vorzudringen, und also mit
Wissenschaft das zu betreiben, was die anderen Menschen nur
aus Gewohnheit ("usage") tun[13]. LANCELOT besteht darauf, daß
das perfekte oder richtige Sprechen ein legitimes, vom Sprechen selbst her gerechtfertigtes Thema ist, das sich nicht in
der Feststellung und Kodifizierung von Gewohnheiten (meist
von "guten" Gewohnheiten, vom "bon usage") erschöpft. Der Gewohnheit wird die normative Rolle keineswegs abgesprochen;
Normativität ist aber nur eine notwendige, niemals hinreichende Bedingung des Sprechens. Vom Sprechen handeln heißt
damit letztlich immer: vom richtigen Sprechen und von den
Gründen des richtigen Sprechens (und nicht von irgendwelchen
herrschenden Sprechgewohnheiten) handeln. Dies aber kann nur
wissenschaftlich geschehen. Damit ist die Aufgabe der Grammatik klar gestellt.

BECKER hat im Grunde ein ähnliches Konzept von Grammatik,
wenn dies bei ihm auch längst nicht in solcher Klarheit zum
Ausdruck kommt. Auch BECKERs Grammatik ist rationale und pädagogische Grammatik in einem. Die von GLINZ festgestellte Divergenz zwischen Schulgrammatik und Sprachwissenschaft läßt
sich nach dem bisher Dargelegten anders begreifen als ein
"Zurückbleiben" der Schulgrammatik, nämlich als Folge eines
von dieser Sprachwissenschaft propagierten empiristischen
Sprachbegriffs, von dem aus eine pädagogische Grammatik
schlechterdings nicht zu entwickeln war. Wenn man noch heute
die auf das Urteil STEINTHALs zurückgehende Meinung vertritt,
BECKER habe Grammatik und Grammatikunterricht als "Denkschulung" zu legitimieren versucht (so z.B. SCHWENK 1976, S.
212), so ist dies nur die halbe Wahrheit: die Grammatik reflektiert Denkform und Sprachform zugleich, Grammatikunterricht ist Denkschulung und Sprachschulung in einem. Er ist
dies nicht deshalb, weil Grammatik eine "Reflexion über Sprache" darstellt und weil jede Reflexion möglicherweise das Reflexionsvermögen schult; er ist dies, weil unverkürzte Grammatik die Form einer bestimmten Sprache *und* die allgemeine
Form von Sprache überhaupt thematisiert, nicht als getrennte
Bereiche, sondern als einheitlichen Gegenstand.

Die Spezifik der grammatischen Fragestellung, deren Legitimität sich aus dem rationalen Sprachbegriff ergibt, etabliert den spezifischen Gegenstandsbereich der Grammatik.
Grammatik bedarf deshalb einer spezifischen Begrifflichkeit,
die eine Fachsprache konstituiert. Es handelt sich dabei um
eine Fachsprache, deren Begriffe ein hohes Maß an Abstraktion, Kohärenz und Systematik aufweisen (was nicht unbedingt

---

[13] "Ceux qui ont de l'estime pour les ouvrages de raisonnement, trouveront peut-estre en celuy-cy quelque chose qui les pourra satisfaire,
& n'en mépriseront peut-estre pas le sujet: puis que si la parole est
vn des plus grandes avantages de l'homme, ce ne doit pas estre vne
chose méprisable de posseder cet avantage avec toute la perfection
qui convient à l'homme; qui est de n'en avoir pas seulement l'vsage,
mais d'en penetrer aussi les raisons, & de faire par science, ce que
les autres font seulement par coustume" (ARNAULD/LANCELOT 1966,
S. 4).

ein hohes Maß an Formalisierung mit sich bringen muß [14]) und sich nicht unmittelbar aus Alltagsbegriffen ableiten lassen. Ein sinnvoller Grammatikunterricht muß dem Rechnung tragen. Er kann dies nur, wenn in der grammatischen Reflexion die grammatische Fachsprache bzw. die grammatische Begrifflichkeit angeeignet, und d.h. in ihrer Kohärenz und Systematik angeeignet wird. Grammatikunterricht hat sowohl "autonome Fragestellungen" als auch einen "autonomen Gegenstandsbereich". Deshalb wird ein sporadischer "situationsorientierter" Grammatikunterricht, der hie und da an einer Äußerung eine bestimmte grammatische Erscheinung "erarbeiten" will und gleichzeitig den "kommunikationsrelevanten" grammatischen Anteil an dieser Äußerung ausmachen will, weder das eine noch das andere erreichen, da er weder grammatische Begriffe zur Verfügung hat, um diese Analyse durchzuführen, noch das Reflexionsniveau erreichen kann, von dem her die jeweilige grammatische Erscheinung als solche erfaßt wird.

Die Behauptung der mangelnden Transferierbarkeit grammatischen Wissens auf die konkrete Sprachverwendung geht, wie wir sahen, von der Annahme aus, daß die grammatische Ebene beim "Sprachhandeln" zu den "untergeordneten plänen" gehört und daß es dem Sprecher, der einen solchen Transfer versuchen wollte, ergehen müsse wie dem Tausendfüßler, "der infolge seiner reflexion nicht mehr von der stelle kommt" (SCHWENK 1976, S. 222). Solche Einwände unterstellen, daß die Reflexion auf die Bedingungen des eigenen Handelns den Menschen quasi aufspaltet, ihn seiner "Natur" oder "Lebenspraxis" entfremdet und im schlimmsten Fall das bisher erfolgreiche Handeln gefährdet. In höchst bemerkenswerter Weise kommt hier die Komplementarität von empiristischer Wissenschaft bzw. Wissenschaftsphilosophie und spätbürgerlicher kulturpessimistischer Ideologie zum Ausdruck, die sich heute didaktisch an die "Ordinary Language Philosophy" oder die "Ethnomethodologie" als ein "Zurück zum Alltag(swissen)" artikuliert. So besteht der Verdacht, daß die mangelnde Transferierbarkeit weniger ein psychologisches Faktum als ein Korrolar einer Sprachtheorie darstellt, in der die Sprache, der Ausdruck des Gedankens, nur als Routinehandeln begriffen wird.

3.4 Grammatik und schriftlicher Sprachgebrauch

Allzuleicht übersieht man, daß Sprachproduktion sich keineswegs notwendigerweise in vorreflexiver Spontaneität vollzieht. Am deutlichsten zeigt sich dies beim Schreiben. Beim Schreiben kann die Reflexion auf den sprachlichen Ausdruck sprachliche Realität werden: man kann einhalten, korrigieren, neu ein-

---

14 Formalisierung bedeutet, daß genau festgelegt ist, wie mit den Zeichen der Beschreibungssprache operiert werden darf. Dies ist beispielsweise in der Generativen Transformationsgrammatik der Fall. Man formalisiert Theorien, um die logische Struktur dieser Theorien vollkommen explizit zu machen. Für den Unterricht hat die Erarbeitung der grammatischen Begriffe Vorrang.

setzen usw. Jeder weiß aus Erfahrung, daß Unsicherheit im
schriftlichen Ausdruck oft ein Indiz für Unsicherheit der Gedankenführung ist. Beim Schreiben wird die Tatsache, daß in
der Sprache die Gedanken ihren Ausdruck finden, zum stets zu
meisternden Problem, und deshalb ist der schriftliche Sprachgebrauch die geeignete Instanz, über die sich grammatisches
Wissen und Sprachverwendung vermitteln lassen. Eine solche
Sprach- und Sprachlernpraxis wird nicht auf den schriftlichen
Sprachgebrauch beschränkt sein, sondern notwendigerweise
Rückwirkungen auf den mündlichen Sprachgebrauch haben[15]. Dies
wird meistens gerade von denjenigen Didaktikern übersehen,
die in zahlreichen Schriften die "praktische" Irrelevanz der
geschriebenen Sprache beredt verkünden.

In dem hier vorgelegten Begründungsversuch für einen systematischen Grammatikunterricht war von Sprache überhaupt und
von bestimmter Sprache die Rede, nicht aber von Hochsprache.
Dies mag auf den ersten Blick erstaunen, da eine der "Standardbegründungen" die war, der Grammatikunterricht diene der
Vermittlung der Hochsprache, und da heute das Lernziel "Hochsprache" gerade von kommunikationsdidaktischen Ansätzen her
in Frage gestellt oder doch wenigstens in seiner Wichtigkeit
relativiert wird. Wir haben die Problematik der Hochsprache
aus systematischen Gründen nicht ins Spiel gebracht, weil
nämlich der hier vorgeschlagene Begründungsversuch des Grammatikunterrichts so umfassend ist, daß er die Relevanz des
Grammatikunterrichts für das Lernziel "Hochsprache" invol-
viert: dient grammatische Reflexion im Sinne LANCELOTs der
Perfektion des Sprechens, dann kann diese Perfektion prinzipiell in jedem bestimmten Sprachsystem erreicht werden. Rein
grammatisch gesehen ist die Begründung des Lernziels "Hochsprache" die Entscheidung für ein bestimmtes Sprachsystem;
sie ist gerade deshalb kein grammatisches Thema.

Es ist allerdings kein Zufall, daß die neuerliche Relati-
vierung des Lernziels "Hochsprache" unter Berufung auf die
sog. "Differenzhypothese" von demselben empiristischen Sprachbegriff her erfolgt, der auch dem Grammatikunterricht einen
autonomen Gegenstandsbereich abspricht. Die Verfechter der
"Differenzhypothese" argumentieren teilweise ebenfalls unter
Berufung auf den Erfahrungsbegriff: das Kind lerne seine
Muttersprache in den Erfahrungszusammenhängen seiner primären
Sozialisation, diese Sprache (d.h. dieser Soziolekt und
Dialekt) sei gegenüber der kodifizierten Hochsprache nicht
schlechter, sondern "äquivalent". Wir haben in anderem Zusam-
menhang[16]) darauf hingewiesen, daß diese Äquivalenzbehauptung

---

15 Dies wußte schon VON RAUMER: "Ist nun, wie jetzt bei uns in Deutschland, eine ausgeprägte Schriftsprache vorhanden, so wirkt diese wieder
zurück auf die gesprochene Sprache, und so bildet sich auch für den
mündlichen Verkehr eine Sprache, die sich von den örtlichen Mundarten
unterscheidet und die in den mannigfachsten Abstufungen und vielfältigen provinziellen Unterschieden aus der Verschmelzung der Dialekte
und der Schriftsprache hervorwächst" (VON RAUMER 1857, S. 226) -
Im übrigen ist es kein Zufall, daß 'techne grammatike' in der Antike
zunächst 'Schreibkunst' bedeutet und daß die ersten wirklichen grammatischen Reflexionen bald nach Ausbildung der Schrift einsetzten.
16 Vgl. FELDBUSCH/ZIEGLER 1979.

unter strukturell-grammatischem Aspekt korrekt ist und dem Grundsatz folgt: jeder Gedanke kann - eine entsprechend entwickelte Lexik vorausgesetzt - in jeder Sprache ausgedrückt werden, oder - vice versa - die Struktur einer Sprache verhindert es nicht, daß ein bestimmter Gedanke in ihr zum Ausdruck kommt. Wir haben aber gleichzeitig darauf hingewiesen, daß die entscheidenden "Sprachbarrieren" durch die Gebrauchsweisen der Sprache aufgerichtet sind und daß ein konstruktiver Sprachgebrauch im Sinne der Perfektion des Sprechens mit der Beherrschung des schriftlichen Sprachgebrauchs zusammenhängt - ein Sprachgebrauch, der im übrigen einen bestimmten gesellschaftlichen Entwicklungsstand voraussetzt. Dieser Sprachgebrauch wird in der Soziolinguistik gewöhnlich als "elaborierter Kode" bezeichnet, dort aber meist fälschlicherweise in Begriffen des Sprachsystems beschrieben. Er zeichnet sich aus durch große Unabhängigkeit vom situativen Kontext, hohen Abstraktionsgrad, logische Kohärenz und Stringenz, durch, wenn man so will, eine bewußtere Anwendung sprachlicher Mittel im Ausdruck der Gedanken und durch größere Explizitheit der Gedankenführung selbst. In der schriftlichen Sprachproduktion konvergieren Entwicklung des Denkens und seines sprachlichen Ausdrucks; sie ist Ausdruck und Medium jenes begründenden Gebrauchs von Denken und Sprache, der wissenschaftliches Vorgehen auszeichnet. Wenn man in Rechnung stellt, daß schriftlicher Sprachgebrauch Normierung und Standardisierung geradezu erzwingt und wesentliches Vehikel zur Entwicklung der Hochsprache gewesen ist, und wenn man gleichzeitig weiß, daß es seit nunmehr über hundert Jahren das heimliche oder erklärte Ziel des Unterrichts in den Elementar- und Volksschulen gewesen ist, den unteren Sozialschichten die Hochsprache vorzuenthalten [17]), dann wird man gewahr, daß diesen Sozialschichten nicht nur die Hochsprache, sondern mit ihr ein Sprachgebrauch vorenthalten wurde, den sie von ihren Lebens- und Arbeitsbedingungen, ihren "Erfahrungen" her gar nicht entwickeln und in der primären Sozialisation auch nicht vermitteln konnten. In letzter Konsequenz bedeutet dies den Ausschluß dieser Sozialschichten von der Möglichkeit wissenschaftlicher Welt- und Gesellschaftserfassung.

4. Schluß

GLINZ macht darauf aufmerksam, daß die schnelle Verbreitung der BECKERschen Grammatik in den 30er Jahren des 19. Jahrhunderts mit der endgültigen Durchsetzung des "bürgerlichen Jahrhunderts" zu tun hat (GLINZ 1947, S. 54). Diese Grammatik "bietet dem Lehrer eine deutsche Grammatik, welche die notwendigen Formen des Gedankens und des sprachlichen Ausdrucks in einem geschlossenen System lehr- und lernbar darstellt. Damit ist für die Volksschule das geleistet, was im Gymnasium der Unterricht in Latein und Philosophie vermittelt, nämlich eine Schulung des Denkens durch Schulung der Sprache" (ebda., S. 55). GLINZ vergißt indes zu erwähnen, daß dies die Zeit eines

---

17 Vgl. ECKHARDT 1979b, S. 290 f.

progressiv-demokratischen Bürgertums in Deutschland war und
daß dieses nach seiner politischen Niederlage 1849 auch von
seinen progressiv-demokratischen Idealen nach und nach Abschied zu nehmen begann. Ein rationaler Sprachbegriff samt
seinen progressiven didaktischen Konsequenzen war nicht
mehr gefragt; die berüchtigten "Stiehlschen Regulative" verboten den Grammatikunterricht für die Volksschule überhaupt[18].

Auch später wurde nichts zur Weiterentwicklung des
BECKERschen Ansatzes getan. Statt dessen mehrten sich die
Stimmen, die im Grammatikunterricht eine Gefahr für die "lebendigen Sprachkräfte des Kindes" sahen: "Das Räsonieren
tötet die Innerlichkeit und die Poesie. Erst muß die Sprache
im kindlichen Geiste wirklich ausgewachsen sein, muß in vielfacher unbewußter Übung eine feste Gestalt erreicht haben,
bevor man zergliedernd und mit kritischem Bewußtsein dahinter
gehen darf" (ebda., S. 59 f.; GLINZ referiert hier Philipp WACKERNAGEL). Der überwiegenden Mehrzahl des Volkes, die nur für
kurze Zeit überhaupt eine Schule besucht, wird so jede Möglichkeit abgeschnitten, "mit kritischem Bewußtsein" "hinter"
die Sprache zu gehen: "Daher braucht die Volksschule (...)
überhaupt keine theoretische Grammatik (...)" (ebda., S. 60). In
Koinzidenz mit dem empiristischen Sprachbegriff der herrschenden Sprachwissenschaft wurden durch derartige, die Theorie der "volkstümlichen Bildung" vorausnehmende Ansichten[19]
die Möglichkeit einer demokratischen Erziehung, deren Motto
gleiches Wissen und Können für alle sein sollte, ideologisch
und praktisch abgeblockt. Die didaktischen Bestrebungen der
neuesten Zeit, die unter Berufung auf das oberste Lernziel
"Befähigung zur Kommunikation" Umgangssprache und mündlichen
Sprachgebrauch favorisieren, in "situationsorientierten"
Konzepten sowohl auf die systematische Vermittlung von Wissen
über die Sprache als auch von sprachlichen Fertigkeiten verzichten wollen, sind in Gefahr, diese Entwicklungslinie gegen
die eigene Intention fortzusetzen.

---

18 Vgl. ECKHARDT 1979, S. 82.
19 Exemplarisch für dieses Konzept ist FREUDENTHAL 1957. Zur Kritik an
   der "volkstümlichen Bildung" vgl. ECKHARDT 1979b, bes. S. 193 ff. und
   212 ff.

Ulrich Schmitz

Lernziel: Grammatische Richtigkeit.
Wegweiser durch ungünstige Fronten zwischen „Normanpassung" und „Identitätsentfaltung"

In diesem Aufsatz soll das elementare Lernziel "grammatische Richtigkeit" gegen einige Trends der neueren Diskussion verteidigt werden.

1. Grammatik im Gespräch

Allgemeinste Bildungsziele und fachwissenschaftlich untersuchte Besonderheiten des Unterrichtsgegenstandes scheinen sich nicht immer schon von allein ineinanderzufügen. In den sechziger Jahren hatte sich die deutsche Sprachlehre vorrangig allgemeinen Erziehungszielen verpflichtet und entsprechend wenig an der Sprachwissenschaft orientiert (MENZEL 1975, S. 99). Mit dem offensiven Einbruch strukturalistischer Paradigmata in die Sprachwissenschaft der Jahrzehntwende wurde dieses Verhältnis zunächst auf den Kopf gestellt und gärt jetzt, nach allerlei Erfahrungen und Enttäuschungen mit der erst irrational euphorisch begrüßten linguistischen Rationalität und durch pädagogische Rückbesinnung auf - in welchem schwer unterscheidbar nostalgischen oder fortschrittlichen Gewande auch immer - menschliche Werte, in stets aufs Neue fragwürdiger Balance zwischen politischem Anspruch und didaktischem Effekt.

Genauer zeigt eine erneute (nicht letzte Vollständigkeit, sondern ausführliche Repräsentativität anstrebende) Durchsicht der Literatur der siebziger Jahre zum eigensprachlichen Unterricht in deutscher Grammatik[1], wie einerseits und zuerst selbstbewußte linguistische Wissenschaftlichkeit und ihrer selbst unsichere pädagogische Zielsetzung miteinander ringen und wie sich quer dazu andererseits und etwas später einsetzend abstrakte Regelkompetenz und situationsbezogene Kommunikationsfähigkeit als scheinbar alternative Lernzielpakete wissenschaftlich und didaktisch auszuweisen und nicht selten auszuschließen suchen. Nicht daß diese verwickelte Konstellation allein zur Flucht ins Allgemeine verführte: welches sind denn nun die allgemeinsten, obersten Lernziele? - nein, man erfährt diese auch noch als unlösbar widersprüchlich und

---

[1] Berücksichtigt wurden knapp 200 Titel. - Für die Zeit vorher: ERLINGER 1969, Sprachbücher auch IVO 1971; Überblick über "Grammatik im weiteren Sinne" vor 1970 bei GRAUCOB 1972; knapper historischer Abriß bei GERTH 1971; Problemeinführung IVO 1975, S. 62-107; Gesamtschule GOEHRKE 1971.

sieht sich an "doppelten Loyalitäten" (LÜSCHER 1975, S. 146) tragen: die soziale Verantwortung für die Einheit der Sprachgemeinschaft scheint der liberalen Verantwortung für die Entfaltung der individuellen Persönlichkeit entgegenzustehen.

Der folgende Aufsatz will zeigen, daß der melancholische Wahrheitsgehalt des bürgerlichen Topos vom Zwiespalt zwischen gesellschaftlicher Notwendigkeit und individueller Glückserfüllung, der über die angloamerikanische Soziolinguistik (vgl. etwa GUMPERZ 1975, S. 179-186) in die zeitgenössische Sprachdidaktik eingedrungen ist, zwar nicht den Sprach-, aber doch den Grammatikunterricht unbehelligt läßt. Wir werden für einen engen Grammatikbegriff plädieren, um sicherzustellen, daß die große Freiheitsdebatte auf kleiner sprachdidaktischer Flamme ihre selbstgesetzten langfristigen Ziele nicht dadurch verkocht, daß die unscheinbar elementaren kulturellen Mittel der Emanzipation vergessen werden, nämlich vor allem Schreib- und Lesefertigkeit und grammatisch richtiges Sprechen und Schreiben. Werfen wir also zuerst einen Blick auf die einschlägige Literatur.

Nach und neben anfangs noch tastenden Abhandlungen über wissenschaftliche Grundlagen von Sprachlehrbüchern (STÖTZEL 1970) und Unterschiede zwischen wissenschaftlicher und pädagogischer Beschäftigung mit Sprache[2], die gern für mehr oder weniger ausdrücklichen Eklektizismus bei der didaktisch geleiteten *Auswahl* aus systematischen wissenschaftlichen Ergebnissen plädieren[3], gibt es sehr bald Autoren, die allein in der Faszination fürs neue wissenschaftliche Erklärungsmuster des Strukturalismus, vor allem der in einem engen Sinne "kreativitätsbetonten" (vgl. PIIRAINEN 1973) Transformationsgrammatik, schon dessen schuldidaktische Lehrbarkeit legitimiert sehen[4]. Sei es weil das Gymnasium ohnehin und umstandslos als "Schule der wissenschaftlichen Grundbildung" gilt (HOMBERGER 1972, S. 60) und moderne linguistische Erkenntnisse auch Schülern "nicht länger vorenthalten werden" sollten[5], sei es weil sich strukturalistische Verfahren zur "formalen Schulung des abstrakten Denkens" eignen sollen (MELZER 1972, S. 80), sei es schließlich weil "die präzisere und bessere

---

2 ARNDT 1969, K.D. BÜNTING 1970, 1973, S. 299 f.; ABELS 1972; ESSEN 1972; IBAÑEZ 1972; GRÜNERT 1972; GRÜNERT/SPILLMANN 1973; SITTA 1974; HERINGER 1975; Überblick HENZE 1972; H. SCHWENK 1974, traditionelle vs. strukturalistische Grammatik HELL 1975, Valenztheorie bzw. Dependenzgrammatik FLÄMIG 1971 und WEBER 1972, generative Grammatik ARNDT 1972, EISENBERG 1976; Universalien BREKLE 1970; Englischunterricht JUNG 1975; Literaturbericht 1968-1974 ERLINGER 1975; zuletzt STEINMÜLLER 1979. Vgl. in diesem Zusammenhang auch die Kritik von DIEGRITZ/KÖNIG 1973 an HELMERS 1972.

3 SOWINSKI 1969, GOCHT 1975; auch BRÄNDLE 1975, ASSEUER/HARTIG 1976.

4 FRANKFURTER KREIS 1970, HUNDSNURSCHER u.a. 1970, ROTHSCHILD 1970/71, STALB 1971, EICHLER 1972, HOMBERGER 1973.

5 ERLINGER 1973, S. 59; ähnlich HÖGY 1972. Unterrichtsreihe zu diesem Zweck SCHEFE 1978; vgl. auch GEBERT 1972. Zur curricularen Stellung der Linguistik im Sprachunterricht vgl. HENRICI/MEYER-HERMANN (Hg.) 1976.

Theorie" sich grundsätzlich "auch besser lehren" lasse
(HERINGER 1970a, S. 6)[6] - die Vermittlung formal-struktureller Verfahren und Ergebnisse im Sprachunterricht kann, so
scheint es vielen, zumindest nicht schaden (STALB 1971). Wer
sich noch scheut, strukturalistischen Aspekten und Methoden
mehr als nur eine "komplementäre Funktion" der "Veranschaulichung" zuzugestehen (SOWINSKI 1969, S. 175 bzw. 174), sieht
sich engagiert-optimistischen Erfolgsberichten[7], gut begründeten Hoffnungen (HARTMANN 1969), dem Zug der Zeit (I. BÜNTING
1970; HAUTUMM 1970) und selbstsicherer Argumentation (Herr
Klar in STRECKER 1976) gegenüber.

An traditionellerer Unterrichtsbildung vorbei[8] gelangen
somit verschiedenartigste Fragmente der "neuen" Linguistik
schneller in die Sprachbücher, als eine fundierte didaktische Reflexion über das Verhältnis von Lernzielen und Fachwissenschaft in Gang kommen kann[9]. Zögernd aufkommende, wenngleich dann sehr eindringliche Kritik, sofern sie nicht aus
inhaltbezogener Sicht vorgetragen wird (z.B. ERLINGER 1970;
GIPPER 1975) oder, selten, die traditionelle Schulgrammatik
wissenschaftlich (PLATZ 1977) oder terminologisch (HOFFMANN
1976) zu rehabilitieren sucht, neigt schon früh dazu, mit
der Warnung vor formalistischer Perfektion und didaktischem
Dilettantismus der Fachwissenschaftler die pragmalinguistische und kommunikationsbezogene Alternative mehr als
Konkurrenz denn als Komplement zu strukturbezogenen Ansätzen
zu empfehlen[10]. Ausführlicher begründete didaktische Wünsche
an eine pädagogische Grammatik (vgl. auch B. WEISGERBER 1974,
S. 162-193) werden entweder noch vor Berücksichtigung der
tiefgreifenden Umbrüche (MENZEL 1975 = [1]1972), recht allgemein (B. WEISGERBER 1972, S. 178-180; MIHM 1973; ADER 1974)
oder vergleichsweise spät[11], zu spät für die frühreife Schulbuchgeneration der siebziger Jahre formuliert.

Trotz allgemeingehaltener Vorschläge für eine gleichberechtigte Abstimmung wissenschaftlicher und didaktischer Argumente (z.B. GRÜNERT 1972; SITTA 1974), deren Verwirklichung schon an institutionellen Bedingungen der Lehrerausbil-

---

6 Wahrscheinlich kommen deshalb so viele Menschen mit der allgemeinen Relativitätstheorie so gut zurecht!

7 HADÉ 1970, EICHLER 1970, 1972, 1974, S. 201-254; skeptisch allerdings FISCHER 1973.

8 ABELS 1974, FINDEISEN u.a. 1974, GRUPPE BONNER 1974, KRESS 1974, BISS /KRESS 1976, GÖTTERT 1976, HEITMEYER 1976, TYCKA/SCHAEBEN 1976.

9 Vgl. BAASCH u.a. 1973, DOBNIG-JÜLICH u.a. 1973, HENN 1974, S. 73-93, GLAUBER u.a. 1975, S. 56 ff., HERRLITZ 1975, S. 176-181, KOCHAN 1975, KÜSTER 1975, MENZEL 1975, S. 150-166, TEGGE 1975, WITTENBERG 1975, WUNDERLICH 1975, ZABEL 1975, FLADER u.a. 1977, GIESE 1977, LEWANDOWSKI 1977, RANK 1977a; s.a. LESCH 1978.

10 WUNDERLICH 1970, DIEGRITZ 1972; Ausnahmen HEBEL 1972 und "experimentierend" SCHLEMMER 1972.

11 ENGELEN 1975, ASSHEUER/HARTIG 1976, ADER 1978, ENGEL 1978, RICKHEIT 1978, WUNDERLICH 1978.

dung scheitert[12], kann sich, bei wachsender Skepsis, Ernüchterung und Enttäuschung im Umgang mit strukturalistisch orientierten Verfahrensweisen im schulischen Alltag[13], schon bald auch die universitäre Debatte über Strukturalismus und Sozio-, Psycho- und Pragmalinguistik zur entscheidenden sprachdidaktischen Kontroverse über Kompetenz und Kommunikation verlängern. Wieder läuft die didaktische Entwicklung der wissenschaftlichen nach, anstatt ihr die Aufgaben zu stellen. Wieder sinken wissenschaftlich definierte, wenngleich nicht unproblematische, Begriffe zu didaktischen Schlagwörtern ab, die, am deutlichsten beim Pseudobegriff (vgl. WYGOTSKI 1969, S. 131 ff.) der "kommunikativen Kompetenz"[14], Programme suggerieren, wo es nur offene Fragen gibt (hier nämlich zum Verhältnis von grammatischer Möglichkeit und situationsbezogener Wirklichkeit, zwischen ergon und energeia in der Sprache). Und wieder bleiben in der ebenso produktiven wie sich ihrer eigenen Geschichte nicht bewußten Diskussion so manche ehedem selbstverständlichen Lernziele auf der Strecke, nicht zuletzt wohl, weil sie althergebracht sind. Dazu gehört insbesondere die systematische Erziehung zu grammatisch richtigem Sprechen und Schreiben. Mit dem allzu erwartungsvoll angenommenen Kompetenzbade wissenschaftlich exakter strukturalistischer Modelle wird wohl zu gern auch, sei's offen, heimlich oder unbeabsichtigt, das Lernzielkind "grammatische Richtigkeit" ausgeschüttet.

Während in DDR-Publikationen das neue "kommunikative Prinzip" niemals das systematisch zu verfolgende grammatische Lernziel "Sprachkönnen" in Frage stellt[15], bleiben in der Bundesrepublik bis 1977 (ENGEL/GROSSE (Hg.) 1978) Vorschläge für den Unterricht in grammatischen Fertigkeiten, die nicht lediglich wissenschaftliche (insbesondere strukturalistische) Modelle für den Hausgebrauch des Lehrers verkleinern, verwässern und dabei nicht selten verfälschen, in der wissenschaftlich-didaktischen Diskussion wenig beachtete Ausnahmen[16], ebenso wie vereinzelte Versuche, strukturlinguistische Modelle auch angesichts kommunikationsbezogener

---

12 Vgl. HENRICI/KLINGER 1976. Realistisch und zeitgemäß aber HEBEL 1971. Bericht über Lehrerfortbildungskurs: LESCH 1978.

13 Bezeichnend ROTHSCHILD 1970/71, S. 392, FROESCH 1978, KROEGER 1979 S. 91.

14 Noch breiiger die "kritische Kommunikationskompetenz" (GIDION/BAHRDT 1973, S. 89).

15 CLAUS-SCHULZE 1975; vgl. auch SCHMIDT u.a. 1974, S. 135 ff., NAUMANN 1975, SCHREINERT 1975, ferner HACKEL 1975, NEUDORF 1975, TREMPELMANN 1975; etwas anders nur SOMMERFELDT 1971. Für grammatisches Wissen und Können s. GAMBKE 1973; normrichtiger Sprachgebrauch KOLAKOWSKY 1977a, b; Effektivitätssteigerung HERRMANN. SCHREINERT 1974; Einzelprobleme CLAUS-SCHULZE/SOMMERFELDT 1974, 1976, STARKE 1974, SCHREINERT 1977.- Effektive Lernzielkontrolle im Grammatikunterricht gilt in der Bundesrepublik wohl aufgrund des "Technokratie"-Verdachts als tabu (außer bei SAUPE 1976).

16 Insbesondere im Umkreis von ULSHÖFER 1977: HEUER 1977, RANK 1977a, SCHOENTHAL 1977.

Vorstellungen für den Sprachunterricht auf ihre didaktische Brauchbarkeit hin überhaupt erst zu befragen (ENGELEN 1975; HARTMANN 1975).

Die meisten Kräfte hingegen messen und verschleißen sich in einer Debatte, deren Verhältnis von Engagement und Ergebnis vielleicht günstiger ausgefallen wäre, wenn die strukturalistische Position ihre neue, in Deutschland aber verspätete Entdeckung der systematischen wissenschaftlichen Erklärbarkeit grammatischen Regelwissens nicht auf der Stelle für den Inbegriff aller sprachwissenschaftlichen Weisheit gehalten hätte[17], sondern nur für einen altbekannten, aber umwälzend neu erfaßten Teil davon. Die frühe und für die sprachdidaktische Diskussion wegweisende Aufblähung und zugleich Entschärfung des ursprünglich linguistisch-modelltheoretisch wohldefinierten (wenn auch nicht unproblematischen) Kompetenzbegriffs (CHOMSKY 1969, S. 13-21) zu einem realistisch gemeinten allumfassenden Namen für die Beherrschung sozialer Verhaltensregeln[18] scheint einerseits die nur zu berechtigten Warnungen vor eilfertiger didaktischer Umsetzung formal-struktureller Modelle[19] zu neutralisieren, andererseits - unterstützt durch HABERMAS' CHOMSKY-Kritik[20] - dem Alternativ-Plädoyer für "sprachliche Kreativität" durch "kommunikativen Gebrauch von Sprache" und gegen systematischen Grammatikunterricht im engeren Sinne (WUNDERLICH 1970, bes. S. 307) geradezu Vorschub zu leisten. Denn wie armselig erscheint doch gerade in seiner Selbstverständlichkeit das Lernziel grammatisch korrekten Sprechens und Schreibens gegenüber den großen bürgerlich-freiheitlichen Zielen wie "Wahrnehmung solcher Interessen, die den Entwicklungszielen und Erfordernissen einer demokratischen Gesellschaft angemessen sind" (HESSISCHER KULTUSMINISTER o.J., S. 10, vgl. S. 65 f.)! Und wie sehr nährt nicht gerade die formale Perfektion linguistischer Grammatiktheorien in Verbindung mit der modernen sozialphilosophischen Überbewertung einer gesellschaftskonstitutiven Kraft der Sprache[21] - die Vorstellung, Einübung grammatischer Normen bedeute Unterwerfung unter die herrschende gesellschaftliche Ordnung[22]! Mit der Konstruktion des Deutschunterrichts als kommunikativer Lernsituation (SCHLOTTHAUS 1971, 1973) sieht man demgegenüber, offenbar in schonraumpädagogischer Tradition[23], die Emanzipation des Individuums von herrschenden gesellschaftlichen Normen fast schon gewährleistet.

---

17 Für die Sprachlehrforschung vgl. entsprechend BAUSCH 1974, S. 13.

18 HERINGER 1970a, 1970b, S. 310, 1974; vgl. HOMBERGER 1973, S. 172 ff.

19 WUNDERLICH 1970, HAGER/PARIS 1974, S. 265-270, GLAUBER u.a. 1975.

20 HABERMAS 1971, bes. S. 101; kritisch dazu PÖTTER 1979.

21 Am einflußreichsten HABERMAS, demzufolge "die allgemeinen Strukturen möglicher Redesituationen selber noch durch sprachliche Akte hervorgebracht werden" (1971, S. 101; kritisch ELLERBROCK u.a. 1976, S. 55 ff.).

22 Vgl. GIDION/BAHRDT 1973, S. 79, 81, HUBER 1974, MAAS 1974, S. 22 ff.

23 siehe nächste Seite

Nach einigen Vorgefechten um Kompetenz kontra Kommunikation (z.B. DIEGRITZ 1972; Überblick HENZE 1972), deren Frontverlauf erst GÖTTERT 1975[24] in Frage stellt, wendet sich das Blatt allmählich (H. SCHWENK 1974) radikal gegen für "technisch" gehaltene Lernzieloperationalisierung, gegen Formalismus und Strukturalismus und zugunsten der völligen Auflösung des Grammatikunterrichts "in die dimension 'problembezogene konfrontation mit und veränderung der eigenen kommunikationspraxis'" (BOETTCHER/TYMISTER 1974, S. 674; vgl. auch BOETTCHER/SITTA 1978). Die bei STRECKER 1976 idealtypisch dargestellte Debatte verliert in dem Maße, wie sie an Vorschlägen für Kreativität (MECKLING 1974) und Situationsbezogenheit (SCHOENKE 1975; BAYER 1977, bes. S. 175 f.; BOETTCHER/SITTA 1978) gewinnt, das einfachere Lernziel grammatisch richtigen Sprechens und Schreibens aus den Augen (nicht so bei MENZEL/LIEBSCHER 1974); gerade so, als ob jedes Kind beim Eintritt in die Schule schon den kompetenten Sprecher vollends verkörpere[25], als ob sich Grammatik schon im Gespräch nebenbei perfektioniere! Sie gipfelt in der "pragmatischen Wende" (MAAS 1974, S. 114 ff.), die, im Literaturbericht für 1968 bis 1974 nur im "Ausblick" (ERLINGER 1975, S. 153 f.), teils noch auf eine enge Verbindung pragmatischer Aspekte mit semantischen und syntaktischen Strukturen zu achten sucht (MATRAGOS 1974, S. 110), teils Grammatikunterricht im engeren Sinne für überflüssig hält (BUSSE 1976), in jedem Fall aber, gerade bei Integrations-

---

23 Z.B. HABERMAS 1970, S. 188: "Im Bildungsprozeß, und nur in ihm, ist die Mündigkeit der Unmündigen vorweggenommen; unter der Vorgabe der Erziehenden und im Schonraum eines von den großen gesellschaftlichen Spannungen weithin entlasteten Erziehungsfeldes ist den Kindern die Chance gegeben, unvertretbar für sich selbst zu handeln, das Lernen zu erlernen, eben: unter der Obhut vorgeschossener Mündigkeit mündig zu werden - in dem von Kant unverlierbar festgehaltenen Sinn der 'Aufklärung'" (1961).

24 "Syntax läßt sich sehr gut in Strukturen mathematischer Art erfassen, aber jeder Sprecher beherrscht sie ohnehin und kann infolgedessen erhöhte Kommunikationsfähigkeit aus einem solchen Wissen kaum erwarten. Pragmatik führt umgekehrt auf Fragen, bei denen der Einsatz von Strukturwissen überaus heikel ist und das für didaktische Zwecke jedenfalls Interessante erst in der mit wenig formalem Aufwand betreibbaren Beurteilung von Normen und Störungen bei Kommunikationsverläufen zu beginnen scheint. Für einen Sprachunterricht entsteht also die seltsame Situation, daß man im ersten Fall leeres Wissen einzuüben droht und im zweiten auf Wissen im Sinne formaler Strukturen am besten ganz verzichtet und sich z.B. auf schlichtes Einüben beschränkt. Damit wäre aber einer Sprachbetrachtung für die hier interessierenden Zwecke der Boden gleich auf doppelte Weise entzogen. So frustrierend nahe sie liegen mag, ist diese Schlußfolgerung - wie ich hoffe - doch das Ergebnis einer etwas theoretischen, wenn auch lehrreichen Zuspitzung. Viele sprachdidaktische Konzepte lassen sich allerdings als Versuche auffassen, der einen oder der anderen Konsequenz zu entgehen, ohne daß der Grund der Schwierigkeiten eigentlich deutlich würde." (GÖTTERT 1975, 120 f.).

25 CHOMSKYs eigene Auffassung kann dies nahelegen; vgl. BENSE 1973, bes. S. 44-57, kritisch auch HASSE 1976, z.B. S. 62-64 et passim.

versuchen[26], strukturelle Aspekte den pragmatischen zumindest unterordnet[27], wenn nicht gar tendenziell verschwinden läßt[28]. Grammatik wird allenfalls zu einer Art Hilfswissenschaft für Pragmatik degradiert; jedenfalls sollen grammatische Fragen nur noch im Hinblick auf pragmatische behandelt werden[29]. Schulbücher (und auch BÜNTING/KOCHAN 1973) behelfen sich meist mit unterschiedlich gemittelt ausgewogener Präsentation der verschiedenen Moden[30]. Dabei beruft sich die gesamte Pragmatik-Fraktion, nach anfänglicher Rezeption der sprachphilosophischen Quellen (allen voran SEARLE 1969), weit weniger auf wissenschaftliche Autorität als die Strukturalisten dies taten und arbeitet viel mehr, was auch einen Grund für ihren Erfolg ausmacht, mit pädagogischen Argumenten. Mit ihren Forderungen nach mehr Kreativität, Rollendistanz und Emanzipation steht sie dabei überraschend prägnant in reformpädagogischer Tradition[31], ohne daß ihr dies bewußt würde.

Die ganze Debatte um Regelkenntnis bzw. Regelbeherrschung auf der einen und kommunikative Kreativität auf der anderen Seite restauriert unter der Hand überdies einige sprachdidaktische Topoi der fünfziger und sechziger Jahre. Entspricht nicht Leo WEISGERBERs (1963) Skepsis gegenüber der Vermittlung "sprachlichen Wissens" der pragmalinguistischen Reserve gegenüber systematischem Grammatikunterricht auf strukturalistischer Grundlage? Ist nicht sein Plädoyer für die Erziehung zu "sprachlichem Wollen", bei sicherlich anderer theoretischer Begründung, dem situations- und rollenorientierten kreativen Kommunikationstraining wenigstens verwandt? Und neigt dieses nicht auch wie jener zu einer Ausweitung

---

26 INGENDAHL 1973, HERINGER 1974, S. 209 ff., WRAGGE 1974, HUBER 1976, tendenziell auch INGENDAHL u.a. 1975.

27 Z.B. BOETTCHER/SITTA 1978, S. 30, 316 et passim. Theoretische Argumente bei SCHNEIDER 1975.

28 Wie im "materialistischen" Ansatz von ALTENRICHTER u.a. 1974; vgl. auch den Trendbericht von SCHLOTTHAUS 1977. —
Alle drei Aspekte finden sich exemplarisch vereint bei GEWEHR 1979. Er schlägt vor, "Probleme des kommunikativen Handelns und Probleme der Sprachstruktur als zwei unterschiedliche, jedoch einander ergänzende Perspektiven von Sprachreflexion zu betrachten" (S. 42), sieht dann das "eigentliche Desiderat (...) darin, den Einblick in grammatische Strukturen sinnvoll in eine umfassendere Reflexion über Sprache zu integrieren" (S. 42), und schreibt schließlich:
"Mit der herkömmlichen Systematik einer linearen Entwicklung grammatischer Phänomene soll hier gebrochen werden. Es geht vielmehr zunächst darum, signifikante Merkmale situations- und damit auch sprechhandlungstypischer Interaktionsformen einzugrenzen und als grammatische Indizien zur Erkennung bestimmter Sprecherintentionen zu identifizieren" (S. 43).

29 Vgl. BEHR u.a. 1975, auch WIMMER 1974; sehr viel nüchterner, ausgewogener erst WUNDERLICH 1978.

30 Vgl. ZABEL 1975, LEWANDOWSKI 1977, ENGEL 1978. WUNDERLICH 1975 will seines nach Sprechhandlungstypen klassifizieren.

31 Knappe Einführung mit Literaturhinweisen B. SCHWENK 1974.

der Sprachlehre zur "Lebenslehre", für die mit MENZEL (1975, S. 101) "konkrete unterrichtliche Zielsetzungen so schwierig geworden sind"[32]?

So scheint denn, bei veränderter politischer Landschaft und damit Zielstellung und vor allem bei verändertem Vokabular, die Eigensprachdidaktik in manch prinzipieller Hinsicht wieder bei ihrer Vergangenheit angelangt zu sein, ohne es in ihrem Modernismus recht zu bemerken und ohne aus deren Schwächen, die ja erst strukturalistische Paradigmata so widerstandslos haben erfolgreich werden lassen, zu lernen. Der Strukturalismus seinerseits wird über einen sprachdidaktischen Pyrrhussieg nicht hinauskommen, solange er seine Wissenschaftlichkeit nicht, wie inhaltbezogene Grammatik[33] und Pragmalinguistik das auf ihre Weise tun, pädagogischen Zielen als Dienstleistung unterzuordnen bereit ist. Eine große Chance wäre aber vertan, wenn die Sprachdidaktik an den durch und durch rationalen Methoden und Ergebnissen des linguistischen Strukturalismus auf die Dauer vorbeiginge, die gerade den Grammatikunterricht rationaler machen können (vgl. auch DÖHMANN 1977).

2. Grammatik ohne Grund?

Uns haben hier nicht die wichtigen, motivationsfördernden und auch handlungstheoretischen (SCHWENK 1976) Anstöße zu interessieren, welche die pragmatische Bewegung der Sprachdidaktik in der Tat zu geben vermochte und vermag (vgl. etwa WUNDERLICH/CONRADY 1978). Wir wollen nur ihre aktuellen Auswirkungen auf den Grammatikunterricht im engeren Sinne betrachten. Aus der Debatte um grammatische Regelbeherrschung oder situationsbezogene Kreativität gibt es noch keinen standfesten Ausweg, der Kommunikation und Kompetenz sowohl theoretisch überzeugend als auch didaktisch erfolgreich vermitteln könnte[34]. Daher suggerieren scheinbar blasphemische Rufe nach Kommunikation statt Kompetenz und fortschrittlich erscheinende Rufe nach Kompetenz durch Kommunikation (was in diesem Fall freilich auf dasselbe hinausläuft) eine vordergründige Plausibilität, und um wieviel leichter angesichts der nachgerade chronischen Legitimationskrise des Grammatikunterrichts seit GRIMM (1819) über GAISER (1950) bis GEWEHR (1979)!

---

32 Unterschwellige Verbindungen zwischen inhaltbezogener Sprachtheorie und den später mit pragmalinguistischen Mitteln verfolgten Zielen des emanzipatorischen Sprachunterrichts treten am deutlichsten zutage bei GRÜNWALDT 1970, S. 180-184; vgl. in diesem Zusammenhang HERBRANDT 1975.

33 Z.B. noch ERLINGER 1970, ZANDER 1971.

34 Auch der "semiotische Grundbezug" bringt nur eine allgemein-theoretische Begründung für die Einteilung in Syntax, Semantik und Pragmatik, die in der didaktischen Durchführung doch getrennt nebeneinander stehen (vgl. KRESS 1974).

Wie sehr die pragmatische Bewegung im Verbund mit dem ebenso obersten wie unerforschlichen Lernziel "Emanzipation", das ja vom Wortsinn her eher ein praktisches Handlungsziel bezeichnet, in der zeitgenössischen Didaktik aber zusammen mit "Kreativität" eher als Verhaltensweise, nämlich als "Normabweichung" aufgefaßt wird (z.B. HERRLITZ 1975, S. 168)[35], systematisches Grammatiktraining für überflüssig, ja schädlich, weil normkonform, hält, wird besonders deutlich in der Deutschdidaktik des BREMER KOLLEKTIVs (1978), das keinerlei Gründe mehr für, sondern allenfalls noch gegen systematisches Grammatiktraining anzuführen weiß.

"Man kann Sprechen und Schreiben nicht 'überhaupt' lernen und üben", heißt es da (S. 37), "als bloße Technik. Abgesehen davon, daß für solche Übungen niemand zu motivieren ist; es kann auch keiner mit den Ergebnissen solcher Übungen etwas anfangen. Der Sprachgebrauch ist immer abhängig von den Intentionen desjenigen, der die Sprache gebraucht, von den jeweils für die Kommunikation benutzten Medien und von den Adressaten der kommunikativen Handlung."

Die seit HUMBOLDT über SAUSSURE und BÜHLER bis CHOMSKY mühsam, wenn auch nicht immer befriedigend versuchte begriffliche Differenzierung des in seiner Erscheinung tatsächlich einheitlichen Phänomens "Sprache" in Sprachsystem als gesellschaftlich hervorgebrachtem "Gegenstand" (wenn man so will: HEGELs (1970, S. 13) "Resultat" in linguistischer Domäne) und Kommunikationsprozeß (HEGELs "Werden")[36] wird da zurückgewiesen, als könnte man von wissenschaftlicher Reflexion nichts lernen. Die Dialektik von System und Gebrauch fällt zusammen wohl nur, weil der naive Alltagssprecher sich ihrer gewöhnlich nicht bewußt zu werden braucht. Gerade der nichtintentionale Charakter grammatischer Regeln läßt den Sprecher, der gegen die Normen der Hochsprache verstößt, seine Abhängigkeit von ihnen in vielen gesellschaftlich relevanten Situationen umso heimtückischer spüren - wie Körpergeruch, den man selbst nicht wahrnimmt, dessen sozialen Wirkungen man aber umso unerbittlicher ausgesetzt ist. Gerade wer, wie die BREMER fordern, "situationsbezogen" kommunizieren will (S. 37), muß die Grammatik vollständig beherrschen, und zwar in Gesellschaften mit so weiträumigen Verkehrsformen wie der unseren zumindest die Grammatik der Hochsprache[37], weil sie

---

[35] Und das auf einen Lehrer so wirken mag wie die Wiener Hofburg auf den Mann ohne Eigenschaften:
"Er hatte bis dahin 'Die Majestät' für eine bedeutungslose Redewendung gehalten, die man eben noch beibehalten hat, geradeso wie man ein Atheist sein kann und doch 'Grüß Gott' sagt; nun aber strich sein Blick an hohen Mauern empor, und er sah eine Insel grau, abgeschlossen und bewaffnet daliegen, an der die Schnelligkeit der Stadt ahnungslos vorbeischoß (...). Er stellte fest, daß er durch ein grosses Gehäuse mit wenig Inhalt gehe;" usw. (MUSIL 1970, S. 83 f.).

[36] Zum Terminus "Gegenstand" und zum Verhältnis von Sprache und Sprechen vgl. die psycholinguistisch orientierte Übersicht bei LEONT'EV 1971, S. 18-30.

[37] Weitere (Dialekte, Soziolekte) können sehr nützlich sein.

als in sozialer Hinsicht tendenzielle Universalgrammatik auf die meisten gesellschaftlich relevanten Situationen paßt.
Das merkwürdige Auswahlproblem der BREMER (S. 37), "welche Situationen die Schüler durch den Deutschunterricht sprachlich bewältigen lernen sollen", ist, was die Grammatik angeht, obsolet: Die Schule kann durch gezielte Unterweisung in grammatischen Fertigkeiten sogar mit dafür sorgen, daß die Grammatik (nicht der Stil) der Hochsprache als Einheitssprache nicht nur in den meisten, sondern bald in allen möglichen Kommunikationssituationen paßt. Die Maße und Gewichte der deutschen Kleinstaaten sind mit der Entfaltung der Produktivkräfte auch aus dem Verkehr gezogen worden, ohne daß *dadurch* jemand benachteiligt worden wäre [38].

Das BREMER KOLLEKTIV möchte nicht einfach, was sehr begrüßenswert wäre, den traditionellen Sprachunterricht auf eine gesellschaftswissenschaftlich orientierte sprachtheoretische Grundlage stellen, sondern gesetzmäßige Eigenschaften des Sprachsystems durch situations- und kommunikationsbezogene Aspekte aus dem Blickfeld des Sprachunterrichts verdrängen. In dem Maße, wie dabei das Allgemeine an der Sprache (Regel- und Gesetzmäßigkeit) durch Besonderes und Einzelnes (Situationsbezogenheit) ersetzt wird, verliert der Unterricht an wissenschaftlichem Boden und verdünnt sich, zum unbeabsichtigten Nachteil unterprivilegierter Bevölkerungsschichten, zu volkstümlicher Bildung mit gegenaufklärerischem Effekt [39]. In diese Tendenz paßt die mittelschicht-zynisch verordnete Hintansetzung schriftlicher Übungen [40] ebenso wie der aus dem oben dargestellten grammatikdidaktischen Diskussionszusammenhang zu verstehende Verzicht auf systematischen Grammatikunterricht (S. 85 ff.).

Gut gemeinte allgemeinpolitische Absichten und interessante motivationsfördernde Arrangements verstellen dabei den Blick für den doppelgesichtigen Charakter von Sprache als herrschende Ideologie faktisch tragendem Medium einerseits und gesellschaftsformationsneutralem Werkzeug, das sich nur von dem, der seine Anwendung beherrscht und seine Möglichkeiten kennt, auf universale Weise und zu verschiedensten Zwecken einsetzen läßt, andererseits. Den Bremern schmelzen technische Möglichkeiten dieses Werkzeugs und vielfältig herrschende Zwecke seiner gegenwärtigen Benutzung zu einem vermeintlich totalen Verblendungszusammenhang ineinander. Zwischen grammatischen Regeln (die als solche ja niemandem scha-

---

38 Über die Unbequemlichkeit "situationsbezogener" Maße und Gewichte s. z.B. das Stichwort "Mass" in BROCKHAUS 1839, S. 77-79.

39 Zur Theorie und Tradition der "volkstümlichen Bildung" s. GLÖCKEL 1964. - Die vollständigste Darstellung der Prinzipien von situations- im Gegensatz zu lernzielorientiertem Grammatikunterricht findet man bei BOETTCHER/SITTA 1978, S. 125-131, 158 f., 181-183, 200-203.

40 "Es muß in der Schule auch die mündliche Kommunikation mehr geübt werden als die schriftliche. Die mündliche Kommunikation steht heute im Vordergrund; die schriftliche spielt nur für einige Berufe (besonders für Akademiker) eine größere Rolle. Sie zu erlernen gehört deshalb eher zur Vorbereitung auf diese beruflichen Tätigkeiten" (BREMER KOLLEKTIV 1978, S. 38).

den, sondern gesellschaftlichen Verkehr im Medium des Bewußtseins überhaupt erst ermöglichen) und sozialen Normen wird nicht unterschieden, als sei die Grammatik unserer Sprache "monopolkapitalistisch" (S. 4) durchdrungen [41]. Deswegen, so die BREMER, sollte die Sprache nicht, und das heißt bei ihnen unter keinerlei Umständen zu welchem Zweck auch immer, "als lediglich gesellschaftlich vereinbartes spezifisch strukturiertes Zeichen- und Regelsystem verstanden", sondern stets "in die Interaktions- und Kommunikationszusammenhänge gestellt werden, durch die sie bestimmt wird, die sie ihrerseits wesentlich mit konstituiert" (S. 85).

"Untersucht man die Sprache als Struktursystem (wie in linguistischen Theorien) oder reflektiert man über (bzw. übt ein) formale Kategorien eines grammatischen Systems (bisherige Schulgrammatik), wird die Sprache aus ihrem gesellschaftlichen Funktionszusammenhang gerissen, das Sprachsystem, in das überholte gesellschaftliche Verhältnisse als latente oder ausgesprochene Normvorstellungen eingegangen sind, wird als scheinbar selbständiges, unveränderbares System im Sprachunterricht absolut gesetzt." (S.87)

Abgesehen davon, daß systematischer Grammatikunterricht keineswegs die Betrachtung der Grammatikanwendung in der Sprechtätigkeit ausschließt, wie die BREMER unterstellen (S. 87, 97), macht die völlige Beherrschung (nicht unbedingt Analyse) des grammatischen Instrumentariums allseits erfolgreiche, die Sprecherintentionen erfüllende Kommunikation doch erst möglich. Mag das "Durchbrechen" gesellschaftlicher Normen "neben deren Einhaltung" (S. 39) in mancher Hinsicht sinnvoll sein - eine These, die in ihrem Formalismus hier nicht zur Debatte steht - der Verstoß gegen grammatische Regeln der Hochsprache kann weder die Emanzipation des Individuums noch die gesellschaftlichen Verhältnisse auch nur einen Schritt weiterbringen, wird das Individuum aber nicht selten in der Entfaltung seiner Persönlichkeit durch allerlei negative Sanktionen einschränken, die es bei richtiger Grammatik schadlos vermeiden könnte. Systematischer Grammatikunterricht muß also gerade zwecks Chancengleichheit und Abbau von Privilegien diejenigen gezielt fördern, die nicht alle Regeln der Einheitssprache problemlos beherrschen. Weil die Bremer in ihrem unterschiedslosen Oberbegriff namens "kommunikatives Handeln" soziale Normen und grammatische Regeln "die Abhängigkeits- und Machtverhältnisse in einer Gesellschaft" gleichermaßen widerspiegeln sehen (S. 38), verzichten sie indes auf systematischen Grammatikunterricht, den sie wohl für systemstabilisierend halten (S. 38)[42], zugunsten der sicher auch notwendigen Übung der Fähigkeit, "sprachliche Steuerungen zu durchschauen und selbst Sprache in konkreter Kommunikationssituation bewußt zu äußern" (S. 97). Setzt diese Fähigkeit denn nicht die möglichst vollständige Beherrschung der Grammatik der Hochsprache voraus, gerade weil sie auch die Sprache der Herrschenden ist?

---

41 Über die entsprechende sprachtheoretische Auffassung MARRs und eine Kritik daran kann man sich informieren bei STALIN 1968.

42 siehe nächste Seite

3. Grammatik und Geschmack

Erinnern wir uns also des grammatiktheoretischen Ansatzes der modernen Linguistik. Ihre theoretische und, im Falle der generativen Grammatik, auch empirische Begründung im Modellbegriff der Intuition unterstellt ja eine Urteilskraft über grammatische Richtigkeit, deren Ausbildung, Verfeinerung bzw. bewußte Beherrschung in Gestalt einer Fähigkeit, nämlich der Kompetenz, als Ziel strukturalistisch orientierter Sprachdidaktik gilt. Kommunikationsbezogene, pragmalinguistisch orientierte Ansätze halten dagegen, wie wir sahen, erstens daß die Reduktion von Sprache auf Grammatik allenfalls einer von mehreren wichtigen Aufgaben des Sprachunterrichts nachzukommen erlaube, zweitens daß die gezielte Ausbildung grammatischer Fähigkeiten im engeren Sinne überflüssig, weil bei Schuleintritt bereits weitgehend abgeschlossen sei, und drittens daß systematische Unterweisung in grammatischen Fertigkeiten sogar gleichmacherischen und systemstabilisierenden Schaden anrichte, weil sie die kreative Entfaltung der individuellen Schülerpersönlichkeit hemme. Dem berechtigten ersten Argument kann man leicht dadurch entgegenkommen, daß man der grammatischen Richtigkeit nur einen begrenzten, aber festen Platz im Sprachunterricht einräumt. Das zweite Argument trifft in Gesellschaften mit sozio- und dialektal vielfältiger Primärsozialisation wie der unseren nicht zu, wenn man die allseitige Beherrschung einer Einheitssprache als demokratisches Lernziel einer technologisch fortgeschrittenen und infrastrukturell dicht verflochtenen Gesellschaft anerkennt. Der dritte Einwand als politischer Kern der sprachdidaktischen Debatte der siebziger Jahre um

---

42 Daß das BREMER KOLLEKTIV mit seiner Auffassung keineswegs allein dasteht, mögen stellvertretend zwei Zitate verdeutlichen:
(a) "Hochsprachliche Normen dienen der Aufrechterhaltung der Autorität kulturell privilegierter Gruppen innerhalb der Sprachgesellschaft" (WIMMER 1974, S. 152). Ist dafür nicht vielmehr der schulisch unterstützte Ausschluß von der Teilhabe an hochsprachlichen Normen mitverantwortlich? (Vgl. HELMERS 1976, S. 101 und 1978, S. 54-56).
(b) "Die Relativierung und Milderung der zwangsläufig repressiven Spracherziehung, die ja nicht im repressiven Verhalten des Lehrers, sondern in der ausweglosen Normativität einer nur durch Arbeit erlernbaren durchorganisierten Schriftsprache liegt, ist noch nicht ein Stück politischer Bildung, aber sie wäre dann eine ihrer wichtigsten Voraussetzungen.
Dies braucht nicht näher begründet zu werden (!). Die unreflektierte Unterwerfung unter ein geltendes Regelsystem, verbunden zunächst mit dem Verzicht auf Spontaneität, für die erst viel später ein neuer Freiraum sichtbar wird, muß die Persönlichkeit in einer bestimmten Weise prägen: Es darf angenommen werden, daß ein in dieser Weise erzogener Mensch es schwer hat, Meinungen, die schon durch sprachliche Konsistenz den Anschein der Gültigkeit erwecken, als Vorurteile oder Ideologeme zu erkennen" (GIDION/BAHRDT 1973, S. 81). Das Gegenteil dürfte der Fall sein: grammatische Souveränität bildet den zuverlässigsten Schutz vor Blendung durch sprachlich-formale Konsistenz.

Emanzipation und Normanpassung, um situationsbezogene Spontaneität und hergebrachte Konvention, um "Kommunikation" kontra "Kompetenz" blickt in Deutschland auf eine zwei Jahrhunderte während Tradition zurück, in der sich die ohnmächtige Unzufriedenheit des bürgerlichen Individuums, besonders des Intellektuellen, mit seiner ihn scheinbar bedrohenden und in seiner Entfaltung tatsächlich hemmenden Gesellschaft ausdrückt. Ob es einem Eingeständnis solcher Ohnmacht gleichkommt, wenn sich der bürgerliche Protest gegen gesellschaftliche Zwänge jetzt ausgerechnet auf das Gebiet grammatischer Regeln zurückzieht, die individueller Genialität nun am allerwenigsten schaden?

Wir wollen diese Tradition am Beispiel der klassischen Diskussion um Geschmack und Genie betrachten, weil der ästhetische Begriff des Geschmacks noch die meisten Dimensionen mit dem grammatischen Begriff der Intuition teilt und sich andererseits auch in charakteristischer Weise von ihm unterscheidet.

Versucht der Begriff des Geschmacks auch Phänomene aus einer recht anderen, nämlich ästhetischen Sphäre zu fassen, so teilt er doch mit dem grammatiktheoretisch zentralen Begriff der Intuition erstens seinen wissenschaftstheoretischen Status, zweitens ein gleichermaßen ungeklärtes Spannungsverhältnis individueller und gesellschaftlicher Momente und daraus folgend drittens das für unsere didaktische Argumentation besonders interessante Problem der Entstehung bzw. des Erwerbs einer konventionellen wie scheinbar spontanen Urteilskraft. Intuition wie Geschmack gelten als heuristische Anlässe und zugleich empirische Prüfsteine für eine Theorie, hier der Ästhetik, dort der Grammatik[43]. Gerade im hermeneutische Zirkel in Gang setzenden Doppelcharakter beider Instanzen als Quelle und zugleich Maßstab von Erkenntnis erscheint, was hier nicht auszuführen ist, das Spannungsverhältnis von gesellschaftlicher Produktion und individueller Rezeption dessen, was wir mit ein und demselben Wort "Erfahrung" zu nennen gewohnt sind[44]. Weil individuell ausgebildete Fähigkeit und überindividuell verbindliche Konvention im Geschmacks- wie im Intuitionsbegriff nicht unterschieden werden[45] und de facto ja auch wirklich zusammenfallen (Konvention nur kraft Anerkennung letztlich durch Individuen, Fähigkeit nur dank allgemein befolgter Konvention), deshalb ist die Frage nach der Herkunft und damit auch der Ausbildung solch anscheinend so selbstgewisser Urteilsvermögen wie ästhetischem Geschmack und grammatischer Intuition nicht ohne weiteres zu beantworten.

---

43 STIERLE (1974, Sp. 444) bezeichnet den Begriff des Geschmacks "als Voraussetzung für die Möglichkeit der Begründung einer Ästhetik aus der Unmittelbarkeit und Gewißheit der ästhetischen Erfahrung". Zum Begriff der Intuition des Sprechers vgl. CHOMSKY 1969, S. 32-43.

44 Vgl. den Ausdruck "Erfahrungen machen". - Zu "Erfahrung" s. etwa BENJAMIN 1969, NEGT/KLUGE 1972, LEITHÄUSER u.a. 1977.

45 Vgl. 'Er hat Geschmack / Sprachgefühl' neben 'Das ist geschmacklos / ungrammatisch'.

Im Verhältnis von, wie man meinen möchte, individueller
Spontaneität und wie auch immer institutionalisierter Konventionalität[46] liegt denn auch die begriffsgeschichtlich entscheidende Schwierigkeit des Geschmacksbegriffs, zugleich
das Dilemma, welches er mit den grammatiktheoretischen Grundbegriffen Intuition und Kompetenz[47] teilt. Dem feudal orientierten Geschmacksbegriff des 17. und frühen 18. Jahrhunderts,
als Spontaneität und Konventionalität herrschender Gesellschaftskreise sich noch eins wußten, tritt mit zunehmender
Verbürgerlichung der Gesellschaft bald ein Geniebegriff gegenüber, der die besondere, schöpferische Leistung des einzelnen zur Geltung zu bringen sucht. "Das Urteil des goût
ist nicht mehr bestimmt durch Spontaneität, sondern durch
Konventionalität, während Spontaneität das Schaffen des
génie auszeichnet. Der goût als konventioneller Geschmack
kann den spontanen Produktionen des génie nicht mehr gerecht
werden" (STIERLE, Sp. 447)[48]. Es scheint, als sollten die geistigen Emanzipationserfolge der Vorfahren dem heutigen
Deutschunterricht, unter meist unbeabsichtigter Ablenkung

---

46   Letztere als fait social im Sinne DURKHEIMs und de SAUSSUREs.

47   Eine denkbare Unterscheidung zwischen Intuition als Urteilskraft
     (Kontrolle) und Kompetenz als Produktionsvermögen (Vollzug) kann
     hier außer acht gelassen werden und ist in den üblichen Grammatiktheorien auch nicht von Belang, weil beide sowohl im Grammatikmodell (z.B. CHOMSKY 1969, S. 13 ff., 32 ff.) als auch in psychologisch gemeinten Entwürfen (vgl. etwa LEUNINGER/MILLER/MÜLLER 1972,
     S. 8 ff.) begrifflich durch einander definiert sind und methodisch
     Hand in Hand gehen.
     In der gegenwärtigen Didaktikdiskussion spielt sie freilich - als
     'abgesunkenes Kulturgut' - insofern eine heimliche Rolle, als seit
     KANT (1957, S. 410 = KU § 48) der Geschmack, vergleichbar mit der
     Intuition des native speaker, zur Beurteilung, das Genie aber zur
     Hervorbringung des Schönen dient. In den vielstrapazierten Kompetenzbegriff werden nämlich unter dem Stichwort der Kreativität gern genialische Züge hineinkonstruiert, die von den Grammatiktheoretikern gar
     nicht gemeint waren.
     Vgl. überhaupt den ganzen Zusammenhang von KANTs (1957, bes. §§
     30 ff.) Kritik der ästhetischen Urteile, in der Geschmack als eine
     Art von sensus communis bestimmt wird, in dem sich Subjektivität mit
     scheinbarer Objektivität verbinde. Viele Passagen, besonders in
     § 40, lassen sich unmittelbar auf den Begriff der grammatischen Kompetenz (KANT: Beurteilungsvermögen) bzw. Intuition (KANT: Geschmack)
     übertragen und weisen CHOMSKY als Kantianer aus. (Vielleicht spricht
     CHOMSKY deshalb auch nicht von grammatischer Richtigkeit, sondern
     mit ästhetischem Anklang von Wohlgeformtheit.) KANT verteilt übrigens
     intellektuelle (entsprechend Kompetenz) und empirische (Performanz)
     Seite auf Individuum bzw. Gesellschaft (§§ 41, 42), also ähnlich wie
     wir es vom frühen im Gegensatz zum gedruckten SAUSSURE kennen (vgl.
     HIERSCHE 1972, S. 10 f.)!
     Zur Unterscheidung von Intuition als Kontrolle und Kompetenz als
     Vollzug der Sprechtätigkeit s.u. Abschnitt 5.

48   Vgl. auch GOETHE (1950, S. 261): "Warum will sich Geschmack und Genie so selten vereinen? / Jener fürchtet die Kraft, dieses verachtet den Zaum."

von politisch handfesteren Bemühungen, auf Gebieten sachlich neutraler, weil ausschließlich formaler[49] Konventionen zum kraftlos gewordenen Vorbilde angeboten werden. Wie sonst könnte systematisches Training grammatischer Richtigkeit, als Einüben in Konventionen, für abgeschmackt gelten? Mit derlei Polemik ist freilich noch nicht das Ziel des Grammatik-und-Geschmack-Vergleichs erreicht, stehen Anpassung und Identität doch in beiden keineswegs als Drill und autonome Selbstverwirklichung diametral gegenüber, noch fallen sie als Unterwerfung zusammen. Kauft man nun gewisse blaue Hosen mit mutmaßlich haltbarer, doch nach dem dritten Waschen erweislich nicht schleißfester Qualität, weil's der Selbstverwirklichung dient oder weil es alle tun? Vermutlich haben individueller Wunsch und sozialer Zwang gemeinsam die Kaufentscheidung getroffen. Konvention und Spontaneität vereinbarten offenbar hinter dem Bewußtsein des Käufers ein Frühstückskartell[50]. Wie beim modischen Geschmack gibt es auch in der Sprache keine individuelle Entscheidung außerhalb gesellschaftlicher Formbestimmungen (und umgekehrt keine gesellschaftlichen Normen ohne Verwirklichung durch Individuen). Doch endet an dieser Stelle die Parallele, weshalb wir, wie zu zeigen sein wird, die Grammatik einer Sprache, auch wenn sie nur in ihrer Anwendung wirklich existiert, gefahrlos unter vorübergehender Absehung (Abstraktion) ihres Gebrauchs in der Kommunikation betrachten und sogar lehren können, was für eine Grammatik des Geschmacks nicht gilt.

Die Formbestimmungen der Gegenstände und, damit verbunden, der Verhaltensweisen, über die der Geschmack urteilt, sind in allen Gesellschaften weitgehend ökonomischer Art, weshalb sich der Geschmack auch in Abhängigkeit von der Gesellschaftsgeschichte wandelt[51]. Die Formbestimmungen der Wörter und Sätze hingegen, über die die Intuition des kompetenten Sprechers urteilt, sind allen (anderen) gesellschaftlichen Formen gegenüber neutral, weshalb sich die Grammatik (im eingangs vorgeschlagenen engen Sinne und im Gegensatz zur kommunikativen Tätigkeit) unabhängig von kultur- oder gesellschaftsgeschichtlichen Einflüssen verändert, nämlich allein

---

49 Allerdings werden formale Konventionen an Beispielen geübt. In jeder Äußerung wird die analytische Trennung von grammatischer Form und Bedeutungsinhalt notwendigerweise aufgehoben, und es gibt Unmengen von grammatischen Beispielsätzen, die im Effekt weniger grammatische Richtigkeit als vielmehr ideologische Topoi einüben (vgl. GROSSE 1967, ROEHLER 1970).

50 Vgl. ELIAS 1969, II, S. 314:
"Diese fundamentale Verflechtung der einzelnen, menschlichen Pläne und Handlungen kann Wandlungen und Gestaltungen herbeiführen, die kein einzelner Mensch geplant oder geschaffen hat. Aus ihr, aus der Interdependenz der Menschen, ergibt sich eine Ordnung von ganz spezifischer Art, eine Ordnung, die zwingender und stärker ist, als Wille und Vernunft der einzelnen Menschen, die sie bilden."
(Vgl. auch Anm. 129, ebda. S. 475-477).

51 Zu letzterem schon KANT 1960, S. 883 f.

aus Gründen innersystematischen Gleichgewichts[52]. Der Grund für diesen Unterschied zwischen Grammatik und Geschmack liegt wohl darin, daß das Schöne eine sensuelle und das grammatisch Richtige eine intellektuelle Kategorie ist. Sinneswahrnehmungen sind an praktische Tätigkeiten gebunden und berühren damit unmittelbar die Grundlage der Gesellschaft. (Die Verteilung praktischer Tätigkeiten unter den Individuen bildet die Form der Gesellschaft ab.) Theoretische Tätigkeiten hingegen, denen die Sprache ja als Werkzeug dient, sind nur über praktische Tätigkeiten, also mittelbar, auf die Grundlage der Gesellschaft bezogen[53]; und die grammatischen Formen sind im Kontext einer vollständigen Äußerung[54] den mitgeteilten Inhalten gegenüber so autonom, will sagen einflußlos, wie die Farbe gegenüber dem Zweck eines Werkzeugs.

Diese Tatsache rechtfertigt auch den linguistischen Strukturalismus (mit seinen verschiedenen Spielarten) als die dem Gegenstand Grammatik genau angemessene Methode. Sie gibt freilich zugleich einen der versteckten Gründe dafür ab, daß unsere zeitgenössische Gesellschaftswissenschaft die am Regelmechanismus der Sprache entwickelten Methoden paradigmatisch auf andere soziale Institutionen zu übertragen bereit ist[55], deren Formbestimmungen allerdings ihren Funktionen und Inhalten gegenüber keineswegs so arbiträr sind wie die sprachlichen Formen gegenüber ihren Inhalten und der jeweiligen Rolle einer sprachlichen Äußerung im Rahmen menschlicher Handlungen[56]. Die berechtigte einschlägige Strukturalismuskritik, wie sie auch im Rahmen der Sprachwissenschaft selbst vorgetragen wird[57] und eine der Bedingungen für die pragmatische Wende in der Sprachdidaktik war, gäbe also ihre Seriosität preis, wenn sie nicht die Besonderheit der Grammatik (d.i. des Regelmechanismus der Sprache) als eines autonom strukturalen Gebildes anerkennte. Das ist das theoretische Argument

---

52 Das gilt natürlich nicht für Wortbedeutungen, die zwar manchmal (GIESE 1978, 1979), aber nicht von uns zum Bereich der Grammatik gezählt werden (vgl. auch BÜHLER 1965, S. 73 f.). –
Daß Grammatiken sich nicht – wie etwa Regeln der Logik – historisch völlig stabil verhalten, sondern sich überhaupt, wenn auch langsam, verändern, rührt von der empirischen Existenzbedingung des Regelsystems in seiner Befolgung und damit Tradierung durch die Individuen her.

53 Diese äußerst verkürzt vorgetragene Argumentation stützt sich auf den Tätigkeitsbegriff der kulturhistorischen Schule der sowjetischen Psychologie, wie er etwa von A.N. LEONT'EV (1977) vertreten wird.

54 Andere Auffassungen (wie beispielsweise die, ein Verb zeichne sich dadurch aus, daß es eine Tätigkeit ausdrücke) können sich nur auf in diesem Sinne fragmentarische Beispiele (z.B. einzelne Wörter) berufen.

55 Vgl. etwa BOUDON 1973, HUND (Hg.) 1973, NAUMANN (Hg.) 1973.

56 Handlungen gelten hier mit A.N. LEONT'EV (1977, S. 34) als Komponenten der einzelnen menschlichen Tätigkeit und richten sich auf ein bewußtes Ziel.

57 Dazu knapp ELLERBROCK u.a. 1976, S. 44-48.

dafür, daß kommunikative Übungen in der Schule nicht schon unter der Hand die Urteilskraft über grammatische Richtigkeit ausbilden, sondern daß Grammatik in der Schule eine Existenzberechtigung als selbständiger Lerngegenstand hat. Auf dieser Stufe stellt sich das Verhältnis von Identität und Anpassung noch gar nicht als Dilemma, weil die Fähigkeit zu völliger (durchaus bewußt zu machender) Anpassung an die grammatische Konvention schöpferische Produktivität in der Kommunikation überhaupt erst zur Geltung bringen kann. Wir dürfen hier KANTs Bemerkungen über Geschmack und Genie entsprechend als solche über grammatische Kompetenz und kommunikative Virtuosität lesen:

"Der Geschmack ist, so wie die Urteilskraft überhaupt, die Disziplin (oder Zucht) des Genies, beschneidet diesem sehr die Flügel und macht es gesittet oder geschliffen; zugleich aber gibt es diesem eine Leitung, worüber und bis wie weit es sich verbreiten soll, um zweckmäßig zu bleiben; und, indem er Klarheit und Ordnung in die Gedankenfülle hineinbringt, macht er die Ideen haltbar, eines dauernden zugleich auch allgemeinen Beifalls, der Nachfolge anderer, und einer immer fortschreitenden Kultur, fähig" (KANT 1957, S. 421 = KU § 50)[58].

Allein, insofern Grammatik im Gegensatz zu Geschmack ganz jenseits von Moral und Sitte ihr Dasein als bloßes Transportgerät der Begriffe und Gedanken hat[59], können wir das subjektive Moment im Geschmacksbegriff für eine strikte Feldabgrenzung des Grammatikunterrichts sogar ganz außer acht lassen. Bei aller anfänglichen Analogie sind ja auch die Unterschiede hinlänglich bemerkt worden; und so würde denn auch niemand, obgleich sich auch über grammatische Richtigkeit kaum streiten läßt, Grammatik für eine Frage des Geschmacks halten[60]. Grammatik ist Ausdruck einer weitaus selbstverständlicheren und darum zwingenderen Norm. Sie ist das ungeschriebene Gesetzbuch der Urteilskraft über Regelbefolgung bzw. Regelverstoß in der Sprache, dessen Normen sich prinzipiell ohne institutionalisierte Herrschaft, nur durch Anerkennung durchsetzen. Die Grammatik ist also, mit ELIAS' (1969, II, S. 315) Ausdruck, einer von zahlreichen gesellschaftlichen

---

58 Für gesellschaftliche Verflechtungsmechanismen ähnlich ELIAS 1969, II, S. 477: "Das Miteinanderleben der Menschen, das Geflecht ihrer Absichten und Pläne, die Bindungen der Menschen durcheinander, sie bilden, weit entfernt die Individualität des Einzelnen zu vernichten, vielmehr das Medium, in dem sie sich entfaltet. Sie setzen dem Individuum Grenzen, aber sie geben ihm zugleich einen mehr oder weniger großen Spielraum. Das gesellschaftliche Gewebe der Menschen bildet das Substrat, aus dem heraus, in das hinein der Einzelne ständig seine individuellen Zwecke spinnt und webt."

59 Das gilt unbeschadet der Möglichkeit strikter Grenzziehung zwischen Syntax und Semantik, da der Begriff der Grammatik die - gleich ob syntaktische oder semantische - Regelform im Gegensatz zum Bedeutungsinhalt bezeichnet. (Ein und dieselbe Bedeutung kann mit Hilfe verschiedener Regelformen ausgedrückt werden.)

60 Daß man sich in strukturalistischer Manier eine Grammatik des Geschmacks ausdenken kann, spricht keineswegs dagegen, eher umgekehrt.

"Verflechtungsmechanismen", auch eine "zum guten Teil automatisch arbeitende Selbstkontrollapparatur" (ebda., S. 320), aber doch wohl eine solche (vielleicht die einzige), die historisch und weitgehend auch ontogenetisch noch vor "der Ausbildung von Monopolinstituten der körperlichen Gewalttat" (ebda., S. 320), bloß bei je individueller Strafe des Alleingelassenwerdens und folglich Aussterbens entstand[61]. Deshalb kann, was für alle deskriptiv gilt, für den einzelnen durchaus präskriptiv wirken, und zwar ohne dessen Schaden. Schaden nimmt er nur, wenn er den Regeln aller nicht folgt, niemals und in keiner Weise, wenn er sie befolgt.

Genau wegen dieses Unterschiedes, letztlich wegen des in sich ruhend strukturalen Charakters der Grammatik, verfehlt die aus den großen Debatten der bürgerlichen Ästhetik ins didaktische Geplänkel um den Sprachunterricht heruntergekommene Kontroverse um Emanzipation des kreativen Sprechers (Genie) und Sozialisation des mündigen Bürgers (Konvention), bei aller Wichtigkeit *dieser* Thematik, den Gegenstand des Grammatiktrainings (vgl. hier GÖTTERT 1975). Freiheit, auch individuelle, wird auf anderen Schlachtfeldern gewonnen als im Grammatikunterricht. Alles was "bene"[62] sein mag im Sprachgebrauch, kann man durch Kommunikation, etwa im Rahmen projektorientierten Unterrichts, sicher passabel lernen. Was in der Sprache als "recte" gilt, läßt sich hingegen nur in einer systematischen (wenn auch portionsweisen) Betrachtung einsehen und, wo Lerndefizite aus der primären Sozialisation herrschen, als selbständiges Lernziel systematisch verfolgen.

4. Grammatik als Gewohnheit

Offenkundig bedarf es einer möglichst engen Definition von Grammatik, wenn das Lernziel "grammatisch richtig sprechen und schreiben können" nicht im Konzert theoretisch und politisch scheinbar anspruchsvollerer Ziele für den Deutschunterricht untergehen soll. Günstig erscheint eine Definition, die die Funktion der Grammatik für die formale Organisation von Bedeutungswelten herausstellt und gerade durch gesellschaftsformationsneutrale Grammatik von weltsichtsensitiver Semantik analytisch zu trennen erlaubt[63], etwa WUNDERLICH (1978, S. 43):

---

61 Dementsprechend ist es wohl auch mit die erste, die intrapsychisch selbst reguliert werden mußte bzw. muß, und kann daher späteren, im engeren Sinne "zivilisierenden" Selbstzwangschemata zum Vorbild dienen.

62 Vgl. die Unterscheidung bene - recte bei HELMERS 1976, S. 32 f.

63 Was HUMBOLDT (z.B. 1963, S. 153 f.) und seine Nachfolger über WHORF bis BERNSTEIN versäumten.

"Grammatik ist die Menge der Verfahren einer Sprache, um aus kleinsten bedeutungstragenden Einheiten mithilfe syntaktischer Konstruktionen komplexe Bedeutungen herzustellen."[64]

Solche Verfahren, statisch gesprochen die Art und Weise, wie "die Sprache in ihren Elementen systematisch organisiert ist" (H. SCHWENK 1974, S. 110), lernen wir als an sich bedeutungslose Gewohnheiten[65], die ausschließlich dadurch gesellschaftlich relevant sind, daß sie für "gute" bzw. "schlechte" Manieren gehalten werden, d.i. im Rahmen der Einheitssprache für "richtig" bzw. "falsch" gelten. Als Gewohnheit hat Grammatik nichts mit Vernunft zu tun. Was Gewohnheit auf erkenntnistheoretischem Gebiet ist, nach HUME (1902, S. 43-47 = Abschn. V,1) nämlich ein drittes Prinzip jenseits von Vernunft und Erfahrung, das sich nicht selbst begründen kann, zum Handeln aber gebraucht wird, das ist die Grammatik unserer engen Definition in der Sprache: ein Regelsystem ohne Vernunft und Erfahrung, dessen Anerkennung Kommunikation doch erst ermöglicht.

Auch wenn diese enge Bestimmung von Grammatik als Gewohnheit theoretisch gesehen noch semantische und pragmatische Aspekte mit gewissen Einschränkungen umfassen kann, möchten wir für Zwecke des Grammatikunterrichts im engeren Sinne an dieser Stelle doch von ihnen absehen. Ausschlaggebend dafür ist weniger die Tatsache, daß im semantischen Bereich wohl die wenigsten grammatischen Fehler vorkommen und für den Bereich der Pragmatik noch keine umfassende, detaillierte und systematische "Grammatik" in Sicht (vielleicht auch gar nicht möglich) ist, als vielmehr der Weg der Grammatikdidaktik in den siebziger Jahren, die das zentrale Lernziel der grammatischen Richtigkeit mit zunehmenden Gegenstandserweiterungen zunehmend aus den Augen verlor. Definiert man den Grammatikbegriff nämlich nicht eng genug, bleiben spezifische Aufgaben des Grammatikunterrichts ganz auf der Strecke [66]. Umgekehrt schließt die Betonung des Lernziels gramma-

---

64 Freilich berücksichtigt auch WUNDERLICH (1978) das Lernziel 'grammatische Richtigkeit' nur am Rande (S. 52).

65 In diesem Zusammenhang erhellend der begriffsgeschichtliche Abriß von FUNKE (1974).

66 Deutlich bei GIDION/BAHRDT 1973, S. 16 f., tendenziell aber auch in detaillierten Ausarbeitungen "integralen" Grammatikunterrichts wie HARTMANN 1975 (bes. S. 40 f.) und vor allem BOETTCHER/SITTA 1978 (z.B. S. 139-142), für die Grammatikunterricht weder einen autonomen Gegenstandsbereich noch autonome Fragestellungen hat (ebda. S. 165); ähnlich auch die "kommunikative Grammatik" (WIMMER 1974, HERINGER 1974, 1978, S. 37-39). Deshalb erscheinen uns so weite Definitionen wie etwa die von HERRLITZ (1975, S. 167) als für den Grammatikunterricht untauglich: "Unter einer *Grammatik* verstehen wir eine *Beschreibung* (d.h. eine *Theorie*) der Regeln, die der *sprachlichen Kommunikation* in einer bestimmten Sprache zugrunde liegen. Die Grammatik ist also nicht auf syntaktische Regeln eingeschränkt, sondern umfaßt *Phonologie, Morphologie, Syntax, Semantik, Pragmatik*, d.h. die Beschreibung aller der *Regeln*, die konstitutiv und regulativ sind für sprachliche Kommunikation." - Zur Diskussion des Grammatikbegriffs vgl. HARTMANN 1975, S. 9-16.

tischer Richtigkeit auf der Grundlage einer auch didaktisch legitimierten engen Grammatikdefinition keineswegs den Anschluß anderer, weitergehender Konzepte aus, die den Zusammenhang von Sprechen und Handeln, von Sprache und Erfahrung o.ä. (MAAS 1975, 1976, S. 331 ff.; GIESE 1978, 1979; PASIERBSKY 1978) berücksichtigen. Anspruchsvollere Lernziele setzen jedoch in der Reihenfolge des Lernens einfachere voraus. Erst muß garantiert sein, daß die Schüler die hochsprachliche Grammatik als individuelle Gewohnheit weitgehend internalisiert haben, bevor die großen sprachdidaktischen Themen der siebziger Jahre (neben anderen) einen großen Teil des Sprachunterrichts beherrschen dürfen[67].

Wir können nun die elementaren Aufgaben systematischen Sprachtrainings zusammenfassen[68]. Es beginnt mit gezielter Ausbildung derjenigen hochsprachlichen Gewohnheiten, die den Schülern noch nicht geläufig sind. Aus dem primären Spracherwerb (learning by doing: Grammatik im Gespräch) bringen die meisten Schüler je nach Alter, sozialer und regionaler Herkunft Defizite gegenüber den hoch-/standardsprachlichen Gewohnheiten mit, die gemessen am Ziel der möglichst vollständigen Beherrschung der Hochsprache als Lernerfolgs-Mängel gelten müssen und gesamtgesellschaftlich auch so gewertet werden.

(a) Noch nicht gelernte Gewohnheiten (Möglichkeiten) der Hochsprache müssen systematisch ausgeglichen werden (z.B. komplexe syntaktische Strukturen; s. ENGELEN 1970): learning by training.

(b) Anders gelernte Gewohnheiten (Regeln) müssen systematisch korrigiert werden (z.B. Kasussystem in niederdeutschen Dialektgebieten): learning by retraining.

In diesem Zusammenhang geht es also nicht um Kenntnis grammatischer Theorie(n), sondern um die Fertigkeit hochsprachlich richtiger Regelanwendung. Unbewußt befolgte und ratio-

---

67 Vgl. ENGELEN 1979, S. 128: "Die eingangs genannten Ziele des Deutschunterrichts setzen auf seiten der Schüler eine relativ umfangreiche (elaborierte) Beherrschung des Mediums, des Instrumentariums Sprache und weiterhin die Beherrschung bestimmter kommunikativer Fähigkeiten - z.B. die ausreichende Ausverbalisierung des Kontextes - voraus und ziehen sie nicht etwa nach sich, und es gibt durchaus Schüler - und zwar nicht nur vereinzelte, sondern ziemlich viele -, bei denen diese Voraussetzungen nicht gegeben sind, sondern erst geschaffen werden müssen. Und wo sollte das bei diesen Kindern anders geschehen als in der Schule?"
Die "Defizite in der Sprachbeherrschung vor allem in den niederen Niveaugruppen" lassen FRANK (1976, S. 35) mit Recht gegen vorzeitige systematische Beschäftigung mit Grammatiktheorie argumentieren, doch sieht er leider nur die situations- und kommunikationsorientierte Alternative, anstatt für gezieltes kompensatorisches Training hochsprachlicher grammatischer Gewohnheiten zu werben.

68 Für einen selbständigen Bereich "Sprachtraining" plädiert auch HELMERS 1972/1976/1979.

nalem Diskurs nicht zur Disposition stehende Regeln sind Gewohnheiten. Auch wenn die Einsicht in grammatische Kategorien (dazu ZIEGLER in diesem Band) die gezielte Aneignung grammatischer Richtigkeit unterstützen mag, was keineswegs nachgewiesen ist, so kann richtiger Sprachgebrauch doch unter keinen Umständen als "das Ergebnis bewußter Anwendung gelernter grammatischer Regeln" gelten (z.B. WEISGERBER 1974, S. 165; vgl. HELMERS 1976, S. 98-100). Vielleicht gerade weil grammatische Richtigkeit vernünftig nicht begründet werden kann, vernünftige Diskussion aber doch erst möglich macht, gerät sie als Lernziel beim Versuch der Integration von theoretischer Einsicht und richtiger Regelbeherrschung, wie gesehen (beachtlich aber NEUMANN 1976), allzu leicht unter die Räder glänzenderer Ziele, die dann freilich auch nur halb erreicht werden können. Somit erscheint es sinnvoll, alle auf grammatische Richtigkeit hin ausgelegten Lehrziele und Methoden ausschließlich pragmatistisch, d.h. vom Zwecke vollständiger Regelbeherrschung in Wort und Schrift her abzuleiten [69]. Vollständigkeit des grammatischen Trainings heißt dann nicht linguistisch vollständige Systematik, sondern vollständige Beseitigung von Mängeln des primären Spracherwerbs (ähnlich HERINGER 1978, S. 31; vgl. MENZEL 1973, S. 52 f.).

Daneben ist es natürlich völlig legitim und besonders in höheren Klassen auch notwendig, über die richtige Beherrschung (gewohnheitsmäßige Anwendung) der sprachlichen Regeln hinaus auch die Regelmäßigkeit der Sprache, also die Anatomie ihres grammatischen Mechanismus und die kommunikativen Leistungen grammatischer Kategorien im aufklärerischen Sinne von Allgemeinbildung theoretisch einzusehen (wie GOCHT 1974, S. 8 f.) und bewußter Praxis zugänglich zu machen. Dazu taugen exemplarische Teile von Grammatiktheorien auch als selbständiger Lerngegenstand in der Schule. Doch - bei aller gebotenen Vorsicht gegenüber biologistischen Vergleichen - ähnlich wie die Anatomie des Menschen die biologischen Funktionen seiner Lebenstätigkeit ermöglicht, auch ohne daß er ihre Zusammenhänge kennt, und nur bei Funktionsstörungen theoretische Kenntnisse, in schwereren Fällen des ärztlichen Experten, unmittelbaren Nutzen, nämlich durch Abhilfe, verschaffen, kann auch die theoretische Einsicht in den Bau der Grammatik dem alltäglichen Funktionieren des sprachlichen Austauschs nur in den Fällen dienen, in denen die gelernten Konventionen der beteiligten Kommunikationspartner nicht übereinstimmen [70]. Solche Fälle zu vermeiden hilft das gezielte kompensatorische Training hochsprachlicher grammatischer Gewohnheiten.

---

69 Ähnlich ENGELEN 1970, S. 181; 1975, S. 19 f.; 1979, S. 134, DIEGRITZ 1972, H. SCHWENK 1974, S. 111, HERRLITZ 1975, S. 173, MATTHES 1977, S. 131; vgl. auch BRÄNDLE 1975, S. 336, GLINZ 1978, S. 12, WUNDERLICH 1978, S. 53.

70 Nützlich sind hier kontrastive Grammatiken; Literaturbericht KUHNERT 1975.

5. Grammatik mit Galperin

Als methodischer Leitfaden dafür wird hier GALPERINs Lerntheorie vorgeschlagen, die sich vor allem für nicht widersprüchliche und sachlich nicht umstrittene Lerngegenstände bewährt hat[71]. Grammatische wie alle Gewohnheiten sind Musterbeispiele für Lerngegenstände, über deren Vernunft- oder Erfahrungsgehalt sich grundsätzlich nicht streiten läßt, wie im vorigen Abschnitt gezeigt werden sollte. Gewohnheiten existieren oder sie existieren nicht; non disputandum est. Warum sich alle Schüler gerade die Grammatik der Hochsprache angewöhnen sollten, wurde teils oben, teils an anderer Stelle begründet (z.B. auch im vorliegenden Band).

In Begriffen der GALPERINschen Interiorisationstheorie ist *Sprachperformanz* die materielle sprachliche Tätigkeit, *Sprachkompetenz* - als Ergebnis einer etappenweisen Umwandlung materieller sprachlicher Handlungen - die geistige, verallgemeinerte, verkürzte und automatisierte Ausübung des vollziehenden Teils sprachlicher Tätigkeit und *Sprachintuition* die interiorisierte Ausübung ihres kontrollierenden Teils (nach GEIER 1977, S. 44 f.). Der Unterschied zwischen Vollzug und Aufmerksamkeit (GALPERIN 1969, S. 389-396), einem Spezifikum aller menschlichen Handlungen, erlaubt die geforderte Korrektur falsch oder unzulänglich gelernter grammatischer Gewohnheiten. In den (regional und sozial verschiedenen, aber systematisch prognostizierbaren) Fällen grammatischer Abweichungen gegenüber der Hochsprache wären Ergebnis, Grund und Folgen des bisherigen, primären Spracherwerbsprozesses zunächst bewußt zu machen (z.B. mangelnde Unterscheidung von Dativ und Akkusativ). Dabei können Prinzipien genetischen Lernens hilfreich sein (MENZEL 1975, S. 53-55, 1978); für die Reihenfolge des Vorgehens macht ENGELEN (1979, bes. S. 133 ff.) nützliche Vorschläge. Die jeweiligen Abweichungen, sofern sie einer sozio- oder dialektalen Regel folgen und nicht einmalige, also unwichtige Zufallsfehler darstellen, sind als Ergebnisse einer gelungenen (eben weil regelmäßigen) Interiorisation einer hochsprachlich allerdings falschen Gewohnheit zu erklären. Der Interiorisationsprozeß muß also rückgängig gemacht werden[72]. Die Aufgabe des grammati-

---

71 GALPERIN 1969, 1973a, GALPERIN u.a. 1972, LOMPSCHER (Hg.) 1973; einführend KESELING u.a. 1974; Diskussion SCHMITZ 1977. Anwendung im Bereich "Reflexion über Sprache" AIDAROWA 1972, JANTOS 1975 (jeweils mit weiterführender Literatur); s. auch BEHRENS 1979, bes. S. 195 f. Für fremdsprachlichen Grammatikunterricht KRAMER u.a. 1979. Thesen zum Grammatikunterricht vom Boden der Sprechtätigkeitstheorie (mit anderer Absicht als der hier vorgetragenen) auch bei RANK 1977b.

72 Vgl. in diesem Zusammenhang SCHWENK 1976, S. 222:
"für die sprache gilt, daß sie im konkreten handlungsvollzug in komplexer weise auf den verschiedenen ebenen zugleich aktiviert wird, wobei das sprechende subjekt den hierarchisch organisierten sprachlichen ebenen entsprechend sein verhalten in unterschiedlichem maße bewußt steuern kann; und zwar nimmt der grad an bewußtheit von oben nach unten ab. Danach ist der grammatische bereich im wesentlichen den untergeordneten plänen zuzuordnen, die beim menschen automatisch ablaufen" - weil sie vollständig interiorisiert sind!

schen Trainings besteht darin, die seit Abschluß des Lernens einer grammatischen Regel unbewußt ablaufende Kontrollhandlung vorübergehend wieder an die Oberfläche des Bewußtseins zu holen und die neue Regel bewußt zu üben[73]. Dabei kann man gemäß den Etappen der Interiorisationstheorie verfahren (vgl. Anm. 71), bis "die Kontrolloperation, indem sie verkürzt und bis zur Unkenntlichkeit verändert wird", wieder mit der Vollzugshandlung verschmilzt (GALPERIN 1969, S. 391), die neue Regel also unbewußt beherrscht wird.

Der Schüler soll also nicht ein fremdes linguistisch-systematisches Regelsystem erarbeiten, an dem er "sein eigenes, ihm unbewußtes System unmerklich (!) ausrichten und verbessern kann" (so HARTMANN 1969, S. 290). Es geht beim Sprachtraining auch nicht darum, die Aufmerksamkeit auf die schon beherrschten Regeln zu lenken, "um sie erkennen und erklären zu lernen" (so HEBEL 1975, S. 3) – das mag Aufgabe einer "Reflexion über Sprache" sein. Beim Sprachtraining soll der Schüler vielmehr aus einem jeweils bestimmten grammatischen Problem selbst motiviert werden (vgl. ADER/KRESS 1975, S. 13), nämlich aus der Differenz zwischen seiner eigenen und der hochsprachlichen Regel, um den Weg seines bisherigen Lernprozesses zurückzugehen (Exteriorisation) und die neue Regel in ähnlicher Weise, aber systematisch und gezielt, zu lernen wie er früher eine andere, hochsprachlich falsche Regel lernte.

Man wird bemerken, daß durch die Bedeutung der bewußten, aufmerksamen Kontrolle als Motor dieses Umgewöhnungsprozesses der Schüler ad hoc eine "linguistische Einstellung" zur Sprache (vgl. AIDAROWA 1972) wiedereinnehmen muß, wie sie alle Kinder beim primären Spracherwerb entwickeln. Auf dem jetzt höheren, reflektierten Niveau nähert er sich freilich wissenschaftlichen Verfahren und wird zunehmend auch grammatische Begriffe verwenden müssen. Angeregt durch praktische Probleme der eigenen Sprachkompetenz lernt das Kind jetzt, "sich bewußt zu machen, was es tut, und damit willkürlich mit seinen eigenen Fähigkeiten zu operieren" (WYGOTSKI 1969, S. 231)[74]. Das elementare Lernziel "grammatische Richtig-

---

73 Vgl. GALPERIN 1969, S. 391: "die Kontrolle verläuft in Form des Anlegens des Musters an die Zwischenergebnisse und das Endergebnis der Handlung" und den ganzen Zusammenhang. – In Erinnerung an den 3. Abschnitt des vorliegenden Aufsatzes hören wir noch einmal ELIAS 1969, II, S. 319: "Eine beständige Selbstüberwachung, eine höchst differenzierte Selbstregelung des Verhaltens ist notwendig, damit der Einzelne sich durch dieses Gewühl (des Verkehrs; bei uns analog der hochsprachlichen Gewohnheiten; U.S.) hindurchzusteuern vermag." – Zum Problem der Aufmerksamkeit vgl. auch GALPERIN 1973b und KABYLNIZKAJA 1972. –
Charakteristisch anders hingegen HARTMANN 1975, S. 40:
"Ziel des Grammatikunterrichts ist die Fähigkeit, jede Kommunikationssituation als neue Situation bewußt zu erleben". Vgl. auch GLINZ 1975.

74 Zu WYGOTSKIs Auffassung vom "Bewußtmachen" vgl. auch A.N. LEONT'EV 1971. Das gleiche Problem behandelt auch LUHMANN 1978, so etwa S. 219: "Dann wird nicht nur die Differenz von Handelndem und Situation (!) zurechnungsrelevant, sondern außerdem noch die Möglichkeit des Handelnden, sich zu dieser Differenz einzustellen und die sich aus ihr ergebende Selektivität seines Handelns zu kontrollieren."

keit" braucht also gar nicht, wie etwa ULSHÖFER (1974, S. 353) impliziert, aus einer "allgemein anerkannten Gesellschaftstheorie" abgeleitet zu werden und eröffnet doch den Zugang zu komplizierteren Bereichen der Reflexion und Kommunikation über Sprache[75] und den Weg zu "kontrollierter Sprachtätigkeit" (vgl. RIEHME/SCHRUMPF 1976, S. 79). Nur dienen linguistische Kenntnisse über Eigenarten und Strukturen der Sprache nicht als autonome Lerngegenstände in der Schule, sondern als rationale Hilfsmittel auf dem Weg zu allgemeinen Bildungszielen, ohne daß Erziehung deswegen ihr wissenschaftliches Fundament verlöre.

---

75 Dazu AUGST 1976, ERLINGER 1976; im Anschluß an GALPERIN zum Grammatikunterricht auch A.A. LEONT'EV 1975, S. 278 ff.

Volker Broweleit

Kompensatorischer Sprachunterricht

1. Historische Implikationen eines eingeschränkten Sprachunterrichts in der Volksschule

Hatte Friedrich II. noch 1779 unverblümt für einen stark eingeschränkten Sprachunterricht in den Volksschulen plädiert, um den Ständestaat zu stabilisieren (vgl. J.B. MEYER 1885, S. 170), setzten sich im Zuge der deutschen Aufklärung zunehmend einzelne Methodiker dafür ein, allen Schülern eine möglichst umfassende Sprachkompetenz zu vermitteln. So forderte der Methodiker Lorenz KELLNER 1838 in der Nachfolge der deutschen Aufklärung einen umfassenden Sprachunterricht für die Volksschule:

"Der Zweck des Sprachunterrichts in der Volksschule ist, die Kinder so weit in den vollen und freien Besitz ihrer Muttersprache zu setzen, als dies durch die jeweilige Reife des kindlichen Geistes und dessen Anschauungskreis bedingt ist und als notwendig erscheint, um nicht bloß eine Grundlage für jede höher gehende Bildung zu geben, sondern auch mit Nutzen an jenen bildenden und belehrenden Einwirkungen theilzunehmen, welche das kirchliche und bürgerliche Leben darbietet. Wir können diesen Zweck kurz mit den Worten: *Sprachverständnis* und *Sprachfertigkeit* bezeichnen. Ersteres, nämlich das Sprachverständnis, besteht in der Fähigkeit, durch Bücher und geselligen Verkehr uns zuströmende Gedanken sachlich klar und richtig aufzufassen, mithin das gesprochene und geschriebene (gedruckte) Wort zu verstehen; es schließt also das *Lesen* in sich. Die Sprachfertigkeit hingegen ist die Fähigkeit, *eigene* Gedanken und Gefühle mit klaren und bestimmten Worten mitzutheilen, sei es nun durch die mündliche Rede, oder durch Schriftzeichen, weshalb sie wieder das *Schreiben* in sich schließt. Daß von beiden immer das eine das andere zur Voraussetzung hat, daß beide Zwecke Hand in Hand gehen, namentlich aber die Sprachfertigkeit das Sprachverständnis in sich schließt, bedarf kaum der Erwähnung, da man ja nicht gebrauchen kann, was man nicht versteht" (C. KEHR 1879, II, S. 254).

KELLNER und andere Methodiker haben detailliert dargelegt, auf welche Weise man diese umfassende Zielsetzung erreichen könne. Die geforderte umfassende Fähigkeit der schöpferischen Produktion und analytischen Rezeption von schriftlichen und mündlichen Formen des Sprachgebrauchs in der Einheitssprache (Hochsprache) wurde jedoch in der Realität aus verschiedenen Gründen nie erreicht. Zu diesen Gründen gehören der Stand der fachdidaktischen Entwicklung, die Art der Lehrerausbildung, die äußeren Bedingungen in der Volksschule und nicht zuletzt die sozial und regional bedingten Voraussetzungen

der Schüler. Die fortschrittlichen Bemühungen demokratisch
gesinnter Pädagogen wurden nach 1848 im Zuge der Restauration auf verschiedene Weise mehr und mehr zurückgedrängt,
weil jene Kräfte nach den gescheiterten Versuchen gesellschaftlicher Veränderungen die Oberhand behielten, die es
schon immer für gefährlich (bezüglich ihrer Privilegien) gehalten hatten, das "gemeine Volk" hochsprachlich umfassend
auszubilden. Besonders deutlich wird diese Tendenz an den
Preußischen Richtlinien von 1854, die den sprachlichen Unterricht in der Volksschule auf die angeblichen "Bedürfnisse"
der unteren Volksschichten beschränkt sehen wollten. In Konsequenz dieser amtlichen Vorgabe formulierten dann auch verschiedene Methodiker entsprechend eingeschränkte Zielsetzungen, die vor allem eine vertiefte Einsicht in komplizierter
strukturierte Erscheinungen des mündlichen und schriftlichen
Sprachgebrauchs notwendig verhinderten, z.B.:

"In die gewöhnliche Volksschule gehört ein für sich bestehender, abgesonderter grammatischer Unterricht jedoch nicht. Sie hat mit dem Anbau
des unmittelbaren Verständnisses und mit der Pflege des unmittelbaren
Gebrauchs der Schriftsprache alle Hände voll zu thun. Du sollst nicht
begehren, was in deines Nächsten Haus, der höheren Schule, vorgeht!
steht für sie geschrieben" (F. OTTO 1857, S. 14).

Die bereits erwähnten schwierigen Bedingungen des Unterrichts
in der Volksschule in Verbindung mit diesen amtlichen bzw.
methodischen Vorgaben führten dazu, daß die Volksschullehrer
guten Gewissens scheinbar fruchtlose Bemühungen aufgeben
konnten, um den Unterricht mehr auf "praktische" Bereiche
zu konzentrieren. Neben den sogenannten Realien galten insbesondere das Lesen, das Abschreiben und das Auswendiglernen
als "praktische" Fertigkeiten, die den niederen Ständen zukamen.
   Seit Beginn des Kaiserreiches wurden die Begründungen differenzierter, die die bestehende Aufteilung des Bildungssystems in Standesschulen höherer und niederer Qualität bewahren sollten:

"Ihre Vorzüge liegen in der leichten Anpassung an die Begabung der Schüler und an die Bildungsbedürfnisse der einzelnen gesellschaftlichen
Schichten. Der Fortschritt der Zivilisation drängt zur Arbeitsteilung
und damit zur sozialen Schichtung. Da nun für einen erheblichen Teil der
Arbeit eine geringere Bildung ausreicht, wäre es nationale Kraftverschwendung, wenn man die Bildung über das Maß der Bedürfnisse hinaus steigerte,
und die Forderung gleicher Bildung für alle wäre geradezu Unnatur, denn
die Begabung der Menschen ist verschieden ..." (L. WEGENER 1910, S. 11 f.).

Diese Äußerung von WEGENER war für die pädagogische Öffentlichkeit bestimmt. Nichtöffentliche Äußerungen zur Bildungspolitik zeigen deutlicher die Niederhaltung der Volksbildung.
So unterbreitete Reichskanzler Bismarck am 16. März 1890
Kaiser Wilhelm II. einige Vorschläge zur Veränderung des Bildungswesens, die den "Übertreibungen unseres Schulwesens"
entgegentreten sollten. Seine Vorschläge fanden das Wohlwollen des Kaisers und wurden zum großen Teil verwirklicht:

"Unsere höheren Schulen werden von zu vielen jungen Leuten besucht, welche weder durch Begabung, noch durch die Vergangenheit ihrer Eltern auf einen gelehrten Beruf hingewiesen werden ... Die Folge ist die Überfüllung aller gelehrten Fächer und die Züchtung eines staatsgefährlichen Proletariats Gebildeter. An diese schließt sich die Halbbildung an, welche Ergebnis der zu hohen Anforderungen an die Volksschulen ist. Sie verleidet den Kindern den Beruf ihrer Väter, gründet in ihnen das Streben nach Zielen, welche sie nicht erreichen, und also die Unzufriedenheit. ... macht sich schon bei der Volksschule in nachteiliger Weise geltend. Auch hier besteht die Neigung, den Lehrstoff auszudehnen und die Anforderungen über das dem gesetzlich obligatorischen Elementarunterricht gesteckte Ziel fortschreitend immer weiter hinaufzuschrauben. Die Folge hiervon ist, daß die Schüler, anstatt durch die Schule für das praktische Leben brauchbar gemacht zu werden, den Aufgaben desselben und den Verhältnissen, in welchen sie und ihre Eltern leben, entfremdet werden" (ERZIEHUNG UND WISSENSCHAFT 1977/3).

Im Hinblick auf die historischen Implikationen eines eingeschränkten Sprachunterrichts in der Volksschule ist weiterhin von besonderem Interesse die Einstellung der seit etwa 1900 existierenden bürgerlichen Reformpädagogik. Der Rückgriff der Reformpädagogen auf die Kategorien "Bedürfnis" ("vom Kinde aus") und Lebensnähe machte sie - zum Teil, ohne daß sie es wollten - zu Anwälten einer "volkstümlichen Bildung", die von den gegebenen Bedingungen ausging, aber auch dabei stehen blieb.

Aus der in diesem Sinn im einzelnen noch weithin ungeschriebenen Geschichte der bürgerlichen Reformpädagogik im Kaiserreich und in der Weimarer Republik wählen wir als Beispiel für den dargestellten Zusammenhang Berthold OTTO. Berthold OTTO bietet in seinen Schriften zahlreiche Indizien für die Feststellung, daß die "Reformen" der bürgerlichen Reformpädagogen, so "progressiv" sie subjektiv gemeint sein mochten oder sich ausgaben, objektiv der Niederhaltung der Volksbildung dienten, wobei diese Niederhaltung glorifiziert wurde. Um dies zu erkennen, muß man sich lösen von der verklärenden Darstellung der bürgerlichen Reformpädagogik in der bürgerlichen Geschichtsschreibung. Dann wird zum Beispiel bei Berthold OTTO sichtbar, daß er 1914 in seiner "Zukunftsschule" extrem militaristische Zielsetzungen erhob, auf deren Hintergrund die didaktischen Zielsetzungen genauer erkennbar werden:

"Die Zukunftsschule ... liefert Soldaten, die das Gehorchen nicht erst im Heere lernen zu brauchen, sondern, die von vornherein von der Notwendigkeit des Gehorsams nicht nur überzeugt sind, sondern auch vollständige - ich möchte sagen wissenschaftliche - Einsicht in diese Notwendigkeit haben. Wir erziehen ... zum ... unbedingten Gehorsam" (B. OTTO 1914, S. 174).

Berthold OTTOs "Gesamtunterricht" und seine "Zukunftsschule" zielen objektiv auf die Niederhaltung der Volksbildung, um den Herrschenden ein unkritisches und damit folgsames Volk zu schaffen, von dem sie keine Einschränkungen ihrer Privilegien zu befürchten hätten. So spricht sich OTTO noch 1925 für die Abschaffung der Genetivform in den Gesprächen des Gesamtunterrichts der Volksschule aus (nicht "meines Nachbars Buch", sondern "meinem Nachbar sein Buch"), da die Genetivform nicht dem "lebendigen Volksgeist" gemäß sei (vgl. V. BROWELEIT 1980, S. 46 ff., S. 237).

Solche Forderungen waren nach der Machtübernahme der Faschisten 1933 willkommen, um die vorher partiell aufkommenden demokratischen Tendenzen zur Verbesserung der Volksbildung wieder einzuschränken. Den Volksschullehrern sollte die Einschränkung des Sprachunterrichts ideologisch verbrämt als positive Entwicklung verdeutlich werden:

"Diesem neuen und erwachten Deutschland ist das ganze Bildungsgerede ein Brechmittel geworden. Man will zu einer neuen Einfachheit und zu einer neuen Fülle des Daseins hindurchstoßen. Man will Formen des Daseins ergreifen, die von ihm selber her gewiesen sind. Man will keine Abseitigkeit der Bildung. Man will keine Kostbarkeiten der Erziehung. Man will in den Lebensraum der Nation mit dem erquickenden Gefühl echter Anteilnahme wiedereintreten. Man will nicht beiseite stehen. Man will nicht zum Objekt werden. Ein leidenschaftlicher Aktivismus, der zugleich gehorchen will, ist da und hat sich durch keine Verordnung des alten Staates einschüchtern lassen" (A. DIETRICH 1933/34, S. 221).

Auf den Sprachunterricht bezogen bedeuten diese "richtungsweisenden" Äußerungen des Jahres 1933/34 in der für die Volksschule offiziösen Fachzeitschrift, daß eine wissenschaftlich systematische Muttersprachausbildung ausgeschlossen wird, weil das den "leidenschaftlichen Aktivismus, der zugleich gehorchen will" beeinträchtigen könnte. Diese Erkenntnis hatte bereits die bürgerlichen Reformpädagogen dazu bewogen, die Volksschüler zu einer "neuen Einfachheit" durch die Konzentration auf von ihnen ausgewählte Aspekte des "Daseins" zu führen.

Eine weitere Unterstützung erfuhr jene Tendenz im Faschismus durch die Vertreter der idealistischen Psychologie an den Hochschulen. So nahm der Psychologe MÜLLER-FREIENFELS 1934/35 in seiner Abhandlung "Von der 'Richtigkeit' des 'falschen' Sprechens" Ergebnisse voraus, wie sie dann in ähnlichem Zusammenhang mehr als 30 Jahre später der amerikanische Linguist LABOV dargestellt hat.

"So hat sich auch der Sprache gegenüber die Wertung geändert ... man sieht in *anderen* Sprachgestalten, etwa den Stammesdialekten, nicht mehr schlechthin 'falsches Deutsch', sondern erkennt ihnen eine gewisse Berechtigung und eigene Werte zu. ... Das offenbart sich auch darin, daß alle diese 'Sondersprachen' nicht etwa ein Chaos von Fehlern und Mißbräuchen sind, sondern einer ganz bestimmten *Gesetzlichkeit* unterliegen, die wissenschaftlich faßbar ist. Und daß sie auch ästhetische und andere Werte haben, die der Schriftsprache nicht zukommen" (R. MÜLLER-FREIENFELS 1934/35, S. 58).

Von dieser Aussage ist es nur noch ein kleiner Schritt bis zur Differenzhypothese der siebziger Jahre (vgl. W. LABOV 1972, S. 92 ff.). Auch die weiteren Konsequenzen für den Sprachunterricht und deren Begründungen sind sehr wohl mit Entwicklungen der Gegenwart vergleichbar, wie noch zu zeigen sein wird. MÜLLER-FREIENFELS behauptet, daß die jeweilige

Herkunftssprache mit ihren sozialen Implikationen lediglich im Vergleich zum Schriftdeutsch defizitär sei, nicht jedoch für die Lebenssituation der Unterschichtsprecher (vgl. MÜLLER-FREIENFELS 1934/35, S. 62 f.). Die Begründung dafür, daß die Hochsprache lediglich in eng begrenztem Umfang in den Volksschulen erlernt werden sollte, wird von MÜLLER-FREIENFELS durch Glorifizierung der "Volkssprache" versucht:

"Und die Volkssprache in ihren tausend Varianten ist ein immer sprudelnder Quell, den die Schule nicht verstopfen und nicht schlechthin mit dem Stigma 'falschen Sprechens' brandmarken sollte" (R. MÜLLER-FREIENFELS 1934/35, S. 65).

Die einzelnen Bemühungen zur Umgestaltung des Sprachunterrichts durch den Faschismus kann man in der Zeitschrift der "Reichsfachschaft 4" (Volksschule) des "Nationalsozialistischen Lehrerbundes" ("Die Volksschule") verfolgen, die von Herbert FREUDENTHAL herausgegeben wurde. FREUDENTHAL behielt seinen Einfluß auf den Sprachunterricht in der Volksschule bis in die sechziger Jahre hinein (vgl. H. FREUDENTHAL 1957, S. 103 ff.). Im Rückgriff auf HILDEBRAND (vgl. R. HILDEBRAND 1910, S. 6) verabsolutiert FREUDENTHAL die Forderungen nach der Überbetonung der gesprochenen Sprache, um die geschriebene Sprache (und damit die Hochsprache) für die Volksschüler an den Rand zu drücken:

Die Volksschule "darf es im Bewußtsein der Schüler nicht auf eine allgemeine Schulung geistiger Vermögen abgesehen haben, sondern auf die Schaffung natürlicher Arbeitsanlässe und werthafter Arbeitsinhalte. So hat der Sprachunterricht in erster Linie zu pflegen das lebendige Sprechen in der Gemeinschaft als Mitteilen, Erzählen, Verkünden, Überreden, Begeistern und nicht die Sprachlehre ..." (H. FREUDENTHAL 1936/37, S. 222).

Erklärtes Ziel des Faschismus war die "artgemäße Spracherziehung" (vgl. L. HOTES 1938/39, S. 625 ff.):

Der Sprachunterricht "muß der Heimatmundart den ihr stofflich und methodisch gebührenden Platz im Unterricht einräumen. Und er darf seine Aufgabe nicht in der Vermittlung einer Form der Hochsprache erblicken, die dem Volksschulkind wesensgemäß ist. ... Wie der Intellektuelle Begriffe, der schlichte Mann und die einfache Frau aus dem Volke hingegen Anschauungen von den Dingen gewinnen wollen, so ist auch die Intellektuellensprache vorzugsweise begrifflich, die volkstümliche Hochsprache (Volkssprache) dagegen anschaulich gestaltet. ... Die gegenstandsferne und keineswegs volksnahe akademische Hochsprache ist also keineswegs etwas Besseres, Vollkommeneres als die blut- und bodenverhaftete volkstümliche Hochsprache ..." (E. FISCHER 1938/39, S. 210).

Die hier getroffene Unterscheidung zwischen Hochsprache und "volkstümlicher Hochsprache" (= Umgangssprache) geht auf Gertrud FERCHLAND zurück, die 1935 in ihrer grundlegenden Schrift einen eingeschränkten Bildungsauftrag der Volksschule zum "schlichten Menschen" betont hatte (G. FERCHLAND 1935, S. 11).

Die exemplarisch aufgeführten Belege für die Einschränkung des Sprachunterrichts in der bürgerlichen Volksbildung seit deren Beginn sollen keine differenzierte Geschichtsschreibung dieses Phänomens ersetzen. Die herausgegriffenen Belege können jedoch verdeutlichen, daß aus gesellschaftspolitischen Interessen ein systematischer Unterricht in der Hochsprache, wie er von demokratisch eingestellten Methodikern seit langem gefordert wird, verhindert wird, was besonders in den Zeiten der Restauration (nach 1849 und im Faschismus) erkennbar ist. Die restaurative Niederhaltung des Sprachunterrichts der bürgerlichen Volksbildung, die u.a. in der Entfernung von der Hochsprache besteht, wird von Anfang, auch das zeigen die exemplarisch angeführten Belege, durch Beschwichtigungstheorien begründet, auf die wir später noch einzugehen haben. Diese Beschwichtigungstheorien beziehen sich auf die in der Realität vorgefundene sprachliche Situation, so daß es an dieser Stelle nötig ist, auf die Bedingungen sozial begründeter Sprachdefizite näher einzugehen.

2. Bedingungen sozialer Sprachdefizite

Der Terminus Sprachdefizit bedeutet in diesem Zusammenhang einen Mangel am Erreichen der Einheitssprache (Hochsprache). Es wird demnach die Einheitssprache als Kriterium der Mangelfeststellung herangezogen. Qualitative und quantitative Beschreibungen dieses Defizits haben sowohl dialektale als insbesondere soziolektale Implikationen (vgl. U. AMMON 1973a, S. 37 ff.).

Dieses Defizit hochsprachlichen Ausdrucksvermögens wird besonders deutlich bei der Gegenüberstellung der Sprachleistung von Volksschülern und Gymnasiasten, da die Schularten sozial bedingt sind. Wir geben dafür ein Beispiel aus einer Diskussion zum Thema "Rauchen und Trinken auf Klassenfahrten und Klassenfeiern":

"Also wie Gabriele eben sagte / daß wenn die Eltern jetzt äh nicht erlauben / dann könn se auch nichts dran machen / wenn dahinter also is / wenn die Polizei oder so jemand würde dahinter kommen / und würde das sehen / der könnte dann die Polizei benachrichtigen / und daß äh die Polizei denn da herkommt / und dann die Eltern dann äh also ausfragen und so" (Volksschüler, 7. Schuljahr).

"Äh hier wird gesagt äh / daß die Jugendlichen nicht selber entscheiden können / äh ob sie nun rauchen und trinken wollen / aber äh wenn sie richtig informiert werden würden / also wenn äh die meisten na Eltern nicht zurückständen / und äh viele sind ja sehr konservativ / wären, dann würden sie wesentlich besser informiert werden / und auch objektiver / und dann könnten sie selber entscheiden / und dann wäre das ganze Problem eigentlich schon beseitigt" (Gymnasiast, 7. Schuljahr).

Obwohl der Beitrag des Gymnasiasten keineswegs ganz ohne Sprachfehler bzw. "Füllsel" ist, zeigt er durch die differenzierte Unterordnung von Teilsätzen und den gezielten Einsatz konjunktivischer Formen ungleich reichere Möglichkeiten, schwierige Sachverhalte expliziert zu verdeutlichen, während der Volksschüler mehr mit impliziten Bedeutungen parataktisch konstruierter Sätze operiert, was die Wirkung seiner Aussage stark beeinträchtigt. Für die Beschreibung realer Sprachdefizite bei Unterschichtschülern mögen folgende Ergebnisse einer empirischen Untersuchung dienen, die sich speziell auf die Fähigkeit zum Diskutieren richtete (vgl. V. BROWELEIT 1980, S. 132 ff.):

a) Unterschichtschüler beteiligen sich weniger als Mittelschichtschüler an Diskussionen,
b) Unterschichtschüler sprechen mit niedrigerem Informationsgehalt, d.h. mit einem höheren Anteil von für das Verstehen dysfunktionalen Elementen,
c) Unterschichtschüler beteiligen sich mit kürzeren Beiträgen an Diskussionen, d.h. wichtige Argumentationsbestandteile fehlen,
d) Unterschichtschüler umgehen die sprachliche Darstellung komplexer logischer Zusammenhänge, d.h. sie sprechen mit impliziten Bedeutungen,
e) Unterschichtschüler geben in generell kürzeren Beiträgen prozentual weniger Begründungen ihrer Argumentationen,
f) Unterschichtschüler neigen mehr dazu, fremden Argumenten zuzustimmen als diesen kritisch zu begegnen.

Insgesamt sind Unterschichtschüler demnach in Diskussionen benachteiligt, auch wenn sie vordergründig die Hochsprache verstehen.

Neben derartigen indirekten Defiziten wurden in empirischen Untersuchungen direkte Defizite im Hinblick auf die Beherrschung hochsprachlicher Normen festgestellt. Folgende grammatische Fehler wurden bei den Unterschichtschülern vor allem registriert: Schwund wichtiger Demonstrativpronomina, Verwechslung verschiedener koordinierender Adverbialbestimmungen und verschiedener Interrogativpronomina, sinnverändernde Vertauschungen der Wörterreihenfolge in Satzgliedern, falscher konsekutiver Anschluß, falscher Numerus, falscher Artikel, falscher Kasus nach Präpositionen, falsche Form der Negation. Des weiteren treten stilistische und artikulatorische Defizite auf, die hier nicht einzeln dargestellt werden sollen.

Die sprachlich "Besitzlosen" sind und bleiben benachteiligt, da die Hochsprache als Standardsprache überregional gefordert wird und nur sie für öffentliche Wirksamkeit tauglich ist. Die räumliche Beschränkung der Dialekte und der Umgangssprache (vgl. U. AMMON 1973b, S. 171 ff.) schränkt deren Sprecher auf minderqualifizierte berufliche Tätigkeiten ein.

Da der Besitz der Fähigkeit zur Beherrschung der Hochsprache zugleich eine Voraussetzung für die Anteilnahme an den gesellschaftlichen Auseinandersetzungen ist, bedeutet das sozial bedingte Sprachdefizit zugleich ein Defizit im Hinblick auf Mitsprache im öffentlichen Leben. Es geht also letztlich nicht um individuelle Defizite, sondern um Klassendefizite. Damit gewinnt die Frage nach den sozial bedingten Defiziten in der Beherrschung der Einheitssprache wie auch die Frage nach einer möglichen Kompensation dieser Defizite eine gesellschaftspolitische Dimension.

3. Gesellschaftliche Auswirkungen sozial bedingter Sprachdefizite

Die Einheitssprache (Hochsprache) ist eine Bildungssprache. Diese Feststellung ist in der Vergangenheit häufig zum Zwecke der Diffamierung mit mannigfachen negativen Attributen verbunden worden, um davon abzulenken, daß die Einheitssprache insbesondere ein Instrument der Machtausübung ist. Die ungleiche Verteilung der Einheitssprache stabilisiert die Herrschaft der Wenigen über die Vielen. Der der Hochsprache nicht voll Mächtige befindet sich gegenüber der Hochsprache in einer hoffnungslosen Situation, vergleichbar etwa der Situation des 'Gebildeten' gegenüber einer fremden Fachsprache. So wird der Nichtjurist wenig anfangen können mit dem folgenden juristischen Text aus dem Bürgerlichen Gesetzbuch:

"§ 854 (Erwerb des Besitzes): Der Besitz einer Sache wird durch die Erlangung der tatsächlichen Gewalt über die Sache erworben ... § 855 (Besitzdiener): Übt jemand die tatsächliche Gewalt über eine Sache für einen anderen in dessen Haushalt oder Erwerbsgeschäft oder in einem ähnlichen Verhältnis aus, vermöge dessen er den sich auf die Sache beziehenden Weisungen des anderen Folge zu leisten hat, so ist nur der andere Besitzer. ... § 858 (Begriff der verbotenen Eigenmacht): Wer dem Besitzer ohne dessen Willen den Besitz entzieht oder ihn im Besitz stört, handelt, sofern nicht das Gesetz die Entziehung oder die Störung gestattet, widerrechtlich (verbotene Eigenmacht). Der durch verbotene Eigenmacht erlangte Besitz ist fehlerhaft. Die Fehlerhaftigkeit muß der Nachfolger im Besitz gegen sich gelten lassen, wenn er Erbe des Besitzes ist oder die Fehlerhaftigkeit des Besitzes seines Vorgängers bei dem Erwerbe kennt."

Die dem Nichtfachmann erschwerte Rezeption dieses Textes ist dem erschwerten Verständnis von Texten aus Fernsehen, Radio, Büchern, Zeitungen und Zeitschriften bei einem Mangel an Besitz der Einheitssprache vergleichbar.

Die Tendenz, den unteren Schichten das durch Sprache vermittelte Herrschaftswissen vorzuenthalten, um die eigene privilegierte Position zu stabilisieren, hat eine lange Tradition. Besonders deutlich ist eine solche Vorgehensweise am Unterrichtswesen des Feudalismus erkennbar. Alle relevanten Kenntnisse und Fertigkeiten waren damals jahrhundertelang nur in der internationalen Kirchen- und Gelehrtensprache Latein zugänglich, die in der Regel nur in den Bildungseinrichtungen der Kirche von einer kleinen Minderheit erlernt werden konnte. Anteilnahme an der Macht setzte die Fähigkeit zur Beherrschung des Latein voraus, wie an einem Sprachlehrbuch (Juan Luis VIVES) des Spätmittelalters erkennbar wird:

"... alii penitiora tradunt artis; alii Rhetoricem, Dialecticem, et reliquas disciplinas enarrant, quae liberales seu ingenuae dicuntur ... Quia illis decet unumquemque ingenuum imbui; contra, quae sunt illiberales, circumforaneae, sordidae, quae vel labore corporum vel manibus exercentur, servis potius congruunt, et hominibus qui ingenio parum valent. (... die anderen (Lehrer) vermitteln die höheren Stufen der Kunst: die einen die Rhetorik, andere legen die Dialektik dar, wieder andere die übrigen Künste, die man frei und edel nennt ... Weil sie dadurch ausgezeichnet sind, daß sie jeglichen Geist erfüllen. Im Gegensatz dazu gibt es auch unfreie, gemeine und unsaubere Künste, die durch körperliche beziehungsweise manuelle Arbeit ausgeübt werden. Sie sind für Diener und weniger talentvolle Menschen bestimmt)" (E. GARIN 1966, S. 284 f.).

Neben dem eigentlichen Sinn, sich im Lateinischen zu üben, vermittelt dieses Lehrbuch demnach die Erkenntnis, daß zu den höheren Studien (und damit zum höheren Einfluß) auch die aus der Antike überlieferten "sieben freien Künste" (artes liberales) notwendig waren. "Frei" waren diese Künste (z.B. lateinische Grammatik, Dialektik und Rhetorik) hauptsächlich darum, weil sie den Unfreien nicht zukamen.

Eine solche Trennung der Sozialchancen durch ungleiche Verteilung der Standardsprache hat sich bis in die heutige Zeit fortgesetzt. Nur wer die Einheitssprache differenziert und allseitig beherrscht, wird für die weiterführenden Schulen selektiert. Die soziale Verteilung der Schüler auf die einzelnen Schularten ist derart dysproportional, daß in einzelnen 9. Gymnasialklassen bereits kein Unterschichtschüler mehr zu finden ist (vgl. V. BROWELEIT 1980, S. 147 ff.). Auch die Verschiebung des Zeitpunktes dieser Selektion durch die Einführung der Orientierungsstufe hat kaum Veränderungen gebracht, da der Unterricht der Orientierungsstufen nicht kompensatorisch konzipiert ist. Damit dient die Einrichtung von Orientierungsstufen weniger der "Chancengleichheit" und der "sozialen Integration" als vielmehr der "optimalen Leistungsförderung" der Schüler mit guter sprachlicher Vorbildung durch das Elternhaus (NIEDERSÄCHSISCHES KULTUSMINISTERIUM o.J.,S. IV).

Wie im Feudalismus bleibt auch heute die Hochsprache (damals das Latein - heute das Hochdeutsche der Medien, der Wissenschaften, der Künste, der Politik) dem Volke weitgehend verschlossen. Im Feudalismus wurde die privilegierende Bildungssprache durch das nur einer kleinen Minderheit vorbehaltene Schulwesen vermittelt. Heute wird die Bildungssprache den Kindern aus der Mittelschicht bereits im Elternhaus vermittelt, während die Kinder aus der Unterschicht in ihren Elternhäusern bei der Umgangssprache, beim Dialekt, verharren. Diese familiär vermittelte unterschiedliche Sprachkompetenz wird in der Primarstufe nicht in einem Ausmaß kompensiert, das soziale Chancengleichheit bewirken könnte. So kann die Selektion nach der Grundschule bzw. nach der Orientierungsstufe den sozial bedingten ungleichen Sprachbesitz zur Grundlage der Selektion für den Besuch der weiterführenden Schulen machen: Sprachdefizite familiärer Entstehung werden durch das herkömmliche dreigliedrige Schulsystem perpetuiert.

Daher verlassen Unterschichtschüler in der Regel die Hauptschule, ohne daß sie grammatisch, stilistisch und artikulatorisch die Hochsprache in Rezeption und Produktion allseitig und differenziert beherrschen. Die gesellschaftlichen Auswirkungen dieser Tatsache können umschrieben werden als Stabilisation bestehender sozialer Bedingungen. Von Chancengleichheit ist dieser Zustand weit entfernt. Dieser für die Mehrheit des Volkes unbefriedigende Zustand könnte Unzufriedenheit mit den bestehenden Bedingungen hervorrufen, wenn er den Angehörigen der Unterschicht bewußt würde. In der exemplarischen Antwort auf die Frage nach den historischen Implikationen des nicht auf Kompensation zielenden Deutschunterrichts der bürgerlichen Volksbildung wurde bereits deutlich, daß der bürgerlichen Wissenschaft die Aufgabe zufällt, zu beschwichtigen. Was de facto ein Defizit ist (also ein unbefriedigender Zustand), wird von den bürgerlichen Wissenschaftlern, die im Dienste herrschender Interessen stehen, beschwichtigend als bloße Andersartigkeit, als "Differenz" beschrieben. Die weitgehend linguistik-immanent geführte Diskussion der letzten Jahre hat (wohl nicht zufällig) vergessen gemacht, daß die Differenz-Hypothese so alt ist, wie der Versuch restaurativer Bildungspolitiker, dem Volke den Besitz an der Hochsprache vorzuenthalten.

4. Die Differenz-Hypothese als Beschwichtigungsideologie

Im Sinne der herkömmlichen beschwichtigenden Differenz-Hypothese ist die Sprache des "einfachen Menschen" zwar "anders", aber gleichwertig. Diese Behauptung ist Bestandteil aller "volkstümlichen" Bildungstheorien seit der Restauration nach 1849. In der Nachfolge der Preußischen Richtlinien von 1854 versuchen in diesem Sinn Methodiker und Sprachwissenschaftler stets aufs Neue, in sozialromantisierender Weise einen herausragenden Wert der Mundart und der Umgangssprache zu beweisen (vgl. H. WUNDERLICH 1897, S. 33 ff.), wenn auch stets nur für den "schlichten deutschen Menschen", nie für sich selbst. Eine durchgehende Linie bis zur bürgerlichen Reformpädagogik seit 1900 ist erkennbar, in der gegen den angeblichen "papierenen" Stil des "Tintendeutsch" und für einen "eigenständigen Wert" der Umgangssprache eingetreten wird.

Ein Höhepunkt dieser Entwicklung ist die bereits erwähnte Schrift G. FERCHLANDs von 1935, die von den führenden faschistischen Pädagogen besonders gelobt wurde. Der bekannte faschistische Pädagoge A. BÄUMLER äußert sich z.B. so:

"Der Mann und die Frau des Volkes stecken immer mit drin in dem, was sie beschreiben oder erzählen. Sie kennen die Distanz, die hohe Warte nicht. Daß sich aus diesem Grundverhalten eine eigene Sprache mit eigenem Gesetz und mit eigener Vollkommenheit ergibt - dies gesehen zu haben ist das Verdienst Gertrud Ferchlands" (G. FERCHLAND 1935, S. 7).

FERCHLAND versucht im einzelnen die Volkssprache zu beschreiben, und zwar nach "Lautbestand", "Formenbestand", "Wortvorrat" und "Verwendungsart der Sprachgebilde". Dabei wird besonders betont, daß die beobachtbaren Variationen zur Standardsprache nicht etwa einen Mangel an Ausdrucksfähigkeit bedeuten, sondern daß die Sprache des Volkes besondere Werte beinhalte. So heißt es zur Syntax:

"Der Satzbau vermeidet, dem Grundgesetze der Anschaulichkeit entsprechend, die Häufung untergeordneter Satzglieder und wählt statt dessen eine übersichtliche, meist dem zeitlichen Ablauf des Geschehens folgende Reihung. Das bedingt im allgemeinen eine größere Breite der Sprache, als wir sie in der Begriffssprache gewöhnt sind" (G. FERCHLAND 1935, S. 62 ff.).

Auch die übrigen Aspekte der Sprachbeschreibung FERCHLANDs haben das Ziel, den Angehörigen der Unterschicht ihren beobachtbaren sprachlichen Mangel als besonderen Vorzug zu 'verkaufen'. Das Fazit dieser Untersuchung von 1935 ist das, was wir heute "Differenz-Hypothese" nennen.

"Die volkstümliche Hochsprache *unterscheidet* sich material und formal von der Hochsprache der Intellektuellen. Sie ist nicht etwa nur eine Vorstufe dazu, sondern sie steht neben ihr ... Sie muß aufgesucht und gefunden werden, wo die Welt in der Weise erfaßt wird, die der wissenschaftlichen Erfassung entgegengesetzt ist" (G. FERCHLAND 1935, S. 18 f.).

Substantiell und in ihren bildungspolitischen Auswirkungen sind diese Aussagen aus der Zeit des Faschismus mit den gegenwärtigen Aussagen zur Differenz-Hypothese weitgehend identisch. In diesem Zusammenhang sind die gesellschaftlichen Hintergründe der LABOV-Untersuchung von 1966 zu erwähnen: Der gesellschaftliche Reichtum ist in den USA extrem ungleich verteilt. Besonders schwer sind davon die in Ghettos lebenden Farbigen und andere ethnische Minderheiten betroffen. Das erklärte Ziel verschiedener Regierungsprogramme der USA war es, das "soziale Dynamit der Ghettos" unter Kontrolle zu bekommen. So sind die Forschungen zur Differenz-Hypothese daraufhin konstruiert, die am Rande des Elends vegetierenden Gesellschaftsgruppen zu beschwichtigen, um sie in die sie unterdrückenden gesellschaftlichen Verhältnisse friedlich zu integrieren, ohne die materielle gesellschaftliche Ungleichheit und die Herrschaftsverhältnisse anzutasten. Dieses Ziel wird durch raffinierte und damit effiziente Methoden der Sozialtechnologie unterstützt (vgl. N. DITTMAR 1973, S. 296 ff.). 'Erfolge' dieser Strategie lassen sich in den USA an verschiedenen Erscheinungen der "Black Culture" erkennen, ohne daß sich an der objektiven Situation der Unterprivilegierten viel geändert hätte.

Somit erweist sich sowohl die herkömmliche "volkstümliche" Sprachbildungstheorie als auch die gegenwärtige Differenz-Hypothese als Ausdruck einer ähnlich gerichteten Beschwichtigungsideologie. Die traditionelle Differenz-Hypothese (FERCHLAND z.B.) wie die gegenwärtige Differenz-Hypothese (LABOV z.B.) scheinen vielleicht auf den ersten Blick nur eine zufällige geistige Verwandtschaft zu besitzen. Umso wichtiger ist daher die Frage, wie sich bezüglich der hochsprachlichen Ausbildung des Volkes die Entwicklung der Theorie nach dem Zusammenbruch des Faschismus vollzogen hat. Oder anders gefragt: Gibt es nach 1945 bei uns in der sprachdidaktischen und sprachwissenschaftlichen Theorie Ansätze, die die seit der Restauration nach 1848/49 nachweisbare Differenz-Hypothese (die Volkssprache sei nicht defizitär, sondern "anders") faktisch in die Gegenwart tradiert haben? Falls diese Frage bejaht werden kann, sind die Rekurse auf LABOV und dessen amerikanische Ghettountersuchungen nichts anderes als weitere Stützpfeiler einer seit dem 19. Jahrhundert nachweisbaren antidemokratischen Beschwichtigungsideologie.

5. Historische Verbindungen zwischen alter und neuer Differenz-Hypothese

Nach dem Zusammenbruch des Faschismus traten in Fachzeitschriften und in einzelnen Publikationen zunehmend wieder die alten Vertreter der "volkstümlichen" Sprachbildung auf den Plan, wobei sie ihre früheren Schriften von faschistischen Begriffen reinigten. So heißt es 1950 bei K. REUMUTH in erklärter Anlehnung an G. FERCHLAND: "Als Schulsprache fordern wir eine landschaftlich und volkstümlich gebundene Hochsprache" (K. REUMUTH 1950, S. 32). Zwar gibt es in den damaligen pädagogischen Zeitschriften (besonders in Westermanns Pädagogischen Beiträgen) eine Diskussion, die allerdings z.T. als Scheingefecht geführt wird. So hatte z.B. Karl ODENBACH (1954, S. 133) zu deutlich Begriffe der faschistischen Bildungsideologie anklingen lassen, so daß Carl SCHIETZEL sich distanziert, um ODENBACH freilich in der Sache zuzustimmen: "Das Volksschulkind erfährt die Strenge des Denkens im volkstümlichen Denken, nicht im wissenschaftlichen" (C. SCHIETZEL 1954, S. 251).

In seinem programmatischen Buch "Volkstümliche Bildung" knüpft auch H. FREUDENTHAL (1954) an FERCHLANDs Theorie einer "volkstümlichen Hochsprache" an (FREUDENTHAL war während des Faschismus bis zu seinem Eintritt in die faschistische Wehrmacht 1939 Herausgeber der offiziösen Zeitschrift "Die Volksschule") und stellt wie FERCHLAND dafür eine eigene Gesetzlichkeit fest, die als der Einheitssprache im Werte überlegen beschrieben wird:
- Parataktische Satzkonstruktionen überwiegen bei weitem die hypotaktischen.
- Modale Abwandlungen des Verbes haben Vorrang vor temporalen.
- Aussagesätze treten zurück hinter Fragen und Antworten, Ausrufen und Anweisungen, Beifalls- und Mißfallenskundgebungen.
- Der Gebrauch des Indikativs überwiegt gegenüber dem Konjunktiv in indirekter Rede.
- Konkreta sind vorherrschend; Abstrakta sind selten und werden meist bildhaft umschrieben.
(Vgl. H. FREUDENTHAL 1957, S. 106).

Zusammenfassend stellt FREUDENTHAL dazu 1957 fest:
"Insgesamt aber handelt es sich um ein eigenes Sprachreich, wo der gemeine Mann in uns allen sein Leben unmittelbar bekundet. Und damit wird es auch zum Feld der Volksschule. Alle darüber hinausgehenden Ansprüche sind Anliegen weiterführender Schulen ..." (H. FREUDENTHAL 1957, S. 106).

Interessant ist ein Vergleich dieser Äußerung des restaurativen Pädagogen FREUDENTHAL mit einer ähnlichen Äußerung LABOVs von 1970. Auch das Nonstandard-Negerenglisch ist nach der Beschreibung seiner Untersucher ein "eigenes Sprachreich":

" Alle Linguisten, die es mit Nonstandard-Negerenglisch (NNE) zu tun haben, erkennen an, daß es ein separates System darstellt ... Wenn Linguisten sagen, daß das NNE ein System ist, meinen wir, daß es sich von anderen Dialekten in regulärer und regelhafter Weise unterscheidet, so daß es über äquivalente Möglichkeiten verfügt, den gleichen logischen Inhalt auszudrücken" (W. LABOV 1972, S. 104 f.).

Nach 1945 wird bei uns, wie FREUDENTHALs grundlegende Publikation von 1957 zeigt, nicht nur die These von dem besonderen Wert der Volkssprache fortgesetzt, zugleich werden daraus entsprechende sprachdidaktische Folgerungen gezogen:

"So stehen wir weithin vor der Situation, daß im sprachlichen Leben des Volkes natürliche Grenzen überschritten werden und Fehlformen Platz greifen, wie sie ähnlich beim Gebrauch einer Fremdsprache vorkommen. Das wird besonders da ersichtlich, wo jemand aus der Sphäre seiner Familie, seiner Landschaft, seines Berufs, seines Standes heraustritt und im Umgang mit neuen geistigen Nachbarn auch sprachlich seine Gewandtheit und damit seine gleichrangige Zugehörigkeit bekunden möchte - so z.B. im schriftlichen Verkehr zwischen Eltern und Lehrer, vor allem in den Entschuldigungszetteln. Dabei werden die Wurzeln, aus denen Sprache wächst, durchschnitten, weil sich der Sprecher von seinem Wesen trennt. Das bringt einen falschen Ton in Rede und Schreibe; eine 'gewählte', 'gebildete', 'feine' Diktion wird angestrebt, ohne daß sie dem Denken angemessen ist" (H. FREUDENTHAL 1957, S. 104 f.).

FREUDENTHALs Forderungen sind speziell auf den "gemeinen Mann", den "volkstümlichen Menschen" bezogen, den per Geburt folgende Eigenschaften auszeichnen sollen: "gesunder Menschenverstand, Mutterwitz, Lebensinstinkt, Herzenstakt, praktischer Sinn, naive Haltung, intuitives Verständnis, natürliches Empfinden" (H. FREUDENTHAL 1957, S. 42).
   Ähnliche Eigenschaften werden bezeichnenderweise auch durch W. LABOV für die Mitglieder der Jugendbanden in den Negerghettos genannt. Als verbindendes Glied gilt hier deren Nonstandard-Negerenglisch (NNE). Wie im Faschismus und nach 1945 bei uns wird es als für die Unterprivilegierten schädlich bezeichnet, wollte man ihnen einen differenzierten Unterricht in der Standardsprache (hier Standard-Englisch: SE) vermitteln:

"Die Peergroups bilden den Kern des Widerstandes, da ihre Mitglieder hochentwickelte Formen der Solidarität zeigen ... Um die Peergroups an das SE und die mit ihm verbundenen Mittelschichtwerte anzupassen, ist es also erforderlich, die Gruppensolidarität der Ghettokinder zu durchbrechen - und ihnen damit ihre letzte Stärke und Basis zur Auflehnung gegenüber ihren Unterdrückern zu nehmen" (N. DITTMAR 1973, S. 305).

Der gutwillige Leser solcher Zeilen wird es vermutlich als Negativum empfinden, den Ghettobewohnern ihre "Gruppensolidarität" und damit deren soziale und kulturelle Werte zu nehmen, wobei unreflektiert vorausgesetzt wird, diese Konsequenz sei zwingend. Ähnlich wird in staatlichen Richtlinien der BRD behauptet, "daß mit der unreflektierten Einübung in die Normen der 'Hochsprache' die meisten Schüler von ihren Herkunftsgruppen entfremdet werden; daß den meisten Schülern die Wahrnehmung und Versprachlichung ihrer Sozialerfahrungen und Interessen erschwert wird" (DER HESSISCHE KULTUSMINISTER 1972, 8).

Ein weiteres Bindeglied zwischen der alten und der neuen Differenz-Hypothese ist die Behauptung, daß es nicht möglich sei, den Kindern der Unterschicht die Hochsprache beizubringen, selbst wenn man dies wollte. Im Jahre 1936/37 heißt es dazu:

"Die Zahl der sogenannten Gebildeten ist gegenüber unserem gesamten Volk so gering, daß die stark begriffliche Gebildetensprache nicht *die* Sprache unseres Volkes sein und also auch nicht als sprachliches Bildungsziel für die Volksschule aufgestellt werden kann. Durch die Volksschule gehen die künftigen Männer und Frauen des Großteils unseres Volkes, dem die Sprache der Wissenschaft und der hohen Dichtung so wenig wie die des amtlichen oder geschäftlichen Schriftsatzes und der Zeitung jemals *seine* Sprache werden kann" (L. HOTES 1936/37, S. 781).

Und 1976 wird das so ausgedrückt:

"So läßt sich nicht in den einzelnen Entwicklungsstadien auf eine absolute Norm hin erziehen, sondern nur zur maximalen Verwirklichung der in den jeweiligen Bewußtseinslagen gegebenen Möglichkeiten. Und die stehen zur allgemeinen Normenvereinbarung nicht im Verhältnis der Unvollkommenheit, des graduellen Unterschieds, sondern im Verhältnis eines grundsätzlichen, strukturellen Unterschieds. Sie haben in sich schlüssige Geltung. Man muß davon ausgehen, 'daß das Kind fließend eine eigene Sprache spricht und nicht bloß eine inadäquate und unvollständige Erwachsenensprache produziert'" (E. NÜNDEL 1976, S. 59).

Solche Belege, die eine direkte Querverbindung zwischen der alten Differenz-Hypothese ("volkstümliche Sprachbildung") und der gegenwärtig in der BRD herrschenden Differenz-Hypothese zeigen, ließen sich vermehren. Sie zeigen, daß die Behauptung der Vertreter der gegenwärtigen Differenz-Hypothese, sie gründe auf völlig neuen Untersuchungen in den USA, nicht stichhaltig ist. Vielmehr ist nachweisbar, daß die Differenz-Hypothese in Ansätzen schon im 19. Jahrhundert auftritt, nämlich überall dort, wo man dem Volk weismachen will, daß die in der Volksschule perpetuierten Sprachdefizite in Wirklichkeit ein Vorteil seien. Zu einer in sich geschlossenen Theorie wird die Differenz-Hypothese 1935 mit der Arbeit von G. FERCHLAND. Deren differenzierte These einer spezifischen Sprache des "einfachen" deutschen Menschen, die nicht schlechter, sondern eben "anders" (wenn nicht besser als die Hochsprache) sei, wird mit der darauf aufbauenden didaktischen Forderung nach Abdrängung der Hochsprache aus der Volksschule nach 1950 direkt bei uns fortgesetzt. Die Publikation FREUDENTHALs von 1957 stellt einen weiteren Schritt in dem Ausbau der Differenz-Hypothese als Beschwichtigungsideologie dar. Es konnte an einzelnen Beispielen gezeigt werden, daß LABOVs Differenz-Hypothese nicht nur eine ähnliche gesellschaftliche Funktion hat, sondern daß sie substantiell ähnlich gelagert ist. Funktion dieser seit dem 19. Jahrhundert nachweisbaren Hypothese ist die Beschwichtigung der Unterprivilegierten angesichts der Tatsache, daß diese nicht nur

geringen Anteil an den Produktionsmitteln, sondern zugleich geringen Anteil an der für die Herrschaftsausübung notwendigen Sprache haben.
Die Gegenposition ist die auf objektiver Praxisanalyse beruhende Feststellung eines sozial bedingten Defizits, das in der gegenwärtigen Sprachbildung nicht behoben (kompensiert) wird. Diese Gegenposition steht seit der bürgerlichen Aufklärung im erklärten Widerspruch zur beschwichtigenden Differenz-Hypothese. Wir fragen abschließend nach den Möglichkeiten des Deutschunterrichts in Richtung auf Ausgleich der festgestellten sozialbedingten Sprachdefizite, wobei diese Frage weder eine Diskriminierung vorhandener Dialekte beinhaltet, noch den Verzicht auf den didaktischen Grundsatz vom notwendigen Ausgang von den jeweiligen Erfahrungen der Schüler, also auch ihrem vorhandenen Sprachstand.

6. Möglichkeiten der Schule zur Kompensation von schichtenspezifischen Sprachdefiziten

Die bürgerlichen Aufklärer nach 1800 verbanden ihre demokratische Forderung nach Kompensation der Sprachbildung für das Volk nicht selten mit dem Glauben an die Allmacht von Erziehung und Bildung. Daneben gibt es aber auch schon damals differenziertere Thesen:

"Wenn eine Zeit kommt, wo Niemand mehr begreift, daß es eine Zeit gab, wo in demselben Raume unmittelbar neben einander, der größte Reichthum neben der tiefsten Armut existierte, wo also Niemand mehr den Zustand unserer Zeit begreifen wird (denn unter uns bestehen ja gesetzlich und rechtlich diese Gegensätze, und von unserer Zeit ist in jenem Ausspruche die Rede), so setzt dieses nicht nur eine gänzliche Umänderung der Ansicht, sondern auch, worauf es eben wesentlich ankommt, eine Umgestaltung des Lebens, eine ganz andere Vertheilung der äußeren Besitzthümer voraus, die das Leben so durchdringen und beherrschen soll, daß dann sogar Niemand mehr begreift, daß es anders sein könne, oder jemals anders gewesen sei" (A. DIESTERWEG 1836, S. 176).

Wie DIESTERWEG geht die demokratische Sprachdidaktik heute davon aus, daß kompensatorischer Sprachunterricht allein nicht die sozialen Defizite beseitigen kann (vgl. E. FELDBUSCH 1977, S. 192). Jedoch ist das Verharren im gegenwärtigen Zustand, das die Vertreter der Differenz-Hypothese nahelegen, nach Überzeugung der demokratischen Sprachdidaktik nicht mit einer objektiven Verbesserung der Lage der Unterprivilegierten verbunden, sondern bestenfalls mit deren Beschwichtigung. Ein relativer Ausgleich sozial bedingter Defizite durch einen systematischen Sprachunterricht wäre möglich, auf welcher Grundlage der gegenwärtige Zustand unserer Gesellschaft gründlicher besprochen und weiterentwickelt werden kann. Weil Sprache als Mittel der politischen Auseinandersetzung benutzt wird, ist eine vertiefende Sprachausbildung gerade für die Unterprivilegierten notwendig. Insofern ist kompensatorische Sprachbildung ein Stück Bildungspolitik.

Um dieser zum Durchbruch zu verhelfen, bedarf es vor allem einer Abkehr von der gegenwärtigen Praxis des Sprachunterrichts in der Volksbildung:

a) Durch die einseitige Überbetonung des Inhalts in der Dialektik von Form und Inhalt werden subjektivistisch die fachwissenschaftlichen Grundlagen des Unterrichts beseitigt.
b) Innerhalb der Dialektik des Allgemeinen und des Besonderen wird eine einseitige Verschiebung zugunsten des Allgemeinen vorgenommen, insofern Bildungsziele hinter Erziehungszielen weit zurücktreten.
c) Die curriculare Einwirkung der gesellschaftlich bedingten Kunst-, Geschichts- und Wissenschaftsfeindlichkeit verschärft die negativen Faktoren des Deutschunterrichts. (Vgl. V. BROWELEIT/J. ECKHARDT u.a. 1975, 49 ff.).

Der hier vorgenommenen Negativbeschreibung des gegenwärtigen Zustands ist in eine Zielprojektion bei gleichrangiger Berücksichtigung sowohl der inhaltlichen als auch der formalen Aspekte, sowohl der allgemeinen als auch der besonderen Faktoren entgegenzusetzen. Unter Berücksichtigung dieser Aspekte kommt man zu folgenden Zielen eines kompensatorischen Sprachunterrichts:

a) Der Sprachunterricht muß "einheitlich" und differenziert sein. Einheitlich für alle Schüler, so daß die unterschiedlichen sprachlichen Fähigkeiten und Gewohnheiten sich gegenseitig ergänzen können. Differenziert auf Elemente der Unterrichtsstunde, wo besondere Schwächen diagnostiziert und einzeln therapiert werden können.
b) Der Sprachunterricht muß eine Verbindung von Erziehung und Bildung gewährleisten. Erziehungsziele sind in den Inhalten aufgehoben, die als Texte Grundlage der sprachlichen Übung sind (z.B. "Abbau von Vorurteilen gegenüber ethnischen Minderheiten"). Bildungsziele sind die fachwissenschaftlich begründeten Ziele im engeren Sinne (z.B. Fallsetzung nach bestimmten Präpositionen).
c) Der Sprachunterricht muß objektiv gesetzte Ziele mit der Erfahrungswelt der Schüler verknüpfen. Aus methodischen Gründen soll jeweils von dem aktuellen Stand des Schüler-Könnens bzw. -Wissens ausgegangen werden, um zu den gesetzten Zielen zu führen.
d) Der Sprachunterricht muß den Kriterien der Wissenschaftlichkeit und der Systematik verpflichtet sein. Wissenschaftlichkeit bedeutet in diesem Zusammenhang nicht die Verfolgung des jeweils 'herrschenden' Trends in der Sprachwissenschaft, sondern die didaktische Aufbereitung objektiver Wahrheiten. Systematik soll nicht nur innerhalb der einzelnen Schuljahre die Planung des Sprachunterrichts bestimmen, sondern insbesondere für die einzelnen Jahrgänge den Aufbau eines umfassenden Lehrgangs gewährleisten.

Rüdiger Hillgärtner

Ästhetischer Formalismus oder literarisch vermittelte Aneignung der Realität

Seit Beginn der 70er Jahre arbeitet der Anglist WOLFGANG ISER an der Entfaltung einer Theorie der literarischen Wirkung, die ihre bisher ausgefeilteste Fassung in der 1976 vorgelegten Studie "Der Akt des Lesens" gefunden hat[1]. Anlaß seiner Überlegungen sind konstatierte Krisenerscheinungen der bürgerlichen Literaturwissenschaft, die sich einerseits ihm als "Auseinanderfallen von gegenwärtiger Kunst und überlieferter Interpretationsnorm" (S. 25), als "Reduktion fiktionaler Texte auf eine diskursive Bedeutung" (S. 23), andererseits als sich ausbreitendes Unbehagen gegen die gewohnten interpretatorischen Verfahren darbietet.

Die Gründe der Krise sieht er in historisch und sozial bedingten Fehlannahmen über den Charakter und die gesellschaftliche Funktion von Literatur. Solange die Texte "als Organon der Wahrheit" (S. 25), "Zeugnis des Zeitgeistes, ... Widerspiegelung gesellschaftlicher Zustände, ... Ausdruck der Neurosen ihrer Verfasser" (S. 28), Widerspiegelung und Abbildung des repräsentativen Ganzen, direkte "Manifestation ausgezeichneter Wirklichkeit", "Repräsentation der epochal dominanten Geltungen" verstanden wurden (S. 28), konnte "weder die Funktion noch die Wirkung des literarischen Textes ... in den Blick kommen" (S. 28). In Anlehnung an kunstphilosophische Überlegungen HENRICHs sieht ISER diese Prämissen gerade durch die Entwicklung der modernen Kunst und Literatur in Frage gestellt, die er in Übernahme eines Begriffs von HENRICH "partiale Kunst" nennt, d.h. eine, die kein den 'abstrakt gewordenen Lebensverhältnissen der Moderne ... gemäßes Gesamtbewußtsein' repräsentieren könne (S. 26) und damit, wolle sie nicht zur ideologischen "Vorspiegelung falscher Ganzheit" verkommen (S. 27), zwar um ihrer Vermittlungsleistung willen "die alten Konnotationen der Form von Ordnung, Ausgleich, Versöhnung, Stimmigkeit und Gefügtsein der Teile zu einer Einheit noch mit sich führen, zugleich aber solche Formkonnotationen ständig dementieren" müsse (S. 26). Über die partiale Kunst der Gegenwart werde die Aufmerksamkeit darauf gelenkt, daß womöglich auch die Literatur der Vergangenheit weniger als "repräsentatives Abbild solcher Ganzheit begriffen werden kann, sondern daß eine ihrer zentralen Funktionen im Aufdecken, aber vielleicht auch im Bilanzieren der Defizite liegt, die von den epochal herrschenden Geltungen erzeugt worden sind" (S. 28 f.). Dies mache einen Bruch mit den "klassischen Interpretationsnormen" erforderlich, die in der Voraussetzung gründeten, "daß im Werk

---

1 Wolfgang ISER, Der Akt des Lesens. München 1976. Die Seitenzahlenangabe im folgenden beziehen sich auf diese Ausgabe.

stets die Ganzheit zur Erscheinung kommt, die zu ihrer angemessenen Repräsentation der Stimmigkeit der Formen" bedürfe (S. 35).

Statt wie bisher das Verhältnis zwischen Text und Realität wie auch zwischen Text und Leser als in dem zitierten Sinne bekannt vorauszusetzen, statt in den Werken interpretatorisch nach einer Bedeutung zu suchen, die immer nur auf Bestätigung des bereits bekannten Verhältnisses hinauslaufen konnte, will ISER stattdessen dieses Verhältnis selbst, "die Interaktion des Textes sowohl mit den sozialen und historischen Normen seiner Umwelt als auch mit denen seiner potentiellen Leser" zum "vorrangigen Beobachtungsfeld" machen (S. 29). Die so angestrengte Suche der Interpreten nach der Bedeutung der Texte setze umgekehrt voraus, "daß der Text seine Bedeutung nicht formuliert". Statt also sich der diskursiven Erklärung einer so gar nicht gegebenen Bedeutung zuzuwenden, müsse zunächst die Erfahrung geklärt werden, die Leser tatsächlich mit Texten machten, d.h. die Wirkung der Texte und die Konstitution ihres Sinns durch den Leser während der Lektüre (vgl. S. 36). "Sinnvoll wäre zunächst eine Aufklärung darüber, was eigentlich im Leser geschieht. Denn das ist der Ort, an dem Texte erst zu ihrer Wirkung gelangen" (S. 36 f.). Die Aufgabe der Literaturwissenschaft liegt nicht darin, ein Werk zu erklären. Sie "legt statt dessen die Bedingung seiner möglichen Wirkung frei" (S. 36). Die Frage, was ein literarischer Text bedeutet, muß ersetzt werden durch die Frage, "was dem Leser geschieht, wenn er fiktionale Texte durch die Lektüre zum Leben erweckt" (S. 41). Die Interpretation soll nicht nach dem Sinn in der Art einer dem Werk vorgegebenen Idee suchen, die in ihm nur in Erscheinung trete. Sie soll vielmehr "die Sinnpotentiale verdeutlichen, die ein Text parat hält". Durch die Wirkung des Textes werde bei der Lektüre das Sinnpotential in der Art eines Kommunikationsprozesses vom Leser aktualisiert. Nicht die Angabe der Inhalte des Sinnpotentials, sondern vielmehr der Vorgang dieser Aktualisierung sei zu beschreiben (vgl. S. 42).

Die wirkungsästhetische Theorie der Literatur, wie ISER sie entwickelt, richtet sich nicht auf inhaltliche Interpretation ein, sondern auf die Rekonstruktion der "Vollzugsstruktur" als der ästhetischen Qualität literarischer Texte. Sie muß daher zwischen dieser "Vollzugsstruktur" und ihren Resultaten eine analytische Trennung vollziehen (vgl. S. 50). Angestrebt ist eine "Phänomenologie des Lesens", welche die "Erfassungsakte" verdeutlicht, "durch die sich der Text in das Bewußtsein des Lesers übersetzt" (vgl. S. 177). Damit verbunden ist die Abgrenzung der Wirkungstheorie von einer soziologisch verstandenen Rezeptionstheorie. Über die Vollzugsstruktur der Texte konstituiert der Leser als Wirkung der Texte einen nicht diskursiv erklärbaren bildlichen Sinn. Während die Wirkungstheorie diesen Konstitutionsprozeß beschreibt, hat es die Rezeptionstheorie zu tun mit der Umsetzung des bildlichen Sinns in den Bezugsrahmen der begrifflichen Erklärungen und der gesellschaftlichen Normen, d.h. mit der Übersetzung des Sinns in Bedeutung (vgl. S. 245). Wiewohl ISER davon ausgeht, daß "Sinn und Bedeutung zusammen ... erst das Wirksamwerden einer Erfahrung (garantieren), die darin besteht, daß ich in der Konstituierung einer fremden Realität selbst in einer bestimmten Weise konstituiert werde" (S. 245), hält er an der Trennung von Sinn und Bedeutung fest, da ihm erst dadurch die Abstraktion von empirischen Lesern und die Konzeption eines "impliziten Lesers" möglich wird als einer "den Texten eingezeichnete(n) Struktur" ohne "reale Existenz" (vgl. S. 60), als zur Besetzung durch den empirischen Leser auffordernde "strukturierte Hohlform".. "So rückt das Konzept des impliziten Lesers die Wirkungsstrukturen des Textes in den Blick, durch die der Empfänger zum Text situiert und mit diesem durch die von ihm ausgelösten Erfassungsakte verbunden wird" (S. 61). Und: "Das Konzept des impliziten Lesers ist ein transzendentales Modell, durch das sich allgemeine Wirkungsstrukturen fiktionaler Texte beschreiben lassen" (S. 66).

ISERs implizit durchscheinende Absicht ist die Herauslösung der hermeneutisch ausgerichteten Literaturwissenschaft aus der Bindung an wechselnde Legitimationsbedürfnisse herrschender Interessen, Entideologisierung und Verwissenschaftlichung sowie angemessener Umgang mit den Werken der literarischen Moderne und auch der Literatur der Vergangenheit. Um vor dem Hintergrund dieser erkennbaren Intention, einen Beitrag zur Bewältigung der Krise der bürgerlichen Literaturwissenschaft zu leisten, ist eine Bilanzierung seiner Kritik an den herkömmlichen Methoden wie auch seiner neuen Problemstellung erforderlich.

Unübersehbar, wenngleich auch ohne Verständnis der historischen Grundlage und Bedeutung, ist die Absage an idealistisch ausgerichtete Konzepte, die im Kunstwerk die sinnliche Erscheinung einer die Wirklichkeit durchwaltenden Idee, einer in der Wirklichkeit repräsentierten Wahrheit sehen und dem literarischen Text von daher Erkenntnisfunktion zusprechen wollten. Weder enthalte das Kunstwerk eine solche Wahrheit und Erkenntnis, noch repräsentiere es die zum Ganzen einer, so müßte man ergänzen: sinnvollen vernünftigen Totalität geordnete Realität im Bewußtsein. Angesichts der im Rahmen der traditionellen Interpretationsweise nicht einmal gesehenen Frage nach Funktion und Wirkung der Literatur, die von deren eigenen strukturellen Voraussetzungen ausgehe, müsse selbst der Sinn solcher Fragestellungen bezweifelt werden, da keinerlei Voraussetzung für deren Beantwortung existiere. Ungeachtet der von ihm übersehenen progressiven Funktion, welche der kunstphilosophische Idealismus zur Zeit der antifeudalen und demokratischen Bestrebungen des deutschen Bürgertums um die Wende von 18. zum 19. Jahrhundert haben konnte, ist ISER recht zu geben mit seiner Kritik an den in späterer Zeit fast ausschließlich apologetischen Dienstleistungen der literaturwissenschaftlichen Nachfahren des spekulativen Idealismus gegenüber der jeweils herrschenden gesellschaftlichen Machtkonstellation.

Rechtfertigt indessen die Tatsache, daß die Frage nach der Wahrheits- und Erkenntnisfunktion der Literatur, nach dem Verhältnis der Texte zur Totalität der gesellschaftlichen Realität idealistisch verkürzt und zwecks dubioser Herrschaftslegitimation gestellt wurde, diese Fragestellung selbst als unergiebig preiszugeben? Das Suchen nach der Wahrheits- und Erkenntnisfunktion wird ersetzt durch die Analyse der Wirkung, durch die Beschreibung von Interaktionsstrukturen zwischen gesellschaftlichen Normen und Textstrukturen einerseits und zwischen den Textstrukturen und den Leserdispositionen andererseits. Wie weit sind diese Strukturen überhaupt zu erfassen, wenn die erkenntnisleitende Rückkoppelung an die Realität ausgespart wird?

Aus diesem Problem ergibt sich ein anderes. Mit der Preisgabe des Erkenntnisanspruchs geht eine in Richtung Agnostizismus tendierende Reduktion der Realität einher, die nicht mehr als Totalität, geschweige denn als sinnvolle, sondern allenfalls "partial" im Sinne einer entsprechend etikettierten Kunst als unübersichtliche und im Grunde unerkennbare in den Blick kommt. Literaturwissenschaft wird qua Wirkungstheorie auf die reduzierte Welthaltigkeit der bürgerlichen literarischen Moderne verpflichtet. Damit einher geht einerseits eine bedenkliche Kanonisierung eines begrenzten Ausschnitts der literarischen Gesamtentwicklung in der Gegenwart zur *eigentlichen* Literatur, ohne daß ISER eine mehr als formale Begründung dieser Entscheidung für angezeigt hielte, andrerseits ein Verlust an Möglichkeiten zur kritischen Einschätzung der kanonisierten Texte. Darüber hinaus wäre es einer Diskussion vorbehalten, ob mit dem Etikett "partial" und der damit einhergehenden reduktionistischen Voreinschätzung nicht ein Rückfall der Literaturwissenschaft noch hinter das in der bürgerlichen Moderne geleistete Maß an literarischer Realitätsverarbeitung eingeleitet wird. Gerade die Tatsache, daß Werke dieses Traditionsstrangs ungeachtet ihres problematischen Realitätsbezugs, trotz ihrer scheinbaren Preisgabe der gesellschaftlichen Totalität den Widerspruch zwischen den Konnotationen der stimmigen Formen und dem ständigen Dementi dieser Stimmigkeit in sich austragen, dürfte auf einen ISERs Einschätzungen entgegenstehenden umfassenderen Realitätsbezug verweisen, der sich nicht mit dem dürren Hinweis auf Formvoraussetzungen der Vermittlungsleistung des Werks hinwegerklären läßt.

Wenn, wie ISER unterstellt, die "partiale" Literatur ihren Anspruch auf Totalitätsdarstellung reduziert, um der ideologischen Vorspiegelung *falscher* Ganzheit zu entgehen, so ist, ungeachtet des vermittels der Unterstellung aller realistischen Gegenwartsliteratur verpaßten Seitenhiebs, nicht ausgemacht, daß es an Stelle der "Vorspiegelung" nicht auch eine Widerspiegelung *richtiger* Ganzheit geben könne. Wenn indessen keineswegs so eindeutig, wie ISER vorgibt, geklärt ist, was die Werke in Bezug auf die Realität erfassen und verarbeiten, bzw. aus der Verarbeitung ausklammern, steht sein entideologisierend und verwissenschaftlichend gemeinter Rückzug auf die Wirkungsstrukturen der Texte selbst in Frage. Wie können Vollzugsstrukturen des Textsinns aktualisiert, wie kann die den Texten eingezeichnete "strukturierte Hohlform" des "impliziten Lesers" realisiert werden, wenn der Realitäts- und Leserbezug der Texte zum einen zweideutig bleibt, zum anderen auf formale Interaktionsstrukturen reduziert und zum dritten auf den beiden Interaktionsebenen Realität-Text und Text-Leser nur die Textseite jeweils in den Blick tritt? Was soll überhaupt als zu diskutierende Textstruktur angesprochen werden und aus welchen Gründen anderes nicht? In die bloße Entscheidung über die zu untersuchenden Textaspekte gehen Vorentscheidungen zum Verhältnis von Realität-Text-Leser wie zur Selektion brauchbarer Texte ein, die ISER als konsensfähige Annahmen jenseits ideologischer Auseinandersetzungen setzt und damit gerade der Diskussion entzieht. Diese von ISER nicht geleistete kritische Diskussion der Konzeption des impliziten Lesers als eines transzendentalen Modells zur Beschreibung allgemeiner Wirkungsstrukturen soll hier nachgeholt werden. Im ersten Schritt soll ISERs Bestimmung des Verhältnisses von Text und Realität genauer betrachtet werden.

Der fiktionale Text läßt sich nach ISER nicht "auf eine Denotierung empirischer Gegebenheiten einschränken", er ist nicht "Objektmitteilung", hat "sein Identisches" nicht in der "empirischen Welt" (vgl. S. 115). Im "Repertoire" des Textes werden einerseits vorangegangene Texte zitiert, andererseits "soziale und historische Normen", der "sozio-kulturelle Kontext im weitesten Sinne, aus dem der Text herausgewachsen ist - kurz ... was die Prager Strukturalisten als die außerästhetische Realität bezeichnet haben", präsentiert (vgl. S. 115). "Doch das Hineinziehen außertextueller Normen heißt nicht, daß sie abgebildet würden, sondern daß ihnen durch die Wiederkehr im Text etwas geschieht, wodurch zugleich eine wesentliche Bedingung für die Kommunikation entsteht" (S. 115). Was ihnen geschieht, ist zum einen, daß sie "im Zustand der Reduktion erscheinen", zum anderen, daß sie sich im Text in eine "andere Umgebung eingerückt" finden, "zu einem Interaktionspol herabgestuft werden", "aus ihrem ursprünglichen Zusammenhang herausgelöst und daher anderer Beziehungen fähig (sind), ohne die alte Beziehung völlig zu verlieren, die ursprünglich durch sie bezeichnet war" (S. 116). "Das Repertoire-Element ist ... weder mit seiner Herkunft noch mit seiner Verwendung (im Text, R. H.) ... identisch, und in dem Maße, in dem ein solches Element seine Identität verliert, kommt die individuelle Kontur des Textes zum Vorschein" (S. 116). Das Repertoire eines fiktionalen Textes ist "nicht als Abbild gegebener Verhältnisse zu verstehen. Wenn überhaupt, so bildet er (der Text, R. H.) bestenfalls gegebene Verhältnisse im Zustand ihres Überschrittenseins ab, und da ein solcher Zustand keine Qualität gegebener Verhältnisse ist, steht der fiktionale Text zwischen Vergangenheit und Zukunft. Seine 'Gegenwärtigkeit' hat insofern den Charakter des Geschehens, als das Bekannte nicht mehr gemeint und das Intendierte nicht formuliert ist" (S. 117).

Noch eine weitere Einschränkung ist zu machen. Der Text bezieht sich nicht "auf Wirklichkeit schlechthin, sondern nur auf 'Wirklichkeitsmodelle'" (S. 118). "Wirklichkeit als pure Kontingenz scheidet für den fiktionalen Text als Bezugsfeld aus. Vielmehr beziehen sich solche Texte bereits auf Systeme, in denen Kontingenz und Weltkomplexität reduziert und ein je spezifischer Sinnaufbau der Welt geleistet ist" (S. 118). Im Anschluß an den Systemtheoretiker LUHMANN faßt ISER Systeme als Institutionalisierung bestimmter selektiver Formen der Erlebnisverarbeitung "'(Wahrnehmungsgewohnheiten, Wirklichkeitsdeutungen, Werte)'", die von geringerer Komplexität als die Systemumwelt sind, wodurch "'nie die ganze Welt für sie relevant werden kann'" (S. 119). In den Systemen verkörpern sich "Wirklichkeitsmodelle" mit bestimmter Struktur und normativer Geltung zur Regulierung der "Erlebnisverarbeitung von Welt" (vgl. S. 119). Diese Wirklichkeitsmodelle schließen durch Selektion bestimmte Formen der Umweltwahrnehmung und der Reaktion auf Umwelt ein, andere aus. "Daraus folgt, daß sich die sinndominanten Möglichkeiten des jeweiligen Systems auf einen Horizont abschatten, in dem die virtualisierten und negierten Möglichkeiten stehen" (S. 119). Der fiktionale Text bezieht sich auf die "vorhandenen Strukturen der Weltbemächtigung" (vgl. S. 119), teilt mit den Systemen die "Eigenschaft, auch ein sinnkonstituierendes System zu sein" (vgl. S. 120), greift durch die "sinnkonstituierenden Operationen des Textes" dergestalt ein, daß er nicht das Abbild oder die Reproduktion herrschender Sinnsysteme ist, sondern sich auf das bezieht, was in ihnen "virtualisiert, negiert und daher ausgeschlossen ist" (vgl. S. 120). Literatur verkörpert eine Reaktion darauf, wo die Grenzen der Sinnsysteme liegen, "was die historische Gestalt des Sinnsystems als Problem hinterläßt", wo "die Geltungsschwäche der betreffenden Sinnsysteme" sich bemerkbar macht (vgl. S. 122). Der Text sorgt daher für eine "Umcodierung" der Geltung der in ihm "eingekapselten außertextuellen Normen und Werte", stuft die "sinndominanten Selektionsentscheidungen der Systeme ... zum Hintergrund herab", um die Möglichkeiten in den Vordergrund treten zu lassen, "die das System abgewiesen hatte" (vgl. S. 123 f.). Er "entpragmatisiert", wie es an anderer Stelle heißt, die geltenden Normen und Konventionen (vgl. S. 100).

Darin liegt seine aufklärende Funktion. "Indem der Text einen defizitären Aspekt des Systems verdeutlicht, stellt er mögliche Einsicht in das Funktionieren des Systems bereit. D.h., er deckt auf, worin wir befangen sind" (S. 124). Literatur teilt daher etwas über diese Realität mit, das nicht in dieser Realität ist. Sie überschreitet die Realität kommunikativ. Fiktion und Wirklichkeit können daher nicht mehr, wie herkömmlich, als "Oppositionspaar" begriffen werden. Fiktion ist nicht mehr die "Opposition", sondern die "Kommunikation" der Realität (vgl. S. 122-124). Wird aber Fiktion als Kommunikationsstruktur verstanden, dann kann nicht mehr gefragt werden, was sie bedeutet, sondern nur mehr, was sie bewirkt. Die Funktion der Fiktion ist die kommunikative Vermittlung von Subjekt und Wirklichkeit (vgl. S. 88).

Die Aufgabe des Wirkungsforschers besteht nach ISER demzufolge in der Angabe der spezifischen Kommunikationsstrukturen fiktionaler Texte, die er in Anlehnung an und in Abgrenzung von der pragmatischen Sprechakttheorie zu bestimmen sucht. Dazu trennt er zunächst zwischen konstatierenden und performativen Äußerungen. Während die konstatierende Äußerung sich auf Fakten beziehe, "über die Aussagen getroffen werden", die "wahrheitsdefinit und damit situationsunabhängig" sind, "so daß ihre Geltung allen pragmatischen Zusammenhängen entzogen bleibt" (vgl. S. 91f.), bringe die performative Äußerung etwas hervor, "das erst in dem Augenblick zu existieren beginnt, in dem die Äußerung fällt". Die performative Äußerung "bewirkt eine Veränderung innerhalb der Situation, in der sie sich ereignet". Sie gewinnt "ihren Sinn erst durch ihre situative Verwendung" (vgl. S. 92). In dem Typ des illokutionären Sprechakts, bei dem die Signale des Wirkungspotentials lediglich "die Art des Zugangs ... die Aufmerksamkeit ... sowie die geforderte Reaktion des Empfängers ... mit Sicherheit hervorzubringen vermögen" bei gleichzeitiger Unbestimmtheit der Sprecher-Empfängerintentionen (S. 94), und bei dem die gelungene Sprachhandlung sich vollzieht "als der Abbau dieser unbestimmten Elemente" (vgl. S. 96), sieht er die größte Nähe zur Kommunikationsstruktur fiktionaler Texte.

Die entscheidenden Differenzen zum normalen Sprechakt sieht er darin, daß der Abbau der Unbestimmtheit nicht wie in der alltäglichen Kommunikation über "Konventionen, Prozeduren, Situationsangemessenheiten und Aufrichtigkeitsgarantien geregelt" ist, sondern daß "der den Elementen des Textes unterliegende Code erst entdeckt werden" müsse. "Ihn zu konstituieren, ist insofern eine Sprachhandlung, als durch sie die Verständigung mit dem Text geschieht" (vgl. S. 98). Einen weiteren Unterschied sieht ISER darin, daß in den alltäglichen Sprechakten eine Berufung auf die Geltung von Konventionen erfolge, während in den fiktionalen Texten die "vertikal stabilisierte Geltung von Konventionen" gerade durchbrochen und durch eine "horizontale" Organisation der Konventionen abgelöst werde. Während in der vertikalen Dimension die pragmatische Geltung stabilisiert werde, sei sie in der horizontalen Dimension entpragmatisiert. Dieses "Entpragmatisieren" aber ist die "pragmatische Dimension" fiktionaler Texte. Während die vertikal stabilisierte Geltung das Handeln erlaubt, ermöglicht die horizontale im fiktionalen Text "zu sehen, wovon wir im einzelnen jeweils gelenkt sind, wenn wir handeln" (vgl. S. 99-100). Auch der Situationsbezug fehlt dem fiktionalen Text im Unterschied zum Sprechakt, da sich die von der "Symbolorganisation geleistete 'Repräsentation' nicht auf die Vorgegebenheit empirischer Objekte" beziehe. Die symbolische Rede des Textes ist demnach "autoreflexiv" und bezieht sich nur auf die Text-Rede selbst. Sie bringt nichts Empirisches zur Darstellung, sondern nur sich selbst unter dem Aspekt ihrer Leistung, Auffassungsbedingungen bereitzustellen für die Vorstellung eines imaginären Gegenstandes (vgl. S. 105-106). Der Aufbau einer Vorstellung aber ist die Entdeckung des dem Text zugrundeliegenden Codes durch den Leser, der sich dadurch situativ auf den Text bezieht und im "Akt des Lesens", einem von ISER dem "Sprechakt" nachgebildeten Begriff, über die Realisierung der Textstrategien die Prozeduren und Konventionen mitkonstituiert, die zum Verständnis erforderlich sind. Damit aber ist bereits das Verhältnis von Text und Leser angesprochen, das hier vorläufig noch außerhalb der Betrachtung bleiben soll.

Stattdessen steht zunächst eine kritische Überprüfung der Bestimmung des Text-Realitäts-Verhältnisses in ISERs Konzeption an. Die Bestimmung der Realität ist zunächst idealistisch in den Bahnen der Systemtheorie. Wirklichkeit wird, als gäbe es keine Strukturierung, keine in Natur und Gesellschaft wirksamen Gesetzlichkeiten, als "pure Kontingenz" erfaßt, die erst durch eine wohl geistig zu verstehende Anstrengung des Subjekts mit Hilfe von Sinnsystemen und Wirklichkeitsmodellen, institutionalisierter normativer Wahrnehmungsregulierung zwecks Abbau von Komplexität strukturiert wird. Die Wirklichkeit verwandelt sich hier vorwiegend in eine geistige, deren materielles Korrelat lediglich das Material von Selektionsentscheidungen abgibt.

Unklar bleibt, da die gesellschaftliche Praxis als Vermittlung der Naturaneignung, der Herausbildung sozialökonomischer Formationen und auch der Formen des gesellschaftlichen Bewußtseins als einer Qualität dieser Praxis nicht ins Blickfeld tritt, aus welchen Gründen solche Wirklichkeitsmodelle entstehen und abgelöst werden, welche Kriterien zu ihrer Beurteilung bereitstehen, es sei denn, man gäbe sich mit den dürren Auskünften zur "Komplexitätsreduktion" und der "Bestandserhaltung" des Systems zufrieden. Unklar bleibt auch aus demselben Grunde, welches die Ursachen der Geltungsschwächen von Sinnsystemen sind, sieht man von dem sich anbietenden Gemeinplatz omnis determinatio est negatio ab. Wiewohl der geschichtliche Charakter der Modelle und Systeme nicht geleugnet wird, scheint es in dieser Realität nicht das zu geben, was den fiktionalen Texten einzig vorbehalten zu sein scheint - das Überschreiten von Wirklichkeit und das damit verbundene Negieren und Virtualisieren, das Entpragmatisieren der dominanten Sinnsysteme. Realität erscheint allenfalls im Modus der Zuständlichkeit.

Daß fiktionale Texte sich zu einer solchen stillgestellten Realität nicht im Verhältnis einer mechanischen Kopie befinden, liegt auf der Hand und scheint das Nachdenken über eine Widerspiegelungsbeziehung entbehrlich zu machen. Das Verhältnis von Text und Realität wird negativ bestimmt. Der Text bezieht sich auf die vom System ausgeklammerte Wirklichkeit, auf Nicht-Wirklichkeit. Damit aber löst sich zugleich der Realitätsstatus des Textes selbst auf. Da er sich nicht auf Wirklichkeit als seinen Gegenstand bezieht, existiert er in keinem Bezugsverhältnis zur Realität. ISERs Versuch, das Paradoxon durch Anleihen bei der Kommunikationstheorie aufzuheben, die durch den Text geschaffene Nicht-Realität, das in die Welt gekommene Unbekannte sozusagen als informative Beigabe zur denotativ auf empirische Objekte bezogenen redundanten Bekanntheit in einer Nachricht zu fassen und darin die Mitteilungsfunktion des Textes zu sehen, verwickelt sich in den folgenden Widerspruch, daß auch der Realitätsstatus der Kommunikation zu klären wäre.

Die über ISERs Reduktionen nur verzerrt zutage tretende Schwierigkeit, den komplexen Realitätsbezug fiktionaler Texte zu erklären, wäre indessen mit Hilfe der abgelehnten Widerspiegelungstheorie durchaus zu lösen. Dazu ist es allerdings notwendig, den idealistischen Boden ISERs zu verlassen und das damit verbundene verkürzte Verständnis von Realität als empirischer Faktensammlung und Widerspiegelung als deren ideelle Verdoppelung zu überwinden. Im Zuge eines solchen Schrittes ließen sich auch die Fragen der Erkenntnisfunktion, des Wahrheitsgehalts fiktionaler Texte und ihres Bezugs zur Totalität aus einem anderen Blickwinkel stellen.

Hinter den schemenhaften Begriffen der realitätsstrukturierenden und kontingenz- bzw. komplexitätsreduzierenden Wirklichkeitsmodelle und Sinnsysteme taucht aus historischmaterialistischer Sicht die Kontur der gesellschaftlichen Praxis auf, über welche die angeeignete Natur und die herausgebildete Gesellschaft, die zweite, gesellschaftliche Natur der

Menschen, mit Gegenstandsbedeutungen, Personenbedeutungen sowie deren symbolischer Repräsentanz versehen wird, die der gesellschaftlichen Orientierung dienen und zugleich der historischen Veränderung unterliegen[2]. Gegenstands-, Personen- und Symbolbedeutung beziehen sich zum einen auf die empirisch-gegenständlichen Eigenschaften und Gesetzmäßigkeiten, welche an bearbeiteten Gegenständen und arbeitenden Personen im Prozeß ihrer Veränderung durch die Arbeit wahrgenommen werden können und zum anderen auf die gesellschaftliche Dimension des Praxisprozesses, aus dessen Sicht sie wahrgenommen und konstituiert werden. Nicht die subjektiv-willkürliche Strukturierung kontingenter Realität steht zur Diskussion, sondern die dialektische Aufhebung strukturierter Natur in den darüber herausgebildeten Strukturen der gesellschaftlichen Praxis, der die Qualität der Bewußtheit und Erkenntnisfähigkeit in Form der Widerspiegelung zukommt.

Widerspiegelung in den verschiedenen Formen des gesellschaftlichen Bewußtseins bezieht sich vorab nicht auf isolierte Fakten in verschiedenen Zuständen, sondern auf eine über Arbeit als bedeutungsvoll erkannte und gemachte Wirklichkeit in ihrer ständigen Bewegung, aus der allenfalls zu bestimmten Zwecken oder unter bestimmtem Blickwinkel empirische Fakten als isolierte und stillgestellte abstraktiv hervorgehoben werden können. Widergespiegelt in der Literatur wird daher nicht Natur an sich, sondern eine bereits vermenschlichte Natur. Die Praxis, welche in den Worten des jungen MARX die Humanisierung der Natur und die Naturalisierung des Menschen bewirkt, ist einerseits Gegenstand der literarischen Widerspiegelung und Bewertung, andererseits der übergreifende Zusammenhang von Naturaneignung und gesellschaftlicher Organisation, der die literarische Produktion und Rezeption als Aspekte ideologischer Tätigkeit, des tätigen Bewußtseins umschließt. In der Literatur findet eine bewußte und stellungnehmende, interessen- und bedürfnisorientierte Aneignung der Wirklichkeit statt im Medium der ästhetischen Beziehung zur Realität.

Die Bindung an Bedürfnisse von Individuen und Interessen von Klassen machen Widerspiegelung und Wertung parteilich. Mit der Realität reflektieren und kommentieren die Werke zugleich das Streben der Individuen nach allseitiger, tendenziell universeller Reproduktion nach Maßgabe der historischen Bedingungen und Möglichkeiten, vermittelt und gefiltert durch die gesellschaftliche Position und Perspektive der Klasse, der sie angehören. Literarische Widerspiegelung und Stellungnahme beziehen sich auf jenen Prozeß, in dem die Menschen durch alle Widersprüche und Schranken der Klassengesellschaft hindurch vermittelt nach allseitiger Entfaltung ihrer Kräfte und Fähigkeiten, allseitiger Aneignung der gesellschaftlichen Potenzen, voller Kontrolle der äußeren und der eigenen gesellschaftlichen Natur, des Ensembles der gesellschaftlichen Verhältnisse und Beziehungen - in einem Wort - nach Ausbildung und produktiver Betätigung ihrer Gattungsindividualität drän-

---

2 vgl. Klaus HOLZKAMP, Sinnliche Erkenntnis. Historischer Ursprung und gesellschaftliche Funktion der Wahrnehmung. Frankfurt 1973, Kapitel 8

gen. Der große Gegenstand der literarischen Widerspiegelung ist daher jene unendliche Bewegung des Werdens, in der, wie MARX es in bezug auf die klassenlose Gesellschaft ausdrückt, die Fortschritte der Individuen und die der Gattung einander wechselseitige Voraussetzung sind. Diese Entwicklung bereits unter den Gegebenheiten der Klassengesellschaft zu beleuchten, in deren Geschichte, wie MARX bei derselben Gelegenheit bemerkt, der Fortschritt der Gattung stets auf Kosten der meisten Individuen, ja sogar der meisten Klassen ging, ist Gegenstand der ästhetischen Beziehung zur Realität[3].

Über die Widersprüche der Klassengesellschaft vermittelt reflektiert Literatur dabei den ihnen zugrundeliegenden strukturellen Widerspruch in der Praxis der individuellen Selbstverwirklichung: je mehr die Individuen ihre gesellschaftlichen Potenzen in Produktion und Aneignung entfalten, desto unermeßlicher wächst der gesellschaftliche Reichtum über den je individuellen Aktionsradius hinaus, desto unersättlicher wiederum bilden sich die Bedürfnisse nach Gattungsindividualität, nach erweiterter Reproduktion aus. Der Widerspruch ist in der Gesellschaftlichkeit des Individuums begründet und treibt jene unendliche Bewegung des Werdens voran. Die historisch erreichten Formen gesellschaftlicher Individualität tragen stets schon die Keime ihrer Aufhebung in höheren Formen in sich angesichts der unaufhaltsamen Bewegung ihrer Inhalte[4]. Der Widerspruch von Produktivkräften und Produktionsverhältnissen im Maßstab sozialökonomischer Formationen findet seine individuellen Ausdrucks- und Bewegungsformen, die wiederum den gesellschaftlichen Widerspruch verstärken.

Literarische Texte, als Widerspiegelung und Bewertung dieses Vorgangs, nehmen den Widerspruch in der Gesellschaftlichkeit des Individuums in der Dialektik von Form und Inhalt auf. Im literarischen Form-Inhalt-Verhältnis als einer sich bewegenden Totalität von Aspekten, Beziehungen und Ebenen werden die Formen der gesellschaftlichen Individualität bewahrt, in ihrem Schein von Selbständigkeit, Abgeschlossenheit und letztendlicher Vollendung negiert und auf immer höheren Ebenen in potenzierter Beziehungsvielfalt rekonstruiert. Inhaltliche und formale Aspekte schlagen dabei fortwährend in ihr Gegenteil um. Was auf der einen Ebene inhaltlich bestimmt ist, nimmt auf einer anderen formalen Charakter an. Die Bewegung wird über den Form-Inhalt-Widerspruch in Gang gehalten, wobei das inhaltliche Moment stets das treibende und übergreifende, die Formen aus sich hervortreibende und übersteigende ist.

---

3 vgl. Karl MARX, Grundrisse der Kritik der Politischen Ökonomie. Berlin (DDR) 1953, S. 600.

4 Den Begriff der Unersättlichkeit und der immer höheren Entwicklung der Individuen habe ich unter kulturtheoretischem Aspekt in dem Beitrag "Zum Gegenstand der materialistischen Kulturtheorie" (In: Argument-Sonderband 47, 1980) entwickelt.

Literatur spiegelt die realen Bewegungsformen der gesellschaftlichen Individualität, wie sie aus der Praxis der Klassen hervorgehen, zugleich als vollkommene und als defizitäre wider. Sie ist stets affirmativ und kritisch zugleich. Sie stellt das Bestehende im Zustand seiner dauernden Veränderung dar, als das, was es ist und zugleich nicht mehr und noch nicht ist. Über die Dialektik von Form und Inhalt verarbeiten Werke der künstlerischen Literatur die unendliche Bewegung des individuellen Werdens in der Weise einer unabschließbaren Selbstaufhebung auf immer höherer Stufe. Aus der Praxis der gesellschaftlichen Klassen hervorgehend entfaltet Literatur diesen Prozeß aus der parteilichen Perspektive individueller Bedürfnisse und kollektiver Klasseninteressen. Gestaltet werden die klassenspezifischen Varianten der Gattungsindividualität zu den jeweils gegebenen gesellschaftlichen und historischen Bedingungen, vermittelt über den Widerspruch zwischen individuellem Anliegen und Klassenbestrebung. In die Gegensätze einander ausschließender oder zumindest partiell unvereinbar gegenüberstehender Abbildungen der Gattungsindividualität ist das Verhältnis von Widerspiegelung und Wertung, von literarisch vermitteltem Erkenntnisanspruch und Stellungnahme eingebunden.

Stehen individuelle Bedürfnisse und Klasseninteressen, wie gebrochen auch immer, im Einklang mit dem gesellschaftlichen Interesse, dann steht parteiliche Wertung der immer umfassenderen Erkenntnis, der immer größeren Bewußtheit der gesellschaftlichen Praxis nicht im Wege, sondern befördert sie. Realistische Literatur, wenngleich immer zu den beschränkten Bedingungen historischer Klassenpraxen, hat darin ihre Möglichkeiten. Durch die besonderen Beziehungen von Individuen und ihren Bezugsklassen hindurch, durch die gesellschaftliche Position der betreffenden Klassen hindurch artikuliert sich der in der Gesellschaftlichkeit des Individuums angelegte Widerspruch in historisch objektiven, gültigen und repräsentativen Formen. Objektivität der Widerspiegelung, der literarisch vermittelten Erkenntnis der Realität und Parteilichkeit in der Wertung und bewußten Aneignung der widergespiegelten Wirklichkeit sind dann einander wechselseitig Voraussetzung.

Die Einsicht, daß zur allseitigen Entwicklung gesellschaftlicher Individualität die Möglichkeit zur allseitigen Entwicklung *aller* Mitglieder der Gesellschaft unabdingbare Voraussetzung ist, entwickelt sich, solange die historisch führenden und herrschenden Klassen zugleich die besitzenden Klassen sind, erst allmählich. Die Parteilichkeit des Klasseninteresses steht der Erkenntnis im Wege. Umfassender und tendenziell unbeschränkt ist diese Erkenntnis bei den besitzlosen Klassen beheimatet, deren gesellschaftliche Perspektive nicht die Ersetzung einer Klassenhierarchie durch eine andere, sondern die Aufhebung der Klassengesellschaft und des Klassenmonopols am gesellschaftlichen Reichtum überhaupt ist. Realistische Literatur hat daher, je nach ihrer Klassenbasis und den vom Stand der historischen Entwicklung gegebenen Möglichkeiten, unterschiedliche Qualität. Wo Parteilichkeit nicht mit partikularem Besitzanspruch sondern mit gesellschaftlichem Interesse tendenziell zusammenfällt, eröffnen sich die weitesten Möglichkeiten realistischer Gestaltung. Werke, die auf dieser

Basis entstehen, heben den besitzgebundenen engeren Realismus anderer Klassen der Vergangenheit oder auch der zeitgenössischen literarischen Produktion potentiell in dialektischem Sinne auf. Ausgehend von der Bestimmung der Literatur, ein Moment des gesellschaftlichen Bewußtseins und damit der bewußten Praxis zu sein, wäre mit dem jeweiligen Grad des Realismus zugleich auch ein Kriterium des ästhetischen Wertes literarischer Werke gegeben.

Unabhängig von der Frage des Realismus haben alle Werke der künstlerischen Literatur die unendliche Bewegung des Werdens des gesellschaftlichen Individuums, den Prozeß, in dem das Individuum als Moment der gesellschaftlichen Totalität die eigene Totalität seiner gesellschaftlichen Beziehungen und damit seine reiche Persönlichkeit herausbildet, zum Gegenstand. In allen ist der jeweils historisch gegebene Grad der Vergesellschaftung des Individuums verarbeitet. Widersprüche zur realistischen Gestaltung ergeben sich dort, wo partikulare Interessen sich gegen die gesellschaftlichen behaupten, wo privilegierte Weisen der Selbstverwirklichung gegen andere Individuen und Klassen durchgesetzt werden, wo im Ensemble der gesellschaftlichen Beziehungen Selbstverwirklichung nicht auf allen Ebenen, sondern stellvertretend nur auf einigen, womöglich abgeleiteten Ebenen erstrebt wird, wo im dialektischen Prozeß der Aufhebung der bestehenden Zustände das Moment der Bewahrung oder auch der Negation des Bestehenden zu stark in den Vordergrund tritt.

Das Kriterium des Realistischen bzw. Nicht-Realistischen ist in jedem Falle die gesellschaftliche Praxis, nicht der Literatur insgesamt oder gar dem einzelnen Werke immanent. Die komplexe Widerspiegelung des Sozialprozesses im Bewußtsein, die vielfältigen Zusammenhänge und Überlagerungen von Widerspruchsebenen bringen es mit sich, daß in den meisten literarischen Werken sich eine spezifische Konstellation von realistischen und nicht-realistischen Momenten findet. Wesentlich ist nicht, ob sich die Konstellation vorfindet, sondern welche Seite auf welchen Ebenen überwiegt, wie weit es sich bei der Bewußtseinsform Literatur um bewußtes Sein bzw. um mehr oder weniger bewußte Verzerrung dieses Seins handelt.

Wenn indessen die Praxis die Instanz ist, um zu Einschätzungen literarischer Werke zu gelangen, so doch nur vermittelt über die Eigenarten der ästhetischen, bzw. der literarischen Beziehung zur Realität. Im Ensemble der Beziehungen, über die das gesellschaftliche Individuum sich erweitert reproduziert, nimmt die ästhetische eine Sonderstellung ein. Während auf der ökonomischen und politischen Ebene die gegenständliche Gesellschaftlichkeit der Menschen primär in der Funktion eines *Mittels* oder eines *Zwecks* der erweiterten Reproduktion erscheint und vorwiegend instrumentell nach ihrer Gebrauchswertseite hin angeeignet wird, tritt sie auf der ästhetischen Ebene in erster Linie als *Selbstzweck*, als um ihrer selbst willen erzeugte menschliche Gegenständlichkeit und gegenständliche Menschlichkeit der Anschauung entgegen.

Die unendliche Bewegung des Werdens des gesellschaftlichen Individuums erfolgt um keiner äußeren Ziele, sondern ausschließlich um ihrer selbst willen. Wie sehr die Menschen und die von ihnen erzeugten Güter und Beziehungen nach anderen Seiten der gesellschaftlichen Praxis hin auch als Mittel erscheinen mögen, wie sehr sie Funktion sind, in der ästhetischen Dimension tritt der Aspekt der Selbstzweckhaftigkeit der gesellschaftlichen Individuen in ihrer Praxis ins Bewußtsein. Diese Selbstzweckhaftigkeit ist nicht neben oder außerhalb der Welt der Mittel und Zwecke oder gar unabhängig von ihr, sondern durch sie hindurch vermittelt. Selbstzweckhaftigkeit existiert nur in der Dialektik von Mittel, Zweck und Selbstzweck. Als Ergebnis dieses widersprüchlichen Zusammenhangs differenziert sich die Dimension der ästhetischen Weltaneignung, der ästhetischen Beziehung zur Welt in der gesellschaftlichen Praxis aus. In ihr ist das Ensemble aller anderen Aneignungsbeziehungen des gesellschaftlichen Individuums, der praktischen wie der theoretischen, der sinnlichen wie der geistigen anschaulich im dialektischen Sinne aufgehoben. Nur soweit diese Aufhebung vollzogen wird, konstituiert sich die ästhetische Dimension. Sie wirkt auf die anderen Ebenen zurück, indem sie den Zusammenhang von Mittel, Zweck und Selbstzweck ins Bewußtsein hebt. Die anderen Ebenen bereichern die ästhetische, indem sie ein ständig wachsendes Material der ästhetischen Erkenntnis hervorbringen.

Innerhalb dieser Wechselbeziehung der verschiedenen Ebenen der gesellschaftlichen Praxis steht die ästhetische Erkenntnis auch in einem Verhältnis der dialektischen Aufhebung zur begrifflichen Erkenntnis. Ausgangspunkt und Ziel der begrifflichen Erkenntnis ist die gesellschaftliche Praxis. Sie läßt die Prozesse sinnlich-praktischer Weltaneignung abstraktiv mit dem Ziel hinter sich, über das Aufspüren ihrer Bewegungsgesetze zu deren besserer Kontrolle und Beherrschung beizutragen. Damit kehrt sie zur Stufe der sinnlich-praktischen Betätigung zurück. Als Moment dieser Praxis trägt sie zu deren zweckmäßiger Einrichtung bei. Begriffliche Erkenntnis ist ein Mittel zum Erreichen von Zwecken. Auch für die ästhetische Erkenntnis gilt, daß sie ein verschwindendes Moment der Praxis ist. Im Unterschied zur begrifflichen trägt sie indessen nicht unmittelbar zur besseren Kontrolle und Beherrschung von Natur und Gesellschaft bei. Die ausgeübte Praxis und ihre intellektuell-begrifflichen Werkzeuge gelten ihr als fraglose Voraussetzung. In der sinnlichen Wahrnehmung der Praxis wird ihr deren gesellschaftlicher Sinn jenseits der Zweck-Mittel-Relation, jenseits partieller Zwecke und Ziele evident - unendliche Bewegung des Werdens der Individuen als Selbstzweck zu sein. Die künstlerische bzw. literarische Widerspiegelung sind konzentrierte Verdichtung und Gestaltung dieser ästhetischen Erfahrung des Alltags.

Künstlerische Literatur bildet sie mit Hilfe poetisch-selbstreflexiver Sprache und selbstreflexiver Anordnung von inhaltlichen Elementen der Realität ab. Widerspiegelung und Wertung geschehen nicht im Medium des Begriffs, sondern des Bildes. In den Bildern ist begriffliche Erkenntnis aufgehoben. Sie lassen sich nicht mehr unmittelbar auf Begriffe rückübersetzen. Sie beziehen sich indessen gar nicht unmittelbar auf einen begrifflichen Bezugsrahmen, sondern auf die Praxis, in der die Individuen die literarische Erfahrung der Selbstzweckhaftigkeit umsetzen. Die Nichtausschöpfbarkeit durch Begriffe bedeutet dabei nicht, daß es gar keine Umsetzung in Begriffliches gäbe, sondern eher die jede einzelne Verbegrifflichung übersteigende und daher zu immer neuer begrifflicher und praktischer Anstrengung motivierende Wirksamkeit der ästhetischen Erkenntnis, in der Sinnlichkeit und Gedanke zugleich in Gang gesetzt werden.

ISERs Beobachtung, daß die in Texten dargestellten Realitätselemente nicht als Abbild gegebener Verhältnisse zu verstehen seien, sondern bestenfalls die gegebenen Verhältnisse im Zustand ihres Überschrittenseins abbildeten – was für ihn indessen nur Nicht-Abbildung heißt –, läßt sich also auf einen komplexen Sachverhalt beziehen: Zum einen "überschreiten" die Individuen durch ihre Teilnahme an der Praxis beständig sowohl die gewordenen Verhältnisse wie auch die erreichten Stufen der eigenen Vergesellschaftung. Hier werden fortwährend "Wirklichkeitsmodelle" und "Sinnsysteme", um in ISERs Sprache zu bleiben, in ihrer Geltung eingeschränkt, negiert, virtualisiert und zwar einerseits als Entwicklungsprozeß *innerhalb* von sozial-ökonomischen Formationen, als Entfaltung der Position einzelner Klassen und der ihnen angehörenden Individuen, andererseits als Entwicklungsprozeß *über* die Schranken gegebener Formationen *hinaus* hin zu einer höheren gesellschaftlichen Organisationsform. Indessen handelt es sich dabei um einen Prozeß dialektischer Aufhebung, der zwar das Moment der Negation enthält, es aber nicht in der Weise ISERs verabsolutiert, daß die Momente des Bewahrens und des auf höherer Stufe Fortführens aus der Betrachtung ausgeklammert werden. Aus der Wirklichkeit entsteht daher durch Aufhebung nicht etwa Nicht-Wirklichkeit, sondern neue Wirklichkeit, Realität in historischer Bewegung. Andererseits "überschreitet" Literatur ständig diese Realität nicht dadurch, daß sie deren Bewegung widerspiegelt, sondern daß diese Widerspiegelung *ästhetischen* Charakter hat, Widerspiegelung unter dem Aspekt der Selbstzwecksetzung der gesellschaftlichen Individuen im Medium des Bildlichen ist. Aber auch hier handelt es sich nicht um bloße Negation, sondern um dialektische Aufhebung. Das Resultat ist ebenfalls nicht Nicht-Realität, sondern Erkenntnis und Darstellung eines bestimmten Moments der Praxis.

Fiktionale Literatur verliert damit zugleich ihren schwebenden Status im Niemandsland zwischen Realität und dem Nichts bzw. der Kommunikation. Als Form des gesellschaftlichen Bewußtseins ist sie Aspekt der bewußten Praxis und damit Realität nicht weniger als das, was in ihr aufgehoben ist. Als Moment der Praxis tritt sie dieser Praxis "oppositiv", wie ISER sagen würde, gegenüber, um sie zu reflektieren, d.h. um ihre Funktion für die Praxis, deren Bewußtsein zu sein, zu erfüllen. Das scheinbar so schwierig zu lösende Problem der Opposition von Realität und Fiktionalität, das ISER zum Ausweichen auf die Ebene der Kommunikationstheorie zwingt, verliert hier seinen geheimnisvollen Charakter. Die in der Praxis vollzogene Aufhebung von "Sinnsystemen" und "Wirklichkeitsmodellen" wird in der Literatur unter dem Aspekt der Selbstzweckhaftigkeit des Vorgangs erfaßt. Dazu ist es für die Beurteilung der Leistung des einzelnen Werks indessen notwendig, zu wissen, aus welcher sozialen Perspektive, in welchem Umfang und unter welchen sozial-historischen Bedingungen "Geltungen" in Frage gestellt, "Geltungsschwächen" konstatiert werden, d.h. wie die historisch konkreten Formen der literarischen Aufhebung der Realität aussehen, wie realistisch das Werk ist. Erst daran, und nicht allein über die formale Feststellung von "Negationen" läßt sich "ideologische Vorspiegelung falscher Ganzheit" unterscheiden von der Widerspiegelung richtiger Ganzheit.

Was Literatur jeweils mit den "Sinnsystemen" anfängt, ist keineswegs beliebig oder nur subjektive Reaktion eines Autors, sondern zutiefst strukturell geprägt von der abgebildeten Realität und von den Gesetzmäßigkeiten, denen der Autor als Moment dieser Realität untersteht. Die Strukturen, in denen Realität literarisch verarbeitet wird, sind inhaltlich von dieser Wirklichkeit bestimmt, sind nicht nur formale "Negationen". Wird der negative Aspekt im Verhältnis von Literatur und Realität in den Zusammenhang dialektischer Aufhebung und Widerspiegelung gestellt, dann verliert er seinen formalen Charakter. Dann läßt sich einerseits die starke Betonung des negativen Aspekts in der bürgerlichen literarischen Moderne auf ihre inhaltlichen Ursachen zurückführen, andererseits aber auch die suggestive Affinität einer formalistisch argumentierenden Wirkungstheorie zur "partialen" Kunst aufbrechen. Letztere erweist sich in diesem Zusammenhang übrigens als ebensowenig partial wie auch alle andere Literatur. Ganzheit wird so oder so in jedem Falle erfaßt, da die unendliche Bewegung des individuellen Werdens die gesellschaftliche Totalität immer voraussetzt und zugleich reproduziert.

Ein Eingehen auf ISERs Ausweichen vor der Widerspiegelungsfunktion in die kommunikative Funktion der Literatur könnte sich mit dem Nachweis der Anwendbarkeit der Widerspiegelungshypothese erübrigen, wären mit der Konzeption des Kommunikativen nicht weitere Einschränkungen des Gesichtskreises verbunden, die auf das Konstrukt des impliziten Lesers nicht ohne Auswirkungen bleiben.

Mit der Anlehnung an die Sprechakttheorie geht bei ISER die Trennung von Semiotik und Pragmatik sowie zwischen konstatierenden und performativen Äußerungen einher, was zur Preisgabe auch noch so reduzierter Erkenntnis- und Wahrheitsansprüche an Literatur führt und den zu untersuchenden Sinn der Literatur seiner Bedeutungs- und Erklärungskomponenten entkleidet. Sinn reduziert sich auf die Wirkung kontextsituierter Sätze, d.h. auf Verwendung und Effekt. Zwar bestimmt ISER den literarischen Text im Gegensatz zum Sprechakt in mehrerer Hinsicht als dessen bestimmte Negation, insofern er situationsunabhängig, normen-, konventionen- und prozedurenunabhängig sei, ja seine pragmatische Funktion gerade im Entpragmatisieren der Bestandteile des pragmatischen Sprechaktes liege. Indem er indessen das Verhältnis zwischen Text und Sprechakt in der Art einer bestimmten Negation auffaßt, gelten für die Realität wie auch den Text, jeweils ex negativo, die Verkürzungen seiner Sprechaktauffassung. Die Kategorie der Situation umfaßt hier nur mehr die Sprechsituation und die unmittelbaren Gegebenheiten zum Gelingen des Sprechaktes. Sie erfaßt nicht mehr die historischen und sozialen Determinanten und Bewegungsgesetze, die allen solchen Situationen und den sie steuernden Konventionen und Prozeduren zugrundeliegen. Deren objektive Bedeutung bleibt folglich verschlossen.

Durch die Kopplung von systemtheoretischen Annahmen zu Wirklichkeitsmodellen und Sinnsystemen mit Elementen der Sprechakttheorie erfolgt nicht etwa eine wechselseitige Erhellung über die Grenzen des jeweiligen Theorieansatzes hinaus, sondern im Gegenteil eher eine Einengung systemtheoretischer Aussagen auf die Reichweite von Sprechsituationen, bzw. deren bestimmter Negation im Bereich literarischer Texte. Wenn es indessen darum geht, eine Theorie literarischer Wirkung anhand der Konzeption des impliziten Lesers als einer Textstruktur, mit der der Leser in eine Gesprächssituation mit dem Text versetzt wird, zu diskutieren, dann wird es darauf ankommen, ob die Analyse der Textstruktur vor dem Hintergrund der objektiven Realität-Text-Beziehung im Rahmen der Widerspiegelungshypothese erfolgt oder im Bannkreis sprechakttheoretischer Reduktionen verbleibt. Anders formuliert, es wird die Frage sich stellen, ob die von ISER beschriebenen Strukturen in der Beschreibung aufgehen, oder ob ihnen darüber hinausreichende Bedeutung zukommt. In einem zweiten Schritt nach der Rekonstruktion des Verhältnisses von Text und Realität ist nunmehr die Text-Leser-Beziehung aufzuarbeiten.

"Text und Leser (sind) in einer dynamischen Situation miteinander verspannt, die ihnen nicht vorgegeben ist, sondern im Lesevorgang als Bedingung der Verständigung mit dem Text entsteht." (S. 111) Diese Beziehung funktioniert nach dem "Modell selbstgesteuerter Systeme", über deren "Rückmeldeeffekt ständig Eingaben in den Wirkungsvorgang erfolgen, die eine situative und momentane Verständigung mit dem Text beinhalten. Die vielen situativen Verständigungen werden ihrerseits durch Rückmeldeeffekte korrigiert, um größere integrative Verständigungsleistungen erzielen zu können (S. 111). Der Text wird durch "Erfassungsakte" in das Bewußtsein des Lesers übersetzt. Der Leser ist indessen nicht in der Lage, "einen Text in einem einzigen Augenblick aufzunehmen", er kann ihn nur über die "Ablaufphasen der Lektüre ... erschließen". Der Leser steht dem Text daher nicht gegenüber, sondern ist immer "mitten drin". Daher liegt zwischen Text und Leser keine "Subjekt-Objekt-Relation" vor, der Leser bewegt sich vielmehr als "perspektivischer Punkt", als "wandernder Blickpunkt" durch den Text hindurch "S. 177-178). Da die Gegenständlichkeit des Textes als ganzem nicht identisch ist mit den phasengebundenen Erscheinungsweisen des Textes im Fluß der Lektüre und da jeder Leser in jeder Lesephase den Text als ganzen erstrebt, muß er die vermißte Ganzheit durch Synthesen herstellen.

Die Lektüre bietet sich daher als eine Abfolge von Synthesen dar, durch die der Text ins Bewußtsein übersetzt wird, wodurch sich die Gegenständlichkeit des Textes als "Bewußtseinskorrelat" aufbaut (vgl. S. 178-179). Diese Synthesen aber konstituieren sich als Verhältnis von Retention und Protention, aus Erinnertem der vorangegangenen Lektüre und der Antizipation des Kommenden, wobei in Erinnerung und Antizipation die Dispositionen des Leser eingehen, zugleich aber auch Textstrukturen als Orientierungspunkte enthalten sind (vgl. S. 181). Im Fortgang der Lektüre werden die antizipierenden Annahmen modifiziert oder widerlegt, die retentionalen Aspekte treten in andere Zusammenhänge und werden ebenfalls korrigiert in umfassenderen Synthesen. "Das Erinnerte wird neuer Beziehungen fähig, die ihrerseits nicht ohne Einfluß auf die Erwartungslenkung der einzelnen Korrelate in der Satzfolge bleiben. So spielen im Lesevorgang ständig modifizierte Erwartungen und erneut abgewandelte Erinnerungen ineinander. Da aber der Text selbst weder die Modifikationen der Erwartung noch die Beziehungsfähigkeit des Erinnerten formuliert, gibt das Produkt, das aus ... dieser Verspannung entsteht, eine erste Anschauung davon, wie sich der Text durch die synthetische Aktivität des Lesens in ein Bewußtseinskorrelat übersetzt ... Jeder Augenblick der Lektüre ist eine Dialektik von Protention und Retention, indem sich ein noch leerer, aber zu füllender Zukunftshorizont mit einem gesättigten, aber kontinuierlich ausbleichenden Vergangenheitshorizont so vermittelt, daß durch den wandernden Blickpunkt des Lesers ständig die beiden Innenhorizonte des Textes eröffnet werden, um miteinander verschmelzen zu können." (S. 182 f.)

Um diesen Vorgang zu erfassen, führt ISER mehrere Analysebegriffe ein. Das literarische Werk als Resultat der Syntheseleistungen und als Bewußtseinskorrelat des Lesers "besitzt zwei Pole, die man den künstlerischen und den ästhetischen Pol nennen könnte, wobei der künstlerische den vom Autor geschaffenen Text und der ästhetische die vom Leser geleistete Konkretisation bezeichnet. Aus einer solchen Polarität folgt, daß das literarische Werk weder mit dem Text noch mit dessen Konkretisation ausschließlich identisch ist." (S. 38) Das Werk ist daher nicht gegenständlich in der Realität gegeben. "Das Werk ist das Konstituiertsein des Textes im Bewußtsein des Lesers." (S. 39)

Dementsprechend unterscheidet ISER zwischen der Struktur des Textes und der Struktur des Leseaktes. Die Textstruktur hält mit ihrem Inventar von der Realität entnommenen Repertoire-Elementen und den Strategien ihrer Darbietung "den Text lediglich parat, dessen Potential ... (diese) zwar entwerfen und vorstrukturieren, das jedoch der Aktualisierung durch den Leser (Akt-Struktur, R. H.) bedarf, um sich einlösen zu können. Textstruktur und Aktstruktur bilden folglich die Komplemente der Kommunikationssituation." (S. 175) ISER trennt weiterhin zwischen den "Erfassungsakten", durch die sich der Text "in das Bewußtsein der Leser übersetzt" (vgl. S. 177), in denen der "Primärcode des Textes" durch die "Textstrategien" als Kombinationsbedingung für Syntheseleistungen des Lesers entdeckt wird (vgl. S. 144), und "Auffassungsakten", in denen der Leser das Kombinationsangebot in Form einer Syntheseleistung realisiert und damit den "Sekundärcode des Textes" erstellt (vgl. S. 156).

Der Umschlag von Text in Werk, Text in Akt, von Erfassung in Auffassung wird, da sich der Text nach ISER ja nicht abbildend auf Wirklichkeit bezieht, nicht durch die Realität, sondern nur mehr durch Aspekte des Textes selbst gesteuert, kontrolliert und daher der Willkür der Subjektivität entzogen. Diese Aspekte nennt ISER wegen ihrer Unbestimmtheit "Leerstellen" und "Negationspotentiale". Leerstellen markieren Aussparungen im Text auf der paradigmatischen Ebene der Textreper-

toire-Selektionsentscheidungen wie auf der syntagmatischen
Ebene ihrer Verknüpfung durch Textstrategien. Negationspotentiale markieren "Aufhebungen" (S. 348). "Die Leerstellen sparen die Beziehungen zwischen den Darstellungsperspektiven
des Textes aus und ziehen dadurch den Leser zur Koordination
der Perspektiven in den Text hinein: sie bewirken die kontrollierte Betätigung des Lesers im Text. Die Negationspotentiale
rufen Bekanntes oder Bestimmtes auf, um es durchzustreichen;
als Durchgestrichenes jedoch bleibt es im Blick und verursacht angesichts seiner gelöschten Geltung Modifizierungen in
der Einstellung: die Negationspotentiale bewirken damit die
Situierung des Lesers zum Text" (S. 267). Negationen erzeugen
als primäre "Leerstellen im selektierten Normenrepertoire",
als sekundäre affizieren sie die Disposition des Lesers, deren Normen und Konventionen außer Kraft gesetzt werden (vgl.
S. 335, 338). Leerstellen und Negationen zusammen bezeichnen
in ihrer Wirkung die "Negativität fiktionaler Texte", da
durch "Aussparung (Leerstelle, R. H.) und Aufhebung (Negation, R. H.) (sich) nahezu alle Formulierungen des Textes auf
einen unformulierten Horizont beziehen" (S. 348).

Als Unterbrechung der "Textkohärenz" durch Unterbrechung
der Anschließbarkeit, bzw. Eröffnung einer Vielzahl von Anschlußmöglichkeiten, Aufhebung der Erwartung der "good continuation", Ermöglichung der Beziehung zwischen den Segmenten einer Textperspektive und denen verschiedener Perspektiven, Entautomatisierung der habituellen Lesererwartungen und
Erschwerung der Vorstellungsbildung (vgl. S. 285-291) wirken
die Leerstellen als Katalysatoren für die Syntheseleistungen
des Lesers, die ISER "unter der Schwelle des Bewußtwerdens"
verlaufen sieht, erst nach ihrer Bildung ins Bewußtsein treten können als Gegenstand der Beobachtung und die er "in Anlehnung an eine von HUSSERL gebrauchte Terminologie passive
Synthesen ... (heißt), um sie von jenen zu unterscheiden,
die über Urteile und Prädikationen zustande kommen"
(S. 219 f.).

"Der zentrale Modus passiver Synthesen ist das Bild." Das
Bild "bringt etwas zur Erscheinung, das weder mit der Gegebenheit des empirischen Objekts noch mit der Bedeutung eines
repräsentierten Gegenstandes identisch ist. Die bloße Gegenstandserfahrung ist im Bild überstiegen, ohne dadurch schon
eine Prädikatisierung des im Bild zur Erscheinung Gebrachten
zu sein." (S. 220) Das Bild ist als Vorstellungs-Bild "die
nicht-gegebene Kombination angebotener Daten" (vgl. S. 222).
Die Vorstellung schließt die angebotenen Daten zur Figur.
"In der Vorstellung versuchen wir nicht, den einen oder anderen Aspekt der Figur festzuhalten, vielmehr gewärtigen wir
die Figur stets als Synthese ihrer Aspekte." (S. 224) Die Vorstellung existiert nur im Leser, der während der Zeit ihrer
Existenz in ihrer Gegenwart lebt und seine Existenz außerhalb
ihrer zur Vergangenheit distanziert (S. 225). Über die Zeitachse des wandernden Blickpunktes und die darüber gesteuerten
Lesersynthesen und Vorstellungsbildungen geschieht die Auffassung des Sinns, der ganz im Bild verbleibt und sich als die
Wirkung der Vorstellung im Leser äußert. "Sinn ist die in der
Aspekthaftigkeit des Textes implizierte Verweisungsganzheit,
die im Lesen konstituiert werden muß." (S. 245) Bedeutung,

die, wie bereits erwähnt, außerhalb der Wirkungstheorie der Gegenstand der soziologischen Rezeptionstheorie ist, bezeichnet "die Übernahme des Sinns durch den Leser in seine Existenz", indem er ihn auf diskursive Erklärungsmuster und Normen seines Wirklichkeitsmodells bezieht. "Sinn und Bedeutung zusammen garantieren ... erst das Wirksamwerden einer Erfahrung, die darin besteht, daß ich in der Konstitution einer fremden Realität selbst in einer bestimmten Weise konstituiert werde." (S. 245) ISER kann daher "Sinnkonstitution und Konstitution des lesenden Subjekts ... (als) zwei in der Aspekthaftigkeit des Textes miteinander verspannte Operationen" betrachten (vgl. S. 246).

Den Lesevorgang, der zu den passiven Synthesen der Vorstellungsbildung und zur "Sinnkonfiguration" führt, sieht ISER nach den gestalttheoretischen Gesetzen der Gestaltbildung geordnet. Der Lesevorgang führt zur "Konsistenzbildung"; aus der Interaktion von Text und Leser geht die "Gestalt" als konsistente Interpretation hervor (vgl. S. 194). "In der Gestalt sind die Spannungen aufgehoben, die sich aus unterschiedlichen Zeichenkomplexen ergeben haben. Sie ist im Text selbst nicht explizit vorhanden, sondern entsteht als eine Projektion des Lesers, die insofern gelenkt ist, als sie sich aus der Identifikation der Zeichenbeziehungen ergibt." (S. 197) Unvollständige Gestalten rufen ein "Spannungssystem hervor, das nach einer Gestaltkohärenz mit größerer Integrationsleistung verlangt" (S. 198). In der Unvollständigkeit sind strukturell indessen bereits Selektionsentscheidungen für die mögliche Schließung angelegt, die der Leser nach subjektiver Präferenz realisiert (S. 199). Eine Gestaltsequenz bildet sich in dem Maße, "in dem die *good continuation* als Modus der Anschließbarkeit beachtet wird" (S. 202). Obwohl die "Konsistenzbildung selbst kein Vorgang der Illusion" ist, kommt ihr dennoch in der Weise ein illusionäres Moment zu, als die während der Lektüre konfigurierten Gestalten ungeachtet des weiterlaufenden Textes und seiner darin konstituierten Offenheit sich stets um die vorzeitige Schließung des Textes bemühen (vgl. S. 202 f.). Die vorzeitige Schließung ist zugleich unerläßlich für die Textauffassung, als die protentional-retentionale Vorstellungsbildung nur über solche Konsistenzbildung des Textes erfolgen kann (vgl. S. 203 f.).

Sowohl der weiterlaufende Text wie auch solche Möglichkeiten der Gestaltschließung, die durch die Konsistenzbildung des Lesers ausgespart bleiben, wirken als Störung der Illusionsbildung. Der Leser wird im Bemühen der Aufhebung der dadurch erzeugten Spannung zu ständig neuen Gestaltbildungen gezwungen und erfährt daher den Text als Geschehen, in dem er gegenwärtig ist (vgl. S. 208 f.). Die nicht ausräumbare Störung führt schließlich dazu, daß der Prozeß der Gestaltbildung selbst thematisch werden kann. Das Potential der ästhetischen Erfahrung liegt schließlich darin, daß der Leser auf diese Weise sich selbst zusieht, was mit ihm während der Lektüre geschieht und was er selbst tut. Es liegt in der Auto-Reflexivität des Textes (vgl. S. 217 f.).

Der implizite Leser bezeichnet nun "die Gesamtheit der Vororientierungen, die ein fiktionaler Text seinen möglichen Lesern als Rezeptionsbedingungen anbietet" (S. 60). Er ist sowohl eine Textstruktur, welche die Erfassung der Gestaltschließungsmöglichkeiten enthält, wie eine Aktstruktur, in der der Leser die Gestalt bildet, indem er den wandernden Leserblickpunkt einnimmt (vgl. S. 60-65). Das Konzept des impliziten Lesers als eines transzendentalen Modells allgemeiner Wirkungsstrukturen fiktionaler Texte ist über die gestalttheoretisch ermittelten Gesetze der Gestaltbildung begründet. Darauf laufen alle von ISER eingeführten Begriffsbildungen und analytischen Unterscheidungen hinaus, besonders prägnant am Begriff der Leerstelle festzumachen. Die Bildung der gestalthaften Sinnkonfiguration im Medium des Bildes über den Abbau von Unbestimmtheiten und die Erschließung des dem Text zugrundeliegenden Codes ist die Wirkung und damit die pragmatisch-kommunikative Funktion des Textes. Da die gestalttheoretischen Annahmen einen derart zentralen Ort in ISERs Konzeption einnehmen, müssen sie den Angelpunkt für die kritische Überprüfung der Text-Leser-Beziehung abgeben.

Klaus HOLZKAMP hat im Zusammenhang mit psychologischen Untersuchungen zur Struktur der Wahrnehmung und des Denkens den Geltungsbereich der "Gestaltgesetze" auf die Organisation des Wahrnehmungsfeldes im Bereich der sinnlichen Erkenntnis gegenständlicher Qualitäten der Anschauungswelt eingegrenzt. Es handelt sich um "Eigenarten der Wahrnehmung auf organismischem Spezifitätsniveau", die sich auf einer bestimmten Stufe der menschlichen Evolution herausgebildet haben (HOLZKAMP 1973, S. 324), an die Präsenz der wahrgenommenen sinnlichen Gegenstände gebunden sind und die reale Unbestimmtheit dieser Gegenstände von der Position des anschauend Wahrnehmenden durch Überverdeutlichung der Abgehobenheit, Überhomogenisierung von Infeldern, Überakzentuierung der Geschlossenheit, Interpolation oder Extrapolation des Fehlenden, Verdeckten, nicht Gesehenen etc. sowie durch Überakzentuierung von Invarianzen innerhalb von Geschehensabläufen bei optimaler Ausnutzung vorhandener Informationen komplettieren (HOLZKAMP 1973, S. 313-315). Diese Organisationseffekte der Wahrnehmung dienen sozusagen ihrer Optimierung, dem Ausgleich der Semi-Erratik der Wahrnehmung, durch welche sie ihren Gegenstand immer teilweise verfehlt, wobei durch die Organisationseffekte selbst zusätzliche Fehlerquellen entstehen (HOLZKAMP 1973, S. 309 f.).

Während die Organisationseffekte ("Gestaltgesetze") im Bereich der einfachen dinglichen Gegebenheiten eine Orientierungsfunktion bei der Realitätsaneignung erfüllen, taugen sie in gar keiner Weise zur Erfassung so komplexer gesellschaftlicher Strukturen, wie die bürgerliche Gesellschaft sie aufweist. Hier führen sie statt zu Erkenntnis zur Verzerrung und zur Verkennung, da sie außerstande sind, in der Hülle der dinglichen Oberfläche des alltäglichen Lebens den sachlichen Ausdruck widersprüchlicher gesellschaftlicher Verhältnisse auszumachen. "Objektive Scheinhaftigkeit, Oberflächencharakteristika, Widersprüche, Verkehrungen der Lebenswelt in der bürgerlichen Gesellschaft (sind) in der sinnlich-anschaulichen Erfahrung als naturhaft-selbstverständliche Wirklichkeit gegeben." (HOLZKAMP 1973, S. 328) Hier muß die Leistungsfähigkeit der Wahrnehmung versagen und stattdessen das sich von der sinnlichen Oberfläche entfernende, abstraktive, Analyse-

und Syntheseleistungen vollziehende begreifende Denken die Orientierung der Weltaneignung übernehmen, in dem die Wahrnehmung dialektisch aufgehoben ist.

Gestaltpsychologie und Gestalttheorie werden von HOLZKAMP kritisiert, da sie einerseits in idealistischer Verkehrung die Ursprünge der Organisationseffekte aus der subjektiven Wahrnehmung als eigenständige Strukturierungsleistung gegenüber einer unstrukturierten Welt herleiten und dabei die über die gesellschaftliche Praxis erfahrene und in der Wahrnehmung verarbeitete Strukturiertheit der Welt übersehen, andererseits die von ihnen formulierten Gestaltgesetze zu einem universalen Erklärungsschema der gesellschaftlichen und natürlichen Prozesse verabsolutieren, ohne deren eingeschränkte Geltung zu beachten. "Damit gewinnen Organisationsprinzipien wie die 'Gestaltprinzipien' einen quasi ästhetischen Charakter. Die Gliederung und Ordnung der subjektiven Welt erscheint als eine Art Selbstzweck." (HOLZKAMP 1973, S. 310 f.)

Ebensowenig wie sich die Gestaltgesetze zur Erklärung der komplexen gesellschaftlichen Realität eignen, sind sie auf die Strukturen des Denkens anzuwenden, das die Bindung an sinnliche Präsenz ersetzt durch symbolische Repräsentanz, mit der sinnlichen Unmittelbarkeit bricht. Denken ist kein "bloßes Resultat von automatisch wirkenden, auf 'Prägnanz' gerichteten Feldkräften" (HOLZKAMP 1973, S. 339), sondern erkennende Erfassung der Wirklichkeit. "Analyse und Synthese ... wären in ihrem Zustandekommen völlig unerklärlich, wenn das Denken tatsächlich durch prägnanzgerichtete Feldkräfte, die sich notwendig aus der figuralen Struktur der Aufgabe ergeben, determiniert wäre." (HOLZKAMP 1973, S. 339 f.)

Ungeachtet ihres nicht-begrifflichen bildhaften Charakters verläuft auch die Konstitution von Vorstellungsbildern in der Literatur nicht nach Gestaltgesetzen. Nicht einmal unter ISERs eigenen Voraussetzungen. Gerade weil er darauf besteht, daß dem Vorstellungsbild nichts Wirkliches entspricht, ja daß es in gewisser Weise sich gerade über die Negation von Wirklichkeitselementen aufbaut, kann es definitiv nicht mit dem sinnlich-gegenständlichen Präsenzbereich des Empirischen in der Wahrnehmung verrechnet werden. Darüber hinaus aber hat die Schaffung von Vorstellungs-Bildern durch den Leser gerade das die Wahrnehmung übersteigende und gesellschaftlich in der einen oder anderen Weise orientierende Denken zu ihrer Voraussetzung. Sie hebt das diskursive Denken in sich dialektisch auf.

Die Interpretation der Erfassungs- und Auffassungsakte der Lektüre durch die Gestaltgesetze eliminiert geradezu das der ästhetischen Dimension konstitutiv angehörende Moment der Reflexion, des gedanklichen Durchdringens der Wirklichkeit ungeachtet der Bildlichkeit der Darstellung. Der Automatismus der "passiven Synthesen" verfehlt den Sachverhalt, daß es sich bei der "Gestalt" des literarischen Textes nicht um etwas der Gestaltbildung im Anschauungsfeld der sinnlichen Wahrnehmung Vergleichbares handelt, sondern um Moment und Resultat einer dialektischen Form-Inhalt-Beziehung. Die Analogiebildung zu den Organisationseffekten der Wahrnehmung verkürzt die Dimension der intellektuellen Prozesse während der Lektüre und schneidet damit das Erkenntnispotential des Textes ab. Mehr noch, sie erlaubt nicht einmal die adäquate Analyse der tatsächlichen Leistung des wandernden Leserblickpunktes, geschweige denn die zureichende Beschreibung seiner Struktur. Die Konzeption der Leerstelle reicht nicht aus, um die komplexe Struktur dialektischer Aufhebungsprozesse während der Lektüre zu begreifen. Die Konzeption des impliziten Lesers schneidet den empirischen Leser von allen tatsächlichen Bezügen des Textes zur Realität ab, sowohl zu der des Autors wie auch zu der des Lesers, und reduziert ihn wie auch den Text auf den engen Bereich subjektiv-idealistisch verstandener Gestaltprojektionen, denen nun in der Tat nichts Wirkliches mehr entspricht.

An dieser Stelle zeigen sich die Konsequenzen der Preisgabe des Erkenntnis- und Wahrheitsanspruchs des Kunstwerks deutlich. Die dezidierte Ablehnung des Abbild- und Widerspiegelungscharakters fiktionaler Texte im Rahmen idealistischer systemtheoretischer und sprechakttheoretischer Reduktionen führt zu Verlust von inhaltlichen Erklärungsmöglichkeiten der Werkstruktur und damit zu einem Formalismus in der Auffassung des Ästhetischen, der weder mit der widergespiegelten gegenständlichen gesellschaftlichen Realität, noch mit den Werkstrukturen zusammengeht und sich mangels anderer Begründungszusammenhänge nur mehr aus quasi gesellschaftsentbundenen "transzendentalen" Gestaltgesetzen herleiten kann. Im Prinzip entbehren auch die systemtheoretischen und die sprachpragmatischen Auffassungen ISERs eines objektiven Begründungs- und Ableitungszusammenhangs. Nicht von ungefähr finden sich daher in seinen Ausführungen Tendenzen, den ästhetisierenden Formalismus der Gestaltbildung auf die Sinnsysteme systemtheoretischer Provenienz und die Kommunikationsstruktur der Sprechakte zu übertragen.

Holger Rudloff

Systematischer Unterricht in ästhetischer Literatur

Von einem systematischen Unterricht in ästhetischer Literatur kann in der herrschenden Schulpraxis der Bundesrepublik Deutschland nicht ausgegangen werden. Er existiert zwar in einigen Theorien der literatur-ästhetischen Bildung und Erziehung, diese werden jedoch durch bestimmte gesellschaftliche Kräfte marginalisiert.

Dieser Tatbestand kann konstatiert werden; ihn analytisch zu erhellen bedarf es des Rekurses auf die gegenwärtigen Inhalte und Organisationsformen des Literaturunterrichts und die damit angestrebten Ziele und Aufgaben. Diese stehen in engem Zusammenhang mit gesellschaftspolitischen und systemtheoretischen Fragestellungen. Auf diesem Hintergrund gliedert sich vorliegender Beitrag nach zwei Hauptfragestellungen:

1. Wodurch wird eine systematische Lehrplanentwicklung bzw. Realisierung verhindert?

2. Wie sieht auf der anderen Seite ein Literaturunterricht aus, der systematisch die literatur-ästhetische Rezeptions- und Urteilsfähigkeit der Schüler aufbaut?

1. Zum gegenwärtigen Literaturunterricht

1.1 Allgemeine Grundlagen der Revision des literarischen Curriculum

Die seit Ende der sechziger Jahre vorgeschlagenen und durchgeführten Reformen des Literaturunterrichts sind von allgemeinen curriculum-theoretischen Vorentscheidungen beeinflußt. Die Programmschrift von Saul B. ROBINSOHN "Bildungsreform als Revision des Curriculum" (zuerst 1967) nimmt dabei eine dominante Stellung ein. Ihr maßgeblicher Einfluß ist in den Gutachten des Deutschen Bildungsrates, in (Rahmen-)Richtlinien und in der herrschenden didaktischen Theoriebildung unübersehbar.

Nach ROBINSOHN gelingt es den traditionellen bildungstheoretischen Lehrplänen nicht, die vielfältigen Erscheinungen der gesellschaftlichen Wirklichkeit adäquat zu erfassen, vielmehr seien diese Bildungsprogramme "auf Funktionen einer früheren Bildungsperiode zugeschnitten" (ROBINSOHN 1970, S. 3).

Ein Kanon, der von Wissensgebieten und Wissenschaften ausgeht, sei prinzipiell nicht geeignet, auf ein Leben vorzubereiten, das rasche und permanente Wandlungen der Funktionen von Arbeit und Freizeit zur Substanz hat. Demgegenüber schlägt ROBINSOHN ein gegenwarts- und zukunftsorientiertes Modell zur Curriculum-Revision vor, das bestimmte Qualifikationen zu vermitteln hat. Die Qualifikationen sollen durch die Auswahl geeigneter Bildungsinhalte gefördert werden. Die Frage, welche Inhalte die Lehrpläne eines Faches zu füllen haben, orientiert sich an dem Paradigma der "Lebenssituation". Schulischer Sozialisation wird die zentrale Aufgabe delegiert, eine "Ausstattung zur Bewältigung von Lebenssituationen" (ROBINSOHN 1970, S. 45) zu gewährleisten. Das Bezugssystem der Auswahl von Curriculums-Elementen (Lerninhalten) ist ausdrücklich nicht das einer Fachwissenschaft. Die von Curriculum-Experten selektierten Lebenssituationen entziehen sich der Forderung, "Normen streng wissenschaftlich begründen zu wollen" (ebd., S. 3). Aus Situationen entlehnte Lerninhalte legitimieren sich durch ihre Faktizität, durch empirisch konstatiertes gesellschaftliches Vorhandensein.

Die gewonnene Konkretisierung und Verbindlichkeit der Inhalts- und Situationsauswahl wird mit dem Verlust wissenschaftstheoretischer Erklärbarkeit bezahlt. Auf die Ebene der Erscheinungen reduziert, können bestenfalls klassifikatorische Oberbegriffe gewonnen werden, ein verbindlicher sozial-historischer Gehalt läßt sich aus isolierten Situationen nicht ohne weiteres ablesen. Diese geschichtsfeindliche Komponente des Vorgehens kann besonders deutlich benannt werden, vergegenwärtigt man sich, daß ROBINSOHN die Tradition als "objektivierte(n) Geist" (ebd., S. 29) begreift und nachdrücklich aus der pädagogischen Theoriebildung verbannt. Handeln und Reagieren innerhalb des herrschenden - in Lebenssituationen parzellierten - Systems werden konstatiert und im Unterricht trainiert, Struktur und Implikation jenes Systems finden keine analytische Berücksichtigung.

Die durchaus berechtigte Intention ROBINSOHNs, einen "rein geisteswissenschaftlichen Kulturbegriff", der "zum Versagen vor einer Wirklichkeit (führt)" (ebd., S. 29), abzulösen, birgt in sich die Konsequenz, wissenschaftstheoretische und historische Fragestellung curricular zu eliminieren. Die Maßstäbe für den Literatur- (und Sprach-) Unterricht sind keineswegs nur immanent aus ROBINSOHNs Programmschrift zu entnehmen. Sie werden dezidiert ausgesprochen: "Erziehung zur Kommunikation" (ebd., S. 16) und "Kulturmündigkeit" (ebd., S. 29). Das bereits ausgemachte Verfahren der Orientierung des Unterrichts am ausschließlich tatsächlich Existierenden, zeichnet auch ROBINSOHNs Definition des Erziehungsziels "Kulturmündigkeit" aus. Kulturmündigkeit erfährt Identifizierung mit "Mündigkeit *in* einer Kultur, nicht *für* eine Kultur" (ebd., Hervorhebung im Original). Verstehen der Kultur wird mit bloßem Reagieren "in" ihr gleichgesetzt. Eine Einsicht in die Genese der konstatierten Reaktionsformen und ihre Relation zum Sinn des kulturell Gewordenen bleibt solchermaßen außerhalb des schulisch-literarischen Lernprozesses. Die spezifische Formgebung *gegenwärtiger* Kultur und ihre spezifische Überlieferung kultureller Tradition werden für das "an sich" der Sache selbst ausgegeben. Aussagen kultureller Tradition, die im Gegenwärtigen keine direkten Bezüge zu haben scheinen, gleiten in den Bereich der Unverbindlichkeit und Substanzlosigkeit ab. Eine auf Empirie eingeschworene "Kulturmündigkeit", die reflexives Wissen über Strukturgesetze und historisch-soziale Komponenten ausspart, muß das literarische Erbe einseitig nach unmittelbar praktischer Verwertbarkeit befragen.

Das Festschreiben an der gesellschaftlich-kulturellen Realität kommt auch im formulierten Erziehungsziel "Kommunikation" prägnant zum Ausdruck. Erziehung zur Kommunikation, die sich auf alle Bereiche der Produktion und Reproduktion der Subjekte bezieht, "gewinnt besondere Bedeutung in einer Zeit, in der kommunikatives Handeln um nichts weniger wichtig ist als technisch akkurates" (ebd., S. 16). Der inhaltliche Aspekt der Kommunikation betrifft die im Unterricht simulierten Lebenssituationen. Offen bleibt jedoch, welch sprachlich notwendige *Formen* bestimmten Inhalten curricular zuzuordnen wären.

Das Spezifikum des Sprach- und Literaturunterrichts sind die mit Inhalten korrespondierenden sprachlichen und literarischen Formen. Bei ROBINSOHN, der freilich die Bildungsreform für *alle* Fächer thematisiert, steht eine einseitig an Inhalten orientierte Curriculumrevision im Mittelpunkt. Diese Entscheidung hat sich auf die herrschende Theorie und Praxis des Literatur- (und Sprach-)unterrichts durchgängig übertragen. (Zur Kritik vgl. u.a. ECKHARDT 1979, S. 256 ff.; HELMERS 1978). Der Formcharakter, also das Besondere der Literatur, wird zugunsten einer Auswahl aktueller Inhalte unterschlagen. Lernziele des Lernbereichs Literaturunterricht richten sich demzufolge fast ausschließlich nach inhaltlichen Gesichtspunkten aus. Am Postulat der Befähigung der Schüler zur Bewältigung von Lebenssituationen festhaltend, ergibt sich auf diesem Hintergrund für den Literaturunterricht die Koordination der inhaltlichen Lernziele mit anderen Unterrichtsfächern. Die Unterrichtsorganisation, die dieser Koordination entsprechen soll, findet ihren Ausdruck in fächerübergreifenden Projekten bzw. projektorientiertem Literaturunterricht.

1.2 Projektorientierter Literaturunterricht

Wie sehr sich in einem pädagogischen Begriff subjektiv progressiver Anspruch der Protagonisten und objektiv restaurative Ideologie diametral gegenüberstehen, dafür steht der des "Projekts" gleichsam exemplarisch. In der aktuellen Formulierung des projektorientierten Literaturunterrichts geht es darum, einen systematisch ausgearbeiteten Lehrplan zugunsten der Artikulation von Schülerbedürfnissen und Interessen zu nivellieren. Dem Selbstverständnis gemäß basiert die Unterrichtsorganisation auf "selbständigem, bewußtem, interessegeleitetem Handeln" und soll sich auf "das praktische Leben" beziehen (DINGELDEY 1974, S. 205). Aufzuheben sei "1. die Trennung von schulischem und außerschulischem Leben; 2. die Trennung der Fächer und Wissenschaften" (ebd., S. 206). Die

Aufhebung dieser Trennung soll das Erkenntnisinteresse auf die reale gesellschaftliche Praxis lenken. Diese jedoch wird nicht in ihrer Totalität begrifflich durchdrungen, vielmehr - analog zu ROBINSOHN - in Situationen parzelliert. "In situativen Bezügen soll der Schüler im Unterricht sprachliche Elemente, Strukturen und Strategien erfahren und üben, und nicht von allen pragmatischen Bezügen isolierte Abstrakta" (INGENDAHL 1974, S. 80).

Der Rekurs auf den Begriff "Situation" und der damit verbundene Inhaltsaspekt der Lehrplangestaltung signalisiert die Renaissance reformpädagogischen Gedankenguts ebenso wie das Aufleben des "Projekt-Plans"[1] der amerikanischen Pragmatisten DEWEY und KILPATRICK. Der "Kleine Jena Plan" (1927) des bürgerlichen Reformpädagogen Peter PETERSEN lehnt - ebenso wie der Projekt-Plan von DEWEY und KILPATRICK (1918, deutsch 1935) - eine Gliederung des Unterrichts nach Fächern ab. An die Stelle einer systematischen Lehrplankonstruktion, die dem Erkenntnisideal der Fachwissenschaft folgt, treten bestimmte "Arbeitsbereiche", die sich inhaltlich an den Erscheinungen der Umwelt orientieren. Von der Wissenschaft als objektiv vorhanden herausdestillierte Strukturen und sozial-historische Konstellationen treten zurück zugunsten spontaner Artikulation der Schüler über situative Umwelterfahrungen. Als mögliche Arbeitsbereiche dieses problemorientierten Lernens tauchen z.B. auf: "Die Sonnenblumen der Frau Murphy. Wie Herr Jones' neuer Binder mäht. Reiten auf Jims Shetland Pony" (DEWEY/KILPATRICK 1935, S. 181). Artikulation subjektiver Erfahrung und die Ansammlung von Wissen, das sich auf den engeren Bereich des vorgegebenen Zwecks zuschneidet, bleibt das einzige organisierende Prinzip des Unterrichts. Alles theoretische Wissen, das den Ausschnitt der curricular sondierten Situation transzendieren könnte, gerät zum lästigen Beiwerk. Der Zweck-Mittel-Rationalismus münzt die Logik einer Sache um in die zufällig gegebene Fragmentarisierung der Situationswahl.

Allein ein nach fachwissenschaftlicher Systematik aufgebauter Lehrplan wäre aber in der Lage, das parzellierte Wissen zu binden und über die Situation hinaus die Beziehung zum fachlich relevanten und gesellschaftlichen Gesamtzusammenhang zu stiften. Diese Zielsetzung wird jedoch mit der Argumentation abgelehnt, die Spontaneität der Schüler würde so erdrückt, ihre Mündigkeit werde mißachtet, sie würden didaktisch bevormundet, man betreibe "didaktische Zuhälterei" (KÜGLER 1976, S. 618) und eine einseitige "Aufklärung von oben" (FINGERHUT 1976). Die Polemik gegen eine systematisch strukturierte Aufklärung hyposthasiert die subjektive Erfahrung zum einzigen Ursprung des Wissens. Diese Annahme zeigt sich auch durchgängig bei der Unterrichtsorganisation des projektorientierten Literaturunterrichts, die den subjektiven

---

1 Eine detaillierte Darstellung und Kritik der Entstehung des US-amerikanischen Projekt-Plans, seine Einbettung und die Philosophie des Pragmatismus, kann hier ebensowenig geleistet werden wie die Herstellung seiner Bezüge zur bürgerlichen Reformpädagogik. Vgl. in diesem Zusammenhang RUDLOFF 1979, S. 57 ff.

Faktor totalisiert. Rahmenrichtlinien, die unter diesem Einfluß entstanden sind, sehen es vor, daß "die Schüler sich ihrer Altersstufe gemäß in Eigeninitiative, Selbstbestimmung und Mitverantwortung selbst Lernziele setzen" (DER NIEDERSÄCHSISCHE KULTUSMINISTER 1975, S. 5). Grundsätzlich ist dieses Vorgehen als *Motivation* für Unterricht methodisch sehr fruchtbar; da jedoch nicht angegeben wird, in welches Bezugssystem sich die artikulierten Schülerinteressen einordnen, wie sie aufgegriffen und systematisch *erweitert* werden können, bleibt die Projektorientierung durchgängig auf ihren Ausgangspunkt festgeschrieben.

In diesem Zusammenhang ist die Unterscheidung von Lehrplan und Lernziel hervorzuheben. Im Unterschied zu einem systematisch aufgebauten Lehrplan setzt der projektorientierte Literaturunterricht unterschiedlichste Lernziele additiv aneinander. Diese beziehen sich auf bestimmte Verhaltensaspekte. Daß der projektorientierte Literaturunterricht *durchgängig von Lernzielen* (und *nicht* von einem Lehrplan) spricht, weist noch einmal auf die Affinität zur bürgerlichen Reformpädagogik und zur Pädagogik des amerikanischen Pragmatismus hin. Beide pädagogischen Programme rücken die Manipulation affektiver Verhaltensaspekte in den Mittelpunkt; eine gewisse Haltung, Lebenseinstellung in pragmatischer Absicht soll gewonnen werden. Auf dem Erkenntnishintergrund der Existentialphilosophie von Karl JASPERS definierte PETERSEN menschliche Aktivität als ausschließlich in sich selbst begründet und fordert "der Wirklichkeit gegenüber eine rein *realistische* Haltung" (PETERSEN 1950, S. 19). Indifferent gegenüber Wertung und Zielabsicht der Handlung wird ihr tatsächlicher *Vollzug* zum pädagogischen Leitbild postuliert; ausschlaggebend ist allein, daß die Entscheidungen "mutig und ehrlich" (ebd.) vorgenommen werden. DEWEY und KILPATRICK gaben als Definition für die angestrebten Handlungsaspekte an, sie müssen "aus dem Herzen heraus" (DEWEY/KILPATRICK 1935, S. 163) praktiziert werden, zudem müsse das Handeln in Situationen "zweckvoll" (ebd., S. 161) sein.

Der durchgängige Pragmatismus der aktuellen Revision des literarischen Curriculum hat Folgen, die besonders schulartenspezifisch zu berücksichtigen sind. Begründet wurde der aktuelle Rekurs auf reformpädagogische Ansätze mit einem postulierten Überhang an formaler Bildung (z.B. SUIN de BOUTEMARD 1975; IDE 1970). Das Begreifen spezifischer Formelemente und Formstrukturen lasse traditionell den Inhalt der literarischen Werke weitgehend unberücksichtigt. Das Hauptaugenmerk der Neugestaltung von Lehrplänen und Richtlinien müsse sich demgemäß auf die inhaltliche Seite verlegen, um der Dominanz des Formalismus zu begegnen.

1.3 Schulartenspezifische Verteilung ästhetischer Literatur

Betrachtet man den Lehrplan des Literaturunterrichts in der bürgerlichen Gesellschaft unter historischem Aspekt, so ist die Dichotomie von "höherer" Bildung und Volksbildung durchgängig festzustellen (ECKHARDT 1979). Volksbildung bezieht sich ausschließlich auf die Vermittlung der gesellschaftlich notwendigen Kulturtechniken (Sprechen, Lesen, Schreiben), während "höhere" Bildung für sich das Privileg analytischen Denkens, der kritischen Analyse und der Rezeption gehaltvoller Literatur in Anspruch nimmt. In den Volksschulen verkümmert der Literaturunterricht, wenn im strengen Sinne diese Lernbereichsbezeichnung überhaupt übernommen werden kann, traditionsgemäß zu Leselehre und zur Einübung in eine Moral, die gesellschaftliche Hierarchie sanktioniert. Das Spezifikum literarischer Formen (und ihre historische Bedingtheit) wird durch einen Unterricht verdrängt, der volkstümliche Weltanschauung über Inhalte von Texten transportiert. Die These vom Formalismus in der literarischen Bildung läßt sich für die Volksschule nicht verifizieren. Sie geht an den grundsätzlichsten Erkenntnissen über die Volksbildung vorbei, bezieht sich auf eine Praxisanalyse, die schlicht als falsch bezeichnet werden kann. Nimmt man nun einen Bestand des Deutschunterrichts auf und verabsolutiert für alle Schularten den unter dem Einfluß der werkimmanenten Methode der Literaturinterpretation entstandenen Formalismus im gymnasialen Unterricht (IDE 1970, IVO 1969), so können die spezifischen Probleme der Volksbildung nicht erkannt werden. Die Akzentuierung des Inhaltsaspekts perpetuiert die Misere des literarischen Lehrplans an Volksschulen. Hier ist das bildungspolitische Hindernis nicht Formalismus, sondern mangelnde Wissenschaftlichkeit von Lehrplan und konkreter Unterrichtspraxis. Die Revision der Lehrplankonzeption hat - die HESSISCHEN RAHMENRICHTLINIEN, Deutsch, 1972, können hier als das Paradigma gelten - den Volksschullehrplan unbesehen der gymnasialen Lernbereichskonstruktion unterworfen. Einseitige Akzentuation des Curriculumaspekts Inhalt rührt in der Volksschule nicht am Prinzip des unwissenschaftlichen Lehrplans, der sich einseitig an Moral (jetzt: Situationen) ausrichtet.

Wenn davon ausgegangen werden kann, daß sich Literatur durch *formbedingte* Inhalte besonders definiert, so ist die curriculare Annullierung des Aspekts der literarischen Form Ausdruck einer sachfremden und unspezifischen Vorgehensweise. Unsachgemäßer Literaturunterricht wird gerade in der Volksschule auch dadurch forciert, daß das sog. *Klassenlehrerprinzip* Lehrer im Fach Deutsch einsetzt, die während ihres (ohnehin schon kurzen Studiums) keine Gelegenheit hatten, sich in die Wissenschaft der Literatur und deren Didaktik einzuarbeiten.

Literaturunterricht, der keine systematische Berücksichtigung der Formen vorsieht, reiht Inhalte nach der pragmatischen Logik der Situationsadäquatheit auf. Es entsteht ein Gelegenheitsunterricht. Der Begriff Gelegenheitsunterricht ist nicht denunziatorisch zu verstehen. Vielmehr zeigt er einen Zustand der Lehrplankonzeption auf, die sich ausdrücklich gegen ein an der Literaturwissenschaft orientiertes Curriculum ausspricht und Partei nimmt für das "incidentielle" Heranziehen von Curriculum-Elementen (DER NIEDERSÄCHSISCHE KULTUSMINISTER 1974, S. 41).

Mit der undifferenzierten Bestandsaufnahme des Deutschunterrichts am Modell des Gymnasiums mußte die neoreformpädagogische Curriculumrevision notwendigerweise die schichtenspezifische Verteilung literarischer Bildung übersehen. Sahen traditionelle Gymnasiallehrpläne vornehmlich Dichtung vor, während andere Literatursorten herabqualifiziert wurden, zeichnen sich die literarischen Lehrpläne der Volksschule durch ein chronisches Defizit an ästhetischer Literatur aus. Die Intention, durch einen erweiterten Literaturbegriff Texte des gesellschaftlichen Lebens (Verträge, Leitartikel, Trivialliteratur etc.) kritisch zu beleuchten, schlägt besonders an Volksschulen um in die fast gänzliche Verdrängung der Dichtung aus dem Lehrplan. Dieser Tatbestand ist mitunter für alle Schularten festzustellen. Die Lernbereichsbezeichnung "Umgang mit Texten" vermengt zudem unspezifisch ästhetische und pragmatische Textsorten. Kriterium der curricularen Auswahl ist nicht die literarische Qualität eines Textes, sondern - analog zum Paradigma der Situation - die tatsächliche Verbreitung im gesellschaftlichen Leben. Die gesellschaftliche herrschende Kunstfeindlichkeit findet unkritische Reproduktion in einer Curriculumkonstruktion, die ihre Elemente hinsichtlich der empirisch feststellbaren quantitativen Wirkung selektiert (z.B. BRACKERT 1974, bes. S. 143 f.; BEHR u.a. 1975; IVO 1969). Der Literaturunterricht begnügt sich so mit einer äußerlichen Zuordnung durch die scheinbare Allmacht des bestehenden gesellschaftlichen Status quo. Geschichtsfern wird die Realität verabsolutiert, zumindest das, was an der Oberfläche von ihr sichtbar ist. Der Subjektivismus in der Auswahl inhaltlich definierter Curriculum-Elemente findet Korrelation mit einer Objektivität, hinter deren Erscheinungsform weder Wesen noch Struktur ausgemacht werden kann.

Exemplarisch läßt sich die Regression der Dichtung im Unterricht an der Konzeption von neuen Lesebüchern der herrschenden Literaturdidaktik aufzeigen. Die Lesebücher "drucksachen" oder "Kritisches Lesen" reduzieren den Anteil von Dichtung auf ca. 15 bis 20%. Die ausschließlich nach inhaltlichen Gesichtspunkten vorgenommene Lesebuchkonstruktion (statt der Gesinnungskreise des tradierten bürgerlichen Lesebuchs findet sich hier die Bezeichnung "Kristallisationszentren", was einen bloßen Etikettenwechsel anzeigt) kann keinen Beitrag zu einem systematischen Unterricht in Dichtung leisten, da das Spezifikum der literarischen Formen keiner didaktischen Konsequenz unterworfen wird. Daß sich die Lesebuchreihen schulartenübergreifend immer mehr angleichen, ist keinesfalls Indiz für eine zunehmende Egalisierung (gleiche Nivellierung für alle Schüler). Das sozio-ökonomisch bedingte Bildungsdefizit vergrößert sich eher, sofern der Literaturunterricht nicht kompensatorisch eingreift, da die familiäre literarische Sozialisation der Mittel- und Oberschicht über andere Bildungsansprüche verfügt als die der Unterschicht.

Mit der Aufnahme von Sachtexten und Trivialliteratur ins literarische Curriculum verbinden sich in der herrschenden Literaturdidaktik unterschiedliche Motivationen. Auf der einen Seite werden diese Texte als "neutrales Angebot eines Literaturgutes eigener Art" dargestellt, um Kommunikationsstimulation zu fördern (DAHRENDORF 1973, S. 60). Auf der anderen Seite sollen sie den beklagten mangelnden Realitätsbezug des Literaturunterrichts kompensieren, indem sie eine Kritik der ideologischen Beeinflussung leisten und das Lernziel propagieren, "sich kritisch zur eigenen Lebenssituation zu verhalten" (BRACKERT 1974, S. 145). Der gemeinsame Nenner dieser auf den ersten Blick unterschiedlichen Positionen liegt im erklärten Verzicht auf eine *qualitative* Wertung von Textsorten. Die Komposition der Dichtung wird ausdrücklich nicht als Kontrapunkt zu pragmatischen Texten aufgezeigt. So bleibt Kritik weitgehend indifferent und bezugslos. Die kunstfeindliche Gleichsetzung von ästhetischer und pragmatischer Literatur und die geschichtsfeindliche Ablehnung der literarischen Tradition sind Ausdruck einer Kulturpolitik, die schulischer Sozialisation die Einübung in flexible Handlungsorientierung auferlegt. Das didaktische Postulat einer Erziehung zur Mobilität löst die Schüler aus der Reflexion auf Tradition und ästhetische Werte. Die in der Dichtung aufgehobenen humanistischen Alternativen stehen dysfunktional zu den zunehmenden Verwertungsinteressen in Arbeitszeit und Konsum.

Ist das die bürgerliche Gesellschaft synthetisierende Prinzip der Warenproduktion auf Unterschlagung von Sinnlichkeit und Traditionsbildung angelegt (RUDLOFF 1979, S. 43 ff.), so besteht prinzipiell im Bereich des gesellschaftlichen Überbaus (u.a. in schulisch vermittelten systematischen Lernprozessen) die Möglichkeit der gehaltvollen Verständigung und der Reflexion. Die Unterwerfung dieses Bereiches unter den Imperativ des Tauschwertes scheint nicht reibungslos verfügbar. Wohl aber die Abdrängung dieser Sphäre ins Unverbindliche und Substanzlose, ins ausschließlich Private. Dieser Mechanismus scheint sich hinter der Maxime des herrschenden Literaturunterrichts zu verbergen, jede noch so subjektivistische Textauffassung unterschiedslos zu sanktionieren und objektive Wahrheitsgehalte der Dichtung in Abrede zu stellen. Diese sog. "rezeptionsästhetische" Variante der herrschenden Literaturdidaktik soll abschließend untersucht werden.

1.4 *Rezeptionsästhetisch orientierte Literaturdidaktik*

Die bürgerliche Reformpädagogik insistierte bei der Behandlung von Literatur im Unterricht auf der Methode des "freien Besprechens" (SCHEIBE 1969, S. 104). Unter dem Stichwort "wahres Gespräch" (HEUERMANN/HÜHN/RÖTTGER 1975, S. 109) ist dieser Lösungsweg in der herrschenden Literaturdidaktik innoviert worden. Der grundsätzliche Dualismus zwischen dem Objekt Literatur und dem Subjekt Schüler bedeutet auf diesem Hintergrund, daß durch die Rezeption eine unabsehbare Menge von "Privattexten" (EGGERT/BERG/RUTSCHKY 1975) entstünden. Da aus den Texten kein nach wissenschaftlichen Kriterien objektivierbarer Gehalt zu analysieren sei, komme die entscheidende Bedeutung der jeweiligen Subjektivität des lesenden und darüber kommunizierenden Schülers zu. Literatur müsse diskursiv "subjekt- und verstehensorientiert" (NÜNDEL/SCHLOTTHAUS 1978, S. 16) unter Absehung von "einer wissenschaftlichen Apparatur akribischer und fachspezifischer Begriffe" (ebd., S. 15) behandelt werden. Die agnostizistische Vorgehensweise gegenüber dem Objekt Literatur läßt für das Subjekt Schüler nur eine "verstehensrelativistische" (ebd.) Diskussion über private Annahmen und Empfindungen während der Literaturaneignung zu. In anti-autoritärem Vokabular erfolgt die Ablehnung eines

lernzielorientierten Literaturunterrichts, da dieser eine
"manipulative Verfügung über den Schüler" (HEUERMANN/HÜHN/
RÖTTGER 1975, S. 109) darstelle. Das "wahre Gespräch" hingegen ist so konzipiert, daß sich "Lehrer und Schüler gemeinsam um eine Verständigung in der Sache (dem Verstehen des
Textes) bemühen". Der Lehrer habe "den Eigenanspruch der Schüler" anzuerkennen, "ohne sie zur bedingungslosen Übernahme
vermeintlich richtiger Sichtweisen überreden oder zwingen zu
wollen" (ebd.). Die Funktion des Lehrers wird einzig in einem
"Teilnehmer an einer literarischen Diskussion" gesehen, der
"auch seine eigenen Interessen an Literatur" mitteilt (EGGERT/
BERG/RUTSCHKY 1975, S. 10). Da jede Instanz verworfen wird,
die ein sachgerechtes Urteil über Literatur abgeben kann, ist
Subjektivismus des Verstehens bei Lehrern und Schülern gleichermaßen erklärtes Ziel.

Die erkenntnistheoretisch relevante Insistenz auf dem rezipierenden Subjekt, ohne das das Objekt Literatur über keine
Realität gebietet, wird einseitig, wenn literarischer Gehalt
sich ausschließlich in der Rezeption ausdrückt. Die einseitige Betonung des "Privattextes" signalisiert einen positivisti-
schen Relativismus, der die Subjekt-Objekt-Dialektik einebnet,
indem er das erkennende Subjekt totalisiert. Subjektivität
kann aber erst dann *substantiell* werden (schöpferische Rezeption), wenn sie den *begriffenen* objektiven Ideengehalt eines
Werkes in das Kontinuum der eigenen Lebensgeschichte integriert. Schöpferische Aneignung ist ohne Erkenntnis des objektiven Gehalts nicht möglich.

Die Auflösung des erkenntnisvermittelnden Objektes Literatur durch die Verabsolutierung spontaner Aneignung und deren
diskursiver Entfaltung liegt auch in der *Sondierung* des Lehrmaterials selbst begründet, wenn dies nach dem Schnittmuster
des "offenen Curriculum" fast ausschließlich durch die Schüler geschieht. Dieser "weit verbreiteten didaktischen Ideologie des Spontaneismus" (BÜRGER 1976, S. 336) zufolge entzieht
sich der Literaturunterricht wissenschaftlich fundierter Kritik und Lenkung. Er löst die Systematik des Faches auf und
rekurriert auf das eingebrachte Textmaterial der Schüler. Die
kunstfeindliche Komponente kann sich besonders dadurch entfalten, daß (aufgrund der realen gesellschaftlichen Verbreitung) vornehmlich pragmatische Literatur Eingang in den Unterricht findet; im Fall des Einbringens ästhetischer Literatur scheint keine Instanz berufen, die grundsätzlich anders
gestaltete Wirklichkeitsinterpretation theoretisch zu proble-
matisieren.

Um nun die Möglichkeit der Erkenntnis der gesellschaftlichen Funktion von ästhetischer *und* pragmatischer Literatur
curricular zu garantieren, bedarf es einer systematischen
Lehrplankonstruktion, die beide Textsorten ausgewogen zur
Geltung bringt. Dieser Lehrplan bereitet nicht einseitig auf
die Bewältigung von Lebenssituationen vor, indem er sie anhand von Textmaterial curricular verdoppelt, sondern sie mittels gehaltvoller poetischer Texte *potentiell transzendiert*.

2. Zielsetzungen

2.1 Anforderungen an den Literaturlehrer, Anforderungen des Literaturunterrichts

Systematischer Unterricht in ästhetischer Literatur setzt voraus, daß der unterrichtende Lehrer sich kritisch der Aufgabenstellung des Literaturunterrichts bewußt ist. Was ist Literatur, welcher Bildungs- und Erziehungswert soll mit Literatur im Unterricht angestrebt werden? Auf diesen Grundfragen aufbauend ergeben sich für den Lernbereich Literaturunterricht die Fragen nach seinen Aufgaben, nach der Konstruktion des Lehrplans und den damit verknüpften Lernzielen.
　Relevante Antworten auf diesen Fragenkatalog können nur unter Berücksichtigung der Fachdidaktik erfolgen. Diese ist bei ihren Forschungen auf die Ergebnisse von Nachbarwissenschaften geradezu angewiesen, besonders der Fachwissenschaft (Literaturwissenschaft) und der allgemeinen Didaktik als übergreifender Theorie von Lernprozessen. Nur auf diesem skizzierten Hintergrund kann sich der Lehrer der gesellschaftlichen Funktion des Unterrichts bewußt werden. Die Grundsteine für ein kritisches Bewußtwerden legt das Lehramtsstudium, wenngleich sie in der Praxis (und in der Theorie) der permanenten Revision unterliegen (müssen). Wie wenig die bildungspolitische Situation der Gegenwart diesem Ziel gerecht wird, tritt vor Augen, wenn man den Stellenwert der Fachdidaktik als Strukturelement der Lehrerausbildung betrachtet. Traditionell ist die gymnasiale Lehrerausbildung durch die Annahme geprägt, ein Studium der Fachwissenschaft sichere von sich aus einen guten Fachunterricht; die Didaktik sei ausschließlich schulpraktische Anwendung und Verdoppelung der fachwissenschaftlichen Inhalte. Daß sich dieses Postulat konsequent behauptet, wird aktuell besonders deutlich bei der Zusammenführung von Pädagogischen Hochschulen und Universitäten. Administrative Zusicherung ordnet z.B. in Nordrhein-Westfalen den universitären Hochschullehrern des Faches "Germanistik" die Möglichkeit zu, die Didaktik "ihres" Faches immanent zu repräsentieren, die Ausbildung der Lehrer für die Sekundarstufe II ohne Fachdidaktik-Vertreter (der PH) vornehmen zu können (KEINER/ZIMMER 1979). Solchermaßen auf die Ausbildung von Lehrern für die Sekundarstufe I reduzierte Fachdidaktik wird auch hier aufgrund des relativ kurzen und umfangreichen Studiums kaum zu systematisch betriebener Theoriebildung emanzipieren können. Allein ein in den Anteilen Literaturwissenschaft/Wissenschaft der Literaturdidaktik ausgewogenes Studium für die Lehrer *aller* Schularten kann der Ausgangspunkt für eine systematisch-kritische Diagnose des Berufsfeldes sein. Systematischer Unterricht in ästhetischer Literatur kann notwendigerweise nur durch Lehrer erfolgen, die während ihres Studiums allseitig die relevanten Bezüge ihrer Tätigkeit analysieren gelernt haben.
　Schulische Sozialisation lokalisiert in der bürgerlichen Gesellschaft die einzige Möglichkeit, in der systematischer Unterricht in Dichtung betrieben werden kann. Rezeption ästhetischer Literatur dagegen ist vielfältig. Sie kann nicht nur privat, sondern auch außerschulisch institutionell betrieben

werden (z.B. Volkshochschulkurse, gewerkschaftliche Bildungsarbeit etc.). Solchermaßen organisierte Begegnungen mit Literatur zeichnen sich jedoch strukturell dadurch aus, daß sie lediglich einen bedingten *Ausschnitt* der Literatur, ein einzelnes Werk bzw. einem Komplex zugeordnete Werke behandeln. Da die Rezeption *eines* Werks immer auch Auseinandersetzung mit der Literatur überhaupt ist, kommen den ins Kunsterleben eingebrachten Einstellungen, Erfahrungen und Wertmaßstäben besondere Bedeutung zu. Diese mit literaturwissenschaftlich gesicherten Kriterien auszubilden, eine gehaltvolle Relativierung eines Einzelwerkes vornehmen zu können, bleibt auf systematisch angelegte Fähigkeitsentwicklung im *schulischen* Literaturunterricht verwiesen, u.a. auch deshalb, weil es sich notwendigerweise um einen zeitlich langen Bildungsprozeß handelt. Die sukzessive, aufeinander aufbauende Bildung einer Rezeptions-Kompetenz konstituiert auf dem Wege der Erkenntnisvermittlung das Subjekt; sie formt die Persönlichkeit.

Die Arbeit der Bildung im Literaturunterricht unterscheidet sich prinzipiell von der anderer Unterrichtsfächer, auch wenn es thematische Überschneidungen gibt. Literaturästhetische Bildung ist anders als z.B. die Bildung im Geschichts- bzw. Sozialkundeunterricht, weil der Gegenstand Literatur (besonders Dichtung) über anders gestaltete Strukturen verfügt. Ästhetische Wirklichkeitsaneignung ist umfangreicher und von qualitativ besonderem Ausdruck. Bewußtes Erleben der Literatur, differenzierte, wertende Anschauung entwickelt die Persönlichkeit vielseitig, transzendiert die Handlungsorientierung einer rein begrifflichen oder pragmatischen Ebene. Der Beitrag zur allseitigen Bildung trägt emanzipatorischen Charakter, weil er auf die Entfaltung der schöpferischen Kräfte in der Persönlichkeitsentwicklung abzielt. Da das Postulat der Emanzipation der Schüler in der heute dominanten Literaturdidaktik hinreichend Verwendung findet, sind Ziele und Aufgaben systematischen Unterrichts in Dichtung dezidierter zu bestimmen. Denn: Emanzipation muß einseitig verkürzt bleiben, solange sie die Lerninhalte subjektivistisch und ausschließlich unter inhaltlicher Akzentuierung gewinnt, auch wenn die Auswahl der Inhalte durchaus progressive Grundzüge tragen können.

Mit der Ortsbestimmung Schule bzw. Literaturunterricht als Träger und Vermittler systematisch organisierter literaturästhetischer Bildung geht die Forderung einher, daß am Abschluß des Schullehrgangs eine "selbständige und kritische Rezeption von ästhetischer Literatur" (HELMERS 1979, S. 301) ausgebildet sein muß. Die Formulierung "selbständig" ist in der Tradition der humanistischen Aufklärung angesiedelt. Bekanntlich insistierte KANT bei der "Beantwortung der Frage: Was ist Aufklärung?" und der Unterscheidung von Aufklärung und Unmündigkeit auf der Definition, Mündigkeit sei das Vermögen, "sich seines Verstandes ohne Anleitung eines anderen zu bedienen" (KANT 1971, Bd. 9, S. 53). Mündiger Umgang mit Literatur ist auf eine Rezeption verwiesen, die selbständig die beziehungsreichen literarischen Strukturen erkennt. Diese Perspektive ist *konkret inhaltlich* auszumachen, da sowohl

Strömungen in der Literaturwissenschaft als auch in der Literaturdidaktik unterschiedliche Kriterien zur Erforschung und Fixierung des literarischen Textes bzw. des Bidlungswertes eines Textes und der didaktischen und methodischen Lösungswege bereitstellen. Grundsätzlich ist das Verhältnis von Literaturwissenschaft und Literaturdidaktik (besser: Wissenschaft der Literaturdidaktik) durch Verbindungen und Trennungen gezeichnet. Literaturwissenschaft erforscht den Gegenstand; Literaturdidaktik fragt nach der relevanten Erschließung der Literatur für den Lernenden. Literarische Bildung ist in der Sichtung der Auswahl und Anordnung der Literatur auf fachwissenschaftliche Ergebnisse angewiesen. Die Maxime "selbständig" und "kritisch" sind korrelativ zu sehen. Sie lassen sich nicht isolieren. *Prinzipiell* könnte selbständige Literaturrezeption auch auf dem Hintergrund z.B. werkimmanenter Kriterien erfolgen, wenn sie selbständig bestimmte erarbeitete Termini anwendet. Die Bezeichnung "selbständig *und* kritisch" verweist deshalb auf das wissenschaftstheoretische Bezugssystem, das die Funktion der Dichtung gesellschaftlich-historisch bestimmt (HELMERS 1979, S. 301, S. 303 f.). Der Literaturunterricht soll also befähigen, die *gesellschaftliche Funktion des ästhetischen Mediums* selbständig und kritisch zu erfassen. Die Frage nach der gesellschaftlichen Funktion impliziert die der poetischen Wahrheit, die Grundsatzfrage: "Was ist Literatur?" (GANSBERG 1970, S. 19). Im Zusammenspiel von Form und Inhalt drückt sich der sozial-historisch determinierte Wahrheitsgehalt aus als: Gesellschaftskritik, Aufklärung oder als Utopie (HELMERS 1970, 1979; GANSBERG 1970). Das künstlerische Subjekt setzt (ob bewußt oder ideologisch) einen historisch objektiven Sachverhalt kompositorisch in besonderer Weise um. Diese Umsetzung gründet in der Handhabung literaturästhetischer Formen und der Einschätzung (Erkenntnis) sozialer Konstellationen. Die Dechiffrierung dieses "Umsetzungsprozesses" soll im Literaturunterricht systematisch erlernt werden. Dabei spielen Fragen literarischer Produktion, schriftstellerischer Subjektivität und Fragen der Wirkungsweise eine besondere Rolle. Die Einordnung der Literatur in den Prozeß der gesamt-gesellschaftlichen Entwicklung, Kenntnis des ästhetisch-ideologischen Urteils eines Schriftstellers und der besonders gestalteten historisch bedingten Wirklichkeitserfahrung kennzeichnen umfassend kritische und selbständige Rezeptions-Kompetenz. Es ist evident, daß damit der Literaturunterricht auf der Grundlage wissenschaftlicher Erkenntnis aufzubauen hat. Die Spezifik der Lernzielbestimmung für den Literaturunterricht ist dabei aber nicht ausschließlich durch die fachwissenschaftliche Orientierung ausgewiesen. Sie ist appliziert auf das jeweils erreichte Erfahrungskontinuum der Schüler; daher subjektorientierte Theorie, allerdings auf der Basis objektiver Fachkenntnisse. Erfahrung bezieht sich hier nicht nur auf das ausgebildete Entwicklungsstadium literarischen Wissens, die Wirkung der Literatur impliziert allgemeine Einstellung. Grundsätzlich kann festgestellt werden, daß die Wirkung der Literatur auf den Leser von zahlreichen Faktoren abhängig ist, "vom ideell-ästhetischen Gehalt des jeweiligen Kunstwerks und von der künstlerischen Erlebnisfähigkeit des Lesers, von dessen Weltanschauung, seinem Charakter, seinen intellektuellen Fähigkeiten, seiner Kunst- und Lebenserfahrung - kurz: von der Reife seiner Persönlichkeit" (BÜTOW u.a. 1977, S. 14). Die Systematik der Erkenntnis von Dichtung muß sich in den gesamten Prozeß der schulischen und außerschulischen Sozialisation sinnvoll einfügen. Als integrierender Bestandteil des schulischen Bildungsauftrags ist ihre Bedeutung differenziert gegliedert hinsichtlich der anzustrebenden Erkenntnis, die der Lernbereich Dichtung vermittelt, die das Fach Deutsch insgesamt intendiert und hinsichtlich des Stellungswertes im gesamten Fächersystem des Unterrichts. Partielle Ziele orientieren sich an der Zielprojektion des festgelegten Abschlußniveaus.

Prinzipiell kann kein systematischer Unterricht in Dichtung nach dem Schnittmuster mathematischer Kalkulierbarkeit ablaufen. Das Kunstwerk selbst als sinnliches Produkt (in Rezeption und Produktion) entzieht sich dieser Bestimmung. Es ist wesentlich auf die Kombination von Denken, Gefühl und Phantasie des lesenden Subjekts angelegt. Der Prozeß der Kunstaneignung kann als "vorstellungsweises Beteiligtsein und Mitentscheiden der Handlungsmöglichkeiten" begriffen werden (ebd., S. 29). In der herrschenden Praxis und Theorie westdeutschen Literaturunterrichts wird diese Einsicht totalisiert und Phantasie mit freier Assoziation und spekulativem "Drauflosreden" identifiziert (vgl. oben 1.4.). Dabei unterschlägt man den produktiven und konstruktiven Charakter der ästhetischen Phantasie und der genußbetonten Rezeption. Phantasievolle Kunstaneignung und subjektiv gehaltvolles Beteiligtsein ist untrennbar mit Sachkenntnis und ästhetischer Wertung verbunden. Erziehung zum schöpferischen Genuß, zur Freude an Dichtung, die über das einzelne Werk in den subjektiven Lebenszusammenhang weist, impliziert *sachverständigen* Umgang mit der gesellschaftlich bedingten Gestaltung und Originalität. Die Funktionen der Literatur können erst durch genießendes Abarbeiten am ästhetischen Material substantiell und so wirksam werden. Damit sich die Vielschichtigkeit und Komplexität der Dichtung nicht in Einzelerscheinungen verliert, ist der Literaturunterricht auf eine systematisch erarbeitete Grundlage angewiesen. Auswahl und Anordnung der zu unterrichtenden Gegenstände sind Aufgabe der Curriculumkonstruktion (Lehrplangestaltung).

2.2 Systematische Lehrplangestaltung ästhetischer Literatur

Ein systematisch aufgebauter Lehrplan für den Lernbereich Dichtung ist gesamtgesellschaftlich das entscheidende Mittel, die ästhetische Ausbildung der Schüler so vorzunehmen, daß vielschichtige Einsichten in Ausdrucksfähigkeit, Varianz und Eigenart der Sprache gewonnen werden können. Diese didaktische Zielvorstellung und die damit verbundenen Teilaspekte tragen unter den herrschenden Bedingungen des Literaturunterrichts notwendigerweise vornehmlich *Empfehlungs*charakter. Dieser Sachverhalt ist durch den allgemeinen gesellschafts- und schulpolitischen Hintergrund gegeben, auf dem die aktuelle Curriculumkonstruktion basiert. Das herrschende Paradigma der

Auswahl nach Situationen bzw. Inhalten – im Gymnasium wurde damit das Paradigma der Auswahl einseitig nach Formen, in der Volksbildung das Paradigma der Auswahl einseitig nach Moralprinzipien abgelöst – steht dysfunktional zum oben gekennzeichneten Paradigma der Auswahl nach *ästhetischen* Gesichtspunkten und enthält so den Schülern gerade eine systematische Einsicht in die historisch bedingte sprachkünstlerische Qualität der Dichtung vor. Der Empfehlungscharakter signalisiert schul- und gesellschaftspolitische diskursive Auseinandersetzungen. Unterricht in ästhetischer Literatur kann dabei nicht als Selbstzweck begriffen werden, sondern als Indiz kulturellen Lebens, als ein Teil der Abwehr der gesellschaftlich bedingten Kunstfeindlichkeit.

Die Systematik des Lehrplans kennzeichnet die Stufen der Bildung. Orientiert am Prinzip der Erfaßbarkeit durch die Schüler führt er schrittweise auf fachwissenschaftlicher Grundlage in das ästhetische Wesen der Literatur ein. Als ein wesentliches Konstruktionsprinzip ist die Dialektik von Inhalt und Form genannt worden (HELMERS 1979, S. 308; ECKHARDT 1979b). Der Faktor Form bezieht sich auf die gegenstandsspezifischen Gestaltungsmittel, der Faktor Inhalt auf Erziehungsziele, die den gesamten Schulunterricht bedingen. Ein Curriculum, das die künstlerische Spezifik der Aussagen berücksichtigt, ordnet sich nach Genres und literarischen Epochen. Beide Ordnungsprinzipien sind inhaltlich aufeinander verwiesen, auch wenn der Schwerpunkt je nach der Bildungsstufe unterschiedlich akzentuiert ist. So wird erst grundsätzlich nach der Erkenntnis der Genrespezifik eine stärkere Betrachtung (literatur-)historischer Epochen möglich sein. Die systematische Einführung in literarische Gestaltung reichert die *Mittel* der Erkenntnis an. Selbständiger Umgang mit den relevanten Genres kann mit der Handhabung von Arbeitswerkzeugen verglichen werden.

In der literaturdidaktischen Diskussion ist das Aufbauprinzip des Lehrplans nach Genres oft mit Formalismus identifiziert worden. Ahistorisches Heranziehen der Formen und Isolation von den relevanten Inhalten sei die Ideologie dieses Lehrplans. Dem liegt Mißachtung der Tatsache zugrunde, daß der Lehrplan in dialektischem Verhältnis zum jeweils konkreten Unterrichtsverlauf steht. Der Lehrplan zeigt das *Gerüst* des Curriculums an, die Unterrichtsstunde setzt Formelemente zu den jeweiligen Inhalten in sachlich relevante Beziehung.

Daß es in der gegenwärtigen Praxis des Literaturunterrichts relativ schwierig ist, die Genres als historisch bedingte und variable Kunstformen zu begreifen, sie also in Relation zu gesellschaftlichem und literarischem Wandel zu setzen, ist auch durch den im Fächersystem der Schule unterrepräsentierten Geschichtsunterricht bedingt. Aufgrund des Abdrängens systematischer geschichtlicher Bildung (Zusammenschluß des Unterrichtsfaches mit Sozialkunde bzw. Erdkunde) kann geschichtliches Grundwissen nur in Ausnahmefällen vorausgesetzt werden. In diesem Zusammenhang muß auch eine mögliche Konstruktion des Curriculums nach historischen Epochen gesehen werden. In der herrschenden Geschichtsfeindlichkeit wird sich dieser Curriculumaufbau, der die Schüler befähigen soll, literarische Erscheinungen literaturhistorisch zu betrachten, kaum durch-

setzen können. Als bildungspolitisches Desiderat, das das Defizit konkret benennt, bleibt er jedoch bestehen.
Systematischer Unterricht in Dichtung ist auf eine gewisse Kooperation mit Fächern angewiesen, die inhaltsübergreifende Themen repräsentieren. Hier ist vornehmlich Geschichte und Sozialkunde, Kunsterziehung und Musik zu nennen. Auch der herrschende projektorientierte Literaturunterricht insistiert auf fächerübergreifenden Aspekten (vgl. oben 1.2.). Da hier jedoch die Gegenstandspezifik der Literatur ebenso wie die Fachsystematik aufgelöst wird, ist eine Neuformulierung des Projektbegriffs nötig.

2.3 Aspekte eines progressiven Projektbegriffs

Das Konzept eines progressiven Projektbegriffs ist besonders dadurch gekennzeichnet, daß es der Frage der dialektischen Beziehung von Allgemeinem und Besonderem die zentrale Bedeutung zuweist. Tradition und gegenwärtige Formulierung des projektorientierten Literaturunterrichts sind durch die Verabsolutierung des Allgemeinen bestimmt und erheben so unsystematisches Vorgehen zum Programm. An der Kritik am reformpädagogischen Projektbegriff kann aber eine sinnvolle Weiterentwicklung erfolgen. Die grundsätzlich richtige Einsicht, daß kein Gegenstand isoliert von der Praxis existiert, und daß er auch in anderen Unterrichtsfächern auftaucht, darf jedoch die Eigenqualität der Erkenntnis durch die einzelnen Fächer nicht auflösen. Die Kenntnis historischer Zusammenhänge, die Geschichts- und Sozialkundeunterricht bereitstellen, sind unverzichtbares *Basis*material, um Kunstwerke als gesellschaftsbedingt und auf Gesellschaft Einfluß nehmend zu begreifen. Fächerübergreifend ist es also wesentlich notwendig, die allgemeinen gesellschaftlichen Bedingungen, deren Abbild in besonderer Weise die Kunstproduktion ist, zu benennen. Nur so kann Dichtung auch von der traditionellen Sichtweise als "Jenseits von Gut und Böse" angesiedelt befreit werden. Gelingt es aber nicht, die künstlerischen Besonderheiten der Gestaltung herauszuarbeiten, wird Kunst inhaltsfixiert zum Illustrationsinstrument für andere Zusammenhänge und kann nur rudimentär angeeignet werden. Die Einsicht, daß in Kunstwerken gesellschaftliche Konflikte thematisiert werden, darf nicht daran vorbeiführen, daß die Besonderheit der ästhetischen Formgebung prinzipiell den engen Rahmen der allgemeinen Entstehungsbedingungen sprengt. Fächerübergreifender Unterricht, der die Gemeinsamkeiten von Themen der Fächer Geschichte, Sozialkunde und Deutsch (hier: des Lernbereichs Literatur) herstellt, ermöglicht interdisziplinäre Vorgehensweise erst dann sinnvoll, wenn die Eigenständigkeit und Spezifik der Fächer gewahrt bleibt.

Dieser Tatbestand trifft auch für das Zusammenwirken mit den anderen künstlerischen Fächern (Musik, Kunsterziehung) zu. Den Künsten liegen analoge Produktions- und Wirkungskriterien zugrunde z.B. Ursprung in der objektiven Realität, Dialektik von Form und Inhalt). Gleichzeitig gebietet jede Kunstgattung über spezifisches Material der Gestaltung und der Wirkung. Die Dialektik von Allgemeinem und Besonderem bezieht sich konzeptionell auf das Erfassen der Gemeinsamkeiten und der jeweiligen Spezifik der einzelnen Kunstgattungen. Als ein Beispiel des Zusammenwirkens von Unterricht in ästhetischer Literatur und Kunsterziehung sei die Behandlung von Gerhart HAUPTMANNs Schauspiel "Die Weber" und der Grafik von Käte KOLLWITZ "Weberzug" erwähnt (vgl. dazu BROCK u.a. 1978). Mit der Einordnung in die Systematik der stofflogischen Prinzipien (z.B. Drama) geht die Erkenntnis in Gemeinsamkeit und Differenz des künstlerischen Materials einher[2]. Die Anreicherung des Literaturunterrichts durch inhaltlich korrespondierende Elemente kann prinzipiell durch alle am Lernprozeß Beteiligten erfolgen. In diesem Sinne ist systematischer Unterricht in Dichtung auch "offen" gegenüber Material, das von den Schülern in den Unterricht integriert werden kann. Freilich unterscheidet er sich von der heute vorherrschenden Konzeption des "Offenen Curriculum" grundsätzlich in der Zielsetzung. Nicht Offenheit für die Beliebigkeit subjektiv selektierten Materials ist gemeint, sondern für *sachlogische* Erweiterung. Die wissenschaftlich-systematische Konstruktion des Lehrplans kann also nicht mit endgültig fixierten Steuerungsimperativen identifiziert werden. Vielmehr stiftet die Integration sachadäquater Beiträge in die zugrundeliegende Systematik neben notwendiger Motivation die Verbindung mit außerschulischen kulturellen Erfahrungen.

Der Zuordnungskompetenz der Schüler sind jedoch Grenzen gesetzt, die durch curriculare Entscheidungen des gesamten Fächersystems der Schule determiniert sind. Besonders beim Umgang mit historischer Dichtung ist das Defizit an geschichtlichem Grundwissen nicht zu unterschätzen. Entscheidender in diesem Zusammenhang ist freilich die Tatsache, daß der Stellenwert des literarischen Erbes im Literaturunterricht selbst nicht nur reduziert, sondern zunehmend ganz (der Ideologie der Geschichtsfeindlichkeit gehorchend) nivelliert worden ist.

2.4 *Literarische Bildung und kulturelles Erbe*

Der herrschende Literaturunterricht folgt dem Paradigma der Hessischen Rahmenrichtlinien, Deutsch des Jahres 1972, wonach der Deutschunterricht "nicht (...) der Einführung in einen nationalen Kanon wertvoller Dichtung dienen solle" (DER HESSISCHE KULTUSMINISTER 1972, S. 46). Diese deutliche Negation des nationalen Kulturerbes hat vielseitige Gründe, die hier allerdings nur ansatzweise behandelt werden können. Im Zuge des Legitimationsmangels des bürgerlichen Staates "geraten kulturelle Selbstverständlichkeiten, die bis dahin Randbedingungen des politischen Systems waren, in den Planungsbereich der Administration" (HABERMAS 1973, S. 101). Bildungs-

---

2 Aufgrund der anderen ökonomisch-sozialen Bedingungen der DDR und den damit in Zusammenhang stehenden Lehrplänen und Lernzielen des Literaturunterrichts ist eine direkte Übertragung der fachdidaktischen Forschungsergebnisse nicht möglich. Eine vergleichende Sichtung erscheint jedoch sehr wichtig, zumal die westdeutsche literaturdidaktische Diskussion diese Publikation nur peripher berücksichtigt.

planung unterliegt zunehmend dem administrativen Zugriff. "Während die Schulverwaltung bisher einen Kanon, der sich naturwüchsig herausgebildet hatte, nur zu kodifizieren brauchte, liegt der Curriculum*planung* die Prämisse zugrunde, daß die Überlieferungsmuster auch anders sein könnten: die administrative Planung erzeugt einen universalen Rechtfertigungszwang gegenüber einer Sphäre, die sich gerade durch die Kraft der Selbstlegitimation ausgezeichnet hatte" (ebd.). Unter Hinweis auf die mangelnde Diesseitsorientierung geriet klassische Dichtung unter den totalen Ideologieverdacht. Gestützt durch scheinbar progressive Kulturtheorien, die die ästhetische Form ausschließlich unter dem Blickwinkel der Sublimation der realen gesellschaftlichen Widersprüche interpretieren, war der Legitimationsbestand des tradierten Kanons aufgeschmolzen. Grundsätzlich ist an dieser Stelle festzuhalten, daß eine Verwechslung von moralistischer Literaturdidaktik mit allen anderen Alternativen literaturdidaktischer Theoriebildung die Diskussion beherrschte. Nicht Literatur "an sich" ist Träger von repressiver Moral und Ausdruck von Formalismus, sondern bestimmte *didaktische* Formgebung protegiert diese Vermittlung. Da dieser didaktische Tatbestand in den dominanten Reformen des Literaturunterrichts übersehen wurde, kam es zur Liquidierung des bürgerlich-humanistischen Kulturerbes. Der Zuschnitt auf pragmatische Lösungen von Alltagssituationen setzt jede Aneignung von historischer Literatur und ihrem Ideengehalt curricular außer Kraft.

Mit der Fixierung dieses Defizits soll hier gleichzeitig der Ansatz einer Neuformulierung für den Umgang mit historischer Literatur im Unterricht geliefert werden. Eine Begründung, die von der Überlieferung des kulturellen Erbes als Träger einer normativ formulierten Moral, von Besitz und Bildung und von einseitigem Zitieren spezifischer Formelemente ebenso abzusehen hat wie von unkritischer Adaptation. Freilich bleibt auch das - in der aktuellen kulturpolitischen Diskussion um die Revision von Lehrplänen - notwendigerweise auf den Empfehlungscharakter eingeschränkt.

Aufgabe des Literaturunterrichts ist die Ausbildung eines entwickelten Kunstverständnisses und eines fundierten historischen Bewußtseins. Dazu kann freilich nicht ausschließlich Aneignung historischer Literatur beitragen, denn die Gegenwartsliteratur steht in dialektischem Verhältnis zur tradierten und ist ihrerseits ein bestimmtes historisches Produkt (Anerkennung der Gegenwart als veränderbarer Geschichte). Das Ziel, ein historisches Bewußtsein für die künstlerisch-ästhetischen Gestaltungsmittel zu entwickeln, baut auf der grundsätzlichen Einsicht auf, daß eine künstlerische Widerspiegelung historischer Zusammenhänge möglich ist, die eine künstlerische Wahrheit von Ideen und menschlichen Konflikten vergangener Epochen gibt. Die Entstehung der Kunstwerke ist im historischen Prozeß lokalisierbar. Als Abbilder von Erfahrungen sind sie Teil der gesellschaftlichen Wirklichkeit, die durch besondere Gestaltungsmittel und künstlerische Techniken transformiert wird. Da die ästhetische Literatur die historischen Zusammenhänge gerade mit Hilfe ihrer spezifischen Mittel strukturiert, kann eine Lernzielbestimmung, die einseitig auf die Formierung eines historischen Bewußtsein appliziert ist, als unzureichend angesehen werden. Auf dieser allgemeinen Ebene wäre diese Lernzielangabe das Ziel des Unterrichtsfaches Geschichte. In diesem Sinn ist die Rezeption des literarischen Erbes im Literaturunterricht nicht als eine Ansammlung historischer Dokumente zu verstehen, die sich Schritt für Schritt der gegenwärtigen Wirklichkeit annähert. Die Bedeutung einer Rekonstruktion eines bestimmten Werkes als zeitgebunden liegt auch in der Bedeutung für die *aktuelle* Rezeption. Die Anerkennung eines Werkes als *zeit- und gesellschaftsbedingte* ästhetische Aussage kann allerdings erst einen gehaltvollen Bezug zum gesellschaftlichen Entwicklungsprozeß und zur Gegenwart stiften. Erbe-Rezeption steht im dialektischen Spannungsfeld von Historizität und Aktualität. Einsicht in die Dynamik des gesellschaftlichen Werdens impliziert den aktuellen historischen Standpunkt. Diesen kritisch relativierend einzuschätzen kann besonders durch das Heranziehen von Gegenwartsliteratur geschehen. So können die *Inhalte* des herrschenden Literaturunterrichts, sofern sie die Werke zeitgenössischer Autoren berücksichtigen, durchaus übernommen werden. Was hingegen systematischen Unterricht in ästhetischer Literatur besonders auszeichnet, ist die Insistenz auf dem zeitbedingten Formcharakter, den schöpferischen Gestaltungsprinzipien, die das Besondere der Dichtung ausmachen.

Die Aufnahme literaturhistorischer Kategorien ist auf dem Hintergrund des gegenwärtigen Schulsystems und den gesellschaftlich bedingten restringierten Möglichkeiten zu sehen, unter denen systematischer Unterricht in ästhetischer Literatur erteilt wird (vgl. dazu 2.1.). Da die Majorität der Schüler nach Abschluß der Sekundarstufe I (9. bzw. 10. Schuljahr) die Schule verläßt, ist - im Sinne der Ausbildung historisch-kritischer Rezeptionskompetenz - vom 8. Schuljahr an der Lehrplan nach literaturhistorischen Epochen zu konstruieren. Voraussetzung ist die systematische Einführung in literaturästhetische Formen in den vorangegangenen Schuljahren. Einsicht in die Strukturen der Dichtung unter der Optik ihrer epochalen Entstehung und aktuellen Überlieferung bedeutet keinesfalls das Addieren der Epochen zu einer "literaturimmanenten" Chronologie. Gliederung des Curriculum nach literaturhistorischen Epochen verweist auf einen Aufbau, der den historischen Zusammenhang (Interdependenz mit der sozio-ökonomischen Basis) kontinuierlich und systematisch ins Blickfeld rückt. Die Konstituierung eines historischen Bewußtseins verlangt Einsicht in die kontinuierliche literarische Entwicklung. Der Umgang mit historischer Literatur ist nicht mißzuverstehen als einseitiges Zuordnen der Werke zur jeweiligen Gesellschaftsformation, vielmehr sollen die gestalteten Konflikte und Problemstellungen in Bezug zum gesellschaftlichen Entwicklungsprozeß und zur Gegenwart gerückt werden. Geschichtliches Bewußtsein unterscheidet sich zentral vom Konzept des Historismus. Das epochal strukturierte Curriculum signalisiert einen Rahmen, der im Prozeß der Umsetzung in den konkreten Unterricht dialektisch das Werk in Relation zur Gegenwart setzt. Den inhaltlichen Bezugspunkt für die Behandlung des Erbes bildet die Einsicht, "daß die moderne Wirtschaft und Gesellschaft alle Widersprüche zwischen einstiger Emanzipations- und Aufklärungsforderung und heutiger Realität nicht bloß permanent

reproduziert, sondern beständig verschärft" (MAYER 1974).
Erst dieser Zusammenhang kann das Postulat einer "Aktualität
der Klassik" einlösen.

Die Erkenntnis der Spezifik der Dichtung hängt wesentlich
davon ab, daß sie nicht zu einer Verdoppelung der Geschichte
instrumentalisiert wird. Bekanntlich herrscht ein "unegales
Verhältnis" (MARX) zwischen materieller Produktion und Kunstproduktion vor. Wahrheit der ästhetischen Form ist nicht auf
eine bestimmte Gesellschaftsformation reduzierbar. Die künstlerisch gestaltete Wirklichkeit transzendiert den historischen Ursprung zur "condition humaine", wie sehr sie auch
darin objektiv verhaftet bleibt. Die Synthese von Sinnlichkeit, Begrifflichkeit und Phantasie der literarischen Techniken verallgemeinert künstlerisch zeitgebundene Probleme. Ohne
systematisch ausgebildetes historisches Verständnis kann die
den Kunstwerken eigentümliche Dialektik von Abbild und Antizipation nicht erfaßt werden. Die im literarischen Erbe gestalteten humanistischen Ideale können erst durch ihre Historisierung erfaßt werden; das meint zweierlei: zum einen steht
das Werk in seiner Zeitgeschichte, der Entstehungszeit (bürgerliche Kritik am Feudaladel), zum anderen wird es von der
aktuellen Zeitgenossenschaft rezipiert, wird im dialektischen
Sinne ein Werk "für uns". Die historische Bedeutung für die
Gegenwart fragt nach den vielseitigen Bedingungen für die
"Einlösung" des fiktiv gestalteten zukunftsweisenden Menschenbildes. Dieser Bezug läßt sich auch zu Werken herstellen, deren zeitbedingte Ideologie nicht im Sinne poetisch gestalteter progressiver "Verkündigung" zu sehen ist. Die von HELMERS
benannten gesellschaftlichen Funktionen der Dichtung (s.o.
2.1.) verweisen darauf, daß Dichtung als Aufklärung auch bloß
"das Selbstverständnis einer Ideologie" vermitteln kann, ohne
diese prinzipiell kritisch zu transzendieren. Die Frage nach
dem "falschen" oder "richtigen" Bewußtsein kann nur im Zusammenhang mit den historischen Entstehungsbedingungen geklärt
werden, als Aufdecken ihrer Widersprüche (vgl. BÜTOW 1977,
S. 84).

Von dem Modell eines Aufbaus des Curriculum nach fachwissenschaftlich vorgegebener Chronologie der historischen Zusammenhänge ist die Wirklichkeit des Literaturunterrichts in der
Bundesrepublik Deutschland weit entfernt, wird ja schon die
notwendige Voraussetzung, eine systematische Einführung in
genrespezifische Kenntnisse stark bekämpft. Wissenschaftlich
fundierter Literaturunterricht bleibt dennoch das erklärte
Ziel einer demokratischen Reform.

Hermann Helmers

Der Unterricht in Rezeption und Produktion pragmatischer Texte

1. Lernzieldefinition

Die folgenden Ausführungen beziehen sich auf jenen Teil (Lernbereich) des Deutschunterrichts, der die Ausbildung der Fähigkeit zur Rezeption und Produktion pragmatischer Texte zum Ziel hat. Das genannte Lernziel bedarf der Definition, damit es inhaltlich in den gesellschaftlich-historischen Zusammenhang didaktischer Reflexionen gestellt werden kann. Der Terminus *pragmatische Texte* beruht auf der Erkenntnis, daß es zwei voneinander durch Spezifik und Wirkungsabsicht unterschiedene Literatursektoren gibt: die pragmatische Literatur auf der einen Seite, die ästhetische Literatur auf der anderen Seite. Pragmatische Texte werden u.a. auch "Sachtexte", "Gebrauchstexte", "alltagssprachliche Texte" genannt. Sie unterliegen besonderen Gesetzen der formalen Gestaltung, die sich beziehen auf eine besondere inhaltliche Wirkung, jeweils verschieden aufgrund der Spezifik der Anwendungssituation. Zwar gibt es zwischen pragmatischer und ästhetischer Literatur breite Übergangszonen (z.B. im Essay, in Werbetexten), doch ist es sowohl für die gegenstandsspezifische Erforschung wie für die Curriculumkonstruktion wichtig, beide Literatursektoren zunächst getrennt zu analysieren, um dann Verbindendes herauszuarbeiten.

Das Groblernziel "Fähigkeit zur Rezeption und Produktion pragmatischer Texte" vereinigt zwei didaktisch traditionell isolierte Herangehensweisen an pragmatische Texte: das Produzieren (Machen, Herstellen, Gestalten), das Rezipieren (Aufnehmen, Analysieren, Verarbeiten). Die Integration von *Rezeption und Produktion* pragmatischer Texte bedeutet zugleich eine Überwindung der Trennung von Theorie und Praxis. Unterrichtliche Intentionen, die gerichtet sind auf die Vermittlung der Fähigkeit zur Produktion pragmatischer Texte, werden traditionell unter dem Begriff "Aufsatzunterricht" zusammengefaßt; unterrichtliche Intentionen, die gerichtet sind auf die Vermittlung der Fähigkeit zur Rezeption pragmatischer Texte werden traditionell unter dem Begriff "Umgang mit Gebrauchstexten" zusammengefaßt.

Im folgenden werden die beiden aufeinander bezogenen Teilaspekte des Umgangs mit pragmatischen Texten, die Rezeption und die Produktion, reflektiert unter der Lernbereichsbezeichnung *Gestaltungslehre*. Wenn auch in den traditionellen didaktischen Termini zum Teil bestimmte Zielvorstellungen direkt zum Ausdruck gelangen (der Terminus "Gebrauchstexte" unterstellt z. B., daß ästhetische Texte weniger "brauch"bar seien und entspringt damit einer kunstfeindlichen Haltung), so geht es doch nicht um die Begriffe als solche, sondern um deren Inhalte. Ziel der Darstellung ist die didaktische Reflexion von Reformen, die den Lernbereich Gestaltungslehre als Element eines fortschrittlichen Deutschunterrichts auf demokratischer Grundlage sehen. Durch eine voranzustellende Praxisanalyse ist zu zeigen, gegen welche didaktischen Intentionen und dahinter stehenden Interessen sich die darzulegenden Reformen im einzelnen richten, was anders gemacht werden soll und wie man es anders machen kann.

2. Praxisanalyse

Die Praxisanalyse fragt nach dem Erscheinungsbild, das die Praxis des in der BRD vorhandenen Deutschunterrichts und dessen Theorie bietet im Hinblick auf Aufsatzunterricht (Produktion) und Umgang mit Gebrauchstexten (Rezeption). Diese Frage schließt ein die Analyse jener historischen Prozesse, die zu dem gegenwärtigen Erscheinungsbild geführt haben. Dabei ist entsprechend praktischer Trennungslinien sowohl zu unterscheiden im Hinblick auf die beiden Teilbereiche Aufsatzunterricht und Umgang mit Gebrauchstexten, wie vor allem im Hinblick auf ein prinzipiell unterschiedliches Erscheinungsbild in der Volksbildung auf der einen Seite und in der höheren Bildung auf der anderen Seite.

Von der herkömmlichen Geschichtsschreibung des Aufsatzunterrichts sind für die Praxisanalyse wenig Hilfen zu erwarten. Das liegt erstens in einer ahistorischen Betrachtungsweise, die die gesellschaftlich bedingten Schularten (Volksbildung einerseits, höhere Bildung andererseits) zumeist außer acht läßt und damit bildungspolitische Interessen ignoriert. Das liegt zweitens in einer idealistischen Sicht, die die historischen Aufsatztypen entweder als Zufallserscheinungen oder als Ergebnis des persönlichen Einwirkens einzelner Methodiker oder als Teil einer "pendelartig" von einem Extrem zum andern "schwingenden" Bewegung erfaßt. Besonders letztere Betrachtungsweise ist bei der herkömmlichen Geschichtsschreibung des Aufsatzunterrichts weit verbreitet. Diese Betrachtungsweise besagt: Bis Ende des 19. Jahrhunderts sei der Aufsatz durch eine zu starke Bindung an vorgegebene Muster und methodische Schritte "gebunden" gewesen; unter dem Einfluß der bürgerlichen Reformpädagogen sei der Aufsatz dann ins andere Extrem gefallen; er wurde angeblich völlig "frei". Erst in den zwanziger Jahren unseres Jahrhunderts sei es durch das Wirken einzelner Methodiker (z.B. SEIDEMANN) gelungen, den Aufsatz in der Mitte zwischen "gebunden" und "frei" "einzupendeln"; er wurde, wie es hieß, "sprachschaffend". Gesellschaftliche Bedingungen werden in der gesamten herkömmlichen Geschichtsschreibung des Aufsatzunterrichts demnach außer acht gelassen.

Ansätze zu einer gesellschaftlich-historisch vorgehenden Geschichtsschreibung des Aufsatzunterrichts gibt es in der BRD erst seit kurzem (ECKHARDT 1979b; ECKHARDT/HELMERS 1980a, S. 4 ff.). Aufgrund dieser Ansätze lassen sich folgende auffällige Merkmale des produktiven und rezeptiven Umgangs mit pragmatischen Texten in der *Volksbildung* erkennen:

1. Die Entwicklung der Fähigkeit zur Produktion pragmatischer Texte wird - wie der gesamte Deutschunterricht der bürgerlichen Volksbildung - seit jeher weitgehend unsystematisch betrieben. Lehrplanpolitische Faktoren, wie Gelegenheitsunterricht und Klassenlehrerprinzip, sind die wichtigsten Ursachen. Angesichts der Vielfalt der Erscheinungsformen pragmatischer Literatur entstehen bzw. behaupten sich dadurch schwerwiegende Defizite.

2. Bei den schriftlichen Darstellungsarten werden akzentuiert die Textsorten Erlebnisdarstellung und Gebrauchsform (z.B. Bewerbung); vernachlässigt werden insbesondere die Textsorten Erörterung und Textwiedergabe (z.B. Protokoll). Diese Tatsache ist seit Beginn der bürgerlichen Volksbildung nachweisbar: Es werden stets jene Textsorten besonders geübt, die aus Verwertungsinteressen wichtig erscheinen; es werden vernachlässigt jene Textsorten, die für die wissenschaftlich-kritische Analyse wichtig wären.

3. Bei den mündlichen Darstellungsarten werden die dialogischen Sprachformen (z.B. Gespräch) vorgezogen, die monologischen Sprachformen (z.B. Referat) vernachlässigt. Auch dies entspricht den Verwertungsinteressen im Hinblick auf die erwarteten beruflichen Tätigkeiten der Hauptschulabgänger. Die Vernachlässigung gilt auch hier Textsorten, die für die wissenschaftlich-kritische Analyse wichtig wären.

4. Das Aufsatzschreiben erreicht vielfach nicht die Ebene bewußter Produktion, zumal die pragmatischen Textsorten (z.B. in den Anweisungen der staatlichen Lehrpläne) konturenlos werden durch begriffliche Verwässerung (statt von einem "Bericht" spricht man unklar vom "Berichten" usw.).

5. Die Rezeption pragmatischer Texte ist erst seit wenigen Jahren infolge veränderter Verwertungsinteressen wieder Gegenstand der bürgerlichen Volksbildung (sie war es bereits im 19. Jahrhundert, vgl. HELMERS 1970). Die an sich begrüßenswerte curriculare Erweiterung ist aber partiell negativ zu werten, weil sie im Vollzuge einer gesellschaftlich bedingten Kunstfeindlichkeit dazu dient, ästhetische (vor allem poetische) Texte aus dem Deutschunterricht zu verdrängen. Von einer systematischen Analyse pragmatischer Texte ist dieser Unterricht zur Zeit weit entfernt.

Hinsichtlich des produktiven und rezeptiven Umgangs mit pragmatischen Texten kann man im Bereich der *höheren Bildung* folgende auffällige Merkmale erkennen:

1. Systematische Lehrpläne sind für den gymnasialen Aufsatzunterricht durchaus vorhanden, und zwar sowohl in Richtlinien wie in Unterrichtswerken; diese Lehrpläne leiden jedoch an der Unzulänglichkeit der Erforschung pragmatischer Literatur durch die idealistische Sprachwissenschaft.

2. Bei den schriftlichen Darstellungsarten ist der traditionelle Schwerpunkt Interpretationsaufsatz seit ca. 1970

durch einen neuen Schwerpunkt von Textsorten mit vorspringenden argumentativen Elementen (z.B. Erörterung) abgelöst worden; vernachlässigt werden häufig die stilistischen Grundübungen.
3. Bei den mündlichen Darstellungsarten wird insbesondere das Referat akzentuiert; auch im mündlichen Bereich ist eine Vernachlässigung der grundlegenden Sprechfertigkeiten feststellbar, welche offenbar weitgehend vorausgesetzt werden im Hinblick auf die Selektion der Schüler.
4. Nicht übersehbar ist eine gewisse Tendenz zum Formalismus, vor allem erkennbar im argumentativen Bereich, wo es (in der Tradition der Rhetorik) mehr um die formale Wirkung des Argumentierens geht als um den Textinhalt.
5. Die Rezeption pragmatischer Texte ist seit einigen Jahren in den Deutschunterricht des Gymnasiums als Lerninhalt eingebracht worden. Funktion dieser Aufnahme ist (wie in der Volksbildung) die Abdrängung der Beschäftigung mit gesellschaftskritischer Dichtung. Anders als im Bereich der Volksbildung kann sich daneben die ästhetische Literatur besser behaupten.

Insgesamt kann festgestellt werden, daß eine systematische Beschäftigung mit pragmatischer Literatur bisher nur in der höheren Bildung stattfindet, hier allerdings mit der Tendenz zum Formalismus, der die Frage nach den Inhalten unterdrückt. Erkennbare Defizite im Bereich der bürgerlichen Volksbildung entspringen bildungspolitischer Motivation, während negative Faktoren in der höheren Bildung insbesondere auf Defizite der idealistischen Germanistik zurückgehen. Die auffälligen Defizite im Bereich der bürgerlichen Volksbildung wiegen insofern besonders schwer, weil hier durch die Schülerselektion vornehmlich Schüler aus sozial schwachen Bevölkerungsschichten versammelt sind, bei denen von der Familie her keine oder wenig hochsprachliche Förderung im stilistischen Bereich möglich ist (AMMON 1973a). Es fehlt sowohl in der Volksbildung wie in der höheren Bildung an systematischer Kompensation, so daß die soziale Selektion noch verstärkt wird. Dabei ist zu sehen, daß gerade die Fähigkeit zur kritischen Rezeption und zur selbständigen Produktion pragmatischer Texte für das Individuum eine wichtige Möglichkeit darstellt bei der Bewältigung praktischer Probleme, was sich gesellschaftspolitisch auswirkt.

Eine durchgehend für gegenwärtige Volksbildung und höhere Bildung zutreffende Feststellung ist die, daß die Produktion von pragmatischer Literatur (der Aufsatzunterricht) einerseits und die Rezeption von pragmatischer Literatur (der Umgang mit Gebrauchstexten) andererseits weitgehend unverbunden realisiert werden. Dies geht so weit, daß zwischen den Aufsatzarten und den "Gebrauchstexten" kein Zusammenhang gesehen wird. Das bewirkt die Entfernung des Aufsatzunterrichts von der Praxis, eine Entwicklung zu typisch schulischen "Aufsätzen", von denen aus der Weg zur Realität weit ist, so daß Theorie und Praxis getrennt werden.

3. Ziele der Reform

Die demokratische Refom des Deutschunterrichts richtet sich insbesondere gegen die traditionelle Niederhaltung der Volksbildung. Das bedeutet in der Gegenwirkung aber nicht Übernahme der für die traditionelle höhere Bildung festgestellten negativen Faktoren, z.B. des Formalismus, in die Volksbildung. Vielmehr sind die didaktischen Problemfelder für die Reform neu zu überdenken. Dabei handelt es sich vor allem um vier Problemfelder: allseitige Ausbildung des Einzelnen/Fortschritt der Gesellschaft; Rezeption/Produktion; schriftliche/mündliche Textgestaltung; Besonderes/Allgemeines.

Das übergreifende Ziel eines demokratischen Deutschunterrichts, *allseitige Ausbildung* des Individuums, gilt auch für die Gestaltungslehre. Dieses Ziel ist jedoch nur dann demokratisch wirksam, wenn es für *alle* Schüler existiert, das heißt auch für die Angehörigen der Unterschicht. Was heißt nun im Bereich der pragmatischen Literatur: Allseitigkeit? Literatur ist eine Form des gesellschaftlichen Bewußtseins; als solche tritt sie, je nach Bedürfnissen, differenziert in Erscheinung. Der Lernbereich Literaturunterricht zielt auf die ästhetische Literatur, der Lernbereich Gestaltungslehre zielt auf die pragmatische Literatur. Pragmatische Literatur kann differenziert werden nach sieben unterschiedlichen Textsorten (ECKHARDT/HELMERS 1980a): Erlebnisdarstellung, Bericht, Erörterung, Gebrauchsform, Textwiedergabe, Dialog, Monolog. Wie die ästhetischen Textsorten sind die pragmatischen Textsorten prinzipiell unterschieden durch formale Gestaltung, die aus unterschiedlichen Wirkungsabsichten entspringt. Die Tatsache, daß sich die pragmatischen Textsorten (wie die ästhetischen Textsorten) in der Praxis zum Teil in Grenzbereichen mischen, ändert nichts an der Notwendigkeit einer wissenschaftlichen Differenzierung. Für die didaktische Reflexion ist die differenzierte Beschreibung der pragmatischen Textsorten deswegen von grundlegender Bedeutung, weil diese Textsorten die verschiedenen Erscheinungsformen der pragmatischen Literatur verkörpern. Ein nach Allseitigkeit strebender Deutschunterricht muß differenziert sein im Hinblick auf die pragmatischen Textsorten, um alle relevanten Erscheinungsformen den Schülern systematsich vermitteln zu können. Da die Sprachwissenschaft bisher die Beschreibung der pragmatischen Textsorten vernachlässigt hat, sei hier eine kurze Beschreibung angefügt: Die Textsorte Erlebnisdarstellung ist charakterisiert durch generelles Überwiegen des subjektiven Moments bei der Darstellung individueller Erfahrungen. Die Textsorte Bericht akzentuiert demgegenüber das objektive Moment; sie reicht bis hin zur wissenschaftlichen Abhandlung. Die Textsorte Erörterung betont die Reflexion eines Sachverhalts, etwa im Kommentar. Die Textsorte Gebrauchsform umfaßt jene schriftlichen Darstellungen, deren Form im einzelnen vorgeschrieben, zum Teil vorgedruckt ist, zum Beispiel im Telegramm. Die Textsorte Textwiedergabe bezieht sich auf Texte, die den Inhalt anderer Texte wiedergeben, entweder durch Protokoll oder durch Inhaltsangabe. Die Textsorte 'Dialog' beginnt im mündlichen

Bereich beim Gespräch und reicht von da bis zum schriftlichen Interview. Die Textsorte 'Monolog' beginnt bei der mündlichen Rede und erstreckt sich von da bis zum schriftlichen Referat. Allseitig gebildet ist im Hinblick auf pragmatische Literatur derjenige, der alle Erscheinungsformen dieser sieben pragmatischen Textsorten in Produktion und Rezeption so beherrscht, wie es aus subjektiven und objektiven Bedürfnissen nötig ist. Wird eine allseitige Ausbildung auch auf diesem Sektor allen Schülern zuteil, so werden dem gesellschaftlichen Fortschritt im Hinblick auf die Voraussetzung der sprachlichen Kommunikation positive Möglichkeiten eröffnet.

In diesem Zusammenhang bedarf es einer gleichgewichtigen Berücksichtigung der beiden Teilaspekte von *Rezeption und Produktion*, sowie deren Integration im Lehrplan. Die Praxisanalyse hat gezeigt, daß wir von diesem Ziel noch weit entfernt sind. Heute kann es z.B. vorkommen, daß Gymnasiasten etwa bei der Textanalyse Kommentare kennenlernen, ohne daß ihnen dabei bewußt wird, inwiefern die Form des Kommentars zum selben literarischen Teilaspekt der pragmatischen Literatur gehört wie das, was als Aufsatz in der Schule traditionell 'Besinnungsaufsatz' genannt wurde. Die Folge ist die Trennung von Theorie und Praxis: Die eigene Tätigkeit wird nicht im gesellschaftlichen Zusammenhang gesehen, so daß die Voraussetzungen des eigenen Tuns nicht erkannt werden können. In der Gestaltungslehre, die integrativ beide Teilaspekte (Rezeption und Produktion) vereinigen sollte, gibt es nicht ohne Grund eine gewisse Akzentuierung der Produktion (anders als im Literaturunterricht, wo es im Hinblick auf ästhetische Texte eine Akzentuierung der Rezeption gibt). Die Akzentuierung der Produktion, also des Aufsatzschreibens, beruht auf der Einsicht, daß pragmatische Texte in der Praxis im Gegensatz zu ästhetischen Texten gemacht werden müssen. Da das Selbermachen die Einsicht in den Aufbau eines Gegenstandes voraussetzt, ist bei der Akzentuierung der Produktion eine völlige Vernachlässigung der Rezeption ausgeschlossen, zumal wenn diese bewußt und systematisch in den Unterricht einbezogen wird. Aufsatzvorbereitung und Aufsatznachbereitung enthalten Momente der Rezeption, der Analyse. Wird diese Analayse ausgedehnt auf vorhandene Texte der Praxis, so kommt es zur erstrebten Integration von Produktion und Rezeption. Ein Beispiel: Im Rahmen einer inhaltlichen Unterrichtseinheit zum Thema "Umweltschutz" sind erörternde Stellungnahmen der Schüler denkbar zu aktuellen Fragen von "Verschmutzung" in der direkten Umwelt der Schüler. Insofern in der Tagespresse solche aktuellen Fragen der Umwelt Kommentare hervorrufen, können diese Zeitungskommentare als erörternde Stellungnahme in den Unterricht einbezogen werden zum Zweck einer kritischen Analyse. Von einer solchen kritischen Rezeption gedruckter Erörterungen ergeben sich Rückwirkungen auf die Produktion eigener Erörterungen durch die Schüler.

Pragmatische Literatur reicht vom *Schriftlichen* zum *Mündlichen* und umgekehrt. Von den sieben Textsorten der pragmatischen Literatur werden fünf (Erlebnisdarstellung, Bericht, Textwiedergabe, Erörterung, Gebrauchsform) vornehmlich schriftlich realisiert, während zwei (Dialog, Monolog) vornehmlich mündlich realisiert werden. Diese Zuordnung ist aber keine ausschließliche. So beginnen viele schriftliche Erlebnisberichte zum Beispiel im Mündlichen, um erst später verschriftlicht zu werden. Ebenso beginnen Dialoge zum Beispiel oft im Mündlichen, um am Ende verschriftlicht zu werden, wie etwa Parlamentsdebatten. Aus didaktischer Sicht ist zu erkennen, daß in der traditionellen bürgerlichen Volksbildung das Schriftliche unterbewertet wird, während in der traditionellen höheren Bildung das Schriftliche überbewertet wird (vgl. ECKHARDT 1979b). Diese traditionellen Akzentuierungen haben, ebenso wie die Akzentuierung des Inhalts in der Volksbildung und der Form in der höheren Bildung, bildungspolitische Ursachen. Aus Verwertungsinteressen und aus Herrschaftsinteressen entstanden seit 1848 Lehrpläne für den Deutschunterricht der bürgerlichen Volksbildung, in denen den Volkschülern jeweils nur soviel an schriftlicher (und an fachlich-formaler) Bildung zuteil wurde, wie aus "praktischen Bedürfnissen" (Verwertungsinteresse) notwendig erschien. Man darf nicht vergessen, daß die Schriftsprache die Sprache der Kultur, der Wissenschaft, der Politik ist; wer nicht gelernt hat, in Wort und Schrift pragmatische Literatur kritisch aufzunehmen und selbständig herzustellen, ist auf diesem Sektor von der Mit"sprache" ausgeschlossen. Diese Überlegungen legen es nahe, für einen demokratischen Deutschunterricht ein Gleichgewicht des Schriftlichen und des Mündlichen vorzusehen, was allerdings bildungsstufengemäß jeweils besonders zu spezifizieren ist. Auf der Primarstufe wird z.B. am Anfang ein Übergewicht des Mündlichen herrschen, das erst allmählich zugunsten einer Einbeziehung des Schriftlichen zu verändern ist. Im aktuellen Unterrichtsvollzug wird auf allen Bildungsstufen ein Ineinander des Schriftlichen und des Mündlichen nötig sein, das bei den Lernschritten der Aufsatzproduktion so aussehen kann: Das Schreiben etwa eines Erlebnisberichts, der in einer allseitig konzipierten Gestaltungslehre einen festen Platz hat, kann ausgehen von einer Unterrichtsstunde, in der zu einem bestimmten Rahmenthema die Schüler ihre Erlebnisse mündlich darlegen. Da nicht alle Schüler in einer Unterrichtsstunde zu Wort kommen können, erscheint die anschließende Niederschrift eines Erlebnisberichts sinnvoll. Nach der Durchsicht der Aufsätze durch den Lehrer werden bei der Besprechung der Aufsätze Erlebnisberichte der Schüler vorgelesen, was eine partielle Übertragung in den mündlichen Bereich bedeutet.

Ein weiteres Problemfeld betrifft das *Besondere* in seiner Beziehung zum *Allgemeinen*, und zwar in bezug auf literarische Bildung und Erziehung im ganzen, auf den Deutschunterricht insgesamt und auf den allgemeinen Erziehungsauftrag der Schule. Das Besondere ist zunächst die planmäßige Arbeit an der pragmatischen Literatur in der Gestaltungslehre. Pragmatische Literatur auf der einen Seite und ästhetische Literatur auf der anderen Seite sind jeweils besonders Erscheinungsformen von *Literatur* im allgemeinen. Indem die Gestaltungslehre (Gegenstand: pragmatische Literatur) und der Literaturunterricht (Gegenstand: ästhetische Literatur) curricular und im aktuellen Unterrichtsvollzug aufeinander bezogen werden, wird der besondere Literaturaspekt der pragmatischen Literatur im allgemeinen Literaturaspekt aufgehoben.

Eine solche Bezugnahme ist etwa durch eine inhaltliche Klammer möglich: Bei Thema "Krieg/Frieden" sind sowohl pragmatische Texte (politische Aufrufe z.B.) wie ästhetische Texte (Antikriegsgedichte z.B.) in einer Unterrichtseinheit zu behandeln. Der besondere Aspekt der Gestaltungslehre bedarf ferner der planmäßigen Bezugnahme auf die übrigen Lernbereiche des *Deutschunterrichts*, wie Rechtschreibunterricht, Leselehre, Sprachtraining, Sprecherziehung, Sprachbetrachtung. Einige dieser Lernbereiche sind durch die Tendenz zur schriftlichen Sprache (Rechtschreibunterricht, Leselehre), andere durch die Tendenz zur Analyse (Sprachbetrachtung), andere durch Grundlegung der sprachlichen Fähigkeiten (Sprecherziehung, Sprachtraining) mit der Gestaltungslehre verbunden. Alle Lernbereiche des Deutschunterrichts beteiligen sich, jeweils aus einem spezifischen Aspekt, an der allgemeinen Aufgabe einer allseitigen Ausbildung in der deutschen Sprache und Literatur als Muttersprache. Die Dialektik des Allgemeinen und des Besonderen bleibt außer Betracht, wenn aus antidemokratischen Interessen das Ziel einer allseitigen Sprachbildung in Frage gestellt wird. Dies ist insbesondere in der traditionellen bürgerlichen Volksbildung der Fall, wo durch die einseitige Akzentuierung von inhaltlichen Lehrplanaspekten (Subjektivismus) und durch die einseitige Akzentuierung von fächerübergreifenden Aspekten (z.B. in einem Projektunterricht, der den Fachunterricht verdrängt) das Besondere zugunsten des Allgemeinen relativiert wird (vgl. RUDLOFF 1979). Dieses Allgemeine wird dann zumeist dadurch begründet, daß man *allgemeine Erziehungsziele* betont, die als solche durchaus wichtig sind, die aber erst dann wirksam werden können, wenn sie durch besondere Bildungsziele fundiert werden. Im Bereich des Aufsatzunterrichts der Volksbildung führt die Tendenz zum Subjektivismus, d.h. zur Ablehnung eines systematischen Lehrplans in pragmatischer Literatur. Dafür ein Beispiel aus der Didaktik der Gegenwart, wo gefordert wird: Die Schüler "lernen nicht, wie man ein Telefonbuch oder ein Nachschlagewerk benutzt, weil sie der Lehrer dazu anhält (und er hält sie dazu an, weil es nach Lehrplan, 'dran' ist), sondern weil das Projekt es erforderlich macht, zu telefonieren oder sich im 'Brockhaus' Auskunft zu holen" (BEHR/GRÖNWOLDT/NÜNDEL/RÖSELER/SCHLOTTHAUS 1975, S. 98). Eine demokratisch konzipierte Gestaltungslehre setzt demgegenüber die Erziehungsziele als das Allgemeine in dialektischen Bezug zum Besonderen, nämlich der Aufgabe einer planmäßigen Einführung in die pragmatische Literatur. Von da aus ergibt sich die Notwendigkeit für die Schaffung inhaltlicher Motivationen im Unterricht.

4. Kriterien für einen demokratischen Lehrplan der Gestaltungslehre

Die genannten Zielsetzungen für eine Refom des traditionellen Aufsatzunterrichts in Richtung auf eine demokratisch konzipierte Gestaltungslehre ergeben eine Reihe von didaktischen Folgerungen für den Lehrplan. Von diesen sollen hier

einige behandelt werden: das curriculare Problem Inhalt/
Form, die Frage der systematischen Anordung der Erscheinungsformen der pragmatischen Literatur, die Frage inhaltlicher
Kriterien, das Problem der Notwendigkeit einer kompensatorischen Gestaltungslehre.

Die Dialektik *Inhalt/Form* ist nicht nur das wichtigste
curriculare Problem des Lernbereichs Gestaltungslehre, sondern des Deutschunterrichts insgesamt (BROWELEIT/ECKHARDT/
HELMERS/MEYER 1975, S. 34 ff.). Einseitiges Akzentuieren des
Inhaltsaspekts (Subjektivismus) bedingt traditionell die Nie-
derhaltung der Volksbildung auf einem unwissenschaftlichen
Niveau und verhindert allseitige Sprachbildung. Einseitiges
Akzentuieren des Formaspektes (Formalismus) bedingt die eli-
täre Ausrichtung der höheren Bildung bei gleichzeitiger Aus-
sparung der Inhalte aus der kritischen Perspektive. Die de-
mokratische Deutschdidaktik strebt eine gleichberechtigte
Reflexion von Form und Inhalt an. Was bedeutet das für die
Gestaltungslehre? Dies heißt zunächst bildungspolitisch die
Aufhebung sowohl des Subjektivismus der Volksbildung wie des
Formalismus der höheren Bildung. Konkret sind jene Lehrplankonzeptionen abzulehnen, die entweder die pragmatischen Formen nur "incidentell" (ungeplant) zur Grundlage curricularer
Überlegungen machen (traditioneller Aspekt der bürgerlichen
Volksbildung) oder die sie isoliert unter Vernachlässigung
der Inhalte (traditioneller Aspekt der höheren Bildung) der
Lehrplankonstruktion zugrundelegen. Ein Aufsatzunterricht,
der bestimmte Aufsatzformen (z.B. den Sachbericht) nur dann
in den Unterricht gelangen läßt, wenn zufällig ("incidentell")
aus inhaltlichen Überlegungen solche Formen benötigt werden,
ist demnach ebenso abzulehnen wie ein Aufsatzunterricht, der
Aufsatzformen isoliert zur Grundlage eines Lehrplans macht
und dabei die Inhalte (Themen) dem Zufall überläßt. Der auf
der Grundlage einer bewußten Reflexion der Dialektik Inhalt/
Form konzipierte Lehrplan der Gestaltungslehre ist demgegenüber 'zweigleisig' aufzubauen: Auf der einen Seite sind systematisch die literarpragmatischen Formen den curricularen
Zeiteinheiten (Bildungsstufen, Schuljahren, Vierteljahren,
Wochen usw.) zuzuweisen, damit auf die Dauer die Schüler einen umfassenden, allseitigen Umgang mit pragmatischer Literatur vermittelt erhalten. Auf der anderen Seite sind erzieherisch relevante Inhaltsbereiche (Themenbereiche) der
Gestaltungslehre und übergreifend auch anderen Lernbereichen
des Deutschunterrichts zuzuweisen, wobei sich Form und Inhalt bedingen müssen. Da im Lehrplan sprachliche Formen stets
dialektisch auf Inhalte bezogen sind und umgekehrt, da sprachliche Formen im Lehrplan unter bestimmten Bedingungen in Inhalte 'umschlagen' und Inhalte stets bestimmter Formen zu
ihrer Realisation bedürfen, ist die scheinbare Zweigleisig-
keit der Lehrplankonstruktion durch ein konkretes Ineins-
sehen der einzelnen Lernziele aufzuheben. Ein Beispiel: Die
Form Diskussion kann nur geübt werden an solchen Inhalten,
die eine argumentative Auseinandersetzung gestatten; das
heißt, nicht alle Inhalte (Themen) sind zur Übung der Diskussion als dialogische Form geeignet (vgl. BROWELEIT 1980).
Hinzu kommt, daß aus didaktischen Gründen bei den einzelnen
Formen jeweils der Bildungswert hinsichtlich gesellschaft-

licher Relevanz zu prüfen ist, wie bei den einzelnen Inhalten der Erziehungswert in Richtung auf Demokratisierung zu reflektieren ist. Diese allgemeinen Aussagen zur curricularen Bedeutung der Dialektik Inhalt/Form sind im einzelnen zu spezifizieren hinsichtlich sowohl der Formen wie der Inhalte[1].

Hinsichtlich der *literarpragmatischen Formen* geht es bei der Lehrplankonstruktion der Gestaltungslehre um die systematische Anordnung zum Zweck der Ermöglichung allseitiger Sprachbildung auf planmäßiger Grundlage. Dabei kann es sich nicht darum handeln, ohne didaktische Überlegung fachwissenschaftliche Systematiken in einem Lehrplan zu übertragen, sondern die gegenstandsspezifischen Faktoren sind didaktisch zu überprüfen im Hinblick auf Bildungswert und zeitliche Einordnung in den Lehrplan. Voraussetzung allerdings ist eine fachwissenschaftlich begründete und gesicherte Terminologie. In dieser Situation sind die erkannten Formen auf der Basis vorhandener Forschungen curricular kritisch zu reflektieren, was einschließt die Revisionsbereitschaft beim Erreichen neuer Forschungsaspekte. Grundlegend ist die erwähnte Anordnung in sieben *Textsorten* der pragmatischen Literatur: Erlebnisdarstellung, Bericht, Textwiedergabe, Erörterung, Gebrauchsform, Dialog, Monolog. Diese grundlegende Differenzierung der pragmatischen Literatur reicht für die Lehrplankonstruktion nicht aus. Es ist weiter zu fragen nach den einzelnen literarpragmatischen *Erscheinungsweisen* innerhalb der Textsorten. Aufgrund des gegenwärtigen Standes der Forschung (ECKHARDT/HELMERS 1980a, 75 ff.) können folgende Erscheinungsformen im einzelnen registriert werden: innerhalb der Textsorte Erlebnisdarstellung die Erscheinungsformen Erlebnisbericht, Augenzeugenbericht, Autobiographie, Tagebuch; innerhalb der Textsorte Bericht die Erscheinungsformen Sachbericht, Gebrauchsanweisung, Beschreibung, Beobachtung, Tätigkeitsbericht, Nachricht, Reportage, Sensationsbericht, Definition; innerhalb der Textsorte Textwiedergabe die Erscheinungsformen Inhaltsangabe, Inhaltsvorschau, Schlagzeile, Protokoll; innerhalb der Textsorte Erörterung die Erscheinungsformen Problemdarstellung, Stellungnahme, Kommentar, Rezension, Leserbrief, Essay; innerhalb der Textsorte Gebrauchsform die Erscheinungsformen Formular, Brief, Postkarte, amtlicher Schriftverkehr, Zeitungsannonce, juristischer Text, Flugblatt; innerhalb der Textsorte Dialog die Erscheinungsformen Gespräch, Diskussion, Debatte, Interview, Briefkasten; innerhalb der Textsorte Monolog die Erscheinungsformen Rede, Referat, Vortrag. Die Fülle der aufgezählten Erscheinungsweisen der pragmatischen Literatur zeigt die Notwendigkeit einer konkreten didaktischen Reflexion in der Frage, welche dieser Formen in welcher Akzentuierung und an welcher zeitlichen Stelle im Gesamtlehrplan der Gestaltungslehre (vom 1. bis zum 13. Schuljahr) zu berücksichtigen sind.

---

1 Ein detaillierter Lehrplanvorschlag ist wiedergegeben in ECKHARDT/HELMERS 1980a, S. 75 ff.

Falls solche didaktischen Reflexionen nicht stattfinden und es also keinen systematisch aufgebauten Lehrplan gibt, wird der Schüler allein gelassen mit der Fülle der ihm täglich begegnenden pragmatischen Literatur (z.B. in der Tageszeitung); literarpragmatische Bildung wird dann zu einem Zufallsereignis primär privater Prägung, was praktisch die sozialen Faktoren zu alleinigen Determinanten des Lernens macht (in privilegierten Familien erfolgt eine ständige literarpragmatische Bildung, wodurch soziale Selektionstendenzen verschärft werden). Bei der breiten formalen Differenziertheit der pragmatischen Literatur ist umso wichtiger die didaktische Überlegung nach sinnvoller Konstruktion eines umfassenden Lehrplans, der die gesellschaftlich besonders wichtigen Formen (z.B. Sachbericht, Diskussion, Erörtung usw.) hervorhebt und andere, weniger wichtige Formen geringer akzentuiert. Die planmäßige Reflexion der literarpragmatischen Formen für die Lehrplanentwicklung bedeutet konkret: Zuordnung zu den Bildungsstufen (auf der Primarstufe wird z.B. der Erlebnisbericht eine größere Rolle spielen), Zuordnung zu den Schuljahren, Zuordnung zu kleineren Zeiteinheiten (Vierteljahr, Woche). Zu reflektieren ist ebenfalls die curriculare Wiederaufnahme bestimmter Formen unter anderen didaktischen Aspekten, so z.B. die allmähliche Spezifizierung der Erscheinungsweisen des Berichts in Richtung auf Formen wissenschaftlichen Arbeitens von Sekundarstufe I bis Sekundarstufe II. Die Zuordnung der literarpragmatischen Formen zu den Lehrplanabschnitten (vgl. HELMERS 10. Aufl. 1979, S. 223 ff.) ist allerdings nicht gleichzusetzen mit einer Bewußtmachung der Formen im Unterricht. Dies ist ein didaktisches Sonderproblem, das von den diesbezüglichen curricularen Reflexionen zu trennen ist.

Häufig wird die Forderung nach systematischer Berücksichtigung der sprachlichen Formen mißdeutet als Aufruf zum Formalismus oder zum inhaltslosen Drill. Diese Konsequenzen könnte die Forderung nach systematischer Berücksichtigung der literarpragmatischen Formen haben, wenn sie nicht bezogen wird auf eine systematische curriculare Reflexion der *Inhalte*. Von den verschiedenen Kriterien, die für die systematische Reflexion der Inhaltsseite der Gestaltungslehre heranzuziehen sind, seien im folgenden exemplarisch zwei aufgeführt: gesellschaftliche Relevanz und Schülerinteressen (weitere inhaltliche Kriterien in ECKHARDT/HELMERS 1980a, S. 130 ff.). Unter dem Kriterium der gesellschaftlichen Relevanz ist zunächst die Ausrichtung auf Fragestellungen zu verstehen, die für die Gesellschaft von Bedeutung sind. Umgekehrt bedeutet das z.B. den Ausschluß von Aufsatzthemen, die 'irreal' sind, insofern sie keine Entsprechung in der gesellschaftlichen Praxis haben. Die Ausrichtung auf gesellschaftlich relevante Fragestellungen darf allerdings nicht bedeuten die Stabilisation des Vorhandenen in Form einer Anpassung an tradierte Bedingungen. Im Bereich der Auswahl von Aufsatzthemen wird nicht nur das Kriterium der gesellschaftlichen Relevanz häufig verletzt (durch realitätsferne Themenstellungen), sondern auch das Kriterium der Schülerinteressen. Die Schüler erleben aus ihrer altersspezifischen und ökonomisch bedingten Sicht einen bestimmten Ausschnitt der

gesellschaftlich relevanten Fragestellungen, zudem durch
konkrete Erfahrungen in jeweils besonderer Perspektive. Es
würde eine praxisferne Ausrichtung der Textproduktion bedeuten, wollte man (wie es nicht selten geschieht) die Themenstellung unabhängig vom Erfahrungsstand der Schüler durchführen. Die Integration des Aufsatzunterrichts in eine umfassende Gestaltungslehre bringt positive Möglichkeiten mit
sich, im aktuellen Unterrichtsvollzug bei der Erarbeitung der
Lernschritte am Anfang eine Phase des Erfahrungsaustausches,
der Interessenermittlung zu realisieren. Dabei ist zu berücksichtigen, daß die bloße Artikulation subjektiver Interessen
durch einzelne Schüler oft nicht viel mehr bringt als eine
Reproduktion der auf die Schüler einwirkenden Interessen,
die sozial bedingt sind. Insofern wäre ein Verharren oft verhängnisvoll, weil stabilisierend. Je älter die Schüler werden, umso besser kann durch die kritische Analyse vorhandener Interessen, auch anhand vorgegebener Texte, und durch
die nachfolgende Produktion die individuelle Erfahrung in
gesellschaftliche Zusammenhänge eingefügt werden.

Als weiteres Kriterium für eine demokratische Lehrplankonstruktion der Gestaltungslehre erscheint die Forderung
nach einem *kompensatorisch* angelegten Lehrplan (FELDBUSCH 1977).
Die sehr unterschiedlichen stilistischen und analytischen
Fähigkeiten, die die Schüler je nach sozialer Schicht in den
Unterricht bringen, erfordern die Anstrengung einer Kompensation sozial bedingter Defizite. Diese Anstrengung ist sowohl freizuhalten von der praxisfernen Meinung, daß dadurch
soziale Unterschiede generell ausgeglichen werden können,
wie von der resignativen Meinung, daß solche Anstrengungen
von vornherein relativ wirkungslos seien. Die erwähnte praxisferne Meinung verkennt, daß Erziehung ein Element des gesellschaftlichen Überbaus ist; die erwähnte resignative Meinung
ist im Grunde antipädagogisch, antiaufklärerisch, objektiv
falsch und zynisch. Was bedeutet nun kompensatorische Ausbildung im Bereich der Gestaltungslehre? Versucht werden soll,
soweit wie möglich, ein Ausgleich sozial bedingter Defizite
in der Rezeption und in der Produktion pragmatischer Texte.
Zum Beispiel werden die meisten der aufgezählten literarpragmatischen Formen im sozial unterprivilegierten Elternhaus kaum produziert werden; bei ihrer unterrichtlichen Vermittlung ist also um so mehr auf diese Schüler zu achten.
Durch einen differenzierten Unterricht soll als Fernziel erreicht werden, daß allen Schülern gleichermaßen die Fähigkeit zur selbständigen Produktion wie zur kritischen Rezeption pragmatischer Texte vermittelt wird, eine Fähigkeit,
die, wie dargestellt, eine Grundlage ist für die volle Anteilnahme am öffentlichen Leben der Gesellschaft und an ihren
Auseinandersetzungen.

Literaturverzeichnis *

ABELS, K. (1972): Grammatik im Deutschunterricht. Zum Verhältnis von wissenschaftlicher Grammatik und Schulgrammatik. In: Die Schulwarte, H. 11, S. 12-24
ABELS, K. (1974): Sätze aus Verkehrsfibeln. In: Praxis Deutsch, H. 6, S. 46-49
ABELS, K. (Hg.) (1975): Neue Wege im Deutschunterricht. Freiburg
ADER, D. (1974): Grammatik als Sprachförderung. In: Praxis Deutsch, H. 6, S. 17-22
ADER, D. (1978): Einige didaktische Bemerkungen zum Lernbereich 'Reflexion über Sprache'. In: U. ENGEL, S. GROSSE (Hg.): Grammatik und Deutschunterricht. (= Jahrbuch 1977 des Instituts für deutsche Sprache.) Düsseldorf, S. 145-150
ADER, D., KRESS, A. (1975): Zum gegenwärtigen Stand der Sprachdidaktik. In: Mitteilungen des deutschen Germanistenverbandes, H. 4, S. 1-19
AIDAROWA, L.I. (1972): Die Ausbildung einer linguistischen Einstellung zum Wort bei Schülern der Unterstufe. In: P.J. GALPERIN u.a.: Probleme der Lerntheorie. 3. Aufl. Berlin (DDR), S. 131-158
ALSCHNER, R. (1953): Deutsch und Deutschkunde im Rahmen des Sachunterrichts. Bd. 1: Naturkundliche Stoffgebiete. 6. Aufl.; Bd. 2: Geschichtliche Stoffgebiete. 4. Aufl.; Bd. 3: Erdkundliche Stoffgebiete. 3. Aufl.; Bonn
ALTENRICHTER, G., BELKE, G., HAUEIS, E. (1974): Zur Theorie des eigensprachlichen Unterrichts. Düsseldorf
AMMON, U. (1973 a): Dialekt, soziale Ungleichheit und Schule. 2. Aufl. Weinheim, Basel
AMMON, U. (1973 b): Dialekt und Einheitssprache in ihrer sozialen Verflechtung. Eine empirische Untersuchung zu einem vernachlässigten Aspekt von Sprache und sozialer Ungleichheit. Weinheim, Basel
AMMON, U. (1977): Probleme der Soziolinguistik. 2. Aufl. Tübingen
AMMON, U. (1978 a): Begriffsbestimmung und soziale Verteilung des Dialekts. In: U. AMMON, U. KNOOP, I. RADTKE (Hg.) (1978): Grundlagen einer dialektorientierten Sprachdidaktik. Theoretische und empirische Beiträge zu einem vernachlässigten Schulproblem (= Pragmalinguistik 12). Weinheim, Basel, S. 49-71.
AMMON, U. (1978 b): Schulschwierigkeiten von Dialektsprechern. Empirische Untersuchungen sprachabhängiger Schulleistungen und des Schüler- und Lehrerbewußtseins (= Pragmalinguistik 17). Weinheim, Basel
AMMON, U., KNOOP, U., RADTKE, I. (Hg.) (1978): Grundlagen einer dialektorientierten Sprachdidaktik. Theoretische und empirische Beiträge zu einem vernachlässigten Schulproblem (= Pragmalinguistik). Weinheim, Basel
ARBEITSGRUPPE kommunikativer Unterricht (1974): Probleme des kommunikativen Sprachunterrichts. Stuttgart

---

* Bei der Zusammenstellung hat Hildegard KRANE geholfen.

ARISTOTELES (1974): Kategorien/Lehre vom Satz (= Philosophische
Bibliothek 8/9). Hamburg
ARNAULD, A., LANCELOT C. (1966): Grammaire générale et raisonnée ou La
Grammaire de Port-Royal. Edition critique présentée par Hervert
E. BREKLE. Tome I. Nouvelle impression en facsimilé de la troisième
édition de 1967. Stuttgart-Bad Canstatt
ARNDT, H. (1969): Wissenschaftliche Grammatik und pädagogische Grammatik.
In: Neusprachliche Mitteilungen aus Wissenschaft und Praxis, 1,
S. 65-76
ARNDT, H. (1972): Tendenzen der transformationellen Schulgrammatik in
Deutschland. In: Linguistik und Didaktik 3, H. 12, 247-265
ASSHEUER, J., HARTIG, M. (1976): Aufbau einer Schulgrammatik auf der
Primar- und Sekundarstufe. Düsseldorf
AUGST, G. (1976): Welchen Sinn hat der Grammatikunterricht in der Schule?
In: Diskussion Deutsch, H. 29, S. 227-243
BAACKE, D. (1973): Kommunikation und Kompetenz. Grundlegung einer Didaktik der Kommunikation und ihrer Medien. München
BAASCH, K. u.a. (1973): Chancen und Grenzen linguistischer Beiträge im
Deutschunterricht. In: O. SCHWENCKE (Hg.): Sprache in Studium und
Schule. München, S. 67-90
BAEUMLER, A. (1938): Volkstümliche Hochsprache? In: Weltanschauung und
Schule II.
BALHORN, H. (1972): Lernzielorientiertes konzept einer teildisziplin des
faches "sprachliche kommunikation". In: Hamburger Lehrerzeitung,
S. 308-313
BALHORN, H. (1974): Argumentationsfähigkeit - fraglos ein lehrziel?
Überlegungen zu ihrer didaktisierung. In: Westermanns pädagogische
Beiträge 26, S. 657-664
BALHORN, H., HARRIES, B. (1972): Zum leidigen thema rechtschreibung.
Versuch einer ableitung von lernzielen - darstellung einer lernzielorientierten methode. In: Westermanns pädagogische Beiträge 24, H. 12,
S. 647-662
BARSIG, W., BERTEMÜLLER, H., SAUTER, H. (Hg.) (1977): Deutschunterricht
in Grund- und Hauptschule I. (= Lehrer in Ausbildung und Fortbildung
3) Donauwörth
BAUSCH, K.-R. (1974): Vorwort. In: Zeitschrift für Literaturwissenschaft
und Linguistik 4, S. 7-13
BAYER, K. (1977): Sprechen und Situation. Aspekte einer Theorie der
sprachlichen Interaktion. Tübingen
BECKER, K.F. (1970): Organism der Sprache. Reprographischer Nachdruck
der 2. verbesserten Ausgabe von 1841. Hildesheim
BEHR, K. u.a. (1975 a): Grundkurs für deutschlehrer: Sprachliche kommunikation. Analyse der voraussetzungen und bedingungen des faches
deutsch in schule und hochschule. 3. überarb. Aufl. Weinheim, Basel
BEHR, K. u.a. (1975 b): Folgekurs für deutschlehrer. Didaktik und methodik der sprachlichen kommunikation. Begründung und beschreibung des
projektorientierten deutschunterrichts. Weinheim, Basel
BEHRENS, A. (1979): Zur Aufgabenbestimmung des muttersprachlichen
Grammatikunterrichts in der Sekundarstufe I. In: M. GEIER u.a.:
Sprachbewußtsein. Elf Untersuchungen zum Zusammenhang von Sprachwissenschaft und kulturhistorischer Psychologie. Stuttgart, S. 184-199
BENJAMIN, W. (1969): "Erfahrung". In: ders.: Über Kinder, Jugend und
Erziehung. Frankfurt/M., S. 15-17
BENSE, E. (1973): Mentalismus in der Sprachtheorie NOAM CHOMSKYs.
Kronberg/Ts.

BERGMANN, G. (1967): Sinn und Unsinn des methodologischen Operationalismus. In: E. TOPITSCH (Hg.): Logik der Sozialwissenschaften. Köln, Berlin, S. 104-112
BEYER, K., KREUDER, H.-D. (1975): Lernziel: Kommunikation. Linguistik für die Schule.
BIESE, A. (1920): Wie unterrichtet man Deutsch? Leipzig
BIGLMAIER, F. (Hg.) (1973): Lehrerband zum Westermann Lesebuch 1 und zu den programmierten Übungen "Wir üben lesen". Braunschweig
BINNEBERG, K. (1973): Grundlagen eines Curriculums Sprache und Literatur. Untersuchungen zur Struktur des Literaturunterrichts. (= Marburger Pädagogische Studien, N.F. 10) Weinheim
BISS, M., KRESS, A. (1976): Attributionsformen in Sprachübungen des 2. und 4. Schuljahres. In: Praxis Deutsch, H. 15, S. 37-41
BLANKERTZ, H. (1975): Zur bildungstheoretischen Begründung des obligatorischen Bereichs in den Konzepten für eine integrierte Sekundarstufe II. In: D. LENZEN (Hg.): Curriculumentwicklung für die Kollegschule: Der obligatorische Lernbereich. (= Studien zur Kollegschule) Frankfurt, S. 83-95
BLANKERTZ, H. (1976): Integrationsversuche im Bildungswesen - Hoffnungen, Provokationen, Notwendigkeiten. In: H.D. HALLER, D. LENZEN (Hg.): Lehrjahre in der Bildungsreform. Resignation oder Rekonstruktion? (= Jahrbücher für Erziehungswissenschaft) Stuttgart, S. 27-46
BLOOM, B.S. u.a. (Hg.) (1972): Taxonomie von Lernzielen im kognitiven Bereich. Weinheim, Basel
BOECKMANN, K. (1973): Analyse und Definition operationaler Lernziele. Über ihren Zusammenhang mit professionellem (und demokratischem) Unterrichten. In: H. ROTH, A. BLUMENTHAL (Hg.): Zum Problem der Lernziele. Hannover usw., S. 16-28
BOETTCHER, W., TYMISTER, H.J. (1974): Zum stellenwert von grammatikunterricht bei projektorientierter arbeit. In: Westermanns Pädagogische Beiträge 12, S. 671-675
BOETTCHER, W., SITTA, H. (1978): Der andere Grammatikunterricht. Veränderung des klassischen Grammatikunterrichts. Neue Modelle und Lehrmethoden. München usw.
BOHN, V. (1974): Lernzielbestimmung und Gegenstandswahl. Einige Anregungen zur Reformulierung der Rahmenrichtlinien Deutsch, Sekundarstufe I. In: N. ALTENHOFER u.a.: Die Hessischen Rahmenrichtlinien für das Fach Deutsch in der wissenschaftlichen Diskussion. Zur Systematik des Sprach- und Literaturunterrichts. Kronberg/Ts., S. 9-49
BOUDON, R. (1973): Strukturalismus - Methode und Kritik. Zur Theorie und Semantik eines aktuellen Themas. Düsseldorf
BRACKERT, H. (1974): Literarischer Kanon und Kanon-Revision. In: H. BRACKERT, W. RAITZ (Hg.): Reform des Literaturunterrichts. Eine Zwischenbilanz. Frankfurt/M., S. 134-164
BRÄNDLE, J. (1975): Grammatikunterricht? In: schweizer schule 62, S. 336-340
BREKLE, H.E. (1970): Allgemeine Grammatik und Sprachunterricht. In: Linguistik und Didaktik, H. 1, S. 48-55
BREMER KOLLEKTIV (1974/1978): Grundriß einer Didaktik und Methodik des Deutschunterrichts in der Sekundarstufe I und II. 1./2. Aufl. Stuttgart
BREZINKA, W. (1972): Was sind Erziehungsziele? In: Zeitschrift für Pädagogik 18, S. 497-550
BRINKMANN, H. (1939): Die landschaftlichen und rassischen Kräfte in der deutschen Dichtung des Hochmittelalters. In: A. HUHNHÄUSER u.a. (Hg.): Beiträge zum neuen Deutschunterricht. Frankfurt/M., S. 122 ff.

BROCK, H. (Hg.) (1978): Literatur, Musik, Kunsterziehung. Ihr Zusammenwirken im Unterricht. Berlin/DDR
BROCKHAUS 1839: Bilder- Conversations-Lexikon für das deutsche Volk. Ein Handbuch zur Verbreitung gemeinnütziger Kenntnisse und zur Unterhaltung. Bd. 3. Leipzig.
BROWELEIT, V. (1980): Die Diskussion als Lernziel des Deutschunterrichts. Didaktische Untersuchungen zum Diskussionsverhalten 13- bis 15jähriger. Weinheim
BROWELEIT, V. u.a. (1975): Grundlagen der Reform des Deutschunterrichts. Köln
BÜHLER, K. (1965): Sprachtheorie. Die Darstellungsfunktion der Sprache. Stuttgart
BÜNTING, I. (1970): Mathematik im Deutschunterricht. Ein Unterrichtsmodell. In: Der Deutschunterricht 22, H. 4, S. 114-130
BÜNTING, K.-D. (1970): Wissenschaftliche und pädagogische Grammatik (Sprachwissenschaft und Sprachlehre). In: Linguistische Berichte, H. 5, S. 73-82
BÜNTING, K.-D. (1973): Linguistik und Didaktik des Deutschunterrichts. In: R. BARTSCH, T. VENNEMANN (Hg.): Linguistik und Nachbarwissenschaften. Kronberg, S. 287-305
BÜNTING, K.-D., KOCHAN, D.C. (1973): Linguistik und Deutschunterricht. Kronberg
BÜRGER, C. (1976): "Offene Textsequenz" oder Ideologiekritik. In: Diskussion Deutsch, H. 30, S. 333-351
BÜRGER, C. (1977): Die Gefährdung des Wissenschaftspluralismus. Anmerkungen zum Normenbuch Deutsch. In: Diskussion Deutsch 8, S. 107-110
BÜTOW, W. (Hg.) (1977): Methodik Deutschunterricht - Literatur. Berlin/DDR
BUNGE, M. (1967): Scientific Research. 2 Bde., Berlin usw.
BURST, R. u.a. (Hg.) (1971): Weinheimer Gesamtschul-Curricula. Erarb. von den Fachkommissionen für Deutsch, Englisch, Mathematik, Ungefächerte Naturlehre und Religionsunterricht. Heidelberg
BUSSE, G. (1976): Sprechen und Schreiben auf der Orientierungsstufe. Grundsätzliche Überlegungen und praktische Hinweise. In: Der Deutschunterricht 28, H. 3, S. 36-51
CHOMSKY, N. (1957): Syntactic Structures. The Hague
CHOMSKY, N. (1969): Aspekte der Syntax-Theorie. Frankfurt/M
CHRIST, H., HOLZSCHUH, H. (1974): Literaturunterricht zwischen Anpassung und Widerstand. Zum Stand der Lehrplandiskussion über den Literaturunterricht in der BRD. In: H. BRACKERT, W. RAITZ (Hg.): Reform des Literaturunterrichts. Eine Zwischenbilanz. Frankfurt/M., S. 10-43
CLAUS-SCHULZE, A. (1975): Zur didaktisch-methodischen Gestaltung des Muttersprachunterrichts im Dienste der Entwicklung von Sprachkönnen - mit Beispielen aus den Disziplinen Grammatik und Orthographie. In: Deutschunterricht, S. 466-478
CLAUS-SCHULZE, A., SOMMERFELDT, K.-E. (1974): Zu einigen Fragen des Grammatikunterrichts - dargestellt am Beispiel "Mittel zum Ausdruck der Modalität". In: Deutschunterricht, H. 10, S. 530-542
CLAUS-SCHULZE, A., SOMMERFELDT, K.-E. (1976): Zur Aufgabe des Grammatikunterrichts bei der Entwicklung des Sprachkönnens - dargestellt an den sprachlichen Mitteln der indirekten Rede. In: Deutschunterricht, H. 9, S. 487-496
CORTE, E. de (1971): Analyse der Lernzielproblematik. In: Zeitschrift für Pädagogik, S. 75-89
CURRICULARER LEHRPLAN FÜR DEUTSCH IN DER KOLLEGSTUFE (GRUNDKURS) (1976): In: Amtsblatt des Bayerischen Staatsministeriums für Kultus und Unterricht. Teil I. Sondernr. 14, S. 452-466

CURRICULUM GYMNASIALE OBERSTUFE DEUTSCH (1973): Empfehlungen für den Kursunterricht im Fach Deutsch. 2. Fassung (= Schulreform in N(ordrhein) W(estfalen). Arbeitsmaterialien und Berichte. Hg. v. Kultusminister des Landes Nordrhein-Westfalen, H. 2) Düsseldorf
DAHRENDORF, M. (1973): Leseerziehung oder literarästhetische Bildung? In: R. DITHMAR (Hg.): Literaturunterricht in der Diskussion. Kronberg/Ts., S. 45-68
DANIELS, K. (1975): Grundfragen zur Standortbestimmung der Sprachdidaktik. In: Blätter für den Deutschlehrer, H. 2, S. 35-48
DAVE, R.H. (1968): Eine Taxonomie pädagogischer Ziele und ihre Beziehung zur Leistungsmessung. In: K. INGENKAMP, T. MARSOLEK (Hg.): Möglichkeiten und Grenzen der Textanwendung in der Schule. Weinheim, S. 149-161
DENTRICH, K.-H. (1975): Lehrprogramme im Deutschunterricht. In: K. ABELS (Hg.): Neue Wege im Deutschunterricht. Freiburg, S. 65-91
DEUTSCHER AUSSCHUSS FÜR DAS ERZIEHUNGS- UND BILDUNGSWESEN (1959): Rahmenplan zur Umgestaltung und Vereinheitlichung des allgemeinbildenden öffentlichen Schulwesens. In: Empfehlungen und Gutachten des Deutschen Ausschusses für das Erziehungs- und Bildungswesen. 1953-1965. Gesamtausgabe. Stuttgart 1966, S. 59-115
DEUTSCHER AUSSCHUSS FÜR DAS ERZIEHUNGS- UND BILDUNGSWESEN (1962): Empfehlungen zum Aufbau der Förderstufe. In: Empfehlungen und Gutachten des Deutschen Ausschusses für das Erziehungs- und Bildungswesen. 1953-1965. Gesamtausgabe. Stuttgart 1966, S. 268-344
DEUTSCHER AUSSCHUSS FÜR DAS ERZIEHUNGS- UND BILDUNGSWESEN (1964): Empfehlungen zum Ausbau der Hauptschule. In: Empfehlungen und Gutachten des Deutschen Ausschusses für das Erziehungs- und Bildungswesen. 1953-1965. Gesamtausgabe. Stuttgart 1966, S. 367-409
DEUTSCHER BILDUNGSRAT (1969 a): Empfehlungen der Bildungskommission: Zur Neugestaltung der Abschlüsse im Sekundarschulwesen. Stuttgart
DEUTSCHER BILDUNGSRAT (1969 b): Empfehlungen der Bildungskommission: Einrichtung von Schulversuchen mit Gesamtschulen. Stuttgart
DEUTSCHER BILDUNGSRAT (1970): Strukturplan für das Bildungswesen. Stuttgart
DEUTSCHER BILDUNGSRAT (1974): Empfehlungen der Bildungskommission: Zur Neuordnung der Sekundarstufe II. Konzept für eine Verbindung von allgemeinem und beruflichem Lernen. Stuttgart
DIEGRITZ, T. (1972): Linguistik in der Schule? Die Bedeutung der Linguistik für den Primärsprachunterricht in Primarstufe und Sekundarstufe I. In: Diskussion Deutsch, H. 10, S. 351-363
DIEGRITZ, T., KÖNIG, E. (1973): Deutsch-Didaktik und Wissenschaftstheorie. In: Linguistik und Didaktik 4, H. 13, S. 59-76
DIEGRITZ, T. u.a. (1975): Vorüberlegungen zum entwurf eines primärsprachlichen curriculums auf der basis der sprechakttheorie. In: T. DIEGRITZ u.a. (Hg.): Perspektiven der Deutschdidaktik. Vorlagen und Ergebnisse des "Nürnberger Symposiums Curriculum Primärsprache". (= Skripten Literatur + Sprache + Didaktik 3) Kronberg/Ts., S. 57-64, Verhandlungen S. 201-22o
DIESTERWEG, A. (1836): Die Lebensfrage der Civilisation oder Ueber die Erziehung der unteren Klassen der menschlichen Gesellschaft. In: A. DIESTERWEG'S Ausgewählte Schriften. Erster Band. Frankfurt/M., 1877, S. 171-242
DIETRICH, A. (1933/34): Die Stellung der Erziehung und der Erziehungswissenschaft im neuen Staat. In: Die Volksschule 29, S. 217-223
DINGELDEY, E. (1974): Projektunterricht als didaktisches Problem. In: H. BRACKERT, W. RAITZ (Hg.): Reform des Literaturunterrichts. Eine Zwischenbilanz. Frankfurt/M., S. 202-227

DITTMAR, N. (1973): Soziolinguistik. Exemplarische und kritische Darstellung ihrer Theorie, Empirie und Anwendung. Frankfurt/M.
DOBNIG-JÜLICH, E., RAITH, O., MATZEL, K. (1973): Zur Sprachbuchdiskussion. Drei Werke kritisch betrachtet. In: Linguistik und Didaktik, H. 15, S. 204-217
DÖHMANN, U. (1977): Untersuchungen zum Grammatikunterricht. (= Linguistische Arbeiten 56) Tübingen
ECKHARDT, J. (1979 a): Die "Einheitlichen Prüfungsanforderungen in der Abiturprüfung" für das Fach Deutsch. In: dies. (Hg.): Theorie und Praxis des Deutschunterrichts. Beiträge zur einphasigen Deutschlehrerausbildung. (= Universität Oldenburg: Materialien. Berichte aus der Praxis, P 13) Oldenburg, S. 221-235
ECKHARDT, J. (1979 b): Der Lehrplan des Deutschunterrichts. Lernbereichskonstruktion und Lernzielbestimmung unter gesellschaftlich-historischem Aspekt. (= Pragmalinguistik, Bd. 19) Weinheim, Basel
ECKHARDT, J., HELMERS, H. (1980 a): Reform des Aufsatzunterrichts. Rezeption und Produktion pragmatischer Texte als Lernziel. Stuttgart
ECKHARDT, J., HELMERS, H. (Hg.) (1980 b): Theorien des Deutschunterrichts. Darmstadt
EDELSTEIN, W., SCHÄFER, W. (1969): Unterrichtsziele im Sprachunterricht in der differenzierten Gesamtschule. In: Lernziele der Gesamtschule (= Deutscher Bildungsrat. Gutachten und Studien der Bildungskommission 12) Stuttgart, S. 47-60. Wiederabdruck in: O. SCHWENCKE (Hg.): Sprache in Studium und Schule. Studium der Linguistik - Linguistik in der Schule? Dokumentation zur Reform des Philologiestudiums. München 1973, S. 174-183
EGGERT, H., BERG, H.C., RUTSCHKY, M. (1975): Schüler im Literaturunterricht. Ein Erfahrungsbericht. Köln
EICHLER, W. (1970): Strukturelle Sprachbetrachtung im Deutschunterricht. Einige didaktisch-methodische Ansätze. In: Der Deutschunterricht 22, H. 4, S. 99-113
EICHLER, W. (1972): Zum Aufbau eines für die Schulpraxis geeigneten Grammatikmodells. In: Der Deutschunterricht 24, H 3, S. 69-97
EICHLER, W. (1974): Sprachdidaktik Deutsch. Ein kommunikationswissenschaftliches und linguistisches Konzept. München
EIGENMANN, J., STRITTMATTER, A. (1971): Ein Zielebenenmodell zur Curriculumkonstruktion (ZEM). Beitrag zu einem standardisierten, heuristischen Instrumentar zur Formulierung von Lernzielen. In: K. AREGGER, U. ISENEGGER (Hg.): Curriculumprozess: Beiträge zur Curriculumkonstruktion und -implementation. (= EBAC-Projekt, Bericht 8/9) Freiburg/ Schweiz, S. 65-128
EISENBERG, P. (1976): Wissenschaftliche Grammatik in der Sprachlehre. In: Das Argument 18, H. 95, S. 9-23
ELIAS, N. (1969): Über den Prozeß der Zivilisation. Soziogenetische und psychogenetische Untersuchungen. 2 Bde. 2. Aufl., Bern, München
ELLERBROCK, J. u.a. (1976): Arbeit und Sprache bei ROSSI-LANDI, HABERMAS und LEIST. In: Das Argument 18, H. 95, S. 44-69
ELSÄSSER, A. (1978): Die Integration von Allgemeinbildung und Berufsbildung im Sekundarbereich II. "Materiale Chancengleichheit für alle" durch eine neue Bildungsqualität? Stuttgart
ENGEL, U. (1978): Grammatik in Lehrbüchern für Deutsch als Muttersprache. In: U. ENGEL, S. GROSSE (Hg.): Grammatik und Deutschunterricht. (= Jahrbuch 1977 des Instituts für deutsche Sprache). Düsseldorf, S. 102-135
ENGEL, U., GROSSE, S. (Hg.) (1978): Grammatik und Deutschunterricht. (= Jahrbuch 1977 des Instituts für deutsche Sprache). Düsseldorf

ENGELEN, B. (1971): Komplexe syntaktische Strukturen und Sprachunterricht. Thesen zur Diskussion. In: Muttersprache 81, S. 179-182
ENGELEN, B. (1975): Überlegungen zum Syntaxunterricht auf der Grundlage eines Dependenzmodells. In: Der Deutschunterricht 27, H. 6, S. 19-32
ENGELEN, B. (1979): Aufbauprinzipien wissenschaftlicher Grammatiken und der Aufbau des Grammatikunterrichts. Ein Vergleich. In: W. GEWEHR (Hg.): Sprachdidaktik. Neue Perspektiven und Unterrichtsvorschläge. Düsseldorf, S. 127-139
ENGELMANN, S. (1926): Methodik des deutschen Unterrichts. Leipzig, 5. Aufl. 1957
ERLINGER, H.D. (1969): Sprachwissenschaft und Schulgrammatik. Strukturen und Ergebnisse von 1900 bis zur Gegenwart. Düsseldorf
ERLINGER, H.D. (1970): Satzaspekte in Sprachwissenschaft und Schulgrammatik. In: Wirkendes Wort 20, S. 230-242
ERLINGER, H.D. (1973): Linguistik - deutsche Grammatikforschung - Sprachunterricht. Überlegungen anläßlich der 2. Auflage von H. BRINKMANN: Die deutsche Sprache, Gestalt und Leistung. In: Der Deutschunterricht 25, H. 6, S. 50-59
ERLINGER, H.D. (1975): Grammatik - Grammatikunterricht. In: D. BOUEKE (Hg.): Deutschunterricht in der Diskussion. Forschungsberichte. Paderborn, S. 133-158
ERLINGER, H.D. (1976): Überlegungen zur Begründung von Sprachunterricht. In: Diskussion Deutsch, H. 29, S. 243-257
ERZIEHUNG UND WISSENSCHAFT (1977): Herausgeber: Gewerkschaft Erziehung und Wissenschaft im DGB. Heft 3. Frankfurt /M.
ESSEN, E. (1972): Sprachbildung im Deutschunterricht der Oberstufe des Gymnasiums. In: E. WOLFRUM (Hg.): Taschenbuch des Deutschunterrichts. Eßlingen. S. 563-569
FAULSTICH, P., MENDE, M. (1974): Alternativen beruflicher Bildung in der BRD. In: Sozialistische Politik 6, H. 29, S. 57-87
FELDBUSCH, E. (1977): Sprachkompensatorische Erziehung: Realisierung 'gesellschaftlicher Chancengleichheit' oder 'Symptomkorrektur'? In: Linguistik und Didaktik 31, S. 182-193
FELDBUSCH, E., ZIEGLER, J. (1979): Schwierigkeiten mit dem Sprachgebrauch. Zum Verhältnis von Sprache und Kognition in soziolinguistischer Theoriebildung. In: G. SIMON, E. STRASSNER (Hg.): Sprechen - Denken - Praxis. Zur Diskussion neuer Antworten auf eine alte Frage in Praxis, Wissenschaft und Philosophie. Weinheim und Basel, S. 107-129
FERCHLAND, G. (1935): Volkstümliche Hochsprache. Vom deutschen Sprachunterricht in der Volksschule. Hamburg
FINDEISEN, G. u.a. (1974): Temporalkonjunktionen. In: Praxis Deutsch, H. 6, S. 50-54
FINGERHUT, K. (1976): Aufklärung von oben? Legitimationsprobleme eines gegenstandstheoretisch fundierten Literaturunterrichts. Zu Ch. Bürger: "'Offene Textsequenz' oder Ideologiekritik". In: Diskussion Deutsch, H. 31, S. 501-504
FISCHER, E. (1938/39): Natürlicher Sprachlehreunterricht volkhafter Prägung. In: Die Volksschule 34, S. 206-216
FISCHER, H. (1973): Erfahrungen mit der generativ-tranformationellen Grammatik in der Hauptschule. In: Unterricht heute 24, S. 60-76
FISCHER, J.M. u.a. (1930): Methodik des Deutschunterrichts (= Handbuch des Unterrichts an höheren Schulen, Bd. 5). Frankfurt/M.
FLACH, W. (1974): Urteil. Handbuchartikel aus: Handbuch philosophischer Grundbegriffe, hg. v. H. KRINGS, H.M. BAUMGARTNER, Ch. WILD. (Studienausgabe Bd. 6) München
FLADER, D., KNAPP, K., TEGGE, E. (1977): Sprachbücher für den Deutschunterricht auf der Sekundarstufe II. In: Studium Linguistik, H. 3, S. 85-99

FLÄMIG, W. (1971): Valenztheorie und Schulgrammatik. In: G. HELBIG (Hg.): Beiträge zur Valenztheorie. The Hague, Paris, S. 105-121
FRANK, E. (1976): Grammatik auf der Orientierungsstufe? In: Der Deutschunterricht 28, H. 3, S. 22-35
FRANKFURTER KREIS JUNGER LINGUISTEN (1970): Zum Beispiel "Reflexion über Sprache". Zur Frage der Anwendbarkeit sprachtheoretischer Konzepte im Schulunterricht. In: Linguistik und Didaktik 1, S. 56-71
FREIE UND HANSESTADT HAMBURG (1974): Behörde für Schule, Jugend und Berufsbildung (Hg.): Rahmenrichtlinien Deutsch in der Vorstufe und in der Sekundarstufe. In: dies.: Richtlinien und Lehrpläne, Bd. 4: Oberstufe des Gymnasiums. 2. Teilband: Rahmenrichtlinien für den Unterricht im Vorsemester und in der Studienstufe. Regensburg, S. 2-96
FREUDENTHAL, H. (1934/35): Volkstümliche Erziehung auf volkskundlicher Grundlage. In: Die Volksschule 30, Berlin
FREUDENTHAL, H. (1936/37): Volkstümliche Erziehung und Bildung als Aufgabe nationalsozialistischer Volksschularbeit. In: Die Volksschule 32, S. 217-227
FREUDENTHAL, H. (1951): Volkstümliche Sprachbildung. In: Westermanns Pädagogische Beiträge, S. 354-359
FREUDENTHAL, H. (1957): Volkstümliche Bildung. Begriff und Gestalt. München
FRITZ, O., HARDER, W., RIEGER, M.F. (1973): Lernziele des Sprachunterrichts. In: O. SCHWENCKE (Hg.): Sprache in Studium und Schule. Studium der Linguistik - Linguistik in der Schule? Dokumentation zur Reform des Philologiestudiums. München, S. 56-66
FROESCH, H. (1978): Wo die Strukturbäume in den Himmel wachsen. Klage eines Lehrers gegen die Angriffe der Linguisten auf die Schüler. In: Frankfurter Allgemeine Zeitung 27.11.1978, Feuilleton
FUNKE, G. (1974): Art. Gewohnheit. In: J. RITTER (Hg.): Historisches Wörterbuch der Philosophie. Bd. 3. Darmstadt, Basel, Sp. 597-616
GAGUÉ, R.M. (1965): The analysis of instructional objectives for design of instruction. In: R. GLASER (ed.): Teaching machines und programmed learning, II. Data and directions. Washington, D.C., S. 21-65
GAISER, K. (1950): Wieviel Grammatik braucht der Mensch? In: Die Pädagogische Provinz 4, S. 590-599
GALPERIN, P.J. (1967): Probleme der Lerntheorie. Berlin/DDR
GALPERIN, P.J. (1969): Die Entwicklung der Untersuchungen über die Bildung geistiger Operationen. In: H. HIEBSCH (Hg.): Ergebnisse der sowjetischen Psychologie. Stuttgart, S. 367-405
GALPERIN, P.J. (1973 a): Die Psychologie des Denkens und die Lehre von der etappenweisen Ausbildung geistiger Handlungen. In: E.A. BUDILOWA u.a.: Untersuchungen des Denkens in der sowjetischen Psychologie. Berlin, S. 81-119
GALPERIN, P.J. (1973 b): Zum Problem der Aufmerksamkeit. In: J. LOMPSCHER (Hg.): Sowjetische Beiträge zur Lerntheorie. Die Schule Galperins. Köln, S. 15-23
GALPERIN, P.J. u.a. (1972): Probleme der Lerntheorie. 3. Aufl. Berlin/DDR
GAMBKE, W. (1973): Für ein höheres Niveau der Ergebnisse im Muttersprachunterricht. In: Deutschunterricht, H. 10, S. 532-540
GARIN, E. (1966): Geschichte und Dokumente der abendländischen Pädagogik II. Humanismus. Reinbek
GEBERT, W. (1972): Einführung in die Generative Transformationsgrammatik in Klasse 11. In: H. THIEL (Hg.): Reflexion über Sprache im Deutschunterricht. Beispiele für die Sekundarstufe (Klasse 5-13). Frankfurt/M., S. 119-129

GEIER, M. (1977): Chomsky, Skinner und kein Ende. Ein Versuch, die Struktur einer hoffnungslosen Auseinandersetzung zu verstehen. In: Kritische Psychologie II. (= Argument-Sonderband 15) Berlin, S. 28-48

GERLACH, V.S. (1971): Empirische Methoden der Lernzielfeststellung. In: B. ROLLETT, K. WELTNER (Hg.): Fortschritte und Ergebnisse der Unterrichtstechnologie. München, S. 39-45

GERTH, K. (1971): (Art.) Grammatik. In: H. GROOTHOFF, M. STALLMANN (Hg.): Neues Pädagogisches Lexikon. 5. Aufl. Stuttgart, S. 437-443

GEWEHR, W. (1979): Brauchen wir eine neue Grammatikkonzeption? Überlegungen zur Neugestaltung des Grammatikunterrichts. In: W. GEWEHR (Hg.): Sprachdidaktik. Neue Perspektiven und Unterrichtsvorschläge. Düsseldorf, S. 40-59

GIDION, J., BAHRDT, H.P. (1973): Praxis des Deutschunterrichts. Überlegungen und Materialien. Göttingen

GIESE, H.W. (1977): Zur verwendung von "Sprache und Sprechen" im deutschunterricht. In: S. ZANDER (Hg.): Deutschunterricht in der Grundschule. Bad Heilbrunn, S. 191-203

GIESE, H.W. (1978): Vorschläge zur Zielsetzung des schulischen Grammatikunterrichts. In: Osnabrücker Beiträge zur Sprachtheorie, H. 6, S. 38-59

GIESE, H.W. (1979): "Wortbedeutungen" als Thema des Grammatikunterrichts. In: Osnabrücker Beiträge zur Sprachtheorie, H. 10, S. 136-170

GIPPER, H. (1975): Sprachwissenschaft in der Schule. Wie und wozu? In: Der Deutschunterricht 27, H. 5, S. 6-18

GLAUBER, S. u.a. (1975): Sprachunterricht gleich Linguistik? Zur Kritik des linguistisierten Sprachunterrichts. Stuttgart

GLINZ, E. und H. (1975): Vom Sinn der Grammatik. In: schweizer schule 62, S. 333-336

GLINZ, H. (1947): Geschichte und Kritik der Lehre von den Satzgliedern in der deutschen Grammatik. Bern

GLINZ, H. (1978): Forderungen an Grammatik in der Schule und an dafür geeignete Sprachbücher. In: U. ENGEL, S. GROSSE (Hg.): Grammatik und Deutschunterricht. (= Jahrbuch 1977 des Instituts für deutsche Sprache) Düsseldorf, S. 12-25

GLÖCKEL, H. (1964): Volkstümliche Bildung? Versuch einer Klärung. Weinheim

GLOY, K. (1975): Sprachnormen I. Linguistische und soziologische Analysen. (= problemata 46) Stuttgart

GOCHT, P. (1974): Orientierungsversuch eines Grammatikliebhabers. In: Der Deutschunterricht 26, H. 2, S. 4-16

GOEHRKE, K. (1971 a): Probleme bei der Lernzielplanung für den Deutschunterricht. Bericht aus der Arbeit an der Gesamtschule Kamen. In: betrifft: erziehung 4, H. 11, S. 19-24

GOEHRKE, K. (1971 b): Probleme der Lernzielplanung im eigensprachlichen Unterricht an der Gesamtschule. In: Gesamtschul-Information 4, H. 2, S. 107-120

GOEHRKE, K. (1971 c): Die besonderen Aufgaben des Deutschunterrichts an einer Gesamtschule. In: G. BECHERT (Hg.): Gesamtschulen in Nordrhein-Westfalen. Weinheim, Berlin, Basel, S. 113-142

GOETHE, J.W. (1950): Vier Jahreszeiten. In: ders.: Sämtliche Werke (Artemis-Gedenkausgabe). Bd. 1. Zürich, S. 253-266

GÖTTERT, K.-H. (1975): Kritisches zur Alternative von "formalen" und "kommunikativen" Lernzielen im Sprachunterricht. In: Linguistik und Didaktik 6, H. 22, S. 119-138

GÖTTERT, K.-H. (1976): Ergänzungssätze. In: Praxis Deutsch, H. 15, S. 51-54

GRAUCOB, K. (1972): Grammatik im weiteren Sinne. (Sprachlehre und Sprachkunde). In: E. WOLFRUM (Hg.): Taschenbuch des Deutschunterrichts. Eßlingen, S. 66-132

GRIMM, J. (1819): Deutsche Grammatik. 1. Teil. Göttingen

GROPP, R.O. (1971): Grundlagen des dialektischen Materialismus. 3. Aufl. Berlin

GROSSE, S. (1967): Zur Aktualität in den Beispielen der Schulgrammatik. In: B. von WIESE, R. HENSS (Hg.): Nationalismus in Germanistik und Dichtung. Berlin, S. 261-272

GRÜNERT, H. (1972): Sprachwissenschaft und Sprachunterricht. In: Linguistik und Didaktik, H. 11, S. 185-196

GRÜNERT, H., SPILLMANN, H.O. (1973): Sprachkönnen - Sprachwissen - Sprachbewußtsein. Überlegungen zur Problematik der Lernzielfindung für den Sprachunterricht. In: Zeitschrift für Dialektologie und Linguistik 40, H. 2, S. 129-156

GRÜNWALDT, H.J. (1970): Didaktik des Deutschunterrichts in der Wandlung. In: H. IDE (Hg.): Bestandsaufnahme Deutschunterricht. Ein Fach in der Krise. Stuttgart, S. 171-186

GRUPPE BONNER Lehrer und Studenten (1974): Die Vergangenheitstempora des Deutschen. In: Praxis Deutsch, H. 6, S. 56-58

GUMPERZ, J.J. (1975): Sprache, lokale Kultur und soziale Identität. Düsseldorf

HABERMAS, J. (1970): Pädagogischer "Optimismus" vor Gericht einer pessimistischen Anthropologie. Schelskys Bedenken zur Schulreform. (1961) In: ders.: Arbeit, Erkenntnis, Fortschritt. Aufsätze 1954-1970. Amsterdam, S. 181-218

HABERMAS, J. (1971): Vorbereitende Bemerkungen zu einer Theorie der kommunikativen Kompetenz. (Vorlage für Zwecke einer Seminardiskussion) In: J. HABERMAS, N. LUHMANN: Theorie der Gesellschaft oder Sozialtechnologie - Was leistet die Systemforschung? Frankfurt/M., S. 101-141

HABERMAS, J. (1973): Legitimationsprobleme im Spätkapitalismus. Frankfurt/M.

HACKER, H. (1972): Sprachunterricht - Stiefkind der Curriculumforschung? Vorerwägungen zu einem Curriculum für den Sprachunterricht. In: Welt der Schule. Ausgabe Grundschule, H. 1, S. 1-9

HACKEL, W. (1975): Betrachtungen zur Kategorie der Apposition. In: Deutschunterricht, S. 43-52

HADÉ, L. (1970): Zur Einführung von Monemkategorien auf der Unterstufe. In: Linguistik und Didaktik 1, H. 2, S. 102-117, und H. 3, S. 195-204

HAGER, F., PARIS, R. (1974): Linguistik und Ausbildungsreform - Zur Einbeziehung linguistischer und soziolinguistischer Fragestellungen in der Unterrichtspraxis. In: M. GERHARDT (Hg.): Linguistik und Sprachphilosophie. München, S. 260-279

HAMBURGER AUTORENKOLLEKTIV (1975): sprachunterricht gleich linguistik? Zur Kritik des linguistisierten Sprachunterrichts. (= zur praxis des deutschunterrichts 4) Stuttgart

HARTMANN, W. (1969): Unterrichtsbeispiele zur Arbeit mit der generativen Grammatik im Deutschunterricht. In: Wirkendes Wort 19, S. 289-310

HARTMANN, W. (1975): Grammatik im Deutschunterricht. Didaktische Überlegungen auf generativer Grundlage. Paderborn.

HASELBACH, G. (1966): Grammatik und Sprachstruktur. Karl Ferdinand Beckers Beitrag zur Allgemeinen Sprachwissenschaft in historischer und systematischer Sicht. Berlin

HASSE, A. (1976): Angeborene Sprachstruktur versus Aneignung von Bedeutungen. Methodologische Untersuchung zum Spracherwerb. Phil. Diss. Marburg

HASSENSTEIN, F. (1973): Zur Lernzieldiskussion des Deutschunterrichts. In: Sprachförderung in der Grundschule. (= Beiträge zur Reform der Grundschule 14/15) Frankfurt/M., S. 31-44

HAUTUMM, H.L. (1970): Einführung von Schülern der unteren Klassen des Gymnasiums in die strukturalistische Sprachbetrachtung. In: Wirkendes Wort 20, S. 403-420

HEBEL, F. (1971): Zur Didaktik des Sprachunterrichts im Deutschunterricht der Sekundarstufe I. In: Diskussion Deutsch, H. 3, S. 66-83

HEBEL, F. (1972): Sprachliche Steuerung als Thema des Deutschunterrichts in den Klassen 5/6. Beispiel: Satzglieder und Wortarten. In: H. THIEL (Hg.): Reflexion über Sprache im Deutschunterricht. Beispiele für die Sekundarstufe (Klasse 5-13). Frankfurt/M., S. 38-55

HEBEL, F. u.a. (1975): Untersuchen und Begreifen. Grammatischer Grundkurs aus "Lesen und Darstellen Begreifen" Ausgabe A. Frankfurt/M

HEGEL, G.W.F. (1970): Phänomenologie des Geistes. In: ders.: Werke in zwanzig Bänden (ed. Moldenhauer/Michel), Bd. 3. Frankfurt/M.

HEINER, A. u.a. (1976): Soziale Kommunikation. Fächerübergreifendes Curriculum Deutsch/Sozialkunde für die Sekundarstufe I. (= Zur Praxis des Deutschunterrichts 6) Stuttgart

HEITMEYER, E. (1976): Präposition und Kasus. Bericht über den Unterricht, Kommentar, Ergänzungen. In: Praxis Deutsch, H. 15, S. 49 f.

HELL, I. (1975): Die Stellung der Grammatik im Deutsch- und im Englischunterricht. In: Pädagogische Welt, H. 3, S. 96-102

HELMERS, H. (1970 a): Herstellung und Analyse von Lehrplänen für das Fach Deutsche Sprache und Literatur. In: Der Deutschunterricht 22, H. 2, S. 33-58

HELMERS, H. (1970 b): Die 'Wahrheit' in der Dichtung und der Lehrplan des Literaturunterrichts. In: Der Deutschunterricht 23, H. 3, S. 15-33

HELMERS, H. (1972/1976/1979): Didaktik der deutschen Sprache, Einführung in die Theorie der muttersprachlichen und literarischen Bildung. 7./9./10. Aufl. Stuttgart

HELMERS, H. (1974 a): Fortschritt des Literaturunterrichts. Modell einer konkreten Reform. Stuttgart

HELMERS, H. (1974 b): Reform oder Scheinreform des Deutschunterrichts. In: Der Deutschunterricht 26, H. 3, S. 5-26

HELMERS, H. (1975): Die Hauptschule und die Reform des Deutschunterrichts. In: Demokratische Erziehung 1, H. 2, S. 59-67

HELMERS, H. (1978): Deutschunterricht im Spätkapitalismus. In: Linguistische Berichte, H. 54, S. 51-68

HENN, B. (1974): Einführung in die generative Transformationsgrammatik. Einführung in den Regelapparat, die schulorientierte Anwendungsproblematik und die wissenschaftstheoretischen Voraussetzungen. Stuttgart usw.

HENRICI, G., KLINGER, H. (1976): Linguistik - Lehrer - Sprachunterricht. Kronberg/Ts.

HENRICI, G., MEYER-HERMANN, R. (Hg.) (1976): Linguistik und Sprachunterricht. Beiträge zur curricularen Stellung der Linguistik im Sprachunterricht. Paderborn

HENTIG, H. von (1969): In: Lernziele der Gesamtschule. (= Deutscher Bildungsrat. Gutachten und Studien der Bildungskommission 12) Stuttgart, S. 13-46

HENTIG, H. von (1971): Das Bielefelder Oberstufen-Kolleg. Begründung, Funktionsplan und Rahmen-Flächenprogramm. (= Universität Bielefeld. Das Bielefelder Oberstufen-Kolleg. Sonderpublikation der Schriftenreihe Schulprojekte. Laborschule/Oberstufen-Kolleg, H. 1) Stuttgart

HENZE, W. (1972): Sprachwissenschaft und Sprachpädagogik. In: E. WOLFRUM (Hg.): Taschenbuch des Deutschunterrichts. Eßlingen, S. 3-19
HERBIG, M. (1976): Praxis lehrzielorientierter Tests. (= Studien zur Lehrforschung 15) Düsseldorf
HERBRANDT, L. (1975): Peter Handkes "Kaspar": ein Modell der Inhaltbezogenen Grammatik. In: Diskussion Deutsch, H. 26, S. 529-545
HERDER, J.G. (1961): Journal meiner Reise im Jahr 1769. In: Herders Reisejournal. Kleine Pädagogische Texte. 2. Aufl., Weinheim
HERINGER, H.-J. (1970 a): Zur Analyse von Sätzen des Deutschen auf der Unterstufe. In: Linguistik und Didaktik 1, H. 1, S. 2-28
HERINGER, H.-J. (1970 b): Gegen die Schnelligkeit. In: Linguistik und Didaktik 1, H. 4, S. 308-312
HERINGER, H.-J. (1974): Kommunikativer Unterricht. Ein Programm. In: Linguistik und Didaktik 5, H. 19, S. 194-212
HERINGER, H.-J. (1975): Linguistik und Didaktik. In: H. MOSER (Hg.): Sprachwissenschaft und Sprachdidaktik. (= Jahrbuch 1974 des Instituts für deutsche Sprache). Düsseldorf, S. 7-22
HERINGER, H.-J. (1978): Gar grausam rächet die Grammatik sich gegen ihre Verächter. In: U. ENGEL, S. GROSSE (Hg.): Grammatik und Deutschunterricht. (= Jahrbuch 1977 des Instituts für deutsche Sprache) Düsseldorf, S. 26-41
HERRLITZ, W. (1975): Grammatikunterricht in der Schule? - Diskussion der Probleme. In: B. SOWINSKI (Hg.): Fachdidaktik Deutsch. Köln, S. 167-182
HERRLITZ, W. (1976): Thesen zu einem Curriculum: Leistungskurs Sprache in der Sekundarstufe II. In: G. HENRICI, R. MEYER-HERMANN (Hg.): Linguistik und Sprachunterricht. Beiträge zur curricularen Stellung der Linguistik im Sprachunterricht. (= Informationen zur Sprach- und Literaturdidaktik 9) Paderborn, S. 31-45
HERRMANN, H., SCHREINERT, G. (1974): Zur weiteren inhaltlichen Ausgestaltung des Orthographie- und Grammatikunterrichts. In: Deutschunterricht, H. 6, S. 322-331
HEUER, K. (1977): Das Verb im Grammatikunterricht der Orientierungsstufe. In: Der Deutschunterricht 29, H. 1, S. 64-73
HEUERMANN, H., HÜHN, P., RÖTTGER, B. (1975): Literarische Rezeption. Beiträge zur Theorie des Text-Leser-Verhältnisses in seiner empirischen Erforschung. Paderborn
HEURSEN, G., LENZEN, D. (1977): Deutschunterricht im Modellversuch Kollegstufe Nordrhein-Westfalen. Erfahrungen und Folgerungen. In: Diskussion Deutsch 8, 198-212
HIERSCHE, R. (1972): Ferdinand de Saussures langue-parole-Konzeption und sein Verhältnis zu Durkheim und von der Gabelentz. (= Innsbrucker Beiträge zur Sprachwissenschaft, Vorträge 6) Innsbruck
HILDEBRAND, R. (1910/1917): Vom deutschen Sprachunterricht in der Schule und von deutscher Erziehung und Bildung überhaupt. 12./14. Aufl., o.O. (1. Aufl. 1867)
HILLGÄRTNER, R. (1980): Zum Gegenstand der materialistischen Kulturtheorie. In: Argument, Sonderband 47, 1980
HÖGY, T. (1972): Grammatikunterricht in den Klassen 5/6 auf strukturalistischer Grundlage. In: H. THIEL (Hg.): Reflexion über Sprache im Deutschunterricht. Beispiele für die Sekundarstufe (Klasse 5-13). Frankfurt/M., S. 11-37
HÖLSKEN, H.-G. (1974): Lernzielorientiertheit - ein didaktisches Prinzip. In: H.-G. HÖLSKEN, W.W. SAUER, R. SCHNELL (Hg.): Sprache, Literatur und Kommunikation. Kursmodelle für das Fach Deutsch in der Sekundarstufe II. Leistungskurse. Stuttgart, S. 34-43

HÖLSKEN, H.-G., SAUER, W.W., SCHNELL, R. (Hg.) (1974): Sprache, Literatur und Kommunikation. Kursmodelle für das Fach Deutsch in der Sekundarstufe II. Bd. 1: Leistungskurse, Bd. 2: Grundkurse. Stuttgart
HOFER, A. (1976): Lernziele und Leselernprozeß. In: ders. (Hg.): Lesenlernen: Theorie und Unterricht. (= Sprache und Lernen, Bd. 44) Düsseldorf, S. 265-282
HOFMANN, A. (1976): Ein Fundamentum für den Grammatikunterricht in der Sekundarstufe I. In: Realschule, S. 433-443
HOLZKAMP, K. (1973): Sinnliche Erkenntnis. Historischer Ursprung und gesellschaftliche Funktion der Wahrnehmung. Frankfurt/M.
HOMBERGER, D. (1972): Methoden strukturalistischer Sprachbetrachtung. Ein Beitrag zum Thema 'Linguistik und Schule'. In: Der Deutschunterricht 24, H. 1, S. 53-87
HOMBERGER, D. (1973): Linguistik und Deutschunterricht. Überlegungen zu einer Fachdidaktik. In: Wirkendes Wort 23, S. 165-180
HOPPE, O. (1972): Operation und Kompetenz. Das Problem der Lernzielbeschreibung im Fach Deutsch. In: Linguistik und Didaktik 3, H. 10, S. 85-97
HOPPENKAMPS, H. (1975): Linguistik und Deutschunterricht. Überlegungen zu einem linguistisch-didaktischen Potpourri. In: Zeitschrift für germanistische Linguistik 3, S. 189-199
HOTES, L. (1936/37): Muttersprache. In: Die Volksschule 32, S. 781-785
HOTES, L. (1938/39): Artgemäße Spracherziehung. In: Die Volksschule 34, S. 625-629
HUBER, E. (1976): Grammatikunterricht in der 6. Klasse unter kommunikativem Aspekt. In: Blätter für den Deutschlehrer, H. 3, S. 76-80
HUBER, J. (1974): Die traditionelle Sprachnorm und die Norm der kommunikativen Adäquanz. Zur Emanzipation von einer überflüssigen repressiven Norm in Wissenschaft und Schule. In: Diskussion Deutsch, H. 16, S. 144-153
HUMBOLDT, W. von (1963): Ueber die Verschiedenheiten des menschlichen Sprachbaues. In: ders.: Werke in fünf Bänden (ed. FLITNER/GIEL). Bd. III, Darmstadt, S. 144-367.
HUME, D. (1902): An Enquiry Concerning Human Understanding. In: ders.: Enquiries Concerning the Human Understanding and Concerning the Principles of Morals (ed. Selby-Bigge). 2nd ed. Oxford, S. 5-165
HUND, W.D. (Hg.) (1973): Strukturalismus - Ideologie und Dogmengeschichte. Darmstadt, Neuwied
HUNDSNURSCHER, F. u.a. (1970): TSG. Transformationelle Schulgrammatik. Erster Versuch. 3. Aufl. Göppingen
IBANEZ, R. (1972): Deskriptive Grammatik und Pädagogische Grammatik. In: Linguistik und Didaktik, H. 9, S. 58-62
IDE, H. (1970): Bestandsaufnahme Deutschunterricht. Ein Fach in der Krise. Stuttgart
INDENDAHL, W. (1973): Projektmodelle für einen integrierenden Deutschunterricht. In: Wirkendes Wort 23, S. 295-309
INDENDAHL, W. (1974): Projektarbeit im Deutschunterricht. Theorie und Praxis einer lebenspraktisch orientierten Spracherziehung. München
INGENDAHL, W., HARTMANN, W., KÜGLER, H. (1975): Sprachreflexion als zentrale kategorie des deutschunterrichts. In: Wirkendes Wort 25, S. 165-181
ISER, W. (1969): Überlegungen zu einem literaturwissenschaftlichen Studienmodell. In: J. KOLBE (Hg.): Ansichten einer künftigen Germanistik. München, S. 193-207
ISER, W. (1976): Der Akt des Lesens. München
IVO, H. (1969): Kritischer Deutschunterricht. Frankfurt, Berlin, München

IVO, H. (1971): Die persönliche Meinung ist den allgemeinen Erkenntnissen untergeordnet. Vorbemerkungen zu einer Analyse der schriftlichen Darstellungsformen und der Grammatik in Sprachbüchern. In: Diskussion Deutsch, H. 3, S. 36-66

IVO, H. (1975): Handlungsfeld: Deutschunterricht. Argumente und Fragen einer praxisorientierten Wissenschaft. Frankfurt/M.

IVO, H. (1976): Hessische Rahmenrichtlinien Deutsch: Ein Streit von gestern? In: Diskussion Deutsch 7, S. 286-298

JANTOS, W. (1975): Die Entwicklung des Abstrahierens und Verallgemeinerns im Grammatikunterricht der Klassen 2 und 3. In: J. LOMPSCHER u.a.: Theoretische und experimentelle Untersuchungen zur Entwicklung geistiger Fähigkeiten. 2. Aufl. Berlin/DDR, S. 133-176

JUNG, L. (1975): Linguistische Grammatik und Didaktische Grammatik. Frankfurt/M.

KABYLNIZKAJA, S.L. (1973): Die experimentelle Herausbildung der Aufmerksamkeit. In: J. LOMPSCHER (Hg.): Sowjetische Beiträge zur Lerntheorie. Die Schule Galperins. Köln, S. 24-40

KANT, I. (1957): Kritik der Urteilskraft. In: ders.: Werke (ed.Weischedel). Bd. V. Wiesbaden, S. 233-620

KANT, I. (1960): Beobachtungen über das Gefühl des Schönen und Erhabenen. In: ders.: Werke (ed. Weischedel), Bd. 1. Wiesbaden, S. 821-884

KANT, I. (1971): Werke in 10 Bänden. Darmstadt

KAPPE, F., MAIWORM, H., MENZEL, W. (1977): Unser Wortschatz. Braunschweig

KEHR, C. (1875): Die Praxis der Volksschule. 7. Aufl. Gotha (1. Aufl. 1868)

KEHR, C. (1879): Geschichte der Methodik des deutschen Volksschulunterrichts. II. Band. Gotha

KEIM, W. (1978): Einleitung. In: ders. (Hg.): Sekundarstufe I. Modelle, Probleme, Perspektiven. Königstein/Ts., S. 7-46

KEINER, D., ZIMMER, H. (1979): Zur Situation der Fachdidaktik in Nordrhein-Westfalen. In: Demokratische Erziehung, H. 5, S. 570-575

KESELING, G. u.a. (1974): Sprach-Lernen in der Schule. Die Funktion der Sprache für die Aneignung von Kenntnissen und Fähigkeiten. Köln

KLAUER, K.J. (1973): Revision des Erziehungsbegriffs. Grundlagen einer empirisch-rationalen Pädagogik. (= Studien zur Lehrforschung 5) Düsseldorf

KLAUER, K.J. (1974): Methodik der Lehrzieldefinition und Lehrstoffanalyse. (= Studien zur Lehrforschung 10) Düsseldorf

KLAUER, K.J. u.a. (1972): Lehrzielorientierte Tests. Beiträge zur Theorie, Konstruktion und Anwendung. (= Studien zur Lehrforschung 1) Düsseldorf

KLAUS, G., BUHR, M. (Hg.) (1976): Philosophisches Wörterbuch. 12. Aufl. Berlin

KNEPPER, H. (1971): Kritische Bildung. Zur Theorie der integrierten Kollegstufe. München

KOCHAN, D.C. (1975 a): Das Unterrichtswerk SPRACHE UND SPRECHEN - seine linguistischen Grundlagen und seine sprachdidaktische Konzeption. In: H. MOSER (Hg.): Sprachwissenschaft und Sprachdidaktik. (= Jahrbuch 1974 des Instituts für deutsche Sprache) Düsseldorf, S. 111-126

KOCHAN, D.C. (1975 b): Forschungen zum Deutschunterricht. Ergänzte Teilausgabe des Handbuches der Unterrichtsforschung, hg. v. K. INGENKAMP. Weinheim, Basel

KOLAKOWSKY, E. (1977 a): Unser Ziel sind grammatisch und orthographisch normrichtiger Sprachgebrauch und Sicherheit in der Zeichensetzung - wie erreichen wir das? In: Deutschunterricht, S. 3-6

KOLAKOWSKY, E. (1977 b): Es geht um mehr Sicherheit im grammatisch und orthographisch normrichtigen Sprachgebrauch und in der Zeichensetzung. In: Deutschunterricht, S. 643-644

KOLLEGSTUFE NW (1972). (= Strukturförderung im Bildungswesen des Landes Nordrhein-Westfalen. Eine Schriftenreihe des Kultusministers, H. 17) Ratingen

KONRADT, H.-J. (1975): Lehrziele, Schulleistung und Leistungsbeurteilung Beiträge zur Analyse, ihrer theoretischen Bedeutung, ihrer schulischen Funktion und ihrer Wechselwirkungen. (= Studien zur Lehrforschung 13) Düsseldorf

KRAMER, J., MANS, E.J., STIEFENHÖFER, H. (1979): Talking about the Past. 'Bauanleitung' zu einer Unterrichtseinheit auf der Basis der Sprechtätigkeitstheorie. In: GULLIVER: Deutsch-Englische Jahrbücher. Bd. 5: Englisch: Unterrichts- und Studienreform. (= Argument-Sonderband 33) Berlin, S. 36-58

KRATHWOHL, D.R. u.a. (1975): Taxonomie von Lernzielen im affektiven Bereich. Weinheim, Basel (amerik. 1964)

KRESS, A. (1974 a): Sprache und Sprachgebrauch. Neuansätze im Grammatikunterricht der Sekundarstufe I. In: lebendige schule 29, S. 43-53

KRESS, A. (1974 b): Redeform Passiv. In: Praxis Deutsch, H. 6, S. 23 f., 38

KROEGER, H. (1979): Grammatikunterricht und Textanalyse. Zur Diskussion über den Sinn des Grammatikunterrichts in der Schule. In: Diskussion Deutsch, H. 45, S. 91-94

KÜGLER, H. (1976): Kritik als Abwehr? Zu Christa Bürgers Rezension: "'Offene Textsequenz' oder Ideologiekritik". In: Diskussion Deutsch, H. 32, S. 617-618

KÜHLWEIN, W. (1973): Grammatiktheorie und Sprachdidaktik. In: K. BAUMGÄRTNER, H. STEGER (Hg.): Funk-Kolleg Sprache. Eine Einführung in die moderne Linguistik. Frankfurt/M., Bd. 1, S. 103-112

KÜSTER, F. (1975): Die Darstellung der Sprache im Klett-Sprachbuch - ein integratives Modell für die Linguistik. In: H. MOSER (Hg.): Sprachwissenschaft und Sprachdidaktik. (= Jahrbuch 1974 des Instituts für deutsche Sprache) Düsseldorf, S. 127-140

KUHNERT, R. (1975): Kontrastive Grammatik und Sprachunterricht. In: D. BOUEKE (Hg.): Deutschunterricht in der Diskussion. Forschungsberichte. Paderborn, S. 175-193

KULTUSMINISTER, DER HESSISCHE (1972): Rahmenrichtlinien Sekundarstufe I. Deutsch (S I-D). Wiesbaden

KULTUSMINISTER, DER HESSISCHE (1978): Kursstrukturpläne. Gymnasiale Oberstufe. Aufgabenfeld I. 1. Deutsch (Entwurf). Wiesbaden

KULTUSMINISTER, DER NIEDERSÄCHSISCHE (1974): Materialien zur Vorbereitung von Rahmenplänen für den Sekundarbereich I. Hannover

KULTUSMINISTER DES LANDES NORDRHEIN-WESTFALEN (1972): Rahmenlehrpläne für den 5. und 6. Jahrgang an den Gesamtschulen N(ordrhein) W(estfalen). Dortmund

KULTUSMINISTER DES LANDES NORDRHEIN-WESTFALEN (1973 a): (Lehrplan) Deutsch. In: ders.: Richtlinien und Lehrpläne für die Orientierungsstufe (Klassen 5 und 6) in Nordrhein-Westfalen. Düsseldorf, D/1-D/44

KULTUSMINISTER DES LANDES NORDRHEIN-WESTFALEN (1973 b): (Lehrplan) Deutsch. In: ders.: Richtlinien und Lehrpläne für die Hauptschule in Nordrhein-Westfalen. Ratingen, D/1-D/41

KULTUSMINISTER DES LANDES NORDRHEIN-WESTFALEN (1973 c): Empfehlungen für den Unterricht in der Realschule für das Fach Deutsch. (= Eine Schriftenreihe des Kultusministers des Landes Nordrhein-Westfalen) Ratingen

KULTUSMINISTER DES LANDES NORDRHEIN-WESTFALEN (1973 d): Sekundarstufe I Gymnasium. Unterrichtsempfehlungen o.O.

KULTUSMINISTERKONFERENZ (1975): Einheitliche Prüfungsanforderungen in der Abiturprüfung. Deutsch. Neuwied

KULTUSMINISTERIUM, NIEDERSÄCHSISCHES (Hg.) (o.J.): Vorläufige Handreichungen für die Orientierungsstufe. Hannover

KUTSCHERA, F. von (1973): Einführung in die Logik der Normen, Werte und Entscheidungen. Freiburg, München

LAAS, E. (1872): Der deutsche Unterricht auf höheren Lehranstalten. Leipzig

LABOV, W. (1972): Die Logik des Nonstandard English (Auszug). In: W. KLEIN, D. WUNDERLICH (Hg.): Aspekte der Soziolinguistik. Frankfurt/M., S. 92-109

LANGENBUCHER, H. (1939): Die volkshafte Dichtung der Gegenwart. In: A. HUHNHÄUSER u.a. (Hg.): Beiträge zum neuen Deutschunterricht. Frankfurt/M., S. 185 ff.

LANGNER, H. (1975): Bemerkungen zur Bedeutung des sprachgeschichtlichen Wissens und Könnens im Rahmen der muttersprachlichen Bildung und Erziehung. In: Wissenschaftliche Zeitschrift der päd. Hochschule "Karl Liebknecht". Potsdam 19 (1975), S. 725-733

LEITHÄUSER, T. u.a. (1977): Entwurf zu einer Empirie des Alltagsbewußtseins. Frankfurt/M.

LENZEN, D. (1973): Ein didaktisches Strukturgitter für den deutschen Sprachunterricht. In: H. BLANKERTZ: Fachdidaktische Curriculumforschung. Strukturansätze für Geschichte, Deutsch, Biologie. Essen S. 100-154, Anmerkungen 207-214

LENZEN, D., WUNDERLICH, D. (1977): Die Normierung des Sprechens in der Abiturprüfung. Eine Analyse der "Einheitlichen Prüfungsanforderungen" für das Fach Deutsch. In: A. FLITNER, D. LENZEN (Hg.): Abiturnormen gefährden die Schule. München, S. 194-215

LEONT'EV, A.A. (1971): Sprache - Sprechen - Sprechtätigkeit. Stuttgart usw.

LEONT'EV, A.A. (1975): Psycholinguistische Einheiten und die Erzeugung sprachlicher Äußerungen. Berlin/DDR (Lizenzausgabe München)

LEONT'EV, A.N. (1971): Zeichen und Bedeutung. In: T. KUSSMANN (Hg.): Bewußtsein und Handlung. Probleme und Ergebnisse der sowjetischen Psychologie. Bern, Stuttgart, Wien, S. 53-61

LEONT'EV, A.N. (1977): Tätigkeit, Bewußtsein, Persönlichkeit. Stuttgart

LESCH, H.-W. (Hg.) (1977/1978): Grammatikunterricht - Legitimationsprobleme und neue Ansätze. (= Ergebnisse aus der niedersächsischen Lehrerfortbildung 28) Hannover usw.

LEUNINGER, H., MILLER, M.H., MÜLLER, F. (1972): Psycholinguistik. Ein Forschungsbericht. Frankfurt /M.

LEWANDOWSKI, T. (1977): Kommunikative, grammatische und lerntheoretische Konzeption in Sprachlehrwerken des Deutschen. In: Wirkendes Wort 27, S. 257-269, und in: U. ENGEL, S. GROSSE (Hg.) (1978): Grammatik und Deutschunterricht. (= Jahrbuch des Instituts für deutsche Sprache) Düsseldorf, S. 71-87

LINDVALL, C.M. (Hg.) (1964): Defining Educational Objectives. A Report of the Regional Commission on Educational Coordination and the Learning Research and Development Center. Pittsburgh

LINKE, K. (1972): Gesamtunterricht und Deutschunterricht vom ersten bis zum achten Schuljahr. Braunschweig

LOCKE, J. (1689): An Essay Concerning Human Understanding. Über den menschlichen Verstand. 3. Aufl. Hamburg 1976

LOCKE, J. (1962): Gedanken über Erziehung. Bad Heilbrunn

LOMPSCHER, J. (1970): Zur Entwicklung geistiger Fähigkeiten. In: Psychologische Beiträge 8 (1970)

LOMPSCHER, J. (Hg.) (1973): Sowjetische Beiträge zur Lerntheorie. Die Schule P.J. Galperins. Köln

LÜSCHER, R. (1975): Der immer noch nicht ganz kompetente Sprecher. Einige Schwierigkeiten bei der soziolinguistischen Weiterentwicklung der generativen Grammatik. In: A. LEIST (Hg.): Ansätze zur materialistischen Sprachtheorie. Kronberg/Ts., S. 122-154

LUHMANN, N. (1978): Handlungstheorie und Systemtheorie. In: Kölner Zeitschrift für Soziologie und Sozialpsychologie 30, H. 2, S. 211-227

MAAS, U. (1974): Argumente für die Emanzipation von Sprachstudium und Sprachunterricht. Frankfurt/M.

MAAS, U. (1975): Zu dem Begriff von grammatischen Kategorien, der für den muttersprachlichen Unterricht benötigt wird. In: Linguistische Berichte, H. 37, S. 68-76

MAAS, U. (1976): Kann man Sprache lernen? Für einen anderen Sprachunterricht. Frankfurt/M.

MAGER, R.F. (1965): Lernziele und Unterricht. Weinheim, Basel

MAGER, R.F. (1973): Zielanalyse. Weinheim, Basel

MARENBACH, D. (1973): Lernziel - Matrix zum Bereich Sprache. (= Unveröffentlichtes Arbeitspapier des Forschungsprojektes CELE an der Universität Regensburg unter Leitung von Prof. Rüdiger)

MATRAGOS, G. (1974): Beispiele für pragmatische Ansätze im Grammatikunterricht der Mittelstufe. In: Der Deutschunterricht 26, H. 2, S. 95-111

MATTHES, I. (1977): Welche Art von Grammatik brauchen die Schüler? - Gemeinsame Korrektur eines Schüleraufsatzes in Klasse 6. - In: Der Deutschunterricht 29, H. 1, S. 131-135

MAYER, H. (1974): Goethe vor uns, wir vor Goethe. Wozu Literatur in der Schule? In: Die Zeit, 22.03.1974

MAYNTZ, R., HELM, P., HÜBNER, P. (1969): Einführung in die Methoden der empirischen Soziologie. Köln, Opladen

MECKLING, I. (1974): Übungen im Abbiegen - Spielereien im Grammatikunterricht auf der Unterstufe. In: Der Deutschunterricht 26, H. 2, S. 39-44

MELZER, H. (1972): Einführung in die strukturalistische Sprachbetrachtung in einer Mittelstufenklasse. In: H. THIEL (Hg.): Reflexion über Sprache im Deutschunterricht. Beispiele für die Sekundarstufe (Klasse 5-13). Frankfurt/M., S. 79-91

MELZER, H., SEIFERT, W. (1976): Theorie des Deutschunterrichts. München

MENZEL, W. (1973): Sprachreflexion und Schulwirklichkeit. In: O. SCHWENCKE (Hg.): Sprache in Studium und Schule. München, S. 46-55

MENZEL, W. (1975): Die deutsche Schulgrammatik. Kritik und Ansätze zur Neukonzeption. 3. Aufl. Paderborn

MENZEL, W. (1978): Sprachreflexion als genetisches Lernen. In: U. ENGEL, S. GROSSE (Hg.): Grammatik und Deutschunterricht (= Jahrbuch 1977 des Instituts für deutsche Sprache) Düsseldorf, S. 136-144

MENZEL, W., LIEBSCHER, T. (1974): Rahmenrichtlinien statt Bildungspläne in Hessen. In: Praxis Deutsch 5, S. 48-50

MERKELBACH, V. (1974): Rahmenrichtlinien statt Bildungspläne in Hessen. In: Diskussion Deutsch 5, S. 479-495

MEYER, H.L. (1971): Das ungelöste Deduktionsproblem in der Curriculumforschung. In: F. ACHTENHAGEN, H.L. MEYER (Hg.): Curriculumrevision - Möglichkeiten und Grenzen. München

MEYER, H.L. (1972): Einführung in die Curriculummethodologie. München

MEYER, H.L. (1974): Trainingsprogramm zur Lernzielanalyse. Frankfurt/M.

MEYER, J.B. (1885): Friedrichs des Großen Pädagogische Schriften und Äußerungen. Langensalza

MIHM, A. (1973): Forderungen an ein zukünftiges Sprachlehrwerk. In: Diskussion Deutsch, H. 11, S. 39-50
MÖLLER, C. (1976): Technik der Lernplanung. 5. Aufl. Weinheim usw.
MOORE, W.J., KENNEDY, L.D. (1971): Evaluation of Learning in the Language Arts. In: B.S. BLOOM, J.T. HASTINGS, G.F. MADAUS (Eds.): Handbook on Formative and Summative Evaluation of Student Learning. New York usw., S. 399-445
MUCKENHAUPT, M. (1978): Lernziel: Sprachliches Handeln. Beispiele für einen kommunikativen Sprachunterricht in der Sekundarstufe I. München
MÜLLER-FREIENFELS, R. (1934/35): Von der "Richtigkeit" des "falschen" Sprechens. In: Die Volksschule 30, S. 58-65
MÜLLER-MICHAELS, H. (1976): Lernziele. In: K. STOCKER (Hg.): Taschenlexikon der Literatur- und Sprachdidaktik, 2 Bde. Kronberg/Ts., S. 209-214
MUSIL, R. (1970): Der Mann ohne Eigenschaften. Roman. Hamburg
NAUMANN, H. (Hg.) (1973): Der moderne Strukturbegriff. Materialien zu seiner Entwicklung. Darmstadt
NAUMANN, H. (1975): Überlegungen zur exakten und parteilichen Kommunikation - dargestellt am Beispiel des Attributs. In: Deutschunterricht, S. 34-42
NEGT, O., KLUGE, A. (1972): Öffentlichkeit und Erfahrung. Zur Organisationsanalyse von bürgerlicher und proletarischer Öffentlichkeit. Frankfurt/M.
NEUNER, G. (1973): Zur Theorie der sozialistischen Allgemeinbildung. Köln
NEUDORF, H. (1975): Erfahrungen bei der Behandlung des Konjunktivs in Klasse 6. Ein Diskussionsbeitrag zur Praxis des muttersprachlichen Grammatikunterrichts. In: Deutschunterricht, S. 620-630
NEUMANN, H.-J. (1976): "Reflexion über Sprache" - mehr als Grammatikunterricht. In: ders.: Der Deutschunterricht in der Grundschule. Bd. 3. Freiburg i.Br., S. 87-107
NÜNDEL, E. (1974): Das Projekt und der Deutschunterricht. In: Westermanns Pädagogische Beiträge, H. 12, S. 643-650
NÜNDEL, E. (1976): Zur Grundlegung einer Didaktik des sprachlichen Handelns. Kronberg/Ts.
NÜNDEL, E., SCHLOTTHAUS, W. (1978): Angenommen: Agamemnon. Wie Lehrer mit Texten umgehen. München, Wien, Baltimore
OBENDIEK, E. (1972): Lernziele des Sprachunterrichts. In: Beiträge zum Lernzielproblem. (= Strukturförderung im Bildungswesen des Landes NRW 16) Ratingen, S. 119-142
ODENBACH, K. (1954): Volkstümliches Denken und volkstümlicher Unterricht. In: Westermanns Pädagogische Beiträge 6
OTTO, B. (1914): Volksorganische Einrichtungen der Zukunftsschule. Berlin
OTTO, F. (1857): Anleitung, das Lese-Buch als Grundlage und Mittelpunkt eines bildenden Unterrichts in der Muttersprache zu behandeln. 5. Aufl. Erfurt
PASIERBSKY, F. (1978): Zur Widerspiegelungsfunktion evidenter und latenter Grammatik am Beispiel des Deutschen. In: U. QUASTHOFF (Hg.): Sprachstruktur - Sozialstruktur. Zur linguistischen Theorienbildung. Königstein, S. 14-29
PETERSEN, P. (Hg.) (1935): John Dewey, William Heard Kilpatrick: Der Projektplan. Weimar
PETERSEN, P. (1950): Führungslehre des Unterrichts. 2. Aufl. Braunschweig, Berlin, Hamburg
PETERSEN, W.H. (1974): Grundlagen und Praxis des lernzielorientierten Unterrichts. Ravensburg

PIIRAINEN, I.T. (1973): Kreativität und Generative Transformationsgrammatik. In: W. PIELOW, R. SANNER (Hg.): Kreativität und Deutschunterricht. Stuttgart, S. 9-25
PLATZ, B. (1977): Kritisches zur kritik an der traditionellen grammatik. In: Wirkendes Wort 27, S. 104-120
PLICKAT, H.-H., LÜDER, J. (1979): Programmiertes Lernen im Rechtschreibunterricht. In: H.-H. PLICKAT, W. WIECZERKOWSKI: Lernerfolg und Trainingsformen im Rechtschreibunterricht. Bad Heilbrunn, S. 128-139
PLICKAT, H.-H., u. Mitarbeit von R. HERDEN (1980): Deutscher Grundwortschatz. Wortlisten und Wortgruppen für den Rechtschreibunterricht und Förderkurse. Weinheim
PÖTTER, P. (1979): "Dialektik" des Sprechaktes. Überlegungen zu J. Habermas' Theorie der kommunikativen Kompetenz. In: G. SIMON, E. STRASSNER (Hg.): Sprechen - Denken - Praxis. Zur Diskussion neuer Antworten auf eine alte Frage in Praxis, Wissenschaft und Philosophie. Weinheim, Basel, S. 193-222
POPHAM, W.J. (1970): Probing the Validity of Arguments Against Behavioral Goals. In: R.J. KIBLER u.a. (Hg.): Behavioral Objectives and Instruction. Boston, S. 115-124
POPPER, K.R. (1973): Logik der Forschung. 5. Aufl. Tübingen
PUKAS, D. (1976): Verbale Kommunikation. Ein sprachliches Lehr- und Arbeitsbuch für berufliche Schulen und gymnasiale Oberstufen. Rinteln
RANK, B. (1977 a): Das Thema "Konjunktionen und Gliedsätze" im 5./6. Schuljahr. Ein Beitrag zur Konzeption eines "integrierten Grammatikunterrichts". In: Der Deutschunterricht 29, H. 1, S. 51-63
RANK, B. (1977 b): Der Sprachunterricht und die Theorie der Sprechtätigkeit - Thesen zur "Aufhebung" des Grammatikunterrichts. In: Linguistik und Didaktik 8, H. 31, S. 171-181
RAUMER, R. von (1857): Der Unterricht im Deutschen. In: K. von RAUMER: Geschichte der Pädagogik vom Wiederaufblühen klassischer Studien bis auf unsere Zeit. Dritter Teil. 3. durchgesehene und verbesserte Auflage. Stuttgart, S. 127-297
REUMUTH, K. (1937): Die Eigenart volkstümlicher Erlebnisweise und Bildung. In: Nationalsozialistisches Bildungswesen II, S. 681 ff.
REUMUTH, K. (1941): Deutsche Spracherziehung. Leipzig
REUMUTH, K. (1948/1950): Der muttersprachliche Unterricht. Bad Godesberg
REUMUTH, K., SCHORB, A.O. (1963): Der muttersprachliche Unterricht. Bad Godesberg
RICKHEIT, G. (1978): Voraussetzungen für die Konzeption von Sprachbüchern. In: U. ENGEL, S. GROSSE (Hg.): Grammatik und Deutschunterricht. (= Jahrbuch 1977 des Instituts für deutsche Sprache) Düsseldorf, S. 88-101
RIEHME, J., SCHRUMPF, B. (1976): Zur Könnensentwicklung bei der Herausbildung normrichtigen Sprachgebrauchs im Muttersprachunterricht. In: Deutschunterricht, H. 2-3, S. 70-80
ROBINSOHN, S.B. (1967): Bildungsreform als Revision des Curriculums. Und: Ein Strukturkonzept für Curriculumentwicklung. 2. Aufl. 1970/ 5. Aufl. 1975. Neuwied, Berlin
ROEHLER, K. (1970): Die Abrichtung. Deutsche Sätze für Schüler und Erwachsene. In: Kursbuch, H. 20, S. 78-104
ROTH, H. (1973): Die Lern- und Erziehungsziele und ihre Differenzierung nach Entwicklungs- und Lernstufen. In: H. ROTH, A. BLUMENTHAL (Hg.): Zum Problem der Lernziele. Grundlegende Aufsätze aus der Zeitschrift "Die Deutsche Schule". Hannover usw., S. 7-15
ROTHSCHILD, T. (1970/71): Linguistik in der Schule. Zur Diskussion einer Reform des Deutschunterrichts. In: Sprache im technischen Zeitalter 33, S. 34-44. Und in: H.G. RÖTZER (Hg.) (1973): Zur Didaktik der deutschen Grammatik. Darmstadt 1973, S. 378-392 (mit Nachtrag 1971)

RUDLOFF, H. (1979): Literaturunterricht in der Diskussion. Eine Analyse des wissenschafts- und gesellschaftspolitischen Bezugssystems der gegenwärtigen Literaturdidaktik in der Bundesrepublik Deutschland. Köln
SAUPE, S. (1976): Ökonomische Grammatikarbeiten und ihre Korrektur in 15 Sekunden pro Schüler. In: Der Deutschunterricht, H. 1, S. 108-111
SCHEFE, P. (1978): Der syntaktische Aspekt der Sprache. In: W. HARTMANN, H.-H. PÜTZ, P. SCHEFE: Sprachwissenschaft für den Unterricht. Düsseldorf, S. 49-97
SCHEIBE, W. (1969): Die Reformpädagogische Bewegung 1900-1932. Eine einführende Darstellung. Weinheim, Berlin, Basel
SCHIETZEL, C. (1954): Vom volkstümlichen Denken. In: Westermanns Pädagogische Beiträge 6
SCHLEMMER, H. (1972): Die Attribuierung des Substantivs als Möglichkeit sprachlicher Variation und Modifikation. In: H. THIEL (Hg.): Reflexion über Sprache im Deutschunterricht. Beispiele für die Sekundarstufe (Klasse 5-13). Frankfurt/M., S. 92-102
SCHLOTTHAUS, W. (1971): Lehrziel: Kommunikation. Überlegungen zu einer situationsbezogenen Studiengangsplanung für das Unterrichtsfach Deutsch. In: betrifft: erziehung 4, H. 4, S. 15-22
SCHLOTTHAUS, W. (1973): Deutschunterricht als kommunikative Lernsituation. In: O. SCHWENCKE (Hg.): Sprache in Studium und Schule. Studium der Linguistik - Linguistik in der Schule? Dokumentation zur Reform des Philologiestudiums. München, S. 27-45
SCHLOTTHAUS, W. (1975): Thesen zum lernziel "sprachhandlungsfähigkeit". In: T. DIEGRITZ u.a. (Hg.): Perspektiven der Deutschdidaktik. Vorlagen und Ergebnisse des "Nürnberger Symposiums Curriculum Primärsprache". (= Skripten Literatur + Sprache + Didaktik 3) Kronberg/Ts., S. 15-21, Verhandlungen S. 110-126
SCHLOTTHAUS, W. (1977): Deutschdidaktik. In: betrifft: erziehung 10, H. 10, S. 60-63
SCHLUTZ, E. (1976): Deutschunterricht in der Erwachsenenbildung. Bonn, Frankfurt/M.
SCHMIEDER, A., SCHNEIDER, G.A. (1917): Besondere Unterrichtslehre. Leipzig (Alfred SCHMIEDER: Der Deutschunterricht, S. 40-95)
SCHMIDT, W., SCHREINERT, G., STARKE, G. (1974): Linguistische Ausgangspositionen der Vorlaufsforschung zur Erhöhung der Effektivität der muttersprachlichen Bildung in der sozialistischen Schule. In: Pädagogische Forschung 15, Nr. 1, S. 128-142
SCHMITZ, U. (1977): Interiorisation und Widerspruch. Zur Diskussion der Galperinschen Lerntheorie. In: Kritische Psychologie II. (= Argument-Sonderband 15) Berlin, S. 65-71
SCHNEIDER, H.J. (1975): Pragmatik als Basis von Semantik und Syntax. Frankfurt/M.
SCHÖNEFELD, H. (1978): Traditionelle Grammatik und strukturalistische Linguistik - Eine kritische Gegenüberstellung. In: H.-W. LESCH (Hg.): Grammatikunterricht - Legitimationsprobleme und neue Ansätze. Hannover usw., S. 58-72
SCHOENKE, E. (1975): Unter welchen Voraussetzungen ist differenzierter Sprachgebrauch in der Hauptschule möglich? In: Diskussion Deutsch, H. 22, S. 118-127
SCHOENTHAL, G. (1977): Aktiv und Passiv im Deutschunterricht. In: Der Deutschunterricht 29, H. 1, S. 41-50
SCHOTT, F. (1972): Zur Präzisierung von Lehrzielen durch zweidimensionale Aufgabenklassen. In: K.J. KLAUER u.a.: Lehrzielorientierte Tests. (= Studien zur Lehrforschung 1) Düsseldorf, S. 45-73

SCHOTT, F. (1975): Lehrstoffanalyse. Ein Beschreibungssystem zur Analyse von Inhalt und Verhalten bei Lehrzielen. (= Studien zur Lehrforschung 2) Düsseldorf
SCHRADER, W. (1882): Erziehungs- und Unterrichtslehre für Gymnasien und Realschulen. 4. Aufl. Berlin (1. Aufl. 1868'
SCHREINERT, G. (1975): Zu Grundfragen des Muttersprachunterrichts. Berlin/DDR
SCHREINERT, R. (1977): Zum Problem der Stoffauswahl bei der Wiederholung grammatischer Sachverhalte. In: Deutschunterricht, S. 337-338
SCHÜLERDUDEN (1970) Bedeutungswörterbuch. Bedeutung und Gebrauch der Wörter. Bearb. v. P. GREBE, W. MÜLLER u.a. (= Duden für den Schüler 10) Mannheim usw.
SCHÜLERDUDEN (1977) Die richtige Wortwahl. Ein vergleichendes Wörterbuch sinnverwandter Ausdrücke. Bearb. v. W. MÜLLER (= Duden für den Schüler 10) Mannheim usw.
SCHULZ, W. (1965): Unterricht - Analyse und Planung. In: P. HEIMANN, G. OTTO, W. SCHULZ: Unterricht - Analyse und Planung. Hannover, S. 13-47
SCHULZ, W. (1968): Drei Argumente gegen die Formulierung von "Lernzielen" und ihre Widerlegung. In: R.F. MAGER: Lernziele und Unterricht. Weinheim, Basel, S. XI-XV, 3. Aufl. 1969
SCHWENK, B. (1974): Art. Reformpädagogik. In: C. WULF (Hg.): Wörterbuch der Erziehung. München, Zürich, S. 487-491
SCHWENK, H. (1974): Grammatik. In: E. DINGELDEY, J. VOGT (Hg.): Kritische Stichwörter zum Deutschunterricht. München, S. 106-114
SCHWENK, H. (1976): Welchen sinn hat der grammatikunterricht in der schule? In: Diskussion Deutsch, H. 29, S. 211-227
SEARLE, J.R. (1969): Speech Acts. An Essay in the Philosophy of Language. Cambridge
SITTA, H. (1974): Didaktik und Linguistik. In: Diskussion Deutsch, H. 19, S. 431-445
SOMMERFELDT, K.-E. (1971): Der Beitrag des Grammatikunterrichts zur ideologischen Erziehung. In: Pädagogik, 1. Beiheft, S. 22-26
SOWINSKI, B. (1969): Möglichkeiten und Grenzen strukturalistischer Sprachbetrachtung in der Schule. In: Wirkendes Wort 19, S. 163-175
STALB, H. (1971): Versuche und Anregungen mit der generativen Grammatik auf der Oberstufe. In: Linguistik und Didaktik, H. 5, S. 1-23
STALIN, J. (1968): Marxismus und Fragen der Sprachwissenschaft. Und: N. MARR: Über die Entstehung der Sprache. München
STARKE, G. (1974): Sprachliche Mittel zum Ausdruck der verschiedenen Artikel kausaler Beziehungen zwischen Sachverhalten. In: Deutschunterricht, H. 10, S. 543-551
STEGMÜLLER, W. (1974): Probleme und Resultate der Wissenschaftstheorie und Analytischen Philosophie, Bd. I: Wissenschaftliche Erklärung und Begründung. Berlin usw.
STEINMÜLLER, U. (1979): Grammatik im Deutschunterricht. Zum Verhältnis von wissenschaftlicher und didaktischer Grammatik. In: Diskussion Deutsch, H. 46, S. 183-193
STEINTHAL, H. (1968): Grammatik, Logik und Psychologie, ihre Prinzipien und ihr Verhältnis zueinander. Reprographischer Nachdruck der Ausgabe Berlin 1855. Hildesheim
STERNER, M. (1880): Die Methodik der Volksschule. (Attenkofersche Buchdruckerei; o.O.)
STIERLE, K. u.a. (1974): Art. Geschmack. In: J. RITTER (Hg.): Historisches Wörterbuch der Philosophie. Bad 3. Darmstadt, Basel, Sp. 444-456

STÖTZEL, G. (1970): Über die Grundlagen der deutschen Sprachlehrbücher. In: Linguistik und Didaktik 1, H. 1, S. 29-39, und H. 3, S. 165-171
STREHLE, H., ALTENDORF, L. (1977): Zur Zielorientierung im Muttersprachunterricht. Bedeutung der Zielorientierung für einen erziehungswirksamen Unterricht. In: Deutschunterricht (DDR) 30, H. 213, S. 124-130
STRECKER, B. (1976): Gespräch über den Sinn des Grammatikunterrichts. In: Linguistik und Didaktik, H. 25, S. 18-26
SUCHODOLSKY, B. (1972): Einführung in die marxistische Erziehungstheorie. Köln
SUIN de BOUTEMARD, B. (1975): 75 Jahre Projektunterricht. In: betrifft: erziehung, H. 2, S. 35-39
TAUSCHER, E. (1931): Der Deutschunterricht. In: A. RUDE (Hg.): Die Neue Schule und ihre Unterrichtslehre. Osterwieck
TEGGE, E. (1975): Zur linguistischen Legitimation von Sprachbüchern. In: Diskussion Deutsch, H. 24, S. 399-417
TESCHNER, W.-P. (1968): Didaktik und Organisation des Deutschunterrichts an der Gesamtschule Berlin (Britz-Buckow-Rudow). Braunschweig
TREMPELMANN, G. (1975): Zum Anteil grammatischer Mittel am Ausdruck von Parteilichkeit - dargestellt am Genus verbi. In: Deutschunterricht, S. 613-619
TYCKA, M., SCHAEBEN, U. (1976): Präposition und Kasus. In: Praxis Deutsch, H. 15, D. 45-48
TYLER, R.W. (1973): Curriculum und Unterricht. (Studien zur Lehrforschung 4) Düsseldorf (amerik. 1950)
TYMISTER, H.J. (1974): Konstruktion fachdidaktischer Curricula als schul- und hochschulpolitisches Problem. Düsseldorf
ULSHÖFER, R. (1968): Methodik des Deutschunterrichts. Bd. 3/Mittelstufe. 5. Aufl. Stuttgart. Neufassung 1974
ULSHÖFER, R. (1977): Funktionaler Grammatikunterricht. Überlegungen zu einem vordringlichen Untersuchungs- und Arbeitsprogramm. In: Der Deutschunterricht 29, H. 1, S. 5-20
VALETTE, R.M. (1971): Evaluation of Learning in a Second Language. In: B.S. BLOOM, J.T. HASTINGS, G.F. MADAUS (Eds.): Handbook of Formative and Summative Evaluation of Student Learning. New York usw., S. 815-853
VALETTE, R.M., R.S. DISICK (1972): Modern Language Performance Objectives and Individualization. A Handbook. New York
VEREINBARUNG ÜBER DIE GEGENSEITIGE ANERKENNUNG DER REIFEZEUGNISSE DER GYMNASIEN (1964): In: Sammlung der Beschlüsse der Ständigen Konferenz der Kultusminister der Länder in der Bundesrepublik Deutschland. Bd. 1, 2. Aufl. Neuwied, Berlin 1972, Nr. 191.4
VEREINBARUNG ZUR NEUGESTALTUNG DER GYMNASIALEN OBERSTUFE IN DER SEKUNDARSTUFE II (1972). In: Sammlung der Beschlüsse der Ständigen Konferenz der Kultusminister der Länder in der Bundesrepublik Deutschland. Bd. 1, 2. Aufl. Neuwied, Berlin, Nr. 175, S. 13-29
VORENTWURF ZUM CURRICULUM DEUTSCH (1973): Leistungskurs. In: Entwürfe der Curricula für die Mainzer Studienstufe. Hg. von der Mainzer Arbeitsstelle für die Curriculumentwicklung der gymnasialen Oberstufe (Mainzer Studienstufe). (= Kultusministerium Rheinland-Pfalz (Hg.): Schulversuche und Bildungsforschung. Berichte und Materialien) Mainz, S. 9-37
VORSTAND DER VEREINIGUNG DER DEUTSCHEN HOCHSCHULGERMANISTEN (1977): Stellungnahme zu den "Einheitlichen Prüfungsanforderungen in der Abiturprüfung Deutsch". In: Mitteilungen des Deutschen Germanistenverbandes 24, H. 3, S. 16-19

WEBER, H. (1872): Die Pflege nationaler Bildung durch den Unterricht in der Muttersprache. Leipzig
WEBER, H. (1972): Satzreihe und Satzgefüge in der Dependenzgrammatik. In: Linguistik und Didaktik 3, H. 10, S. 113-128
WEGENER, L. (1910): Schulkunde. Lehrbuch der Pädagogik. V. Teil. Oldenburg
WEISGERBER, B. (1972): Elemente eines emanzipatorischen Sprachunterrichts. Heidelberg
WEISGERBER, B. (1974): Theorie der Sprachdidaktik. Heidelberg
WEISGERBER, L. (1939): Die volkhaften Kräfte der Muttersprache. In: A. HUHNHÄUSER u.a. (Hg.): Beiträge zum neuen Deutschunterricht. Frankfurt/M.
WEISGERBER, L. (1963): Das Tor zur Muttersprache. 6. Aufl. Düsseldorf (1. Aufl. 1951)
WIENOLD, G. (1975): Qualifikationsermittlung mit Hilfe der Linguistik. In: K. FREY u.a. (Hg.): Curriculum - Handbuch, Bd. II. München, Zürich, S. 238-249
WILKENDING, G. (1974): Lernziel. In: E. DINGELDEY, J. VOGT (Hg.): Kritische Stichwörter zum Deutschunterricht. München, S. 193-200
WILLE, H. (1978): Literaturunterricht als Funktion von Allgemeinbildung. Eine bildungsökonomische Untersuchung literaturdidaktischer Konzeptionen in der Bundesrepublik Deutschland 1966-1976. Weinheim, Basel
WILLE, H. (1980): "Die Guten in's Töpfchen". Zur Differenzierung der Lernanforderungen im neuen Deutschlehrplan für die Gesamtschulen in Nordrhein-Westfalen. In: Die Deutsche Schule 72, H. 2
WILLE, H., ZABEL, H. (1977/78): Richtlinien und Lehrpläne für den Deutschunterricht. 1. bis 13. Schuljahr. Eine Bibliographie. Teil 1/2. In: Mitteilungen des Deutschen Germanistenverbandes 24, H. 4, S. 42-46 / 25, H. 1, S. 32-46
WIMMER, R. (1974): Die Bedeutung des Regelbegriffs der praktischen Semantik für den kommunikativen Sprachunterricht. In: H.J. HERINGER (Hg.): Der Regelbegriff in der praktischen Semantik. Frankfurt/M., S. 133-157
WISSENSCHAFTSRAT (1970): Ausbildung im Fach Germanistik. In: ders.: Empfehlungen zur Struktur und zum Ausbau des Bildungswesens im Hochschulbereich nach 1970. 3. Bde., Bd. 2: Anlagen. Bonn, S. 103-141.
WITTENBERG, H. (1975): Sprachbuch Klett - Kommunikationsorientierte Schreib- und Redelehre. In: H. MOSER (Hg.): Sprachwissenschaft und Sprachdidaktik. (= Jahrbuch 1974 des Instituts für deutsche Sprache) Düsseldorf, S. 140-149
WRAGGE, I. (1974): Kommunikationsfähigkeit als Aufgabe des Deutschunterrichts. Ein Beitrag zur Didaktik des Sprachtrainings. In: Der Deutschunterricht 26, H. 3, S. 82-98
WUNDERLICH, D. (1970): Eine Warnung vor den perfekten Unterrichtsmodellen. Am Beispiel Heringer. In: Linguistik und Didaktik, H. 4, S. 297-307
WUNDERLICH, D. (1975): Lernziel Kommunikation. In: Diskussion Deutsch, H. 23, S. 263-277
WUNDERLICH, D. (1978): Grammatik und Kommunikation im Deutschunterricht. In: U. ENGEL, S. GROSSE (Hg.): Grammatik und Deutschunterricht. (= Jahrbuch 1977 des Instituts für deutsche Sprache) Düsseldorf, S. 42-54
WUNDERLICH, D., CONRADY, P. (1978): Von der Schulgrammatik zur Grammatik der Sprechhandlung. Ein Dialog mit Dieter Wunderlich. In: W. BORN, G. OTTO (Hg.): Didaktische Trends. München, S. 295-310

WUNDERLICH, H. (1897): Das Sprachleben in der Mundart. In: Wissenschaftliche Beihefte zur Zeitschrift des allgemeinen deutschen Sprachvereins. Dritte Reihe. Berlin

WYGOTSKI, L.S. (1969): Denken und Sprechen. Frankfurt/M.

YBENA, W. (1974): Neue Empfehlungen für den Deutschunterricht in der Sekundarstufe I in Nordrhein-Westfalen. In: Diskussion Deutsch 5, S. 557-562

ZABEL, H. (1975 a): Grammatik in neueren Sprachbüchern für die Sekundarstufe I. In: Mitteilungen des Deutschen Germanistenverbandes 22, H. 4, S. 20-33

ZABEL, H. (1975 b): Lehrplanrevision im Lernbereich Deutsch aufgezeigt am Beispiel der Sekundarstufe I in N(ordrhein) W(estfalen). In: Erziehung heute, H. 2, S. 16-24

ZABEL, H. (1976): Zum Problemkreis: Abschlußlernziele Lernbereich Deutsch Sekundarstufe I. In: G. HENRICI, R. MEYER-HERMANN (Hg.): Linguistik und Sprachunterricht. (= Informationen zur Sprach- und Literaturdidaktik 9) Paderborn, S. 83-96

ZABEL, H. (1977): Deutschunterricht zwischen Lernzielen und Lehrplänen. Düsseldorf

ZANDER, D. (1971) Satzbildung und Satzverständnis. Hinweise für den Deutschunterricht. In: Muttersprache 81, S. 312-318

ZIEGLER, J. (1977): Kommunikation als paradoxer Mythos. Analyse und Kritik der Kommunikationstheorie Watzlawicks und ihrer didaktischen Verwertung. (= Pragmalinguistik 6) Weinheim, Basel

Über die Autoren

ULRICH AMMON, geb. 1943, Dr.phil., Professor für Germanistik/Linguistik an der Universität-Gesamthochschule Duisburg.

Buchveröff.: Dialekt, soziale Ungleichheit und Schule. Weinheim, Basel 1972, 1973^2; Dialekt und Einheitssprache in ihrer sozialen Verflechtung. Weinheim 1973; Probleme der Soziolinguistik. Tübingen 1973, 1977^2 (dän. Übs., 1977); Neue Aspekte der Soziolinguistik. Weinheim, Basel 1975 (Mitautor); Dialekt/Hochsprache kontrastiv: Schwäbisch. Düsseldorf 1977 (Mitautor); Schulschwierigkeiten von Dialektsprechern. Weinheim, Basel 1978; Grundlagen einer dialektorientierten Sprachdidaktik. Weinheim, Basel 1978 (Mithrsg.) Dialect and Standard in Highly Industrialized Societies. The Hague 1979 (Hrsg.).

VOLKER BROWELEIT, geb. 1946, Dr.phil., wissenschaftlicher Assistent für Sprachdidaktik im Fachbereich II der Universität Oldenburg.

Buchveröff.: Grundlagen der Reform des Deutschunterrichts. Köln 1975 (Mitautor); Die Diskussion als Lernziel des Deutschunterrichts. Weinheim 1980.

JULIANE ECKHARDT, geb. 1946, Dr.phil., Privatdozentin im Fach Germanistik an der Universität Oldenburg.

Buchveröff.: Grundlagen der Reform des Deutschunterrichts. Köln 1975 (Mitautor); Anna Seghers, Das wirkliche Blau. Stuttgart 1976 (Hrsg.); E.T.A. Hoffmann, Das Fräulein von Scuderi. Stuttgart 1977 (Hrsg.); Theorie und Praxis des Deutschunterrichts: Beiträge zur einphasigen Deutschlehrerausbildung. Oldenburg 1979 (Hrsg.); Adelbert von Chamisso, Peter Schlemihl. Stuttgart 1979 (Hrsg.); Der Lehrplan des Deutschunterrichts. Weinheim 1979; Kindergedichte in der Grundschule. Stuttgart 1980 (Hrsg.); Theorien des Deutschunterrichts. Darmstadt 1980 (Mithrsg.); Reform des Aufsatzunterrichts. Stuttgart 1980 (Mitautor).

HERMANN HELMERS, geb. 1923, Dr.phil., Professor für Germanistik mit Schwerpunkt Didaktik an der Universität Oldenburg.

Buchveröff.: Die bildenden Mächte in den Romanen Wilhelm Raabes. Weinheim 1960; Sprache und Humor des Kindes. Stuttgart 1965, 1971^2; Didaktik der deutschen Sprache. Stuttgart 1966, 1979^{10}; Moderne Dichtung im Unterricht. Braunschweig 1967, 1973^3 (Hrsg.); Wilhelm Raabe. Stuttgart 1968, 1978^2; Raabe in neuer Sicht. Stuttgart 1968 (Hrsg.); Zur Sprache des Kindes. Darmstadt 1969 (Hrsg.); Die Diskussion um das deutsche Lesebuch. Darmstadt 1969 (Hrsg.); Geschichte des deutschen Lesebuchs in Grundzügen. Stuttgart 1970; Lyrischer Humor. Strukturanalyse und Didaktik der komischen Versliteratur. Stuttgart 1971, 1978^2; Reformuniversität Oldenburg. Oldenburg 1972 (Autorenkollektiv); Literaturunterricht im 9. Schul-

jahr. Stuttgart 1972 (Mitautor); Literaturunterricht im 8. Schuljahr.
Stuttgart 1973 (Mitautor); Literaturunterricht im 7. Schuljahr. Stuttgart
1973 (Mitautor); Fortschritt des Literaturunterrichts. Modell einer konkreten Reform. Stuttgart 1974; Grundlagen der Reform des Deutschunterrichts. Köln 1975 (Mitautor); Theorien des Deutschunterrichts. Darmstadt
1980 (Mithrsg.); Reform des Aufsatzunterrichts. Stuttgart 1980 (Mitautor).

RÜDIGER HILLGÄRTNER, geb. 1941, Dr.phil., Professor für Anglistik mit
Schwerpunkt Literaturwissenschaft an der Universität Oldenburg.

Buchveröff.: Moral und Gesellschaft. Versuch über Shelley. Frankfurt/M.
1971 (Diss.); Bürgerlicher Individualismus und revolutionäre Moral.
Percy Bysshe Shelley. Darmstadt 1974. Außerdem Mithrsg. von Englisch
Amerikanische Studien, Zeitschrift für Unterricht, Wissenschaft und
Politik. Köln

ROSEMARIE NEUMANN, geb. 1949, Dr.phil., Wissenschaftliche Mitarbeiterin
am Forschungsprojekt "Zweisprachigkeit türkischer Schüler" an der Universität-Gesamthochschule Essen.

Buchveröff.: Die Sprachentwicklung türkischer Schüler in der Bundesrepublik. Kronberg 1977 (Mitautor).

HOLGER RUDLOFF, geb. 1949, Dr.phil., Wissenschaftlicher Assistent am
Seminar für Deutsche Sprache und Literatur sowie deren Didaktik der
Universtität Köln.

Buchveröff.: Literaturunterricht in der Diskussion. Köln 1979.

ULRICH SCHMITZ, geb. 1948, Dr.phil., Akademischer Rat im Fach Germanistik/
Linguistik an der Universität Duisburg Gesamthochschule.

Buchveröff.: Sprachlernen in der Schule. Köln 1974, 1976^2 (Mitautor);
Gesellschaftliche Bedeutung und sprachliches Lernen, Weinheim 1978.

JÜRGEN ZIEGLER, geb. 1941, Dr.phil., Wissenschaftlicher Assistent im
Fach Germanistik/Linguistik an der Universität Duisburg Gesamthochschule.

Buchveröff.: Form und Subjektivität - zur Gedichtstruktur im frühen
Expressionismus. Bonn 1972; Kommunikation als paradoxer Mythos. Weinheim,
Basel 1977, 1978^2.

Übersicht über die Reihe

Pragmalinguistik

Herausgegeben von Ulrich Ammon, Hans Bühler und Gerd Simon

Band 1   Hans Bühler
Sprachbarrieren und Schulanfang
Eine pragmalinguistische Untersuchung des Sprechens von Sechs- bis Achtjährigen
1972. 2. Aufl. 1973. 188 S.   (vergriffen)

Band 2   Ulrich Ammon
Dialekt, soziale Ungleichheit und Schule
1972. 2. überarb. Auflage 1973. 193 S.   (vergriffen)

Band 3   Ulrich Ammon
Dialekt und Einheitssprache in ihrer sozialen Verflechtung
Eine empirische Untersuchung zu einem vernachlässigten Aspekt von
Sprache und sozialer Ungleichheit. 1973. 296 S.   (vergriffen)

Band 4   **Sprachentwicklungspsychologie**
Hrsg. von Hans Bühler/Günter Mühle. 1974. 247 S.

Band 5   Ulrich Ammon/Gerd Simon
Neue Aspekte der Soziolinguistik
1975. 155 S.

Band 6   Jürgen Ziegler
Kommunikation als paradoxer Mythos
Analyse und Kritik der Kommunikationstheorie Watzlawicks und ihrer
didaktischen Verwertung. 1977. 2., durchges. Auflage 1978. 146 S.

Band 7   Brigitte Hauswaldt-Windmüller
Sprachliches Handeln in der Konsumwerbung
Eine herrschaftsbestimmte Form der Kommunikation. Polit-ökonomische, pragmatische und ideologiekritische Aspekte bei der Untersuchung sprachlicher Handlungen in der Konsumwerbung am Beispiel der Rundfunkwerbung. 1977. 170 S.

Band 8   **Rechtschreibung – Müssen wir neu schreiben lernen?**
Hrsg. von Wilhelm W. Hiestand. 1974. 224 S.   (vergriffen)

Band 9   Herbert Dormagen
Theorie der Sprechtätigkeit
Soziolinguistische Begründung und didaktische Probleme. 1977. 205 S.

Band 10   Albrecht Schau und Arbeitsgruppe
Kritisches Deutschlehrerstudium
Grundkurs und Arbeitsbuch für Studienanfänger. 1978. 268 S.

Band 11   **Sprechen – Denken – Praxis**
Zur Diskussion neuer Antworten auf eine alte Frage in Praxis, Wissenschaft und Philosophie. Hrsg. von Gerd Simon und Erich Straßner. 1979. 329 S.

Band 12   **Grundlagen einer dialektorientierten Sprachdidaktik**
Theoretische und empirische Beiträge zu einem vernachlässigten Schulproblem.
Hrsg. von Ulrich Ammon, Ulrich Knoop und Ingulf Radtke. 1978. 402 S.

Band 13   Ulrich Schmitz
Gesellschaftliche Bedeutung und sprachliches Lernen
Entwürfe für eine tätigkeitsbezogene Semantik und Didaktik. 1978. 280 S.

Band 14 Lothar Paul
Geschichte der Grammatik im Grundriß
Sprachdidaktik als angewandte Erkenntnistheorie und Wissenschaftskritik.
1978. 591 S.

Band 15 Bernhard Gröschel
Materialistische Sprachwissenschaft
Internationale analytische Bibliographie. 1978. 239 S.

Band 16 Jürgen Ellerbrock/Peter Jaritz/Walter Kühnert/Anke Magens
Vom alltäglichen Sprachverständnis zum wissenschaftlichen Sprachbegriff
Eine Einführung in das Studium der Sprachwissenschaft. 1979. 187 S.

Band 17 Ulrich Ammon
Schulschwierigkeiten von Dialektsprechern
Empirische Untersuchungen sprachabhängiger Schulleistungen und des Schüler- und Lehrerbewußtseins – mit sprachdidaktischen Hinweisen.
1978. 360 S.

Band 18 **Sprachwissenschaft und politisches Engagement**
Zur Problem- und Sozialgeschichte einiger sprachtheoretischer, sprachdidaktischer und sprachpflegerischer Ansätze in der Germanistik des 19. und 20. Jahrhunderts. Hrsg. von Gerd Simon. 1979. 293 S.

Band 19 Juliane Eckhardt
Der Lehrplan des Deutschunterrichts
Lernbereichskonstruktion und Lernzielbestimmung unter gesellschaftlich-historischem Aspekt. 1979. 348 S.

Band 20 Gert Henrici
Sprachunterricht in der Lehrerausbildung
Theorie und Praxis einer Pädago-Linguistik. 1979. 186 S.

Band 21 Volker Broweleit
Die Diskussion als Lernziel des Deutschunterrichts
Didaktische Untersuchungen zum Diskussionsverhalten 13- bis 15jähriger.
1980. IV, 277 S.

Band 22 Erika Hültenschmidt
Linguistik und ihre Anwendung
Bildungspolitische und wissenschaftstheoretische Probleme der Beziehung von Linguistik und Fremdsprachenunterricht. 1980. 265 S.

Band 23 Sibylle Wahmhoff
Inneres Sprechen
Psycholinguistische Untersuchungen an aphasischen Patienten. 1980. XII, 400 S.

Band 24 Heinz Weber
Studentensprache
Über den Zusammenhang von Sprache und Leben. 1980. 304 S.

Band 25 **Perspektiven des Deutschunterrichts**
Didaktische Alternativen zur herrschenden Theorie und Praxis. Hrsg. von Ulrich Ammon, Juliane Eckhardt und Hermann Helmers. 1981. 254 S.

Band 26 Albert Bremerich-Vos
Zur Kritik der Sprechakttheorie – Austin und Searle
1981. VI, 112 S.

Beltz Verlag · Postfach 1120 · 6940 Weinheim